Carolin Philipps
Die Dunkelgräfin

PIPER

Zu diesem Buch

Im Jahr 1807 kommt eine geheimnisvolle Frau nach Hildburg-hausen: Die »Dunkelgräfin« wird sie von den Einheimischen genannt. Doch wer ist die verschleierte Dame wirklich? Bald schon tauchen erste Gerüchte auf, es handele sich um Marie Antoinettes Tochter, Marie Thérèse, die in Thüringen Zuflucht gesucht hätte. Demnach soll Frankreichs letzte Königstochter nicht an Österreich ausgeliefert, sondern zuvor vertauscht worden sein. Aber wer ist dann die andere Person, die als »Marie Thérèse« später zu großem politischen Einfluss gelangte? Fast zwei Jahrhunderte stritten die Historiker, ob die Vertauschung bei der Auslieferung der Prinzessin wirklich stattgefunden hat. Carolin Philipps gelangt aufgrund neuer Dokumente zu spektakulären Erkenntnissen: Nach der Lektüre ihres Buches ist klar, wer die echte Marie Thérèse gewesen sein muss.

Carolin Philipps, geboren 1954, studierte Englisch und Geschichte in Hannover und Bonn. Heute lebt sie als freie Autorin in Hamburg und hat sich auf historische Biografien starker Frauen spezialisiert. Zuletzt erschienen von ihr die erfolgreichen Bücher »Friederike von Preußen. Die leidenschaftliche Schwester der Königin Luise« und »Luise. Die Königin und ihre Geschwister«.

Carolin Philipps

Die Dunkelgräfin

Das Geheimnis um die Tochter Marie Antoinettes

Mit 14 Abbildungen auf Tafeln

Piper München Zürich

Mehr über unsere Autoren und Bücher:
www.piper.de

Von Carolin Philipps liegen bei Piper vor:
Friederike von Preußen
Luise

Originalausgabe
April 2012
© 2012 Piper Verlag GmbH, München
Umschlaggestaltung: semper smile, München
Umschlagmotiv: akg-images
Satz: Kösel, Krugzell
Gesetzt aus der Stempel Garamond
Papier: Munken Print von Arctic Paper Munkedals AB, Schweden
Druck und Bindung: CPI – Clausen & Bosse, Leck
Printed in Germany   ISBN 978-3-492-26457-0

Für meinen Vater

»Die Erinnerung ist das einzige Paradies, aus dem wir nicht vertrieben werden können!«, schrieb der Dichter Jean Paul. *Und so bedeutet dieses Buch für mich vor allem die Erinnerung an tagelange gemeinsame Forschungen in den Archiven, stundenlange fachliche Diskussionen, hilfreiche Hintergrundrecherchen und erlebnisreiche Reisen zu den Schauplätzen meiner Geschichte. Danke für zwei Jahre beglückender Teamarbeit! Ich freue mich auf unser nächstes Projekt!*

»Die Wahrheit ist immer verwunderlich,
verwunderlicher als die Dichtung.«

Lord Byron, Don Juan

Inhalt

Prolog

»Ich bin krank vor Angst, dass diese Bestien sich
erlauben, ein anderes Mädchen anstelle meiner
Nichte nach Wien zu schicken«,

schrieb Maria Karolina, Königin von Neapel, im Januar 1796,
während sie auf den ersten Bericht aus Wien wartete, wo Marie
Thérèse, die Tochter ihrer auf der Guillotine hingerichteten
Schwester Marie Antoinette, ankommen sollte.[1]

Die französische Regierung hatte sie gegen Kriegsgefangene,
die sich in österreichischer Haft befanden, ausgetauscht. Die
Sorge Maria Karolinas war keinesfalls unbegründet. Auch der
englische Agent Lord Wickham erhielt von seinen Informanten
beunruhigende Berichte über merkwürdige Vorfälle rund um
die französische Königstochter.

Zweifel und Misstrauen von allen Seiten begleiteten die ersten Monate der Siebzehnjährigen in Wien. Warum kühlte, wie
die Zeitgenossen berichten, nach einigen Monaten die Beziehung zwischen dem Wiener Hof und der Prinzessin deutlich
ab? Warum interessierte sich Maria Karolina, die ihre Nichte
anfangs am Hof in Neapel wie eine Tochter aufnehmen wollte,
auf einmal überhaupt nicht mehr für sie? Hatte eine Vertauschung der Prinzessin tatsächlich stattgefunden? Und wenn ja,
wo war die echte Prinzessin geblieben?

Zwei Grabstätten standen am Anfang meiner Recherche: Die
eine liegt im heutigen Slowenien, in der Gruft der Bourbonen
im Franziskanerkloster Kostanjevica in Görz (Nova Gorica).
Hier ruht die Herzogin von Angoulême (1778–1851) neben

ihrem Mann und ihrem Schwiegervater, Charles X., in einem weißen Sarg mit den Buchstaben »M« und »T« und der Inschrift: »Die ihr auf eurem Weg hier vorbeikommt, haltet inne und schaut, ob es einen vergleichbaren Schmerz wie den meinen gibt.«

Die andere Grabstätte liegt in Thüringen, auf halber Höhe des Stadtberges von Hildburghausen. Ein einsames Grab ohne Beschriftung, halb vom Berg verschluckt und von Efeu bedeckt, umgeben von hohen Bäumen. Hier ruht seit 1837 die Frau, die als »Dunkelgräfin« in die Geschichte eingegangen ist.

Zwei Grabstätten, die mich in ähnlicher Weise berührten. Wer ruht hier wirklich? Eine Frage, die mich zwei Jahre lang auf der Suche nach Antworten quer durch Europa reisen ließ.

Seit mehr als 150 Jahren kursieren die verschiedensten Vertauschungstheorien. Sie beschäftigen Historiker und Romanschriftsteller und erregen die Gemüter, ohne dass eine Lösung bisher gefunden wurde. Denn wer dem österreichischen Kaiser eine falsche Prinzessin unterschieben wollte, musste mit höchster Geheimhaltung arbeiten und konnte kaum über die offiziellen Postwege verhandeln, sollte möglichst gar keine schriftlichen Dokumente hinterlassen. Die Beweisführung der Gegner beziehungsweise Befürworter der Vertauschungsthese stützte sich daher vor allem auf den Vergleich von Schriftproben und Porträts, auf Charakterzüge und die Analyse von Sekundärquellen.

Die Lösung findet man aber nicht, indem man immer wieder Altbekanntes neu interpretiert, sondern nur, indem man sich auf die Suche in die Archive nach Wien, Paris, Neapel, Schwerin, Berlin, Altenburg und Pattensen begibt.*

Es ist schon sehr verwunderlich, dass die Historiker, die eine Vertauschung der Prinzessin in das Reich der Phantasie verban-

---

* Die Geschichte der spannenden Recherche ist auf der Homepage der Autorin nachzulesen: www.carolinphilipps.de

nen wollen, Erpresserbriefe, die die Herzogin von Angoulême ab 1833 bekam, ignorieren. Die ehemalige Untergouvernante Madame de Soucy drohte damit, ein Geheimnis öffentlich zu machen, das sie als Begleiterin auf der Fahrt nach Wien im Dezember 1795 erfahren hatte. 18 Jahre lang, bis zu ihrem Tod, zahlte die Herzogin ein Vermögen an Schweigegeldern. Was hatte sie zu verbergen?

Auch das Rätsel um das merkwürdige Abkühlen der Beziehung zum Wiener Hof lässt sich mithilfe der Briefe Maria Karolinas im Wiener Haus- und Hofarchiv lösen. In den Akten der Wiener Geheimpolizei des Jahres 1796 stößt man auf die Briefe des ehemaligen Kammerdieners Hue, der einen harten Kampf mit sich selber ausfocht, ob er reden oder lieber schweigen und von seinem Wissen profitieren sollte.

Nimmt man hinzu, dass die Prinzessin in den Jahren darauf immer wieder an Orten gesehen wurde, an denen sie eigentlich gar nicht sein konnte, denn ihr offizieller Aufenthaltsort lag Tausende von Meilen entfernt, dann stellt sich schon die Frage, ob die Frau auf dem Cover dieses Buches, die als die offizielle Marie Thérèse in Wien ankam, wirklich die echte Tochter Marie Antoinettes war.

Madame Royale –
Kindheit und Jugend zwischen Luxus und Kerker (1778–1795)

Eltern: Marie Antoinette und Louis XVI.

> »Kriege führen mögen andere, du glückliches
> Österreich heirate. Denn was Mars (den) anderen
> (verschafft), gibt dir die göttliche Venus.«

Wer sich diese Verse ausgedacht hat, ist nicht bekannt. Sie sind angelehnt an einen Spruch aus Ovids »Heroides«[1], werden aber seit dem 15. Jahrhundert auf die Heiratspolitik des Hauses Habsburg angewandt, das seinen Einflussbereich in Europa vor allem durch eine geschickte Verheiratung seiner Söhne und Töchter ausdehnte.

Die österreichische Kaiserin Maria Theresia, die mit ihrem Mann Franz I. insgesamt 16 Kinder hatte, machte da keine Ausnahme. Mithilfe ihres Ministers Kaunitz wurden die kaiserlichen Kinder Teil eines weitgespannten Bündnisgeflechts. Maria Antonia Josepha Johanna, die am 2. November 1755 als 15. Kind in der Hofburg zu Wien geboren wurde, war schon in jungen Jahren für eine besonders wichtige Rolle ausersehen: Sie sollte den französischen Thronfolger, den Enkel Louis' XV., heiraten und so den Bestand eines 1756 abgeschlossenen Bündnisses zwischen Frankreich und Österreich garantieren. Beide Länder fühlten sich von ihren traditionellen Bündnispartnern – Österreich von England, Frankreich von Preußen – im Stich gelassen und hatten sich neu orientiert.

Jahrhundertelang galten Frankreich und Österreich als Erzfeinde, und so lag es nahe, das neue Bündnis, das vor allem in Frankreich von Anfang an auf große Widerstände stieß, durch eine Hochzeit zu festigen. Erste Verhandlungen begannen, als Maria Antonia zehn Jahre alt war. 1769 hielt König

Louis XV. von Frankreich offiziell um ihre Hand für seinen Enkel an.

Nachdem der Heiratsvertrag unterzeichnet war, befasste sich Maria Theresia genauer als bisher mit der Erziehung ihrer Tochter und bemerkte zum ersten Mal bei ihr gravierende Mängel in der Allgemeinbildung und der Beherrschung der französischen Sprache. Auf ihre Aufgaben als künftige Königin von Frankreich, die im Sinne Österreichs die französische Politik beeinflussen sollte, war ihre Tochter nicht vorbereitet. Zwar hatte Maria Theresia durch detaillierte Anweisungen die Erziehung ihrer Kinder vorgegeben, ausgeführt wurden sie jedoch durch adlige Erzieherinnen, »Ajas« genannt.

Der Stundenplan enthielt neben Lesen und Rechnen Tanzstunden, Theateraufführungen, Geschichte, Malen, Staatskunde und Fremdsprachen. Die Prinzessinnen wurden zudem in Handarbeiten und in Konversation unterwiesen. Maria Antonia entwickelte sich zu einem Mädchen, das mit seinem meist fröhlichen Verhalten die Erzieher beeindruckte, das sich aber ansonsten wenig für die Unterrichtsinhalte interessierte und häufig schwänzte. Auch später noch kritisierten ihre Erzieher, dass sie sich nicht über einen längeren Zeitraum konzentrieren konnte und sich nur ungern intensiv mit ihren Aufgaben befasste.

In den Monaten vor der Hochzeit wurde sie durch den französischen Abbé Vermond, der Maria Theresia von ihrem Gesandten in Paris, Graf Mercy d'Argenteau, empfohlen worden war, auf ihre neue Stellung vorbereitet. Abbé Vermond äußerte sich sehr kritisch über seine neue Schülerin, die er als träge und flatterhaft beschreibt. Es sei mühsam, ihr auch nur die wichtigsten Grundlagen der französischen Hofgeschichte einzuprägen.[2]

Am 19. April 1770 fand die Vermählung *per procurationem* in der Augustinerkirche in Wien statt. Die Rolle des Ehemannes übernahm ihr Bruder Ferdinand. Zwei Tage später reiste die Vierzehnjährige mit einem imposanten Brautzug ab. Überall, wo sie auf der Fahrt nach Paris Station machte, wurde sie begeistert empfangen, ihr zu Ehren feierte man pompöse Feste.

Unter den geladenen Gästen, die der Prinzessin vorgestellt wurden, befand sich in Straßburg auch die sechzehnjährige Henriette von Waldner, die zukünftige Baronin von Oberkirch, die in ihren Memoiren begeistert dieses Ereignis beschrieb: »Oh! Lebte ich 100 Jahre, ich würde nie diesen Tag, diese Feste, diese Freudenschreie vergessen, ausgestoßen von einem Volk, das trunken ist vor Glück über diese Souveränin.« Die ganze Stadt sei abends beleuchtet gewesen, »die Kathedrale, vom Kreuz bis zum Boden, war eine einzige Flamme«.

Sie beschreibt Marie Antoinette als groß, gut gebaut, wenn auch ein bisschen dünn. Sie habe sich seitdem wenig geändert: immer noch dasselbe ebenmäßige längliche Gesicht, die Adlernase, die nach vorne spitz zuläuft, diese hohe Stirn, diese blauen, lebhaften Augen. Ihr Mund, sehr klein, bereits etwas herablassend. »Niemand kann das Leuchten ihres Teints beschreiben, eine Mischung aus Lilien und Rosen. Ihre Haare von einem Aschblond mit nur wenig Puder. Wie sie den Kopf trug, das Majestätische ihrer Taille, die Eleganz und Grazie ihrer Person, war dieselbe wie heute.«[3]

Am 7. Mai erfolgte die Übergabe der Prinzessin durch die österreichischen Diplomaten an die französischen auf neutralem Gebiet. Vor Straßburg war auf einer der Rheininseln ein Pavillon gebaut worden, durch dessen in der Mitte gelegenen Salon die symbolische Grenze führte.[4] »Wer hatte nur die Idee, die törichten Wandteppiche aufzuhängen«, fragte sich die Baronin Oberkirch in ihren Memoiren. Die Teppiche, mit denen der Pavillon geschmückt war, zeigten Bilder aus der Medea-Sage: Streit und grausamer Tod. Die Prinzessin war wie ihr Hofstaat entsetzt darüber. »Ah!«, sagte sie zu ihrem deutschen Zimmermädchen, »sieh, welche Vorhersage!«[5]

Im Rahmen dieser Übergabe musste sich das junge Mädchen nicht nur von allen österreichischen Freunden und Bekannten, sondern auch von ihren Kleidern trennen und sich vollständig entkleiden. Anschließend bekam sie französische Gewänder.

Die Prinzessin habe viel geweint, schreibt die Baronin Oberkirch, und allen kleine Botschaften an ihre Familie und ihre Freunde in Wien aufgetragen. Als man sie aber dann auf französischem Territorium zuerst feierlich auf Deutsch begrüßte, sagte sie: »Reden Sie kein Deutsch mehr, Messieurs; mit dem heutigen Datum höre ich keine andere Sprache mehr als das Französische.«[6] An diesem Tag wurde aus der österreichischen Erzherzogin Maria Antonia die französische Dauphine Marie Antoinette.

In Compiègne, nördlich von Paris gelegen, trafen sich die Brautleute zum ersten Mal; der sechzehnjährige Louis Auguste begrüßte sie eher verlegen. Auch bei der Hochzeitszeremonie soll er sehr viel schüchterner gewesen sein als seine Braut: »Während des Gottesdienstes zitterte er am ganzen Körper und errötete bis unter die Haarwurzeln, als er ihr den Ring ansteckte.«[7]

Louis Auguste wurde am 24. 8. 1754 als Sohn des Dauphins von Frankreich Louis Ferdinand und seiner Frau Maria Josepha von Sachsen geboren. Da König Louis XV. diesen Sohn von allen Regierungsgeschäften ausschloss, lebte die Familie zurückgezogen, fern vom Treiben am Hof in Versailles. Louis Auguste stand nach seinem fünfunddreißigjährigen Vater und seinem drei Jahre älteren Bruder zunächst nur an dritter Stelle der Thronfolge. Es galt als eher unwahrscheinlich, dass er jemals französischer König werden würde. Erst nach dem Tod seines Bruders, der mit zehn Jahren an Tuberkulose starb, und dem Tod seines Vaters im Jahr 1765 wurde Louis mit elf Jahren Thronfolger.

Von seinen Lehrern wurde er als intelligenter Schüler beschrieben, dessen Interessen der Geschichte und der Geografie galten. In seiner Freizeit beschäftigte er sich mit handwerklichen Arbeiten, vor allem mit dem Bau und der Reparatur von Uhren, die ihn faszinierten, und mit der Jagd. Eine ganz wich-

tige Rolle spielte der Glaube, der später in den Jahren nach 1789
bis zu seiner Hinrichtung die tragende Basis seines Lebens
wurde. Für seine zukünftige Rolle als König lernte er, dass der
Monarch nicht nur alleiniger Herrscher über sein Volk war,
sondern auch ein tugendhaftes Leben führen und verantwor-
tungsvoll Gott und seinen Untertanen gegenüber leben müsse.
Diese patriarchalische Auffassung von der Monarchie prägte
bis zum Tod seine Haltung zu seinem Volk.

Das gemeinsame Leben mit der »Österreicherin«, wie Marie
Antoinette von Anfang an in Frankreich verächtlich genannt
wurde, begann im Mai 1770 am Hofe Louis' XV. in Versailles,
der als einer der extravagantesten Höfe Europas galt. Marie
Antoinette war in einer ihr völlig fremden Umgebung allein
gelassen, unerfahren vor allem im Umgang mit Hofintrigen.
In Wien hatte ihr Vater zur Erziehung seiner Kinder noch die
Maxime aufgestellt: »Das Volk darf nicht unter der Steuerlast
stöhnen, während die Monarchen sich vergnügen.«[8] In Versailles dagegen war das oberste Gebot das *Amusement* des
Königs und seines Hofes, dem sich die junge Dauphine begeistert unterwarf.

Später ist Marie Antoinette der Vorwurf gemacht worden, sie
sei leichtsinnig und verschwenderisch gewesen und habe
dadurch ganz entscheidend zum Untergang der Monarchie
beigetragen. Sie liebte unter anderem das Pharo-Spiel, bei dem
sie monatlich etwa 15 000 Livres ausgab. Selbst ihre Mutter
schrieb warnende Briefe: Sie habe gehört, dass ihre Tochter
»Armbänder um 250 000 Livres gekauft, zu diesem Zweck ihre
Einkünfte derangiert und Schulden gemacht« habe, monierte
sie. Auch die extravaganten Frisuren ihrer Tochter, die sich
bis zu 36 Zoll hoch auftürmten und in ganz Europa Furore
machten, beunruhigten sie. »Eine junge hübsche Frau, die so
viel Anmut hat, braucht alle diese Torheiten nicht.«[9] Die Mutter warnte vergebens.

Aber was kann man von einer Vierzehnjährigen erwarten,

die von einem Tag zum anderen in einer paradiesischen Welt aufwacht, umgeben von unvorstellbarem Luxus, einer Welt, in der Geld keine Rolle zu spielen scheint, in der jeder Wunsch einer Unzahl von Dienern Befehl ist? Zumal diese junge Frau auch noch ungenügend auf ihre Rolle vorbereitet war, zum einen, weil sie selber kein großes Interesse am Lernen gezeigt hatte, zum anderen, weil sie gar nicht so viel lernen sollte, um keine eigenen Vorstellungen zu entwickeln, da sie ja als Marionette im politischen Spiel ihrer Mutter gedacht war. Man muss sich nicht wundern, wenn sie den verschwenderischen Stil ihrer Umgebung übernahm und am Ende die Grenzen nicht erkannte.

Maria Theresia hatte ihrer Tochter zwei »Berater« an die Seite gestellt: den Abbé Mathieu-Jacques de Vermond, der sie schon in Wien auf ihr Leben in Paris vorbereitet hatte, und den österreichischen Botschafter in Frankreich, Graf Mercy d'Argenteau. Beide sandten regelmäßig Berichte nach Wien, an die Mutter und an deren Kanzler Wenzel Anton Graf Kaunitz, ohne dass Marie Antoinette es wusste. Beider Auftrag war: über die Dauphine Einfluss auf den König und die französische Politik zu nehmen.

»Bleib eine gute Deutsche!«, soll Maria Theresia ihrer Tochter zum Abschied gesagt haben, und natürlich hat sie als gehorsame Tochter versucht, ihren Einfluss im Sinne Österreichs geltend zu machen. Das zeigen ihre Briefe an die Mutter. Wie sehr ihr das aber tatsächlich gelungen ist, wird unterschiedlich beurteilt und kann nicht Thema dieses Buches sein.

Als sein Großvater Louis XV. am 10. Mai 1774 starb, wurde der Dauphin als Louis XVI. mit 19 Jahren König von Frankreich. Das Land, über das er herrschte, war durch seine Vorgänger Louis XIV. und XV. in den Ruin getrieben worden. Hauptproblem war die hohe Staatsverschuldung, die noch durch eine Beteiligung am Unabhängigkeitskrieg der Amerikaner gegen die Engländer verstärkt wurde. Außerdem brachten die Soldaten bei ihrer Heimkehr revolutionäre Gedanken mit nach

Frankreich zurück, wo sie die zunehmende Kritik am König verstärkten.

Während Louis XVI. früher als schwacher, unfähiger Monarch beschrieben wurde, an dem man kein gutes Haar ließ, bescheinigen ihm heutige Historiker immerhin, dass er seine Herrschaft mit der besten Absicht antrat, die Verschwendungssucht am Hof und im Staat zu bekämpfen. Er scheiterte letztlich aber am Widerstand der oberen Stände, dem Adel und der Geistlichkeit, die sich ihre jahrhundertealten Privilegien nicht nehmen lassen wollten und das Volk benutzten, um die Pläne des Königs zu hintertreiben.

Marie Antoinette charakterisierte ihren Mann im Juli 1792, als man in den Tuilerien einen erneuten Angriff durch die Volksmassen befürchtete und der König in schwere Depressionen gefallen war, vor ihrer ersten Kammerfrau Madame Campan so: »Der König ist kein Feigling; er besitzt einen großen passiven Mut, aber er ist niedergedrückt durch eine schlimme Scham, ein Misstrauen in sich selber, das von seiner Erziehung und seinem Charakter herrührt. Er hat Angst, das Kommando zu übernehmen, und vor nichts anderem mehr Furcht, als vor einer Versammlung zu reden. Er hat als Kind immer verängstigt unter den Augen Louis XV. gelebt… Diese Anspannung ist die Ursache für seine Furchtsamkeit.«[10]

Das Leben am Hof war ein öffentliches, angefangen beim morgendlichen Lever. Alles wurde beobachtet, kommentiert und verbreitet, teilweise durch bösartige Karikaturen. Dies geschah auch durch Adlige, die so ihren persönlichen Frust abreagierten, ohne zu bedenken, dass sie dadurch das Ansehen der Monarchie, deren Teil sie waren, beschädigten.

Bereits vor der Hochzeit des Königspaares kursierte eine Karikatur, die den österreichischen Kanzler Kaunitz zeigt, wie er der französischen königlichen Familie eine Büchse reicht, aus der Marie Antoinette steigt. Die »Büchse der Pandora« ist sie betitelt. Die Botschaft lautete: Die »Österreicherin« wird, wie einst Pandora, die *Femme fatale* der griechischen Mythologie, Unheil über die Menschen bringen.

Marie Antoinette hatte durchaus ihre Bewunderer, so zum Beispiel in der Baronin Oberkirch aus Straßburg, die zwischen 1782 und 1786 mehrfach monatelang in Paris und Versailles weilte und eine gute Beobachterin war, ohne selber in die Hofintrigen verwickelt zu sein. Sie bedauerte Marie Antoinette, die immer öfter Opfer der Eifersüchteleien bei Hofe wurde, obwohl sie beste Absichten hatte. »Sie ist einer dieser Sterne, deren Schein für die Erde verschleiert bleibt, sichtbar nur für Gott«, kommentierte die Baronin.[11]

Als Marie Antoinette sieben Jahre lang nicht schwanger wurde, bot dies europaweit in Botschafterbriefen und in der Presse Stoff für Diskussionen und zum Teil hämische Kommentare. Während der König sich auf der Jagd austobte, sagte man Marie Antoinette ständig wechselnde Liebhaber nach, ohne den Beweis dafür erbringen zu können. Lediglich zu dem schwedischen Grafen von Fersen hat sie nachweislich eine Liebesbeziehung aufgebaut, wie die Korrespondenz der beiden zeigt. Sogar ihre Freundschaften zur Prinzessin de Lamballe und zur Herzogin de Polignac wurden als lesbische Beziehungen umgedeutet. Da der König keine Lust verspürte, mit seiner Frau das Bett zu teilen, schloss man, dass sie sich anderswo Liebe und sexuelle Befriedigung holen würde.

Peinlichste Karikaturen kursierten in Frankreich und an den Höfen Europas, die Marie Antoinette in eindeutigen Posen beim Ehebruch zeigten. Louis XVI. wurde als »gehörnter« Esel hingestellt. Allerdings nahm er seine Frau immer in Schutz und versuchte sogar, besonders bösartige Karikaturen zu verbieten, wohl wissend, dass seine sexuelle Unfähigkeit und das Fehlen eines Thronfolgers die Ursachen dafür waren. Viele dieser Pamphlete stammten direkt aus der engeren Umgebung des Königspaares, unter anderem von den Brüdern des Königs, die sich selber Aussichten auf die Thronnachfolge versprachen.[12]

Immer wieder musste sich Marie Antoinette vor ihrer Mutter rechtfertigen, warum sie noch nicht schwanger war. Immer wieder musste sie hoffnungsvolle Gerüchte zerstreuen; der Druck, ihrer eigentlichen Aufgabe nachzukommen und die Thronfolge durch einen Sohn zu sichern, war stark. So schrieb sie am 17. Juli 1773 nach der Rückkehr aus Compiègne an ihre Mutter: »Dieser Umstand hat wohl das Gerücht aufkommen lassen, dass er mich öffentlich geküßt hat, obwohl das nicht richtig ist; doch ist meine teure Mama sehr im Irrtum zu glauben, dass er es seit meiner Ankunft nicht getan hat; im Gegenteil, seit Langem bemerkt jedermann seine Zuneigung zu mir. Ich kann wohl Ihnen, meine teure Mama, und nur Ihnen allein anvertrauen, dass meine Angelegenheiten, seitdem wir hier [in Versailles, Anm. d. Autorin] sind, sich gut entwickelt haben und ich die Ehe für vollzogen halte; wenn auch noch nicht in dem Maße, um schwanger zu sein. Aus diesem Grund allein will der Herr Dauphin noch nicht, dass man es weiß. Welches Glück, wenn ich im Monat Mai ein Kind hätte!«[13]

Aber noch vier Jahre später, am 19. 12. 1777, musste sie nach Wien melden: »Madame, meine geliebte Mutter! Vor vier Tagen hoffte ich, dass der Kurier meiner teuren Mama die Nachricht von meiner Schwangerschaft bringen könnte. Seit der Rückkehr aus Fontainebleau hat der König gewohnheitsmäßig mit mir geschlafen und sehr oft alle Pflichten eines wirklichen Gemahls erfüllt. Mein Unwohlsein ist gestern wieder gekommen, was ich sehr bedaure. Die Art aber, in der der König jetzt mit mir lebt, gibt mir die große Zuversicht, dass mir binnen Kurzem nichts mehr zu wünschen übrig bleiben wird.«[14]

Ein Jahr später, am 19. 12. 1778, wurde endlich das erste Kind des Königspaares geboren: Marie Thérèse Charlotte.

Geburt und Kindheit im Schloss zu Versailles

»Die Königin kommt nieder!«,

mit diesen Worten kündigte Vermont, der Leibarzt Marie Antoinettes, den versammelten Höflingen, die sich um das Fußende ihres Bettes gruppiert hatten, die bevorstehende Geburt an. Wie jede Phase der Schwangerschaft, so war auch die Geburt öffentlich, damit niemand dem Königshaus einen falschen Erben unterschieben konnte.

Die erste Kammerfrau der Königin, Madame Campan, beschreibt die Szene so: »Die Flut der Neugierigen, die sich in das Zimmer ergoss, war so groß und so laut, dass die Königin dabei fast zu Tode gekommen wäre. Der König hatte in der Nacht als Vorsichtsmaßnahme mithilfe von Kordeln riesige Teppichwandschirme um das Bett Ihrer Majestät errichten lassen; ohne diese Vorsichtsmaßnahme wären sie [die Neugierigen, Anm. d. Autorin] auf sie gefallen. Es war nicht mehr möglich, sich im Zimmer zu bewegen, das gefüllt war mit einer Menschenmenge, so bunt durcheinander, dass man sich auf einem öffentlichen Platz glaubte.«[1]

Die Luft war so stickig, dass Marie Antoinette das Bewusstsein verlor, die Umstehenden in Panik gerieten und der König höchstpersönlich die hohen, mit Papierstreifen zugeklebten Fenster aufriss, mit »einer Kraft«, wie Madame Campan schreibt, »die ihm nur seine Zärtlichkeit für die Königin geben konnte«. Nachdem man die Königin zur Ader gelassen hatte, öffnete sie die Augen wieder. Die Menge wurde von den Kammerdienern aus dem Zimmer gewiesen. Dieser grausame

Brauch, dass jeder zum Zuschauen kommen konnte, der wollte, wurde von diesem Tag an für alle Zeiten abgeschafft, schreibt ihre Kammerfrau.[2]

Die Angst um das Leben der Königin vertrieb zunächst sogar die allgemeine Enttäuschung, dass sie keinen Thronfolger geboren hatte. Der Herzog von Croy berichtet: »Die Königin hatte eingeführt, dass fast bei jeder Gelegenheit geklatscht wurde, und so spendete man jetzt auch Beifall, woraufhin sie glaubte, sie habe einen Knaben geboren. Ab diesem Moment bekam sie keine Luft mehr und verlor das Bewusstsein. Man trug das Kind, das wohlauf war, ins Nebenzimmer hinüber. Der König ging hinterher, um sich anzusehen, wie es gereinigt wurde. Als man sah, dass es ein Mädchen war, gingen alle betroffen auseinander.«[3]

Madame Campan beschreibt, wie Marie Antoinette ihre Tochter an sich drückte und sagte: »Arme Kleine, Ihr ward nicht gewünscht, aber Ihr seid mir deshalb nicht weniger lieb. Ein Sohn würde in erster Linie dem Staat gehören. Ihr gehört mir; Ihr werdet meine ganze Fürsorge haben; Ihr werdet mein Glück teilen und meinen Kummer lindern.«[4]

Uneingeschränkt gefreut über die Geburt eines Mädchens haben sich dagegen die beiden jüngeren Brüder des Königs: der Comte de Provence und der Comte d'Artois, die selber hofften, irgendwann mangels männlichem Nachfolger den Thron des Königs besteigen zu können. Vor allem der Graf de Provence, der in Vertretung des spanischen Königs als Pate der kleinen Prinzessin fungierte, galt als einer derjenigen, die die bösen Gerüchte, die schon vor der Geburt kursierten, öffentlich machte: War der König wirklich der Vater der kleinen Prinzessin oder nicht doch der Herzog von Coigny, mit dem Marie Antoinette eine Affäre gehabt haben sollte?[5]

Dessen ungeachtet, berichtete Botschafter Mercy an Maria Theresia nach Österreich, empfand der König für seine Tochter, die nach ihrer Großmutter den Namen Marie Thérèse und den Titel *Madame Royale* bekam, das »zärtlichste Entzücken«.

Er vertraute seiner Frau und ignorierte wie so oft die bösen Gerüchte.

Der Hofstaat der kleinen Prinzessin, den die Eltern selber kurz nach ihrer Geburt zusammenstellten, umfasste, obwohl im Vergleich zum üblichen Hofstaat für eine königliche Prinzessin schon reduziert, immer noch zahlreiche Geistliche, neun Ärzte, einen Barbier, eine Pediküre, einen Musiklehrer, einen Tanzlehrer, einen Fechtlehrer, einen Turnlehrer und sogar einen Meisterseiltänzer. Neben der Wiege standen abends zwei gebratene Hühner, zwei Flaschen Bordeaux, acht gekochte Eier; das war symbolisch gedacht, kostete die Staatskasse aber jährlich eine halbe Million Francs.[6]

Marie Antoinette kümmerte sich mehr als in ihren Kreisen üblich um die Erziehung ihrer Tochter, die sich in den ersten Lebensjahren tagsüber meist in den Zimmern der Mutter aufhielt. Dies erfreute Botschafter Mercy überhaupt nicht, und er berichtete erbost an den österreichischen Kanzler Kaunitz: »Man hat kaum noch die Möglichkeit, mit der Königin einen wichtigen oder ernsthaften Gegenstand zu erörtern, ohne jeden Augenblick von kleinen Zwischenfällen im Spiel des Königskindes unterbrochen zu werden, und diese Widrigkeiten fördern ihre [Marie Antoinettes, Anm. d. Autorin] natürliche Neigung zur Zerstreutheit und Unaufmerksamkeit, sodass sie kaum noch zuhört … und noch weniger versteht.«[7]

Marie Antoinette ihrerseits berichtete ihrer Mutter stolz und ausführlich über die Fortschritte ihrer Tochter: »Die arme Kleine fängt in ihrem Gitterchen schon richtig das Laufen an. Seit einigen Tagen sagt sie Papa, ihre Zähne sind noch nicht draußen, aber man kann sie schon alle spüren. Es freut mich sehr, dass sie ihren Vater zuerst nennt, das macht die Beziehung zu ihm noch inniger. Alles geht genau nach Plan, und was mich betrifft, so könnte ich sie nicht zärtlicher lieben.«[8]

Auch Madame de Tourzel, die ab 1789 die Erzieherin des Dauphin und auch für Marie Thérèse als »Surveillance generale« zuständig war, beschreibt in ihren Memoiren die enge

Beziehung des Königs zu seiner Tochter: »Der König hatte für sie eine ganz besondere Vorliebe und ließ keine Gelegenheit aus, um die Zärtlichkeit erkennen zu geben, die er für sie spürte.«[9]

Für die eigentliche Erziehung Marie Thérèses waren Untergouvernanten zuständig, unter anderen Baronin Marie-Angélique de Mackau (1723–1801) und ihre Tochter, die Marquise Renée-Suzanne de Soucy (1758–1841). Besonders eng war die Beziehung der kleinen Prinzessin zur Baronin Mackau, die sie »Maman Mackau« nannte.[10]

Die Baronin Oberkirch, die eine gute Freundin von Madame de Mackau war, traf bei ihren Besuchen in Versailles immer wieder auf Madame Royale, die sie ein »Wunder an Schönheit, Geist, frühreifer Würde« nannte.[11] »Madame Royale ist so schön und voll von bewundernswerten Neigungen. Sie verspricht so viel Glück, Intelligenz und Charakter! Ah, was für eine Prinzessin sie werden wird!«[12]

Marie Antoinette ließ sich bei ihrer Erziehung von dem damals populären Konzept Rousseaus beeinflussen, der Kinder jenseits aller Etikette besonders natürlich erziehen lassen wollte. Die Hofetikette sah für königliche Prinzessinnen, sobald sie die Wiege verließen, enge und spitzenbesetzte Ärmel vor, die die Bewegungen der Arme einschränkten. Marie Antoinette dagegen ließ ihre Tochter in einfachen Kleidern aufwachsen, die ihr eine freiere Bewegung gestatteten. Für die schulische Erziehung gab sie die Anweisung, dass Marie Thérèse eine Ausbildung bekommen sollte, die in keinem der ihres Bruders, des Thronfolgers, nachstand.[13]

Die Sommerzeit verbrachte Marie Thérèse mit ihrer Mutter im Petit Trianon, einem kleinen Schloss, das Louis XV. ursprünglich nordwestlich von Versailles für seine Mätresse Madame de Pompadour gebaut hatte und das Louis XVI. seiner Frau schenkte. Sie richtete es mit teuren Möbeln und Kunstwerken nach ihrem Geschmack ein und verbrachte dort mit ausgesuchten Freunden fern der Etikette des Hofes viel Zeit, spielte Theater und feierte ihre eigenen Feste.

Den Park ließ sie im englischen Stil errichten mit Ruinen, Wasserbecken, künstlichen Bergen, Kaskaden, Tempeln und Statuen. Im Mittelpunkt aber stand ein im Schweizer Stil nachgebautes Dorf, eine bäuerliche Idylle, wie sie zu der Zeit in Adelskreisen beliebt war. Während vor allem die Ausgaben für das Dorf im Volk Empörung auslösten, schrieb die Baronin Oberkirch nach einem Besuch dort im Mai 1782: »Ich habe in meinem ganzen Leben keine schöneren Momente verbracht wie die drei Stunden an diesem Rückzugsort.«[14]

Marie Thérèse bekam hier ein eigenes Blumenbeet, das sie mit Schaufeln, Rechen und Gießkanne bearbeiten konnte. Auch eine Schaf- und Ziegenherde mit eigenem Hirten, der in einer Hütte neben der Orangerie wohnte, gehörte ihr zu naturnahem Spiel.

Um das Sozialverhalten ihrer Tochter zu entwickeln, lud Marie Antoinette jeden Sonntag zum Tanz in den Garten des Trianon. Saubere Kleidung genügte als Eintrittskarte. Die Königin selber führte den ersten Tanz an und ermutigte Madame Royale und den Dauphin, mit den anderen Kindern zu tanzen.[15]

Marie Antoinettes Idee, ihre Tochter in weniger strenger Etikette als bei Prinzessinnen üblich aufwachsen zu lassen, stieß nicht nur in Frankreich auf Missbilligung. Auch ihre Mutter schimpfte in einem Brief an ihren Botschafter über die neumodischen Ideen ihrer Tochter: »Ich bin in keiner Weise damit einverstanden, dass man die Etikette aus dem Erziehungsplan für Kinder unserer Geburt streicht ... Die augenblickliche Mode nach Rousseau, ihnen Freiheit zu gewähren und sie damit zu Bauern zu machen, gefällt mir nicht, und ich sehe in ihr keinen Vorteil, im Gegenteil. Auch wenn man ihren Hochmut nicht zu nähren braucht, so muss man sie doch von klein auf an die Repräsentation gewöhnen, um vielen unschicklichen Situationen vorzubeugen, die sich unvermeidlich einstellen, wenn der Herrscher und seine Familie sich nicht durch standesgemäßes Auftreten von Privatpersonen unterscheiden.«[16]

Der König, der seit Jahren seinem Hof ein Sparprogramm verordnet hatte, und Marie Antoinette zeigten ihren Kindern immer wieder die andere Seite des Lebens, auch wenn dies sporadische Versuche blieben: Am Neujahrstag des Jahres 1784, als Marie Antoinette mit ihrer Tochter und dem Dauphin die Versailler Spielzeugausstellung besuchte, erklärte sie ihnen, dass sie in diesem Jahr keine neuen Spielsachen bekämen, sondern von dem Geld Decken und Brot für die Armen gekauft würden.[17]

Äußerlich hatte Marie Thérèse offenbar sehr große Ähnlichkeit mit ihrer Mutter. Über ihren Charakter gibt es unterschiedliche Aussagen, je nach politischer Couleur des Betrachters. Wer Marie Antoinette nicht mochte, glaubte im Verhalten ihrer Tochter bereits die gleiche hochmütige Art zu erkennen, die man ihr vorwarf. Madame de Tourzel schreibt, dass Marie Antoinette sich verpflichtet glaubte, sie mit einer gewissen Strenge zu erziehen, da man ihr einen falschen Eindruck vom Charakter ihrer Tochter übermittelt hatte, sie hielt sie für stolz und manchmal von einem so »zerstörerischen Geist«, dass man sie »nicht ohne Bedenken mit anderen Kindern ihres Alters zusammenkommen lassen kann«.[18]

Dafür typische Szenen werden in allen Biografien erzählt, so zum Beispiel in einem Bericht aus dem Jahr 1796: Als Marie Thérèse einmal ein Fächer auf den Boden fiel, machte sie ihrer Kinderfrau ein Zeichen, ihn aufzuheben. Die Kinderfrau gehorchte. Marie Antoinette, die zugegen war, warf den Fächer sofort wieder auf den Boden und befahl ihrer Tochter, ihn selber aufzuheben.[19]

Man wollte wohl Marie Antoinette treffen, wenn man der Tochter ein Verhalten nachsagte, das eigentlich das Verhalten der Mutter charakterisierte, denn deren Handeln hätte man nicht ungestraft kommentieren dürfen. Der Name Marie Antoinette steht vor allem in der französischen Geschichtsschreibung für unvorstellbare Verschwendungssucht, die den

Ausbruch der Französischen Revolution mitverursacht habe. Dies ist zum Teil berechtigt, andererseits aber maßlos übertrieben worden in dem Bestreben, die »Österreicherin«, die in Frankreich von Anfang an umstritten war, in Misskredit zu bringen. Es waren die angehäuften Schulden der letzten Könige, die den Staat an den Rand des Bankrotts brachten. Vieles, was damals über die Königin im Umlauf war, würde heute zu Recht als »Rufmord« verurteilt werden.

Marie Thérèse dagegen wird von den meisten Zeitgenossen eher als sehr sanft, sensibel, leicht melancholisch beschrieben. Sie sei immer etwas ernst und nachdenklich und spiele wenig. »Sie war niemals ausgelassen fröhlich«, heißt es in einer zeitgenössischen Quelle.[20] *La petite Mousseline* oder *Mousseline sérieuse* wurde sie liebevoll genannt.

Über das Leben Marie Thérèses in den ersten zehn Jahren wissen wir, abgesehen von dem, was in den Briefen ihrer Mutter an ihre Großmutter Maria Theresia und in kurzen Mitteilungen von Besuchern steht, nicht wirklich viel, da Prinzessinnen erst im öffentlichen Leben erscheinen, wenn sie in das heiratsfähige Alter kommen. Die ersten zehn Jahre lebte sie ein geborgenes Leben bei ihren Eltern, die sich mehr als bei adligen Paaren üblich um ihre Kinder kümmerten. Dass auch über ihre Verheiratung unter anderem mit Louis Philippe, dem Sohn des Herzogs von Orléans, bereits spekuliert wurde, bevor sie zehn Jahre alt war, kümmerte sie nicht, zumal ihre Mutter vehement dagegen war.

Diese lehnte auch eine Anfrage ihrer Lieblingsschwester Maria Karolina ab, der Königin von Neapel, die im Sommer 1787 durch einen Boten ein Heiratsprojekt vorschlug: Marie Thérèse sollte ihren ältesten Sohn heiraten. Marie Antoinette wollte aber lieber, dass ihre Tochter später ihren Cousin, den Herzog von Angoulême, heiratete, wie die erste Kammerfrau Marie Antoinettes, Madame Campan, in ihren Memoiren schreibt. Marie Thérèse würde dann nicht ihren Rang als Tochter des Königs verlieren, was eine bessere Position als die einer

Königin in einem fremden Land sei. Außerdem müsse eine Prinzessin spätestens mit sieben Jahren das Heimatland verlassen, um an den fremden Hof zu gehen, schon mit zwölf Jahren sei es zu spät, denn die Erinnerungen an die Heimat würden dem Glück ihres ganzen Lebens schaden.[21] Hier sprechen wohl eigene bittere Erfahrungen aus Marie Antoinette.

Der erste wirklich traurige Tag im Leben Marie Thérèses mag der Tod ihrer kleinen Schwester Sophie gewesen sein, die am 19. Juli 1787 im Alter von nur einem Jahr starb. Auch Louis Joseph, der Dauphin, war oft krank, und die Ärzte hatten zunehmend weniger Hoffnung, ihn zu retten. Sicherlich hat sie die Trauer ihrer Mutter und die zunehmend depressive Stimmung ihres Vaters gespürt, der sich immer häufiger auf seine Jagdausflüge zurückzog.

Am 4. Juni 1789 starb ihr Bruder im Alter von sieben Jahren, nun war der vierjährige Louis Charles Dauphin und Thronfolger. Wahrscheinlich war Marie Thérèse dabei, als drei Tage später alle bei Hofe anwesenden Adligen in einem düsteren Trauerzug an ihrer Mutter vorbeizogen. »Es war ein unendlich trauriger und anrührender Anblick, wie ihre Majestät gegen die Balustrade in ihrem Zimmer gelehnt stand, umgeben von ihren Bediensteten, die alle in Schwarz gekleidet waren, und sich bemühte, nicht aufzuschluchzen, während ihr Hof in kleinen Schritten wie in einer Prozession an ihr vorbeiging und sich der Reihe nach vor ihr verneigte«, schrieb der Marquis de Bombelles.[22]

Marie Antoinette wurde schwer depressiv, zum Trauern aber blieb keine Zeit. In Paris überschlugen sich die Ereignisse. Vier Wochen nach dem Tod des Dauphins stürmten die Massen die Bastille, am 14. Juli 1789.

Madame de Tourzel schreibt über Marie Thérèse in diesen Jahren: »Diese kleine Prinzessin war im Gegenteil gut, freundlich, furchtsam und musste selber Vertrauen eingeflößt bekommen. Es wäre für sie besser gewesen, wenn sie ein wenig mehr von der Welt gesehen hätte, als immer nur in ihrem Appartement zu sein, zusammen mit den Frauen und der jungen Person, der die Königin erlaubt hatte, ihren Unterricht und ihre Spiele zu teilen.«[23]

Bei dieser jungen Person handelt es sich um Marie-Philippine Lambriquet, in Versailles geboren am 31. Juli 1778. Ihre Eltern waren Jacques Lambriquet, der zunächst Kammerdiener beim Bruder des Königs, dann beim König selbst war. Die Mutter Marie-Philippine Noirot stand im Dienst von Madame Elisabeth, der Schwester des Königs, und wurde später Kammerfrau bei Marie Thérèse.

Nach dem Tod ihrer Mutter am 30. April 1788 wurde Marie-Philippine vom Königspaar »adoptiert«. Ob es eine offizielle Urkunde dafür gab, ist nicht bekannt. Dass sie aber *de facto* als Kind Louis' XVI. galt, zeigt die Tatsache, dass alle Ausgaben, die für sie gemacht wurden, von der Kleidung über die Kerzen bis hin zu den Kosten für die Lehrer im *Registre des Enfants de France* in den *Archives Nationales* in Paris aufgeführt sind, einem Verzeichnis, das nur und ausschließlich die Ausgaben für die Kinder des Königs erfasste, die als »Kinder Frankreichs« galten.[24] Marie-Philippine ist die Einzige, die dort neben den offiziellen Kindern des Königs aufgeführt wird. Diese Ausgabenlisten für sie reichen bis zum April 1792, als die Zahlungen von der republikanischen Regierung eingestellt wurden.[25]

Da die Schwester des Königs auch Philippine hieß, wurde das kleine Mädchen in Ernestine umgetauft. Seit August 1789 lebte sie in Versailles, hatte ihre eigenen Diener, die Möbel ihres Appartements suchte Marie Antoinette persönlich aus. Schon damals wurde gemunkelt, dass sie eine Tochter des Königs[26] sein müsste. Im Juli 1777 hatte sich Louis XVI. einer Phimoseoperation unterzogen, die die Ursache für seine mangelnde sexuelle Aktivität gewesen sein soll. Marie Antoinette soll in diesem Zusammenhang zu einem ihrer Freunde gesagt haben: »Ich wäre weder in Sorge noch wäre ich sehr eifersüchtig, wenn der König eine momentane und vorübergehende Neigung nutzen würde, damit er mehr Druck und Kraft erwirbt.«[27]

Und so soll er mit der Kammerfrau Marie-Philippine Lambriquet im Sommer 1777 Ernestine gezeugt haben.[28] Immerhin wurde dem Ehemann seit Ende 1777 eine großzügige Pension gezahlt.

Auch wenn es keinen endgültigen Beweis gibt, spricht vieles für die Annahme, dass Ernestine eine Tochter Louis' XVI. war. Die Königin stellte sie Marie Thérèse mit den Worten vor: »Meine Tochter, sieh dies Kind; Du musst ihr Mutter sein«, obwohl Ernestine ein halbes Jahr älter war als sie.[29]

Kurz nachdem Ernestine an den Hof gekommen war, verließ die Gouvernante der königlichen Kinder, die Gräfin de Polignac, zusammen mit anderen Adligen auf Befehl des Königs Frankreich, um sich in Sicherheit zu bringen. An ihrer Stelle wurde Madame de Tourzel ernannt. Marie Antoinette schreibt in einem Abschiedsbrief an die Polignac: »Wir sind umgeben nur von Kummer, Unglück und Unglücklichen, nicht gezählt die Abwesenden. Alles flüchtet, und ich bin noch zu glücklich, um darüber nachzudenken, dass alle, die mich interessieren, von mir entfernt sind. So sehe ich niemanden und bin den ganzen Tag allein. Meine Kinder sind meine einzige Rettung, ich habe sie so oft wie möglich bei mir. Ihr wisst sicher von der Nomination von Madame de Tourzel, sie hat mich viel Überwindung gekostet. Aber in dem Moment, als Ihr Euren Abschied eingereicht habt und daher nicht mehr Freundschaft und Vertrauen ihre Erziehung gelenkt haben, wollte ich wenigstens, dass dies durch eine Person von großer Tugend und durch ihren Stand erhaben über alle Anschuldigungen und Intrigen geschieht. Meine Tochter und Ernestine waren vollkommen für Euch, und darum auch für mich, mein Sohn ist noch zu klein, um die Trennung zu fühlen.«[30]

Wirklich bedrohlich wurde es für die Königsfamilie am Abend des 5. Oktober 1789, als die Pariser Frauen mit Mistgabeln bewaffnet in Scharen nach Versailles zogen, um vom König Brot zu verlangen, denn das Volk hungerte. Im Schloss brach Panik aus. Die Berater des Königs empfahlen ihm, mit der Familie zu flüchten, zumindest bis Rambouillet, einem Schloss in der Nähe von Versailles. Die Kutschen standen schon abfahrbereit, als er ablehnte. Auch die Königin blieb, wollte ihn nicht allein lassen.

Für den Schutz der königlichen Familie und die Ordnung rund um Versailles und später in den Tuilerien war eine kleine Wachkompanie zuständig, die dem König selbst und einem Vertreter des Hofstaates unterstand. Sie wurde besonders hoch besoldet und stellte auch den Begleitschutz für die königliche Familie bei Ausfahrten und auswärtigen Besuchen.

Außerdem gab es noch die Schweizer Garden. Für den persönlichen Schutz der französischen Könige hatte Louis XIII. schon 1616 die ersten Kompagnien aus Schweizer Söldnern mit Zustimmung ihrer jeweiligen Heimatkantone geschaffen. Sie hatten eigene Kasernen in Paris und Versailles, wurden besser bezahlt als reguläre Soldaten und erhielten eine bessere Ausbildung.

Vor Ausbruch der Revolution gab es, verteilt über das ganze Land, elf Schweizer Linienregimenter mit circa 25 000 Mann, die bei Gefahr von außen mit den regulären Truppen in den Krieg ziehen mussten. Ihre Offiziere stammten traditionell aus adligen Schweizer Familien, ihre Generalität ebenfalls. Sie waren oft auf der Militärakademie oder Universität in Paris gewesen, hatten eigene Residenzen in der Stadt und kannten die königliche Familie persönlich. Als Beispiele seien der Oberbefehlshaber der Schweizer Truppen Comte Louis Auguste d'Affry genannt und der Generaloberst Pierre Victor de Besenval, der zum engeren Kreis um Marie Antoinette gehörte und als einer der wenigen Auserwählten Zugang zum Trianon hatte.

Seit Beginn der revolutionären Bewegung hatten sich in den meisten französischen Städten Bürgermilizen gebildet, die häufig den Bürgermeistern unterstellt waren, oft aber auch selbstständig agierten. Sie waren unterschiedlich bewaffnet und nannten sich Nationalgarden. Es waren keine einheitlichen

Truppen, sie wurden mehr von den Volksmassen als von ihren Offizieren beeinflusst.

Die Nationalgarde von Versailles griff an jenem 5. Oktober die Leibwache des Königs an, und frühmorgens am 6. Oktober stürmte die Menge, angeführt von »verkleideten Abgeordneten« der Nationalversammlung, den Zugang zum Schloss und besetzte die Terrasse und die Höfe. Ihre Schreie: »Den Kopf der Königin! Nieder mit der Königin! Louis ist nicht mehr König, wir wollen ihn nicht mehr!«, hallten durch das Schloss. Der Kammerdiener des Königs, François Hue, berichtet in seinen Memoiren von dem Entsetzen, das diese Rufe, die sich vor allem gegen die Königin richteten, ausgelöst haben. »Wo ist sie, diese Spitzbübin? ... Du hast zu deinem Vergnügen getanzt, du wirst nun zu unserem Vergnügen tanzen.«[31]

Die Menge zog zu den Appartements der Königin, wo sie die Wachen vor den Zimmern tötete. Marie Antoinette konnte durch einen Geheimgang in die Räume des Königs flüchten. Hier versammelten sich nach und nach auch die anderen Familienmitglieder: die Kinder mit ihren Erziehern und der Graf de Provence mit seiner Frau. Von draußen hörte man die Stimmen der wütenden Menschen.

Die Menge forderte, dass der König mit seiner Familie nach Paris umziehen und sich dort aufhalten sollte, wo das hungernde Volk ihn brauchte. In Anbetracht der aussichtslosen Situation versprach Louis XVI. den Umzug. Um sie weiter zu beruhigen, zeigte er sich mit seiner Familie auf dem Balkon. Es muss eine gespenstische Atmosphäre gewesen sein, vor allem für die drei Kinder: Marie Thérèse und Ernestine, beide zehn Jahre alt, der kleine Dauphin mit seinen vier Jahren. Aus dem Schlaf gerissen von wilden Schreien, die den Kopf der Mutter forderten, standen sie auf dem Balkon und schauten auf die grölenden Menschen, die Mistgabeln und Speere schwingend im Schein der Fackeln noch bedrohlicher wirkten. »Keine Kinder!«, schrie die Menge. Die Kinder wurden in den Raum hinter dem Balkon zurückgeschoben.

Hilfe kam vom Marquis de La Fayette, der die Nationalgarde von Paris kommandierte. Als die Nachricht vom Sturm auf das Schloss in Paris ankam, machte sich La Fayette sofort mit circa 20 000 Nationalgardisten aus Paris auf den Weg, um die Ordnung in Versailles wiederherzustellen.[32] Den »Umzug« der königlichen Familie nach Paris konnte aber auch er nicht verhindern.

Noch in derselben Nacht, gegen ein Uhr stiegen der König, die Königin, die Kinder, der Bruder des Königs und seine Frau, Madame Elisabeth, die Schwester des Königs und Madame Tourzel in die bereitstehenden Kutschen, um nach Paris zu fahren.

Begleitet wurden sie von einem mit Gewehren fuchtelnden Tross, von »mit Speeren bewaffneten Räubern und betrunkenen Weibern, zerzaust, bedeckt mit Schlamm und Blut: einige auf den Kanonen sitzend, andere auf den Pferden der Leibgarde, einige mit Brustpanzer, andere mit Gewehren und Säbeln, sie stießen schaurige Schreie aus und sangen Obszönitäten. Ein Corps der Kavallerie, vermischt mit Abgeordneten, Grenadieren und Frauen, umringte die Kutsche. Gefolgt von 200 königlichen Leibgardisten, die man entwaffnet hatte, ohne Helm und Umhängetaschen, einige Hundert Schweizer Gardisten, die Soldaten des Regimentes de Flandre, Dragoner und andere Soldaten. Die königliche Familie konnte ihre Augen nicht heben, ohne in geladene Kanonen zu schauen, die auf ihre Kutsche gerichtet waren.«[33] So beschreibt der Kammerdiener des Königs Hue, der mit anderen Bediensteten in einer weiteren Kutsche folgte, die Fahrt nach Paris.

»Diese Ordinären umringten die Kutsche Ihrer Majestäten«, schrieb Madame Campan[34], »und schrien: ›Uns fehlt nun kein Brot mehr, wir haben den Bäcker, die Bäckerin und den Bäckergesellen!‹ In der Mitte dieser Truppe von Kannibalen erhoben sich die beiden Köpfe der massakrierten Gardesoldaten.« Mit Bäcker war der König gemeint, die Königin war die Bäckerin und der Dauphin der Bäckergeselle.

Es muss für die Kinder ein Albtraum gewesen sein. Die sechzehnjährige Pauline de Tourzel, die ihrer Mutter folgte, bezeichnet die Fahrt in ihren Memoiren später als »grausame Qual«.[35] »Man wird nie begreifen, was in den letzten 24 Stunden geschehen ist«, schrieb Marie Antoinette aus Paris an den österreichischen Botschafter Mercy am Morgen nach der Übersiedlung »Was man auch sagt, nichts ist übertrieben, und im Gegenteil bleibt alles zurück hinter dem, was wir durchgemacht haben.«[36]

Am klarsten schätzte aber wohl die Schwester des Königs, Madame Elisabeth, die Situation ein. Sie schrieb am 8. Oktober an ihre beste Freundin, die Marquise de Bombelles, Tochter von Madame de Mackau: »Wir haben die Wiege unserer Kindheit verlassen – was sage ich? Wir wurden von ihr weggerissen. Was für eine Fahrt! Welche Anblicke! Niemals, niemals werden sie aus meinem Gedächtnis verschwinden … Ganz sicher ist, dass wir hier Gefangene sind; mein Bruder glaubt es nicht, aber die Zeit wird es ihm zeigen. Unsere Freunde sind hier; sie denken wie ich, dass wir verloren sind.«[37]

Für Marie Thérèse aber zerbrach an diesem Tag das sorglose Prinzessinnenleben im Luxus, und es begann eine Zeit, in der die Angst vor der unkontrollierbaren Wut des Volkes und ihrer Vertreter ihren Alltag und den ihrer Familie bestimmte.

Unter Hausarrest in den Tuilerien in Paris

⁓⊰❖⊱⁓

> »Ihr wisst nicht, meine Tochter, was das Schicksal
> für Euch vorgesehen hat; ob Ihr in diesem König-
> reich bleibt oder ob Ihr in einem anderen wohnen
> werdet«,

sagte Louis XVI. am 8. 4. 1790, dem Tag ihrer Erstkommunion,
zu seiner Tochter Marie Thérèse, bevor sie zur Kirche Saint-
Germain-l'Auxerrois fuhren. Die Mutter hatte sie am Morgen
in das Zimmer des Königs gebracht, wo sie vor ihm nieder-
kniete, damit er sie segnete. Seine Worte sind durch den Kammerdiener Hue überliefert. Sie solle aber niemals vergessen,
dass sie von Gott ihren hohen Rang nur bekommen habe, damit
sie für das Wohl ihrer Untergebenen wirke und deren Leiden
mindere.[1]

Was Marie Thérèse dabei gedacht hat, wissen wir nicht. Sie
lebte mit ihren Eltern zu diesem Zeitpunkt bereits seit sechs
Monaten im Stadtschloss zu Paris und hatte des Öfteren eine
früher nicht denkbare Respektlosigkeit des Volkes ihren Eltern
gegenüber miterlebt. Auch die Tatsache, dass sie nicht, wie es
zur Erstkommunion im Königshaus Tradition war, ein kostbares Diamantengeschmeide bekam, war ein deutliches Zeichen dafür, wie sehr sich die Zeiten geändert hatten. Louis XVI.
hatte beschlossen, diesen kostspieligen Brauch in Anbetracht
der innenpolitischen Situation abzuschaffen. Er appellierte
dabei an die Vernunft seiner Tochter. Das Volk leide, und sie
würde sicher eher auf Juwelen verzichten wollen, als dass das
Volk für ihre Juwelen auf Brot verzichten müsse.[2]

Versailles mit seiner unvorstellbaren Pracht war weit weg.

Als die Familie am 6. Oktober 1789 nach über sechs Stunden Fahrt in Paris angekommen war, war das ehemalige Stadtschloss der französischen Könige, das *Palais des Tuileries*, in dem die Familie für die nächsten zwei Jahre wohnen sollte, in keiner Weise vorbereitet. Nachdem Louis XIV. 1665 seine Residenz nach Versailles verlegt hatte, war das Schloss nur noch selten bewohnt worden. »Äußerlich wirkte der zerfallene Bau eindrucksvoll altertümlich«, schrieb Madame de Staël, eine gute Freundin der Königin, über ihren ersten Besuch. »Da man durchaus nicht mit der Ankunft der königlichen Familie gerechnet hatte, waren nur wenig Räume bewohnbar, und die Königin musste für ihre Kinder im gleichen Raum, in dem sie empfing, Feldbetten aufstellen lassen. Sie entschuldigte sich bei uns und meinte: Ihr wisst, dass ich nicht erwartet habe, hierher zu kommen.«[3]

Pauline de Tourzel, später verheiratet mit dem Marquis de Béarn, beschreibt in ihren Memoiren, dass das Schloss eine Baustelle war. Überall standen Leitern herum, die wichtigsten Möbel fehlten, die vorhandenen seien verfallen und die Tapeten alt und ausgeblichen. »Alles atmete ein Gefühl der Trauer zusammen mit den Eindrücken, die wir nach der schmerzhaften Reise mit uns trugen.«[4]

Es dauerte einige Wochen, bis das Stadtschloss einigermaßen wohnlich eingerichtet war. Möbel, Gemälde, Kleider, Geschirr und andere Einrichtungsgegenstände wurden aus Versailles gebracht. Nach dem Frühstück, das alle getrennt einnahmen, traf man sich zur Messe. Gegen ein Uhr wurde das Mittagessen gereicht. Zur Zerstreuung spielten die Männer Billard, die Damen stickten. Zum Abendessen kamen regelmäßig der Graf de Provence, der Bruder des Königs, und seine Frau, die nun auch in Paris wohnten.

Um wenigstens ihrer Tochter ein wenig Normalität und fröhliche Abwechslung zu bieten, lud Marie Antoinette öfter Kinder in Marie Thérèses Alter ein, die in den Räumen der Madame de Tourzel Verstecken spielen durften. Die ältere Pau-

line beaufsichtigte sie.[5] Oft spielte sie das bis heute beliebte
strategische Brettspiel Reversi mit ihr. Wie die Listen im Archiv
zeigen, lebte auch hier die kleine Ernestine bei der königlichen
Familie.[6]

In den ersten Wochen lebte das Königspaar zurückgezogen
im Schloss. Aber auf Anraten sowohl der französischen Minister als auch des österreichischen Gesandten Mercy zeigte sich
die Familie immer öfter in der Stadt. Der König nahm Truppen-
paraden ab, Marie Antoinette unternahm mit ihren Kindern
Ausflüge, die ihr die Sympathie des Volkes sichern sollten: zum
Beispiel ins Findelhaus oder zur Spiegelmanufaktur im Vorort
Saint-Antoine.

Zweimal in der Woche gab es einen Empfang bei der Königin, öffentliches Speisen war sonntags angesagt. Bälle, Konzerte, Theateraufführungen aber waren Vergnügungen der Vergangenheit. »Man würde nicht vermuten, dass es in Paris einen
Hof gibt«, schreibt der Comte de Mercy. Wie in Versailles stand
auch in Paris die Königsresidenz dem Volk offen. Im Saal der
Schweizer Garden trafen Menschen aller sozialen Stände friedlich aufeinander, wie Graf Esterházy einem Freund schrieb.
»Schlagende und Geschlagene fanden sich hier in einem bun-
ten Gemisch wieder...Die Urbanität und Gegenwart des
Hofes mäßigt, sorgt für Annäherung und anscheinend für
Eintracht...«[7]

Pauline de Tourzel berichtet in der Rückschau auf diese
Wochen – und sie hatte, als sie dies schrieb, schon drei Revolutionen mitgemacht –, dass es in einer Revolution immer wieder Phasen der Ruhe gebe. Dies lasse jedes Mal trügerische
Hoffnung aufkommen, dass alles vorbei sei, und aus Furcht,
diese relative Ruhe zu stören, versäume man es, Vorkehrungen
zu treffen. Nur so kann man wohl verstehen, warum das
Königspaar nicht die sich mehrfach bietenden Fluchtmög-
lichkeiten ergriff, sondern abwartete, ob sich nicht doch die
Revolution nur als kurzer Albtraum erwies, aus dem man bald
wieder aufwachen würde.[8]

Auch wenn es noch immer vereinzelte Hochrufe beim Erscheinen der Königsfamilie gab, so war die Stimmung im Volk
keinesfalls kalkulierbar. Immer wieder zogen Menschenmassen
am Schloss vorbei, die skandierten: »Keine Not mehr an Brot!
Wir haben den Bäcker, die Bäckerin und den Bäckergesellen
unter uns!«[9]

Manche drangen unter dem Vorwand, sie seien Abgeordnete,
bis zum König vor. Beleidigungen und Bedrohungen waren an
der Tagesordnung. Noch weigerte sich der König, das Schloss
zu sperren – er glaubte an eine kurzzeitige Verwirrung seiner
Untertanen; nur für die kurze Zeit, wenn sie im Park spazieren
gingen, wurde dieser für das Publikum geschlossen. Der König
sei feige, hieß es daraufhin.[10]

»Eure Majestät ist (eine) Gefangene«, brachte Marie Antoinettes Sekretär Augeard die Situation auf den Punkt[11] – zum
Entsetzen der Königin, die genau wie ihr Mann dies nicht
wahrhaben wollte und die Wachen im und vor dem Schloss
als Beschützer und nicht als Bewacher ansah. Sie waren beides,
wie sich in der folgenden Zeit immer wieder zeigen sollte.

In der Nationalversammlung, die dem König nach Paris
gefolgt war, wurden die Monarchisten stetig weiter zurück-
gedrängt. Die Auseinandersetzungen um das Schicksal des
Königtums wurden von den Vertretern der konstitutionellen
Monarchie und den sogenannten Demokraten wie Robespierre,
Pétion und Buzot, die für die Abschaffung der Monarchie und
die Errichtung einer Republik waren, immer härter geführt.

Die Menschen in den Provinzen verfolgten das Geschehen
in Paris mit wachsender Sorge. Viele waren anfangs durchaus
aufseiten der Revolutionäre, wandten sich aber mit Beginn der
Grausamkeiten angeekelt ab. Andere wie die Baronin Oberkirch lehnten jede Änderung im System von vorneherein ab. Sie
beendete ihre Memoiren im Herbst 1789 gleichzeitig mit dem
Ende des Ancien Régimes, dessen Teil sie war: »Ich will nicht,
ich kann nicht mehr sagen. Alles, was ich verehre, stirbt; was
ich liebe, ist bedroht; es bleibt mir nur noch die Kraft, um zu

leiden, und um nichts in der Welt würde ich diese furchtbaren Tage [der Revolution, Anm. d. Autorin] in die Länge ziehen. Adieu also an diese verronnenen Stunden, um die Vergangenheit lebendig werden zu lassen. Was die Zukunft betrifft, möge Gott sie schützen.«[12]

Am 4. 2. 1790 verkündete der König auch im Namen der Königin feierlich vor der Nationalversammlung, dass er die Verfassung einer konstitutionellen Monarchie, an der die Abgeordneten arbeiteten, annehmen würde. Er sagte in seiner umjubelten Ansprache, dass er sich als Führer einer Revolution, die dem Willen des Volkes entspreche, betrachte.[13] Vor den Delegierten, die das Königspaar zurück in die Tuilerien brachten, hielt auch Marie Antoinette eine Rede, für die sie Applaus erntete. »Die unglückliche Fürstin schwamm in Tränen und zeigte, wie viel Überwindung sie dieser Schritt kostete.«[14] Die Schwester des Königs, Madame Elisabeth, schreibt an ihre Freundin, Madame de Bombelles: »Die Monster sind die Herren. Der König – könnt Ihr es glauben? – soll nicht einmal die nötige exekutive Macht bekommen, die ihn davor bewahrt, eine absolute Null in seinem Königreich zu sein.«[15]

Die Unterzeichnung der Verfassung durch den König am 14. September löste in Paris Freudenfeste aus, denen sich auch die Königsfamilie nicht ganz entziehen konnte, ohne unglaubwürdig zu werden. Die Königin, Marie Thérèse und Madame Elisabeth gingen ins Theater. Man spielte die komische Oper »Die vermutliche Gouvernante« von Jean-Louis Laruette. Unglücklicherweise, wie Madame Campan schreibt, wandte sich die Sängerin der Königin zu, während sie die Zeilen sang: »Ah! Wie liebe ich meine Herrin!« Sofort erhoben sich 20 Stimmen im Parterre, die schrien: »Keine Herrin mehr! Keinen Herrn! Freiheit!« Einige Herren antworteten aus den Logen und von den Balkonen: »Es lebe die Königin! Es lebe der König! Sie sollen für immer leben!!« Und man widersprach aus dem Parterre: »Keinen Herrn! Keine Königin!« Der Streit wurde hitziger, das Parterre war gespalten, man schlug sich, die Jakobiner waren unterlegen. Büschel schwarzer Haare flogen durch den Saal, bis eine zahlreiche Wachmannschaft eingriff. Die Königin bewahrte Haltung und blieb ruhig. Als sie schließlich das Theater verließ, applaudierten viele. Es war das letzte Mal, dass sie und ihre Familie ein Theater betraten.[16]

Nur die wenigsten Franzosen glaubten, dass der König und seine Frau wirklich mit den Ideen der Verfassung einverstanden waren. Von Anfang an wurde deshalb in Paris jeder ihrer Schritte misstrauisch beobachtet. In dieser Zeit herrschte große Furcht vor der Konterrevolution. Sowohl die Deputierten der Nationalversammlung als auch das Volk befürchteten einen Angriff auf Frankreich, der von den königlichen Prinzen und anderen Adligen, die aus Frankreich geflüchtet waren, angeführt würde, um mithilfe der europäischen Mächte die Errungenschaften der Revolution zu zerstören. Als Haupt dieser vermuteten Konterrevolution galt das Königspaar, wobei man hier vor allem der »Österreicherin« seit Langem jede nur erdenkliche Schlechtigkeit zutraute. Jedes Gerücht, mochte es auch noch so sehr der realen Basis entbehren, führte daher zu unkontrollierbarer Hysterie bei der Masse des Pariser Volkes.

In den Archiven der Königshäuser Europas liegen die Beweise für das Doppelspiel, das Louis XVI. und Marie Antoinette – aus nachvollziehbarer Verzweiflung heraus – tatsächlich spielten. Zunächst war man in Europa allerdings irritiert, als die Kunde von der Rede des Königs die Runde machte. »Der König von Frankreich muss zeigen, dass er Unterstützung verdient; es wäre unsinnig und unmöglich, ihn gegen seinen Willen zum Monarchen zu machen«, monierte der spanische König.[17]

Die meiste Hilfe versprach sich das Königspaar von den Verwandten Marie Antoinettes in Wien, wo am 20. 2. 1790 Kaiser Joseph II. gestorben war, dem sein Bruder Leopold auf dem Thron folgte. »Nur in den Ausländern finden wir Hilfsmittel und Mitgefühl«, schrieb Marie Antoinette an ihn.[18]

Während der König im Ausland um Hilfe nachsuchte, überlegten sich in Paris die unterschiedlichsten Gruppierungen, wie sie den König für ihre eigenen Zwecke nutzen könnten. Da war zum Beispiel der Graf de Provence, der Bruder des Königs und spätere Nachfolger (Louis XVIII.), der plante, seinen Bruder samt Familie zu entführen, um sich dann selber zum Regenten und später zum König zu machen. Diese Pläne flogen jedoch auf, und während sich der Graf ohne Schaden aus der Affäre ziehen konnte, schädigte sein Vorhaben das Ansehen der Königsfamilie in den Tuilerien nachhaltig.

Andere, wie der Abgeordnete Mirabeau, versuchten den König weiter für eine konstitutionelle Monarchie zu gewinnen[19], und wenn das Königspaar seine Chancen realistisch eingeschätzt hätte und sich damit hätte anfreunden können, wäre vieles wohl anders ausgegangen.

Im Mai 1790 gab es erneut große Aufregung wegen eines angeblich bevorstehenden Komplotts der aristokratischen Partei. Hinzu kam die Veröffentlichung des sogenannten *Véritable Livre rouge*, in denen die heimlichen Ausgaben Louis' XV. und Louis' XVI. verzeichnet waren. Die unvorstellbare Verschwendung von Steuergeldern durch die Vorgänger-Könige in Versailles machte in Paris, wo die Menschen hungerten, die Runde und löste eine ungeheure Wut auf das Königspaar und alle Adligen aus. Diese Wut konzentrierte sich vor allem auf das »österreichische Komitee…, diese Kette wider das Volk, deren erstes Glied in den Tuilerien sitzt und die alle Höfe Europas durchzieht… überall erblickt das Volk Verräter und Verschwörer«.[20]

Die Stimmung war so aufgeheizt, dass die Nationalversammlung dem Wunsch der Königsfamilie, Anfang Juni in den Urlaub nach Saint-Cloud vor den Toren der Hauptstadt zu fahren, gern nachgab. Unter der Bewachung von Nationalgardisten, die den König vor Angriffen aus dem Volk schützen sollten, fuhren die Kutschen davon. Im Schloss von Saint-Cloud führten sie ein Leben, das an Versailles erinnerte. Der König ging auf die Jagd, es gab Theateraufführungen und Konzerte, Kutschfahrten und Abendgesellschaften. Noch konnte es sich

Madame Elisabeth, die Schwester des Königs, leisten, mit Galgenhumor und beißender Ironie aus Saint-Cloud den folgenden Brief an ihre Freundin Madame de Bombelles zu schicken, die fern von Paris in Madrid weilte: »Ich werde dir nicht von den Dekreten schreiben, die täglich herausgegeben werden, nicht einmal von dem, das an einem gewissen Samstag herausgekommen ist [in dem die Abschaffung adliger Titel bekannt gegeben worden war, Anm. d. Autorin]. Es bekümmert die Leute, die es betrifft, nicht, aber es plagt die Übelwollenden und die, die es herausgegeben haben, denn in allen Gesellschaftsschichten wurde es viel diskutiert. Was mich betrifft, ich denke, ich werde mich Mademoiselle Capet, oder Hugues, oder Robert nennen, denn ich denke, man wird mir nicht erlauben, meinen richtigen Namen zu tragen: von Frankreich. All dies amüsiert mich sehr, und wenn diese Gentlemen nur solche Dekrete wie dieses verfassten, würde ich auch noch Liebe zu dem tiefen Respekt hinzufügen, den ich für sie empfinde.«[21]

Auch hier in Saint-Cloud hätten sich Möglichkeiten zur Flucht geboten, denn das Königspaar konnte sich ohne jede Bewachung relativ frei außerhalb des Schlosses bewegen. Vielleicht täuschten sie sich gerade deshalb über ihre Situation und lehnten entsprechende Angebote ab.[22]

Fluchtpläne

»Der König hat nur einen Mann,
und das ist seine Frau«,

kennzeichnete Graf Mirabeau die Situation jener Monate. »Es gibt für sie keine Sicherheit als in der Wiederherstellung der königlichen Autorität … Ich bin ganz sicher, dass sie ihr Leben ohne Krone nicht behält. Der Augenblick wird kommen, und dies bald, da sie versuchen muss, was eine Frau und ein Kind zu Pferde vermögen.«[1] Zu einer Zeit, als das Königspaar seine ganze Hoffnung noch auf die Hilfe von außen setzte, sahen viele Royalisten in der Flucht des Königspaares die einzige Möglichkeit zur Rettung.

Währenddessen beschloss die Nationalversammlung in Paris am 12. Juli 1790, dass Bischöfe und Priester als staatliche Angestellte vom Volk gewählt und einen Eid auf die Verfassung schwören sollten. Immerhin war in Frankreich die katholische Religion Staatsreligion. Der König, dessen Zustimmung nach der neuen Verfassung zu einer solchen Bestimmung erforderlich war, zögerte. Er wollte es sich weder mit dem Volk noch mit dem Papst verderben. Letztlich blieb ihm aber nur die Zustimmung. Die Geistlichkeit selbst war gespalten. Während die meisten einfachen Priester den Eid schworen, weigerte sich die hohe Geistlichkeit. Viele Bischöfe verließen das Land und suchten Asyl in England, Italien oder Österreich.

Der König, dem diese Entscheidung gegen sein eigenes Gewissen furchtbar schwergefallen war, weigerte sich anfangs, die Kommunion aus den Händen eines Priesters zu empfangen, der den Eid auf die Verfassung geschworen hatte. Doch ließ sich dies auf die Dauer nicht durchhalten, schließlich hatte er als König dem Gesetz zugestimmt und konnte sich als Privatmann nun nicht dagegenstellen.

Zunächst aber wurde am 14. Juli 1790 auf dem Marsfeld der Jahrestag der Erstürmung der Bastille zelebriert. Aus allen Teilen des Landes waren Delegierte gekommen. In der Mitte des Platzes hatte man den Vaterlandsaltar aufgebaut, an dem alle den Eid auf die Verfassung ablegen sollten.

Das Königspaar nahm mit seinen Kindern daran teil. Der König, geschmückt mit seinen Orden, kam in einer Zeremonienkutsche und nahm auf seinem Thron Platz, neben sich den Präsidenten der Nationalversammlung. Für diesen einen Tag war er von der Nationalversammlung zum obersten Befehlshaber der Nationalgarden ernannt worden, für einen absoluten Monarchen, dem bislang alle Truppen des Landes unterstanden hatten, eine sehr gewöhnungsbedürftige Situation.

Die Königin, die Kinder und die übrigen Hofmitglieder saßen auf der Tribüne unterhalb des Thrones. Truppen marschierten auf, 200 Musiker spielten zum Donnern der Kanonen. Für die Kinder muss es wie eine ganz normale Truppenabnahme ihres Vaters gewirkt haben.

Ob sie die Tragweite seiner anschließenden Rede verstanden, ist zu bezweifeln: Der König versprach, sich treu an das Gesetz zu halten und mit all seiner Kraft die Artikel der Verfassung zu respektieren. Nach ihm schworen alle Anwesenden den Eid auf die neue Verfassung.[2] Es folgten Hochrufe auf den König und die Königin, denn dieser hatte mit seinem Eid das Ende seiner eigenen absoluten Herrschaft legitimiert.

Madame Campan kommentiert die Veranstaltung in ihren Memoiren: »Die Liebe, die man ihm entgegenbrachte, war, außer bei denen, die seinen Ruin wollten, noch mit ganzer Macht in den Herzen der Franzosen…; sie liebten den König so sehr wie die Verfassung, und die Verfassung so sehr wie den

König, und in ihren Köpfen und in ihren Herzen konnte man das eine nicht mehr vom anderen trennen.«[3]

Eigentlich aber wollte der König ohne Verfassung regieren, auch wenn er den Eid auf sie geschworen hatte. Offiziell arbeiteten Louis XVI. und Marie Antoinette daher zwar mit der Regierung zusammen und duldeten alle Einschränkungen der königlichen Macht, auch dass am 10. 10. 1790 die Nationalversammlung die Titulatur für Louis XVI. von »König von Frankreich und Navarra« in »König der Franzosen« abwandelte. Insgeheim aber setzten sie sich mit den Herrschern der europäischen Staaten in Verbindung, um mit deren Hilfe wieder in ihre alten Rechte eingesetzt zu werden.

Allerdings fürchteten auch sie die Folgen einer möglichen Konterrevolution, die von den Prinzen im Ausland und den anderen Emigranten geschürt wurde. Denn alle Gerüchte dazu, die an die französische Öffentlichkeit gelangten, sowie der Beginn des Aufstandes gegen die Revolution um Lyon herum und der Aufmarsch der feindlichen Armeen an den französischen Grenzen verstärkten den Zorn des Volkes vor allem auf Marie Antoinette.

Nach der Rückkehr aus Saint-Cloud wurden mehrere Komplotte gegen das Leben der Königin entdeckt. Ein Attentäter war in die Gärten direkt beim Schloss eingedrungen, um die Königin zu ermorden. Der Marquis de La Fayette, der für ihre Sicherheit zuständig war, erließ strengste Vorschriften für die Wachen. Madame Campan berichtet auch von der Sorge, man könne die Königin vergiften, indem man in den Zuckertopf, der in Marie Antoinettes Zimmer stand und aus dem sie zwischendurch Zucker in ihr Wasserglas gab, Gift mischte. Sie bekam den Auftrag von La Fayette, den Zucker heimlich drei bis vier Mal pro Tag auszutauschen – ohne Wissen der Königin, um sie nicht zu beunruhigen, was allerdings nicht gelang.[4]

Die Stimmung im Volk war so aufgeheizt, dass La Fayette Marie Antoinette im Oktober 1790 sogar auf die Möglichkeit einer Scheidung hinwies. In diesem Zusammenhang sollte ins-

besondere ihre Beziehung zu Hans Axel Graf von Fersen überprüft werden. Sie schade dem Ansehen des Königs, sagte er ihr.
Und für eine funktionierende konstitutionelle Monarchie brauche man einen König, der beim Volk geachtet sei.[5]

Immer wieder kam es im Schloss auch zu Plünderungen
durch den Pöbel, die Massen zogen zu den Tuilerien, um ihrer
Empörung durch grobe Beschimpfungen gegen die Königin
Luft zu machen.

Die Königsfamilie reagierte zunehmend mit Panik. Bei einem
Aufmarsch am 13. November verkroch sich der König im Dach-
geschoss, es war Marie Antoinette, die den Befehl gab, die Tore
zu schließen.[6]

Mitte Oktober 1790 gab es einen ersten konkreten Flucht-
plan für Marie Antoinette und die Kinder, den Sekretär Augeard der Königin unterbreitete. Sie lehnte ab, weil sie ihren
Mann nicht allein lassen wollte.[7] Sie hatte Angst um sein Leben.
Augeard soll geantwortet haben, dass sie es im Gegenteil rette,
wenn sie ginge, denn dem König werde man nichts tun.

Auch andere Fluchtpläne von Freunden, wie den von Madame de Staël oder den von Georg von Hessen-Darmstadt,
lehnte Marie Antoinette ab, sofern nicht die ganze Familie
flüchten konnte. Sie verkannte, wie sehr das Volk sie hasste,
und hatte Angst vor einer möglichen Scheidung. Ihr Sekretär
Augeard schrieb später: »Da damals viel von Scheidung die
Rede war, befürchtete sie möglicherweise auch, der König,
dessen Schwäche sie kannte, würde gezwungen, sie zu opfern,
wenn sie das Königreich verlassen würde.«[8]

Graf von Fersen entwickelte mit anderen Helfern einen
Plan, der eine geheime Flucht an die lothringische Grenze zur
Festung von Montmédy vorsah. Ein Verlassen französischen
Bodens war nicht geplant, da das den Tatbestand der Flucht
erfüllt hätte, für den die Verfassung die Absetzung des Königs
vorsah.

Marie Antoinette bemühte sich um Unterstützung für diesen
Plan bei den ausländischen Herrschern, aber die zögerten. Sie

warteten alle ab, ob andere Monarchen sich beteiligten. Selbst ihr Bruder Leopold II., der österreichische Kaiser, versicherte sie seines »innigsten, zärtlichsten und aufrichtigsten Mitgefühls«[9], vertröstete sie aber auf einen späteren Zeitpunkt, wenn die Umstände günstiger seien.

Die Stimmung der Königsfamilie lässt sich aus den bitteren Worten Marie Antoinettes erschließen, die der spanische Botschafter Fernán Nuñez in seinem Bericht nach Madrid notierte: »Aus der Ferne kann man leicht zu Besonnenheit und zum Abwarten raten; aber das ist unmöglich, wenn man das Messer an der Kehle hat.«[10]

Auch im Jahr 1791 wollte die königliche Familie mit der Genehmigung der Nationalversammlung in den Urlaub nach Saint-Cloud fahren. Aber anders als im Jahr zuvor verhinderte die Nationalgarde mit aufgepflanzten Bajonetten die Abfahrt der Kutschen. Da man einen Fluchtversuch vermutete, hatten sich Volksmassen vor den Tuilerien eingefunden. Stundenlang saß die königliche Familie in ihrer Kutsche fest, umgeben von wütenden und schimpfenden Menschen. Schließlich ließ Louis XVI. den Befehl zum Aussteigen geben. Unter dem Gejohle des Volkes kehrte die Familie über die Treppe ins Schloss zurück. »Nicht ... die Furcht vor dem Tod, sondern die Kränkungen machen mir zu schaffen«, soll Marie Antoinette dabei gesagt haben.[11]

Am selben Tag erschienen gegen sechs Uhr abends Soldaten der Nationalgarde, um alle Zimmer nach abtrünnigen Priestern zu durchsuchen. Die Königin war für mehrere Tage krank. Graf von Fersen schrieb an seine Schwester, dass das Königspaar in großer Gefahr sei. »Man sagt über sie abscheuliche Dinge, respektiert sie nicht mehr und spricht ungestraft Drohungen gegen ihr Leben aus.«[12]

Nun erschien Flucht als einzige Rettung: »Unser Weg liegt im Augenblick darin, im Strom zu schwimmen, um unser Leben zu retten (ich übertreibe nicht) und hier um jeden Preis herauszukommen«, schrieb Marie Antoinette an den spanischen Botschafter.[13] Ihre Bitte um Hilfe wurde aber wie schon vorher mit Durchhalteparolen beantwortet. So beschlossen sie, auch ohne Unterstützung von außen zu fliehen.

Marie Antoinette machte sich mithilfe ihrer Kammerfrau Madame Campan daran, in größter Heimlichkeit die nötigen Dinge zu packen. »Ich sah mit Sorge, wie sie sich mit Dingen beschäftigte, die ich für unnötig, ja sogar gefährlich hielt, und machte sie darauf aufmerksam, dass die Königin von Frankreich überall Hemden und Röcke finden würde.« Vergeblich. Marie Antoinette wollte einen vollständigen Satz Kleider auf die Flucht mitnehmen. So verließ Madame Campan verkleidet das Schloss und kaufte Hemden und andere Kleidungstücke in verschiedenen Boutiquen, damit die große Menge nicht auffiel. Für den Dauphin besorgte sie Kleidung nach den Maßen ihres eigenen Sohnes; ihre Schwester, die ebenfalls bei Marie Antoinette angestellt war, kaufte für Marie Thérèse eine komplette Ausstattung nach den Maßen ihrer ältesten Tochter.

Gefährlich wurde es, als die Königin beschloss, einen überdimensionalen Kosmetikkoffer mitzunehmen, den sie sich bei den ersten Aufständen 1789 in Paris schon für eine eventuelle Flucht bestellt hatte. Er enthielt unter anderem ein *bassinoire*, ein Kupfergefäß, das mit Kohlen erhitzt als Bettwärmer diente, und eine riesige silberne Wasserschüssel.[14] Madame Campan war verzweifelt, weil die Königin offenbar die Flucht mit einem Ausflug verwechselte. Sie hatte Angst, dass das Verschwinden des Kosmetikkoffers auffallen und die Flucht zu früh verraten könnte. Da Marie Antoinette aber auf ihren Koffer nicht verzichten wollte, dachte sie sich eine List aus: Sie verkündete vor den versammelten Dienern, dass sie einen zweiten, genau gleichen Toilettenkoffer bestellen müsse, weil ihre Schwester Maria Christina, Regentin in den Niederlanden, einen solchen haben wolle.

Als der Koffer aber nicht rechtzeitig fertig wurde, stornierte sie die Bestellung und gab Anweisung, ihren eigenen gründlich sauber zu machen. Sie wolle ihn zu ihrer Schwester schicken.

Es war kein Wunder, dass schon die ersten Vorbereitungen zur Flucht von einer der Kammerdienerinnen durchschaut und bereits am 21. Mai dem Bürgermeister gemeldet wurden.

Man wusste also an offizieller Stelle, dass die Königsfamilie flüchten wollte, man wusste nur nicht, wann. Auch La Fayette, der für die Sicherheit in den Tuilerien zuständig war, wusste offenbar durch eine andere Kammerfrau von den Fluchtplänen. Wie ein ehemaliger Page, der Comte d'Hézecques, in seinen Erinnerungen schreibt, ließ er den König ganz bewusst fliehen, um seine Rückkehr umso »niederschmetternder zu gestalten« und seine Gefangennahme, die man dann ihm verdankte, umso »durchschlagender«.[15]

Marie Antoinette zeigte sich in den Tagen vor der geplanten Flucht häufiger mit ihren Kindern in den Straßen von Paris, um alle Gerüchte zu ersticken. Auch am 20. Juni 1791, dem geplanten Fluchttag, sollte alles wie gewohnt verlaufen. Die Schwester des Königs, Madame Elisabeth, wurde erst mittags eingeweiht. Am Nachmittag machte Marie Antoinette mit den Kindern noch einen Ausflug nach Folie Boutin, einem bei Parisern sehr beliebten Lusthaus am Ende der Chaussée-d'Antin.

Danach schickte Marie Antoinette Madame de Mackau mit Ernestine, die nicht mitkommen sollte, in die Vorstadt Saint Jacques, wo sich der Convent Sainte-Marie befand, in dem Madame de Mackau regelmäßig zu Beginn des Jahres einige Tage mit Exerzitien verbrachte.[16]

Marie Thérèse und ihr Bruder dagegen wurden um zehn Uhr abends geweckt. Man zog ihnen einfache Baumwollkleider an. Dann holte die Königin sie ab und brachte sie und Madame de Tourzel durch mehrere Zimmerfluchten in die *Cour des Princes*. Graf von Fersen, als Kutscher verkleidet, erwartete sie in einer Droschke.

Marie Antoinette kehrte zurück in den Salon und widmete sich ihren Gästen, bis sie sich zur Nachtruhe begab. Auch der König empfing wie üblich hohe Würdenträger, bevor er sich gegen viertel vor elf Uhr in seine Gemächer zurückzog. Der

Bruder des Königs und seine Frau fuhren ins Palais du Luxembourg zurück. Sie flüchteten in derselben Nacht auf einem anderen Weg.

Sobald Marie Antoinette allein war, stand sie wieder auf, zog ein schlichtes Kleid an und setzte einen großen schwarzen Hut mit langem, schwarzem Schleier auf. Von einem der drei Adligen begleitet, die sie auch auf der Flucht beschützen sollten, kam sie bei der Kutsche an, wo der König, angetan mit grünem Gehrock und rundem Hut über seiner Perücke, auf die er nicht verzichten wollte, schon angstvoll wartete.

Gegen Mitternacht fuhren sie los, ausgestattet mit den falschen Pässen, die die Baronin Korff besorgt hatte: Die Erzieherin der Kinder, Madame de Tourzel, fuhr als Baronin Korff, Marie Thérèse als ihre Tochter Amélie, der Dauphin als ihre Tochter Aglaé, Marie Antoinette gab sich als Madame de Rochet, die Gouvernante der Kinder, aus. Der König fuhr als Kammerdiener Durand, Madame Elisabeth als Gesellschafterin Rosalie.

Beim Morgengrauen in Bondy verabschiedete sich Graf von Fersen. Der König wollte, dass er nach Montmédy vorreiste, um alles für ihre Ankunft vorzubereiten.

Während die Familie weiter Richtung Grenze floh, wurde gegen 6.30 Uhr in Paris die Flucht entdeckt. Das Entsetzen war groß. Die Mehrheit der Abgeordneten der Nationalversammlung brauchte den König als verfassungsgemäße Spitze der Exekutive und war bereit, die Flucht als eine Entführung der Royalisten darzustellen, die ja so etwas schon vorher tatsächlich geplant hatten. Nur leider hatte der König in der sicheren Annahme, dass seine Flucht erfolgreich sein würde, eine Erklärung zurückgelassen, in der er sich in aller Ausführlichkeit über die Verfassung beschwerte, die das Königtum ausgehöhlt habe. Daher habe er sich und seine Familie in Sicherheit bringen müssen.

Die Abgeordneten waren empört. Der König hatte offenbar seine Flucht lange vorbereitet, dazu mit ausländischen Mächten korrespondiert und sein Einverständnis zur Verfassung nur vorgetäuscht. Es war Verrat auf der ganzen Linie.[17] In alle Richtungen wurden Kuriere ausgesandt, den König zu suchen.

Der aber fuhr nichts ahnend der Grenze entgegen. Unterwegs wurde er immer wieder von Bauern erkannt, freundlich begrüßt und unbehelligt gelassen. Die Familie atmete auf und wurde zunehmend unvorsichtig. Gegen sechs Uhr am Nachmittag kamen sie mit drei Stunden Verspätung am Treffpunkt in Pont-de-Somme-Vesle an, wo de Bouille mit bewaffneten Einheiten zur weiteren Begleitung warten sollte. Und von diesem Moment an ging alles schief.

Die Soldaten waren abgezogen, da sie nicht mehr mit dem Eintreffen des Königs rechneten. Die Berline fuhr ohne militärische Begleitung weiter. Beim Wechseln der Pferde in Sainte-Ménehold glaubte der Postmeister Drouet, er habe den König erkannt. Zuerst ließ man ihn weiterfahren, aber der rasch einberufene Stadtrat beschloss, die Berline verfolgen zu lassen, und schickte Drouet hinterher.

Gegen elf Uhr abends kam die Kutsche in Varennes an. Vergeblich wurde nach der Poststation gesucht. Auch die Königin stieg aus und klopfte an die Türen der Häuser. Dann wurden erste Lichter angezündet, der Ort erwachte. Männer mit Gewehren standen plötzlich vor der Kutsche, es wurde Sturm geläutet. Der Krämer Sauce, Bürgermeister des Ortes, öffnete den Wagenschlag und fragte nach ihren Pässen.

Da diese in Ordnung waren, wollte er sie schon weiterfahren lassen, als der Postmeister Drouet angeritten kam. Und damit endete die Flucht. Der König wurde gezwungen auszusteigen und in das Haus des Krämers zu gehen. Die königlichen Kinder wurden in das Bett der Krämerskinder gelegt. Vor dem Haus versammelte sich eine immer größer werdende Menge. Trommelwirbel und das Läuten der Sturmglocke erzeugten einen ohrenbetäubenden Lärm.

Vergebens versuchte der König, die Maskerade aufrechtzuerhalten. Doch ein Bürger hatte ihn erkannt. Während der König noch hoffte, dass Husaren ihn finden und retten würden, versuchten Bürger, ihn zu überreden, freiwillig nach Paris zurückzukehren. Als die Husaren endlich eintrafen und die Flucht weitergehen sollte, war dem König das Risiko zu groß, dass einer aus der Familie von einer Kugel getroffen würde.

Kurze Zeit später trafen aus Paris drei Abgeordnete der Nationalversammlung ein, ausgestattet mit einem Dekret zur Festnahme des Königs. Mit Sensen und Gewehren bewaffnete Bauern begleiteten die Kutsche auf dem Weg zurück nach Paris. Es wurde für alle eine Horrorfahrt.

Der Bürgermeister von Sainte-Ménehould wollte ihnen Rast anbieten, wurde aber von den Massen gehindert. Kurze Zeit später wollte Graf Dampierre zu ihnen vordringen, um dem König seinen Respekt zu bekunden. Er wurde vor den Augen der Kutscheninsassen aus dem Sattel geworfen und getötet.

In Choully spuckte man dem König ins Gesicht, der Königin und Madame Elisabeth wurden beim Aussteigen die Kleider zerrissen. Beide weinten, vor Angst zitternd. Die Kinder klammerten sich an sie. In Épernay mussten sie einen Hof voll bedrohlich schimpfender Menschen durchqueren, die schrien, sie wollten sie töten.

Zu ihrem Schutz setzten sich zwei Abgeordnete der Nationalversammlung in die Kutsche, die Kinder wurden auf den Schoß genommen. Jérôme Pétion de Villeneuve, der Bürgermeister von Paris, erzählte später über diese Fahrt: »Nichts war mehr spürbar von königlichen Allüren, es herrschten Bequemlichkeit und häuslicher Umgang … Die Königin ließ den Prinzen auf ihren Knien tanzen. Madame Royale spielte, wenn auch etwas geniert, mit ihrem Bruder, und der König betrachtete all dies mit recht behaglicher Miene.«[18] In den Memoiren der Madame de Tourzel klingt das naturgemäß anders: Sie bezeichnet Pétion als »geschwätzig« und »beleidigend«. Er habe Madame Royale um etwas zu trinken gebeten »mit einer Familiarität, die empörend« war. Außerdem sei es unerträglich heiß gewesen. »Der König, die königliche Familie und jede Person in der Kutsche waren mit Schweiß und Staub bedeckt.«[19]

Je näher sie Paris kamen, desto mehr drohende Menschen umschwirrten die Kutsche. Die Pariser säumten zu Tausenden die Straßen, durch die die Kutsche fuhr. Doch die Regierung hatte die Anweisung gegeben, den König mit bedecktem Haupt und in tiefem Schweigen zu empfangen, um ihm so das Missfallen über die Flucht kundzutun. »Dies ist etwas vom Traurigsten, das mir in Erinnerung geblieben ist … Sie schienen zur Richtstätte zu fahren«, schrieb General Thiébault später.[20]

Auch vor dem Schloss hatte sich eine große schweigende Menge versammelt. Schweiß- und staubbedeckt stiegen die Insassen aus. Als die königliche Familie unter dem Schutz der Nationalgarden das Schloss betreten hatte, stürzte sich die wütende Menge auf die drei Adligen, die den König als Leibwache begleitet hatten. In letzter Minute konnten sie ins Schloss gezogen werden.

Dort warteten die Abgeordneten auf den König. Er beteuerte, dass er niemals die Absicht gehabt hätte, das Land zu verlassen, er wollte nur zur Grenze, um von da in Freiheit mit der Nationalversammlung die Differenzen zu beseitigen.

Madame Campan, die außerhalb von Paris auf den Befehl der Königin gewartet hatte, ihr nach Brüssel zu folgen, bekam einen Brief aus den Tuilerien, datiert vom Tag der Rückkehr, in dem die Königin schrieb: »Ich schreibe Ihnen aus meinem Bad, wohin ich mich zurückgezogen habe, um wenigstens meine physischen Kräfte zu stärken. Über den Zustand meiner Seele kann ich nichts sagen; wir existieren, das ist alles.«[21]

Als sie die Königin nach einigen Tagen wiedersah, erschrak sie sehr: Marie Antoinette nahm ihre Haube ab »und sagte mir, ich solle sehen, was der Schmerz mit ihren Haaren gemacht habe. In einer einzigen Nacht waren sie weiß geworden wie die einer Frau von 70 Jahren.«[22]

Die Nationalversammlung setzte den König zunächst einmal vorübergehend ab und beriet über sein weiteres Schicksal: Konnte ein König an der Spitze einer Verfassung stehen, die er

nach eigenen Worten ablehnte? Noch setzten sich die Gemäßigten durch. Der König wurde vom Verdacht der Flucht frei-
gesprochen. Er sei aus der Hauptstadt gelockt worden, hieß es.
Darüber hinaus wurde der König für unantastbar erklärt. Die
Republikaner unter Führung Robespierres protestierten vergeblich. Aber sie wiegelten die Massen auf, sodass es in Paris zu
einem Sturm der Entrüstung kam.[23]

Auf dem Marsfeld versammelte sich am 17. Juli eine unüber-
sehbare Menge, um für die Absetzung des Königs zu demons-
trieren. Als die Nationalgarde in die Menge feuerte, kam es zu
einem Blutbad. Die Nationalversammlung, die mehrheitlich zu
den gemäßigten Revolutionären gehörte, erließ mehrere repres-
sive Dekrete, um die Ordnung wiederherzustellen, die Anführer der Republikaner wurden festgenommen.

»So kann man nicht mehr leben. Für uns geht es nur noch
darum, sie zu umgarnen und ihr Vertrauen zu gewinnen, um
anschließend ihre Pläne umso besser durchkreuzen zu können«, schrieb Marie Antoinette am 21.8.1791 an den Botschafter Mercy, der seit Oktober 1792 Frankreich verlassen hatte
und in Brüssel, später in London, lebte.[24]

Nach der gescheiterten Flucht verfolgte das Königspaar sein
altes Doppelspiel weiter. Offiziell verhandelte der König mit
den Abgeordneten, inoffiziell suchten er und die Königin Hilfe
bei den ausländischen Mächten, die es aber weiterhin bei vagen
Erklärungen und Durchhalteparolen beließen.

Barnave, einer der gemäßigten Abgeordneten, der mit in der
Kutsche auf dem Rückweg von Varennes gesessen hatte und
von der Königin beeindruckt war, beschwor sie zur Annahme
der Verfassung, denn nur dadurch könne die Revolution beendet werden. Er warnte sie davor, weiter Hilfegesuche ins Ausland zu schicken: »Die Königin darf nicht vergessen, dass sie
allein über ihr Schicksal gebietet, dass diese Augenblicke entscheidend sind und dass sie die Hoffnungen nicht in zwei ver-
schiedene Systeme setzen kann. Alles an ihrem Verhalten muss
eindeutig sein und darf keinen Anlass zu verschiedenen Aus-

legungen geben.« Marie Antoinette aber sah in der Verfassung nur ein »Gewebe aus unpraktikablem Unfug«[25] und ein »monströses Machwerk«[26].

Trotzdem blieb dem König am Ende nichts anderes übrig, als die Verfassung am 13.9.1791 endgültig anzunehmen. Mit dem Titel »König der Franzosen« bezog er seine Legitimierung von nun an nicht mehr von Gott, sondern vom Volk. Nicht mehr der Wille des Königs war Gesetz, sondern das, was die Nationalversammlung beschloss. Man ließ ihm die Exekutivgewalt, er musste also dafür sorgen, dass die Gesetze ausgeführt wurden, bei der Verabschiedung neuer Gesetze blieb ihm nur noch ein Vetorecht. In der Außenpolitik konnte er über Krieg und Frieden entscheiden, ernannte und entließ die Minister, brauchte aber für jede Entscheidung ihre Unterschrift. Der wichtigste Einschnitt aber war wohl, dass der König keine Verfügung mehr über das Staatseinkommen hatte, er bezog sein Einkommen nun über eine sogenannte Zivilliste, die vom Nationalkonvent gebilligt werden musste. Die faktische Entmachtung des Königs war damit in der Verfassung festgeschrieben.

Während die Menschen in Paris jubelten, trauerte die Familie in den Tuilerien. Nach der Unterzeichnung soll der König weinend in den Armen seiner Frau zusammengebrochen sein. »Ihr würdet mir nicht glauben, was mich das alles kostet, was ich im Augenblick tue«, schrieb Marie Antoinette an Mercy.[27]

Die Unterzeichnung der Verfassung durch den König irritierte auch die ausländischen Fürsten. Der österreichische Kaiser schrieb an Marie Antoinette »Man kann mit den Mördern der souveränen Macht nicht verhandeln.« Nun habe der König aber die Verfassung angenommen. »Nach Annahme der Verfassung besteht zwischen König und Nationalversammlung ja kein Unterschied mehr.« Also warum noch eingreifen, wenn der König die Verfassung und damit seine Entmachtung offenbar akzeptiert habe?[28] »Je mehr ich diese Nation sehe, desto mehr hasse und verachte ich sie«, fasste Marie Antoinette ihre Gefühle zusammen.[29]

Familienleben wie in der Hölle

»Unser Familienleben ist eine Hölle«,

schrieb Marie Antoinette an Graf von Fersen. »Auch mit den besten Absichten hat man keine Möglichkeit, etwas zu sagen.«[1]

Die Anwesenheit von Soldaten, auch während der Mahlzeiten oder bei jedem Zusammensein der Familie, ließ keine normale Kommunikation zu. Hinzu kam die Angst, man würde sie vergiften: Ein Bäckermeister, der den König belieferte, hatte geprahlt, er wolle kurzen Prozess mit ihm machen. Der König ließ daraufhin Brot und Kuchen nur noch über Madame Campan ordern, die außerhalb der Hofküche bei wechselnden Bäckern bestellte. Madame Campan nahm Brot, Wein und auch den Zucker nach dem Essen in Verwahrung und schloss alles in einem Schrank im Erdgeschoss ein. Bei den Mahlzeiten verzichtete die Königsfamilie auf jede Bedienung aus Sorge, einer der Diener könnte doch etwas ins Essen streuen. Diese Angst vor einer Vergiftung wurde aber nie nach außen gezeigt.[2]

»Ich halte besser durch, als ich dürfte, bei der starken geistigen Ermüdung, unter der ich ständig leide, da ich das Haus nur noch selten verlasse«, schrieb Marie Antoinette an Graf von Fersen. »Ich habe keinen Moment für mich zwischen den Besuchen, dem Schreiben und der Zeit, die ich mit meinen Kindern verbringe. Die letzte Beschäftigung, die nicht die geringste ist, macht mein ganzes Glück aus.«[3] »Die Königin verbrachte einen Teil ihres Tages mit der Erziehung von Monsieur Dauphin, Madame Royale und einer jungen Waisen, die mit der jungen Prinzessin zusammen erzogen wurde«, schrieb der

Kammerdiener Hue und meinte damit Ernestine Lambriquet, die nach der Flucht zur königlichen Familie zurückgekommen war.[4]

Nach dem Fluchtversuch lebte die Familie in den Tuilerien unter strengster Bewachung. In den Parkanlagen, ja sogar auf dem Dach des Palastes waren Wachen postiert. Jeder, der hinein- oder hinauswollte, wurde untersucht. Jeder Besucher musste sich in eine Liste eintragen, die der Generalmajor der Nationalgarden dann genehmigte oder auch nicht. Obwohl es sehr heiß war, konnten die Fenster nicht geöffnet werden, da von draußen nur Beschimpfungen und Drohungen hereindrangen.[5] Die Türen im Inneren des Palastes wurden mit Parolen beschmiert: »Kein König mehr, keine Zivilliste mehr! Ein König ist ein Hindernis für das Glück des Volkes. Es lebe die Nation! Es lebe die Freiheit! Nieder mit den Verrätern!« Auf die Eingangstür zum Schloss wurde die rote Revolutionsmütze gesetzt.[6]

Immer wieder wurden die Wohnräume durchsucht. Die Türen wurden von den Wachen zwei Mal abgeschlossen. Wenn Marie Antoinette ihren Sohn besuchen wollte, folgten ihr vier Soldaten, die auch während des Besuches dabeiblieben. Eine Unterhaltung mit Madame de Tourzel, der Erzieherin des Dauphin, war verboten. Auch wenn Louis seine Mutter besuchte, geschah dies unter Bewachung.

Zum Auskleiden ließ man die Frauen zwar im Raum allein, aber schlafen mussten sie bei geöffneten Türen. Wie respektlos die Wachen mit der Königsfamilie umgingen, zeigt die folgende Szene, die Pauline überliefert hat: Als Marie Antoinette eines Nachts noch las, setzte sich einer der Soldaten auf ihr Bett, um mit ihr zu plaudern. Da ließ sie das Bett ihrer Kammerzofe neben ihrem aufstellen.[7]

Trotzdem gab es immer wieder hoffnungsvolle Momente, so zum Beispiel kurz nach der Unterzeichnung der Verfassung, als die königliche Familie die Theater der Stadt besuchte und mit Hochrufen empfangen wurde: »Man konnte den Eindruck gewinnen, dass der König wieder Objekt der öffentlichen Anbetung sei, wie zu Beginn seiner Regierung«, kommentierte Pauline de Tourzel solche Ereignisse. Am 20. Februar 1792 besuchte das Königspaar zusammen mit seinen Kindern eine Komödienaufführung. Das Stück handelte von der Liebe zweier Diener zu ihren Herrschaften. »Man müsse sie glücklich machen!«, sagte der eine Diener zum anderen. »Ja! Ja!«, schrien die Zuschauer begeistert und jubelten dem König zu. Daraufhin wurde das Stück von der Regierung abgesetzt.[8]

Am 1. März 1792 starb Leopold II. in Wien. In den Tuilerien trug man zur Empörung der Republikaner Hoftrauerkleidung. Die Todesnachricht kam zeitgleich mit seinem letzten Brief an die französische Nationalversammlung an, in dem er sich über die Revolution aufregte und einen militärischen Angriff von Österreich, Preußen und Schweden nicht ausschloss. Die Wogen der Empörung schlugen in der Nationalversammlung hoch. Das »österreichische Komitee« in Gestalt Marie Antoinettes wurde für diesen Brief verantwortlich gemacht. Jacques-Pierre Brissot rief unter tosendem Beifall: »Alle diejenigen, welche den Palast bewohnen, sollen wissen, dass unsere Verfassung nur dem König Unverletzlichkeit zuerkennt. Sie sollen wissen, dass das Gesetz alle Schuldigen ohne Unterschied erreichen wird und dass kein einziger Kopf, welcher für schuldig befunden wurde, dem Schwert des Gesetzes entgehen wird.«[9]

Franz II. als neuer österreichischer Kaiser war, anders als seine Vorgänger, bereit, den Krieg gegen Frankreich zu beginnen. Er provozierte die Franzosen, indem er die Wiedereinsetzung von Louis XVI. in alle seine Rechte forderte, andernfalls würde man angreifen.[10] Daraufhin erfolgte am 20.4.1792 die erwartete französische Kriegserklärung an Österreich, die Louis XVI. unterschreiben musste. Heimlich sandte er aber Gesandte an Preußen, Österreich, die anderen Fürsten, dass er den Krieg nur als Anlass nehme, um seine Macht mit ihrer Hilfe wiederherzustellen.

In Paris kursierten schon bald neue Gerüchte, dass der König sein Volk an den Feind verrate. Erste Niederlagen der französischen Armee verstärkten den Hass. Die Menge zog bewaffnet zum Schloss, stand unter den Fenstern und beschimpfte die Königin. Pamphlete erschienen, von den Republikanern lanciert, die ihr die schlimmsten Verleumdungen in den Mund legten: »Mein einziges Vergnügen ist es zu sehen, wie diese Hauptstadt in ihrem eigenen Blut badet … Jeder Kopf eines Franzosen, den man mir bringt, wird in Gold aufgewogen werden.«

Im Mai wurde die Leibgarde des Königs aufgelöst und durch Nationalgardisten ersetzt. Angst und »schmerzliche Resignation« gingen im Schloss um.[11]

Am 20. Juni, dem Jahrestag des Ballhausschwures von 1789, zog eine riesige Masse aus den Vorstädten mit Piken, Äxten und Eisenstangen Richtung Nationalversammlung, wo allerdings nur eine kleine Gruppe empfangen wurde. Die übrigen gingen daraufhin wütend zum Schloss weiter. Die Nationalgarde leistete kaum Widerstand, zum Teil liefen die Soldaten zu den Angreifern über. Der Bierbrauer Santerre, der das Bataillon der Nationalgardisten aus Saint-Antoine befehligte, brach gegen drei Uhr in das Schloss ein, hinter ihm folgte die Menge.

Die Königsfamilie hörte Schreien und das Zersplittern von Türen unter Axtschlägen. Die Königin flüchtete mit ihren Damen, der Baronin von Mackau und der Marquise de Soucy, und den Kindern von Raum zu Raum, während der König sich mit seiner Schwester Elisabeth den Angreifern stellte.[12]

Als die Menge immer näher rückte und die Zimmer der Königin verwüstete, zog sie sich mit den Kindern in das Schlafzimmer des Königs zurück, wo sie voller Angst wartete.[13] Aus dem Nebenraum wurden bedrohliche Rufe nach der Königin laut. Sie erschien mit ihren Kindern an der Hand. Der massive Schreibtisch des Königs diente als einzige Barriere gegen die Massen. Stundenlang zogen die Leute vorbei. Der Dauphin schluchzte die ganze Zeit. Man hatte ihm und dem König rote Revolutionsmützen aufgesetzt.

Schließlich stellten sich Abgeordnete der Nationalversammlung schützend vor den König und die Königin. Doch die Menschen zogen weiter vorbei, sie trugen Plakate mit Inschriften: »Zittere Tyrann, deine Stunde ist gekommen!« Andere hatten kleine Guillotinen dabei, auf denen stand: »Nieder mit Veto und seiner Frau!«[14], womit sie das königliche Vetorecht angriffen.

Erst gegen 22 Uhr verließ die Menge das Schloss, die Familie einschließlich einiger Deputierter traf sich im Schlafzimmer des Königs, das als einer von wenigen Räumen im Schloss nicht verwüstet worden war. Marie Antoinette wurde gefragt, ob sie Angst hätte. Sie verneinte. Das Volk sei im Grunde gutwillig, meinte sie, es sei denn, es werde verführt.

Die ganze Situation und die Schilderung der Königin rührten den Abgeordneten Merlin de Thionville zu Tränen.

»Ihr weint, M. Merlin«, sagte die Königin daraufhin, »weil Ihr seht, wie der König und seine Familie vom Volk, das er doch immer nur glücklich machen wollte, so grausam behandelt werden.«

»Es ist wahr, Madame«, antwortete Merlin; »ich weine wegen des Unglücks einer schönen Frau, sensibel und Mutter einer Familie; aber Ihr solltet mich nicht missverstehen, nicht eine meiner Tränen ist für den König und die Königin; ich hasse Könige und Königinnen; das ist das einzige Gefühl, das sie mir eingeben, das ist meine Religion.«[15]

Dann fragte einer der Abgeordneten, wie alt Madame Royale sei. Die Königin antwortete für sie: »Sie ist, Monsieur, in einem Alter, wo man nur den furchtbaren Horror bei solchen Szenen fühlt!«[16]

»Von da an war der Tod in allen Herzen«, schreibt Pauline de Tourzel. Der Dauphin beobachtete immerzu seine Eltern und umarmte sie, um sie zu trösten. Besonders Marie Thérèse sei von den Ereignissen des 20. Juni sehr betroffen gewesen. Sie wurde sehr ernst und verlor alles Kindliche und »schien von da an ihren jungen Mut mit dem ihrer Mutter zu vereinen«.[17]

Ende Juni erlebten die Kinder erneut einen Angriff auf die Mutter. Sie waren bei einem Spaziergang im Garten, als sie von allen Seiten beschimpft wurden. Vier Nationalgardisten retteten sie und führten sie in ihrer Mitte ins Schloss zurück. Von da an gab es keine Spaziergänge mehr, dafür umso häufiger Versuche der Menge, die Schlosstore erneut aufzubrechen. Es war ein Leben voller Angst und Unruhe, schreibt Pauline.[18]

Auch bei den offiziellen Feiern zum 14. Juli war die Stimmung im Volk weiterhin gereizt. Wieder musste die ganze Familie anwesend sein, als der König den Eid auf die Verfassung schwor. Diesmal gab es keine Jubelrufe für ihn, sondern nur für Pétion, den Bürgermeister von Paris. »Nieder mit dem König! Nieder mit Veto!«, schrie die Menge.[19] Die Monarchie als Staatsform war nur noch Fassade. Der König gab in allem nach. Sein alter Kammerdiener Hue zitiert etwas frustriert Montesquieu: »Wenn ein Herrscher einmal nachgibt, hat er schon verloren. Die Zügel der Regierung entgleiten ihm, die Aufrührer ergreifen sie.«[20] Trotzdem hielt die Nationalversammlung zunächst weiter offiziell am König als Spitze einer konstitutionellen Monarchie fest, denn der König galt noch als einendes Moment über alle Meinungsverschiedenheiten hinweg.[21]

Und doch war die Abschaffung des Königtums nur noch eine Frage der Zeit, bis sich die Fraktionen einigen würden, welche Form einer republikanischen Regierung man einführen sollte, das System der Schweiz oder das der USA.[22] Die Stimmung im Volk wurde immer unberechenbarer. Bei Tag und Nacht zogen rebellierende Gruppen durch die Stadt, auch vor die Fenster des Schlosses. Es wurde behauptet, man verberge dort Priester oder Kriegswaffen. Marie Antoinette hielt ihre Ängste in ihren Briefen an Graf von Fersen fest: »Man predigt den Königsmord und schmiedet finstere Pläne«, und: »Die Schar der Mörder wächst unaufhörlich.«[23]

Am 3. August 1792 wurde ein Manifest des Herzogs von Braunschweig veröffentlicht, das in Wahrheit von Graf von

Fersen erarbeitet worden war. Darin wurden die Pariser aufgefordert, den König wieder in alle seine Rechte einzusetzen, ansonsten würden die ausländischen Mächte mit ihren Truppen, die am Rhein bereitstünden, Paris dem Erdboden gleichmachen.

Ein Aufschrei der Empörung ging durch die Stadt. Bürgermeister Pétion beschuldigte den König der Konterrevolution: »Der König hat seine Interessen von denen der Nation getrennt, wir trennen sie ebenfalls.« Wenn Marie Antoinette gehofft hatte, das Manifest würde ihre Situation erleichtern, so hatte sie sich getäuscht. Von allen Seiten wurde die Absetzung des Königs gefordert. Die Jakobiner beschlossen bereits den gewaltsamen Sturz der Monarchie.[24]

»Man hörte von verschiedenen Seiten dies Brouhaha der Freude eines Volkes im Delirium, was beinahe genauso erschreckend war wie ihre Wutschreie«, schreibt Madame Campan. Alle warteten auf eine Stellungnahme des Königs, aber die ließ auf sich warten. »Der König ist kein Feigling«, erklärte Marie Antoinette ihrer Kammerfrau daraufhin. »Er besitzt einen großen passiven Mut, aber er ist niedergedrückt durch eine schlimme Scham, ein Misstrauen in sich selber, das von seiner Erziehung und seinem Charakter herrührt … Ich könnte gut handeln und auf ein Pferd steigen, wenn es sein müsste. Aber wenn ich das täte, würde ich die Waffen in die Hände der Feinde des Königs geben; der Schrei gegen die Österreicherin, gegen das Dominieren einer Frau wäre allgemein in Frankreich, und außerdem würde ich den König vernichten, indem ich mich erhöhe.«[25]

Marie Antoinette konnte mit ihren Kindern den Garten der Tuilerien nicht mehr betreten: Das grauenvolle Hohngelächter, das ihnen mehrfach entgegenschallte, zwang sie zum Rückzug ins Schloss. Am 5. August zeigte sich die Königsfamilie ein letztes Mal beim Gottesdienst. Der Maler Hubert Robert hat dieses Ereignis in einem Bild festgehalten: Die Königsfamilie beim gemeinsamen Gebet.[26] Der Glaube bot ihnen einen ganz wichtigen Halt in diesen Zeiten, in denen ihr Leben vor allem von der Unberechenbarkeit der Massen abhing.

Am 9. August 1792 herrschte große Unruhe in Paris, in den Tuilerien sprach man von Verschwörung. Es hieß, dass um Mitternacht in der ganzen Stadt Sturm geläutet und danach das Schloss belagert werden sollte. Die 800 Nationalgardisten, die das Schloss und seine Innenhöfe bewachten, und Teile der Schweizer Garden wurden in Alarmbereitschaft versetzt.

Gegen elf Uhr hatte sich der gesamte Hofstaat in den Räumen des Königs versammelt. Die Sturmglocken begannen zu läuten, Trommeln schlugen zum Generalalarm. Niemand fand Schlaf in dieser Nacht.

Am nächsten Morgen inspizierte der König, gefolgt von Marie Antoinette und den Kindern, begleitet von den immer noch läutenden Sturmglocken und dumpfem Trommelschlag, gegen sechs Uhr morgens die Nationalgarde, die anders als die Schweizer Gardisten mehr aufseiten des Volkes stand. Und so hörte er denn auch nicht die erwarteten Hochrufe, sondern Beleidigungen und Beschimpfungen.[27]

Die Unruhe stieg von Stunde zu Stunde, weil mehrere Bataillone, die eigentlich zur Verteidigung bereitstehen sollten, die Tuilerien verließen; lediglich 300 Mann blieben. Die Menge rückte mit schwerem Geschütz an und forderte mit schallenden Rufen: »Abdankung!«

Die Kanonen waren auf das Eingangstor des Schlosses gerichtet.[28] Eine Verteidigung der königlichen Familie und ihres Hofstaats erschien immer aussichtsloser. Sie versammelte sich im Zimmer des Königs, Hofleute und Dienerschaft wurden auf die verschiedenen Säle verteilt.

Der König bat die gesetzgebende Nationalversammlung, die im *Jardin des Tuileries* tagte, ihm beratend zur Seite zu stehen, aber von dort kam keine Reaktion. Vertreter des *Departements* von Paris erschienen und rieten dem König dringend, sich in die Nationalversammlung zu begeben, weil man für seine Sicherheit nicht garantieren könne. Nachdem er sich mit der

Königin beraten hatte, verließ die Familie das Schloss, gemeinsam mit der Prinzessin de Lamballe und der Marquise de Tourzel.

Vorher hatte Marie Antoinette noch ihre Adoptivtochter Ernestine den Untergouvernanten Madame de Mackau und Marquise de Soucy anvertraut. Sie soll gesagt haben: »Was aus den einen und den anderen wird, ist unsicher, aber egal, welches Schicksal der Himmel für mich vorgesehen hat, vergessen Sie niemals, dass Ernestine meine Tochter ist, und ich erwarte durch Ihre Zuneigung für mich, dass Sie ihr die gleiche Fürsorge geben wie ihrer Freundin; Sie wissen, dass dies mein Wille ist, und es ist das letzte Mal, dass ich Sie daran erinnere.«[29]

Königstreue Mitglieder der »Schutztruppe« und der Garden bahnten der Familie einen Weg durch die bedrohliche Menge, die Verwünschungen ausstieß. »Nieder mit dem Tyrannen! Tod! Tod!«, skandierte das Volk.[30]

Madame Campan schildert die Lage: Die Familie war so eingezwängt durch die Menge, dass auf diesem kurzen Weg der Königin ihre Uhr und ihre Geldbörse gestohlen wurde. Ein riesiger, finster aussehender Mann näherte sich den Kindern, die die Königin rechts und links an der Hand hielt. Er nahm den Dauphin auf den Arm, woraufhin Marie Antoinette einen spitzen Schrei ausstieß und beinahe in Ohnmacht fiel. Der Mann aber, der nur helfen wollte, beruhigte sie: »Habt keine Angst. Ich tue nichts Böses.« Am Eingang zur Nationalversammlung gab er ihr den kleinen Louis zurück. Pauline de Tourzel, die mit den anderen Mitgliedern des Hofstaates zurückbleiben musste, beobachtete diese Szene vom Schloss aus. Es sei wie ein Beerdigungszug gewesen, schreibt sie später, wie die Beerdigung des Königreiches.[31]

Da der König laut Verfassung bei den Debatten der Abgeordneten nicht dabei sein durfte, diskutierten sie zunächst, was man mit ihm und seiner Familie anfangen sollte. Der Augenzeuge Justus Erich Bollmann in einem Brief an seinen Vater: »Nie vergesse ich diesen merkwürdigen Anblick … Während der Beratungen darüber lag der König, auf seine Hände gestützt, mit dem Bauche halb über dem Tisch, der vor dem Präsidenten stand. Kindisch läppisch und kindisch gutmütig, sorglos und unbekümmert, in diesem ernsten gefährlichen Augenblick auch ohne die geringste Spur von Würde, von Überlegenheit, von Ideenarbeit, hörte er den Reden für und wider der verschiedenen Mitglieder zu, ohngefähr wie einer, der zum ersten Mal so etwas hört und in einer dummen Erstarrung halb lachend zu sich sagt: ›Das ist doch närrisch.‹ Gegenüber saß die Königin, in deren Gesicht man erstaunt war, alles, alles, gleichsam doppelt gehäuft zu finden, was man am Könige vermisste … Sie hatte den Dauphin auf ihrem Schoß – einen kleinen, bildschönen Knaben. Sie drückte ihn zuweilen an sich, mit Beklemmung, als dächte sie, was wird aus dir werden? Sie sah tiefsinnig und kummervoll von Zeit zu Zeit um sich her, sie fasste mit Ernst und hoher Verachtung jedes Mitglied ins Auge, dem in diesem Augenblick der Schonung und Menschlichkeit unglimpfliche Ausdrücke entschlüpften. Ich versichere Sie, die Königin war rührend in diesem Augenblick.«[32]

Während die Abgeordneten der Familie schließlich eine Loge hinter dem Präsidentensitz zuwiesen, zeigten draußen Schüsse und Kanonendonner an, dass in und um das Schloss gekämpft wurde. Gewehrkugeln schlugen in die Mauern ein. Es herrschte Chaos. Kammerdiener Cléry schildert die Situation: »Die einen mordeten, die anderen schnitten den Leichen die Köpfe ab, Frauen verstümmelten sie ohne das geringste Schamgefühl, rissen Stücke aus den Leibern und trugen sie triumphierend umher.«[33]

Die Schweizer Garde musste sich schließlich ergeben, da die Nationalgardisten zu den Angreifern übergelaufen waren und die Menge sie überrollte. »Aber jetzt, da sie sich ergeben hatten, fiel man jämmerlich über sie her, 20 über einen, und ermordete sie jämmerlich. Man hat sie totgeschlagen, wo man sie fand; in den meisten Straßen von Paris lagen Leichen. Ich habe Szenen gesehen, worüber die Menschheit schaudert. Man hat sie lebendig ins Feuer geworfen; man hat sie geschunden und verstümmelt. Weiber, immer die wütendsten, die grausamsten, sogen ihr Blut. Selbst die toten Körper blieben von keiner Art der Misshandlung frei«, beschreibt Justus Erich Bollmann seinem Vater die Gräuel vom 10. August. »Man fürchtet noch mehr Ausschweifungen, denn man ist des Pöbels nun gar nicht mehr Meister. Zucht und Ordnung sind verloren.«[34]

Madame de Tourzel beschreibt, wie ihnen allen zumute war, als sie von draußen die Kanonenschüsse hörten: »Jeder Kanonenschlag ließ uns erbeben; das Herz des Königs und das der Königin waren zerrissen ... der arme kleine Dauphin weinte.«[35]

Während die Nationalversammlung ein Dekret nach dem anderen verabschiedete, wurden die Tuilerien geplündert. »Man brachte in die Versammlung Schmuck der Königin und anderes, das man ihr überreichte. Man brachte auch einen Koffer gefüllt mit Geld und ein Paket Briefe.«[36] Diese »Armee von Banditen« stahl auch Wein und Likör und ließ nicht eine Flasche zurück, empörte sich Madame de Tourzel. Alle, die im Schloss wohnten, hatten ihre Habe verloren, das meiste wurde von den Kommissaren gestohlen, deren Aufgabe es eigentlich war, das Schloss zu beschützen. Viel fataler als der Diebstahl von Wein und Likör waren die gefundenen Briefe, denn sie belegten die Kontakte des Königspaares mit den ausländischen Mächten und dienten später als Hauptbeweisstücke bei der Anklage wegen Hochverrats.

Da die revolutionäre *Commune* die Herrschaft über die Hauptstadt übernommen hatte, entschied die Nationalversammlung in einem Dekret, dass die königliche Familie so lange unter ihrem Schutz bleiben sollte, bis die Ruhe wiederhergestellt war.

Nachts schlief die Familie auf Pritschen in den Zellen des angrenzenden Klosters. Es fehlte an allem, sodass die englische Botschafterin mitleidig Kleidung ihres Sohnes für den Dauphin spendete.[37] Tagsüber wurden sie zur Nationalversammlung geführt, in die Loge des Protokollführers, die durch eine extra errichtete Barriere vom Saal getrennt war, als Schutz vor Übergriffen des Volkes. Drei Tage, jeweils bis zu zwölf Stunden lang, saß die königliche Familie, einschließlich der Kinder, dort und musste den Reden der Abgeordneten und den Petitionen der Bürger lauschen, die oft in den schlimmsten Beleidigungen des Königspaares mündeten. In ihrem Beisein stimmten die Abgeordneten auch über die Absetzung des Königs und seine Internierung ab.[38] Frankreich hatte keinen König mehr.

Weiterhin wurden die Zerstörung aller Symbole des Ancien Régimes und die Verfolgung aller Adligen beschlossen.

In den insgesamt zwei Jahren, die Louis XVI. mit seiner Familie in den Tuilerien verbracht hatte, war die königliche Autorität stetig verfallen: Aus dem absoluten Herrscher, dessen Wille Gesetz und der nur Gott gegenüber verantwortlich war, wurde der »König der Franzosen«, dessen Schicksal zunehmend von der Willkür eines Volkes abhing, das durch die radikalen Jakobiner aufgehetzt wurde, bis es ihn absetzte.

Dieser Autoritätsverlust ging einher mit dem Verlust jeglichen Respekts auch vor der Person des Königs und der Königin, was vor allem die Kinder mit Verstörung registrierten. Die Soldaten, die sie abends in ihre Klosterzellen zurückbrachten, machten sich einen Spaß daraus, die Angst der königlichen Familie noch zu verstärken. Lieder wie das folgende wurden von nun an zur täglichen Begleitmusik: »Antoinette, du wolltest die Österreicher in unserem Blut baden lassen, das bezahlst du mit deinem Kopf!«[39]

Die Nachrichten aus Paris erreichten die Bevölkerung auf dem Land unterschiedlich schnell. Sie lösten Zustimmung oder Kopfschütteln, in gebildeten Kreisen meist Erschrecken und Abscheu aus. Lili Schönemann, die Jugendliebe Goethes, inzwischen mit Baron von Türckheim verheiratet, erfuhr in Straßburg von den Ereignissen und schrieb am 20.8.1792 an ihren Bruder in Frankfurt: »Ich weiß nicht, lieber Freund, ob Du schon Einzelheiten über die Tage des 10. August bekommen hast. Ich schaudere, wenn ich daran denke, und mein Herz erstarrt, wenn ich mir die Lage des Königs vorstelle. Die Schweizergarden sind zusammengehauen, der König ist suspendiert, die Zivilliste abgeschafft, die Minister werden von der Nationalversammlung entlassen und ernannt... Man hat Häuser erbrochen, um die Bewohner zu zwingen, die Waffen zu ergreifen... Man zählt 4000 Tote ohne die Verwundeten, und Paris ist in tiefer Niedergeschlagenheit... Die Nachrichten von gestern besagen, dass das Volk mit fürchterlichem Gebrüll den Kopf der Königin verlangt hat... Die Stärkeren mit den Waffen in der Hand (werden) den Schwächeren das Gesetz diktieren... Lieber Gott, wann wird es Dir gefallen, uns diesem Abgrund zu entreißen? Wie sollen wir Deiner gerechten Rache entgehen?«[40]

Gefangen im Temple

»Mein Vater wurde nicht mehr als König
behandelt«[1],

schrieb Marie Thérèse, die ehemalige Madame Royale, zu Be-
ginn ihrer Memoiren über die Zeit im Temple und fährt fort:
»Man hatte keinen Respekt mehr für ihn, man nannte ihn nicht
mehr ›Sire‹ oder ›Sa Majesté‹, sondern ›Monsieur‹ oder ›Louis‹.
Die Beamten saßen immer in seinem Zimmer und ließen ihre
Hüte auf dem Kopf. Sie nahmen meinem Vater seinen Degen
weg, den er noch hatte, und durchwühlten seine Taschen…«
Immer wieder kommt sie auf das respektlose Verhalten der
Wachleute zurück, das sie zutiefst verwirrte. Im Beisein des
Königs seinen Hut auf dem Kopf zu behalten hatte vorher als
Majestätsbeleidigung gegolten und war schwer bestraft wor-
den. Aber das war in einem anderen Leben, das für immer
vorbei war.

Nach der Zerstörung der Tuilerien durch die Massen am 10.
August 1792 war das Schloss nicht mehr bewohnbar. Aus
Gründen der Sicherheit wurde schließlich das Gelände des ehemaligen Templerordens als Aufenthaltsort für die Königsfamilie ausgewählt.

Das Gebäude, bestehend aus dem *Palais du Temple* umgeben
von Türmen, lag in einem abgetrennten Bezirk innerhalb von
Paris, von einer Mauer begrenzt. Im 13. Jahrhundert vom reichen Orden der Tempelritter erbaut, die nach der Eroberung
Palästinas durch die Araber Paris zum Sitz ihres Großmeisters
erwählt hatten, hatte es vorher noch als Wohnsitz des Comte

d'Artois gedient, des jüngeren Bruders des Königs, wenn er in Paris weilte. Nachdem dieser aber bereits 1789 nach England geflohen war, stand das Palais leer.

Als der Königsfamilie dies angekündigt wurde, sagte Marie Antoinette zitternd zu Madame de Tourzel: »Sie werden sehen, dass sie uns in den Turm stecken werden, den sie für uns wie ein wirkliches Gefängnis machen werden. Ich habe immer einen solchen Horror vor diesem Turm gehabt, dass ich den Comte d'Artois bat, ihn abreißen zu lassen, und das ist sicherlich eine Vorahnung auf das, was wir dort leiden werden.«[2]

Am 14. August 1792 wurde die königliche Familie zusammen mit den wenigen Bediensteten, die ihnen genehmigt worden waren, und zwei Beamten der *Commune* in den Temple gefahren. Sie mussten sich durch eine wütende Menschenmenge den Weg zu den Kutschen bahnen. Nationalgardisten eskortierten den Zug. Der Kammerdiener Hue, der die Szene beobachtete, schrieb: »Eine riesige Menschenmenge mit Waffen der verschiedensten Art hatte sich dieser Truppe angeschlossen. Man hörte nur Drohungen und Beschimpfungen. Alle hatten ihre Kopfbedeckung auf.« Während dieser unheimlichen Fahrt, die mehr als eine Stunde dauerte, legten die Beamten, die die königliche Familie zu eskortieren hatten, eine »grausame Freude« an den Tag. Sie klatschten in die Hände, schrien »Es lebe die Nation!« und forderten die Menge heraus, ihrerseits mit Geschrei zu antworten.[3]

Unterwegs, auf der Place Vendôme, ließ Manuel, einer der Beamten, die Kutsche vor der Statue Louis' XV. anhalten, die gerade umgestürzt wurde, und sagte: »Seht her, wie das Volk mit den Königen umgeht!« Pauline überliefert, dass der König zwar bei diesen Worten höchst entrüstet war, aber sehr beherrscht geantwortet habe: »Es ist gut, mein Herr, dass sich sein Zorn nur gegen leblose Objekte richtet.« Danach habe in der Kutsche tiefstes Schweigen geherrscht.[4]

»Der Hof, das Haus, der Garten, alles war illuminiert und machte den Eindruck eines Festes, was auf furchtbare Weise in

Kontrast stand mit der Position, in der sich die königliche Familie befand«, beschreibt Pauline de Tourzel die Ankunft im Temple.[5] In den Memoiren ihrer Mutter liest man ergänzend, dass der Salon, in den sie geführt wurden, von unendlich vielen Kerzen erleuchtet gewesen sei. Die Männer der *Commune* mit ihren Hüten auf dem Kopf, »in schmutziger und ekliger Kleidung«, empfingen sie und behandelten den König »mit einer beleidigenden und empörenden Familiarität«. Sie stellten ihm provozierende Fragen, zum Beispiel, was er von der Gleichheit aller Menschen halte.[6] Nach einem üppigen Souper, von dem niemand viel essen konnte, wurden sie durch den Hof zu dem kleineren der beiden Türme geführt, die die Königin so fürchtete. Durch eine kleine Tür, die an eine Gefängnistür erinnerte, betraten sie ihn.[7]

Die Mehrheit der noch gemäßigten Abgeordneten hatte ursprünglich gewollt, dass der König im *Palais du Temple* residierte, das geräumig und bequem war. Er sollte sich zwar politisch nicht mehr betätigen dürfen, aber sein Lebensstandard sollte erhalten bleiben. Sie bewilligten sogar 500 000 Livres für seine persönlichen Ausgaben. Die radikale Pariser *Commune* ließ die Familie aber schon am ersten Abend in den düsteren Turm bringen, angeblich aus Sicherheitsgründen.

Die Königin und Marie Thérèse wurden im ersten Stock untergebracht. Madame de Lamballe schlief in dem kleinen Raum daneben, der auf der anderen Seite an den Raum des Dauphins angrenzte, der dort mit seiner Erzieherin Madame de Tourzel leben sollte. Der König wohnte im Stock darüber, Madame Elisabeth in einer schmutzigen Küche neben ihm, zusammen mit Pauline.[8]

In seinem Bericht über diese Zeit beschreibt der Kammerdiener Hue, wie der König sein Zimmer betrat, in dem sich eine Bettnische befand, ohne Tapeten und ohne Vorhang. Es gab eine Liege mit einem Gitterrost aus Weiden, die von Ungeziefer zerfressen war. Der König verzog keine Miene, nur als er die obszönen Kritzeleien sah, die die Wände bedeckten, entfernte

er sie eigenhändig und sagte zu seinem Kammerdiener Hue:
»Ich will solche Dinge nicht vor die Augen meiner Tochter
lassen.«[9]

Im *Palais du Temple* aber befand sich der Versammlungsraum der Kommissare der *Commune*. Alle Lieferungen für die
königliche Familie – Wäsche, Brote, die aufgeschnitten wurden, und andere Lebensmittel – wurden hier gründlich untersucht, bevor sie an die Familie weitergegeben wurden.[10]

Der Anwalt und Arzt Verdier, der zur radikalen *Commune*
vom 10.8.1792 gehörte, schreibt in seinen Aufzeichnungen,
dass die Pariser Kommune die fünf Gefangenen von acht Schär-
pen tragenden Kommissaren überwachen ließ, die je 48 Stunden im Temple blieben, jeden Tag vier neue. Die Posten an den
Türen wurden sogar stündlich abgelöst. Es sollte auf diese Weise
eine Verbrüderung mit den Gefangenen verhindert werden.

Die Wachen hatten vor allem die Aufgabe, jeden Kontakt der
Gefangenen zur Außenwelt zu verhindern und ihnen nichts
zukommen zu lassen, was nicht von der Kommission genehmigt war.[11] Das große Eingangstor zur Straße blieb immer
offen, weil die Behörden wollten, dass sich alles vor den Augen
des Volkes abspielte.[12] Die königliche Familie empfand das als
weitere Bedrohung, denn das Volk hatte sich zu oft als unbe-
rechenbar und unkontrollierbar brutal erwiesen.

Viele der Beamten waren »rechtschaffene, mitfühlende und
humane Beamte«, sonst wäre das Los der Gefangenen noch
schlimmer gewesen, meinte Verdier, womit er sicher recht hatte.
Nur durften sie das nicht zeigen, wenn sie nicht riskieren
wollten, als Anhänger des Königs auf der Guillotine zu landen.
Selbst Verdier, der seine Mitrevolutionäre für ein besonnenes
Vorgehen gegenüber dem König gewinnen wollte, wurde schon
kurz nach seinem Dienstantritt im Temple gewarnt: »Bürger,
ich merke, dass Sie von einer Offenheit sind, die Ihnen hier ver-
hängnisvoll werden könnte.«[13]

Anfangs durfte der Kammerdiener Hue noch die Wäsche
und andere Besorgungen außerhalb des Temples erledigen.

Dem Küchenjunge Turgy wurde nur zum Einkauf von Lebensmitteln für die Küche erlaubt, den Temple zu verlassen.[14]

Gleich zu Beginn ihrer Gefangenschaft legte das Königspaar einen strikten Tagesablauf fest, an den sich alle, so weit es ging, hielten. Die Strukturierung des Tages war das Einzige, was ihnen in dieser Zeit einigermaßen Sicherheit gab.

Der Kammerdiener Cléry, der zeitweise als einziger Bediensteter im Temple anwesend war, versorgte zunächst den König, dann half er der Königin, dem Dauphin und zum Schluss Madame Elisabeth und Marie Thérèse. Um neun Uhr gab es Frühstück im Zimmer des Königs: Kaffee, Schokolade, Obst und Milchspeisen.[15] Um zehn Uhr versammelten sie sich im Zimmer der Königin, wo sie den Tag gemeinsam verbrachten. Der König unterrichtete seinen Sohn in Latein und Geografie, die Königin gab zusammen mit Madame Elisabeth Marie Thérèse Unterricht in Religion, Musik und im Zeichnen.

Ab elf Uhr nähten, stickten oder strickten die Frauen und besserten ihre Kleidung aus, denn Ersatz bekamen sie nur selten. Gegen zwölf Uhr zogen sich die Frauen in das Zimmer von Madame Elisabeth zurück, um sich umzuziehen. Um 13 Uhr durften sie bei schönem Wetter, wenn keine Unruhen vor dem Schloss waren, im Garten spazieren gehen, begleitet von vier Beamten und einem Oberst der Nationalgarde. An den Fenstern der Häuser ringsherum standen Menschen und schauten zu, voller Trauer über das Schauspiel, das die Königsfamilie bot.

Um 14 Uhr wurde das Mittagessen eingenommen, das von einem Küchenchef, einem Oberkoch und elf Gehilfen nach den Wünschen der Gefangenen zubereitet wurde. Es gab zwei Gänge und ein Dessert, dazu wurden Rotwein und Weißwein serviert. Dies übertraf damit immer noch bei Weitem das, was das Volk zu essen bekam. Allerdings mussten die Speisen, bevor sie serviert wurden, vorgekostet werden, um zu verhindern, dass irgendjemand Gift hineingetan hatte.[16]

Nach dem Essen traf man sich wieder im Zimmer der Königin. Hier beschäftigte sich das Königspaar mit einer Partie *Piquet* oder *Trictrac*, die Kinder spielten. Gegen 16 Uhr machte der König einen Mittagschlaf, während die Frauen lasen.

Abends saßen alle um den Tisch herum, wo die Königin den Kindern aus Geschichtsbüchern vorlas. Das Gelesene wurde dann mit ihrer jetzigen Situation verglichen. Praktischer Politikunterricht also. Gegen 20 Uhr aß der Dauphin zu Abend, danach löste der König mit den Kindern Rätsel aus dem *Mercure de France*. Alles diente dem verzweifelten Versuch, ein Stück Normalität vor allem für die Kinder zu erhalten.

Gegen 21 Uhr dinierte der Rest der Familie, dann zog sich der König in sein Zimmer zurück. Die Königin, Madame Elisabeth und Marie Thérèse schlossen sich für die Nacht in ihren Räumen ein.

Aber spätestens dann, wenn der allabendliche Besuch Santerres, des Oberbefehlshabers der Pariser Nationalgarde und ehemaligen Bierbrauers, bevorstand, wurde allen deutlich vor Augen geführt, dass Normalität eine Illusion war. Mit zwei Adjutanten inspizierte er unter gröbsten Beleidigungen alle Zimmer, drehte jedes Stück Papier um und untersuchte jede Matratze.

Der Justizminister habe zugesagt, dass sich das französische Volk um das Schicksal der königlichen Familie kümmern werde, schreibt Hue in seinen Memoiren und ergänzt bitter: »Gab es jemals eine grausamere und barbarischere Ironie?«[17]

Auch wenn sich die staatlichen Behörden immer noch bemühten, die Übergriffe einzelner Wachposten zu untersuchen und zu bestrafen, änderte dies nichts an der zunehmenden Atmosphäre von Angst, dem lähmenden Gefühl hilflosen Ausgeliefertseins einem unberechenbaren Volk gegenüber.

Während die Erwachsenen sich bemühten, von dem Dauphin Angst und Schrecken so weit wie möglich fern zu halten, erlebte Marie Thérèse jede Phase der Gefangenschaft ganz bewusst. So hat sie mit Sicherheit die Inschriften gelesen, die

die Soldaten an die verschiedenen Türen des Temple schmier-
ten, zum Beispiel auf die Innenseite der Zimmertür des Königs:
»Die Guillotine kennt keine Pause und wartet auf den Tyrannen Louis XVI.«[18]

In den folgenden Monaten wird das Leben der Gefangenen
Stück für Stück weiter eingeschränkt. In der Nacht vom 19. auf
den 20. August 1792 wurden alle Bediensteten bis auf Cléry aus
dem Temple geholt. Marie Antoinette protestierte vergeblich.
Stattdessen blieben zwei sogenannte Kommissare im Zimmer
der Königin. »Wir vier blieben zusammen, ohne zu schlafen«,
fasst Marie Thérèse in ihrem Tagebuch den Schock dieser Nacht
zusammen.[19]

Nachrichten vom Vorrücken der ausländischen Mächte gegen Frankreich verschärften jedes Mal die Situation der Gefangenen, so am 2. September 1792, als die Familie überstürzt von
einem Spaziergang im Garten des Temple hereingeholt wurde.
Im Zimmer der Königin teilten ihnen zwei Beamte mit, dass der
preußische König auf Chalons zumarschiere. Sie bedrohten
Louis XVI. mit den Worten: »Sie haften für alles Unheil, das
daraus entsteht. Wir wissen, dass wir, unsere Frauen und unsere
Kinder gerächt werden, Sie sterben vor uns.«[20]

Die Ereignisse zwischen dem 2. und 6. September 1792, als
die Menge aus Wut über das Heranrücken der feindlichen
Truppen Jagd auf vermeintliche Revolutionsgegner machte, die
Gefängnisse stürmte und ein Blutbad in Paris anrichtete, sind
als die »Septembermassaker« in die Geschichte eingegangen.
Auch die Gefangenen im Temple bekamen die ungeheure Wut
des Volkes hautnah zu spüren. Marie Thérèse schreibt: »Wir
wussten nicht, was passierte. Man warf Steine durch die Fenster
auf meinen Vater. Zum Glück trafen sie nicht ... Eine Frau hielt
einen großen Karton ans Fenster, auf dem stand: Verdun ist
gefallen. Die Beamten sahen es zum Glück nicht.«

Ein neuer Beamter mit Namen Mathieu schrie den König an,
er solle zu ihm kommen. Alle gingen mit, aus Furcht, man
würde sie trennen. Mathieu eröffnete ihnen, dass »die Feinde in

Verdun sind. Und wenn sie herkommen, werden wir sterben, aber ihr sterbt zuerst.« Der Dauphin brach daraufhin in Tränen aus und flüchtete ins Nebenzimmer, er dachte, sein Vater würde sofort getötet. Seine große Schwester Marie Thérèse tröstete ihn.

Die anderen Beamten tadelten Mathieus Verhalten, aber auch sie glaubten alle, dass der preußische König nur gegen Frankreich marschiere, weil Louis XVI. eine entsprechende Order unterzeichnet habe.[21]

Einerseits wünschte sich die königliche Familie natürlich, wie Marie Thérèse schreibt, einen Sieg der Alliierten, da er die Befreiung bedeutet hätte, andererseits hatten sie davor nun Todesangst, denn sie waren sicher, dass ihre Bewacher sie töten würden, bevor nur ein alliierter Soldat Paris betreten hätte.[22]

In Paris brodelte es auch am nächsten Tag noch. Der tägliche Spaziergang, die einzige Möglichkeit, etwas Bewegung und frische Luft zu bekommen, wurde der Familie verweigert. Während des Essens hörten sie Trommelwirbel und das Geschrei des Volkes. Daraufhin stand man auf und ging in das Zimmer der Königin, damit die Kinder den beängstigenden Lärm nicht weiter hören sollten. Der Kammerdiener Cléry saß beim Essen mit dem Bewacher Tison und dessen Frau, als plötzlich ein Kopf auf einer Pike vor dem Fenster erschien. Tisons Frau schrie auf, die Leute draußen lachten, sie dachten, es sei die Stimme der Königin. Denn es war der Kopf der Prinzessin de Lamballe, der besten Freundin Marie Antoinettes, die man getötet hatte. Es muss ein furchtbarer Anblick gewesen sein: Der Kopf »obwohl blutig, war er nicht entstellt, und ihre blonden Locken flatterten noch um die Pike«, beschreibt Cléry die Szene.[23] Er lief daraufhin zum König, um zu verhindern, dass Marie Antoinette aus dem Fenster sah.

Draußen vor dem Schloss wurde das Geschrei lauter. Es hatte Gerüchte gegeben, die Königsfamilie wäre erneut geflüchtet. Man wollte, dass die Königin sich am Fenster zeige. Einer der Kommissare, der daraufhin ins Zimmer kam, forderte sie dazu auf: »Die da [gemeint sind Cléry und Tison, Anm. d. Autorin] wollen Ihnen den Kopf der Lamballe verbergen, den wir Ihnen hergebracht haben, damit Sie sehen, wie sich das Volk an seinen Tyrannen rächt. Ich rate Ihnen, sich zu zeigen, wenn Sie nicht wollen, dass das Volk hier heraufkommt.«

Bei dieser Nachricht fiel die Königin in Ohnmacht. Cléry setzte sie zusammen mit Madame Elisabeth in einen Sessel, die Kinder weinten. Dann gingen sie alle in das Zimmer von Madame Elisabeth, wo man das Geschrei weniger hörte.

Die Menge versuchte, das Tor zum Temple aufzubrechen, doch die Garden verhinderten das. Sechs Stunden lang hatten sie alle Todesangst, schreibt Marie Thérèse in ihren Erinnerungen.[24]

Gegen 20 Uhr herrschte Ruhe am Temple, während in Paris das Morden weiterging. In diesen Tagen kam es in den Pariser Gefängnissen, in denen viele treue Anhänger des Königs saßen, zu einem Blutbad. Von Ferne hörten sie die ganze Nacht über den Generalalarm.

Angst wurde zum ständigen Begleiter der Familie, es herrschte eine permanente Bedrohung von drinnen und von draußen. Eines Abends, während die Familie beim Essen saß, rief man die Wachen mehrfach zu den Waffen, man glaubte, die ausländischen Feinde rückten an. Einer von ihnen mit Namen Rocher nahm seinen Säbel und »sagte zu meinem Vater: ›Wenn sie kommen, töte ich dich!‹«[25] Einmal versuchten Hunderte von Arbeitern das Gitter vom Rundbau zu knacken, was Soldaten der Garde verhindern konnten.[26]

Aber auch die Gardisten standen unter zunehmendem Druck, ausgelöst durch die umherschwirrenden Gerüchte über die ausländischen Mächte, die im Anmarsch auf Paris seien. Die Ängste der Wachen erhöhten ihre zum Teil emotionsgeladene Strenge gegenüber den Gefangenen.

Wenn Marie Thérèse zum Beispiel ihre Rechenübungen machte oder Auszüge aus literarischen Werken, schaute ihr immer ein misstrauischer Beamter über die Schulter. Die meisten dieser Wachleute waren einfache Bauern oder Handwerker, die nicht lesen und schreiben konnten und so hinter jedem geschriebenen Wort und jeder Zahl eine Verschwörung vermuteten.

Am 21.9.1792 schaffte der neu gewählte Nationalkonvent (*Convention Nationale*) in seiner ersten Sitzung das Königtum ab; Frankreich wurde zur Republik erklärt. Um vier Uhr nachmittags erschien der Abgeordnete Lubin mit berittenen Gendarmen vor dem Temple. Eine große Volksmenge begleitete ihn. Vor dem Turm erschollen Trompeten, während innen dem König die Nachricht verkündet wurde.

Gespannt wurde seine Reaktion beobachtet, aber das Königspaar beherrschte sich. Auch bei der Nachricht vom Rückzug der Alliierten verzogen sie keine Miene. Die sparsamen Worte Marie Thérèses zu diesem Ereignis lassen nur erahnen, wie die wirkliche Stimmung der Familie war: »Wir wollten es nicht glauben, aber es war wahr«, schrieb sie.[27]

Misstrauen

»Sie schnitten Brote durch und untersuchten
das Innere mit einer Gabel oder sogar mit den
Fingern«,

berichtet der Küchenjunge Turgy über das Misstrauen, das man
vonseiten der Wachen den Gefangenen entgegenbrachte.[1] Er
durfte erst im Speisezimmer den Tisch decken, wenn die Beamten ihn von oben bis unten überprüft hatten. Tischtücher und
Servietten mussten vor ihren Augen auseinandergefaltet werden, Karaffen mit Papier verschlossen werden: »Trotzdem gelang es mir oft, in einem Gang oder auf der Wendeltreppe den
Papierstöpsel einer Karaffe mit einem anderen zu vertauschen,
auf den wir mit Zitronensaft oder Galläpfelextrakt Hinweise
oder Nachrichten geschrieben hatten.« Manchmal beschwerte
er Zettel mit eingewickelten Bleikügelchen, und dann kam alles
in die Karaffe mit der Mandelmilch. Ein vereinbartes Zeichen
unterrichtete die Familie über das Kügelchen in der Milch.
Wenn das Papier nicht beschrieben war, nutzten es die Königin
und Madame Elisabeth für Anweisungen zum Hinausschmug-
geln.

Die Situation verschärfte sich für die Gefangenen am 28. September 1792 dramatisch. Gegen zehn Uhr kamen sechs Kommissare in das Zimmer der Königin, wo sich die Familie aufhielt. Einer von ihnen las einen Beschluss der *Commune* vor:
Papier, Tinte, Federn, Bleistifte und alle beschriebenen Blätter
mussten abgegeben werden. Alle Zimmer wurden untersucht.
Grund hierfür war die wahre Vermutung, dass heimlich Briefe
nach außen geschmuggelt wurden, sogar unter Beteiligung von

Beamten. Während der König und die anderen alles abgaben, gelang es Marie Antoinette und ihrer Tochter, Papier und Stifte zu retten.[2]

Am selben Abend noch wurde der König in das Appartement im großen, dem anderen Turm des Temple gebracht. »Wir verließen ihn unter Tränen«, schreibt Marie Thérèse.[3] Die Trennung voneinander war der große Horror jener Tage. In seiner Schrift verteidigte Verdier diesen Befehl, weil die Familie immerzu miteinander geflüstert habe, obwohl man ihnen befohlen hatte, laut zu reden.[4]

Am nächsten Tag wurde es dem König verweigert, seine Familie zu sehen. Nur Cléry durfte zu ihnen. Er fand sie weinend in den Räumen der Königin. Marie Antoinette bat die Beamten, wenigstens die Mahlzeiten gemeinsam verbringen zu dürfen, was ihnen unter der Auflage gewährt wurde, alle Gespräche mit lauter Stimme und auf Französisch zu führen. Bei Tisch machte ein Beamter einmal eine richtige Szene, schrieb Marie Thérèse, weil er meinte, ihre Tante habe leise mit dem König geredet.[5]

Im Oktober kam es zu einer erneuten Trennung, die ihre zerbrechliche Sicherheit wieder zerstörte. Die Königin musste mit der Familie auch in den Turm umziehen, wo der König schon untergebracht war. Der kleine Dauphin wurde Marie Antoinette weggenommen und in den Räumen des Königs untergebracht. Nur zu den Mahlzeiten durfte er zu seiner Mutter und Schwester. Marie Antoinette war untröstlich.

Von nun an wohnte Marie Thérèse in einem Zimmer mit ihrer Mutter. Der Tagesablauf blieb: Um neun Uhr kamen der König und der Dauphin zum Frühstück. Danach machte Cléry den Damen die Haare, auf Bitten der Königin brachte er Marie Thérèse das Frisieren bei. Nach dem Mittagessen beschäftigten sich der Dauphin und Marie Thérèse im Vorzimmer mit Federball spielen oder mit ihren Murmeln; manchmal spielten sie mit kleinen Säckchen, gefüllt mit Goldstücken, die versteckt und dann wieder gesucht wurden. Madame Elisabeth und Cléry blieben bei ihnen, wobei die Erwachsenen die Situation nutzten, um unbemerkt Informationen auszutauschen. Marie Thérèse war eingeweiht und lenkte durch Lärm beim Spielen mit dem Dauphin die Kommissare ab, die vor dem Zimmer Wache standen. Kamen sie doch plötzlich herein, gab Marie Thérèse ein verabredetes Warnsignal.

Die Wachen, die den strikten Befehl hatten, jeden Kontakt der Familie nach außen zu unterbinden, hatten nicht ohne Grund den Verdacht, dass man sie austrickste. So kam es zu teilweise grotesken Verboten. Eines Tages erstellte Cléry nach den Angaben der Königin eine kleine Multiplikationstabelle, um dem Dauphin das Rechnen zu erleichtern. Ein Beamter behauptete daraufhin, sie lehre ihren Sohn einen geheimen Zahlencode. Die Rechenstunden wurden verboten.

Immer wieder erschienen plötzlich, meist während der Mahlzeiten, Beamte, um irgendwelche Anweisungen zu geben oder, wie am 26. Oktober 1792, um den Kammerdiener Cléry zu verhaften. Sechs Gendarmen mit gezogenem Degen, Schreiber und Gerichtsdiener betraten das Zimmer, wo die Familie entsetzt auffuhr, weil man dachte, der König solle verhaftet werden. Aber sie nahmen nur Cléry mit, weil er angeblich einen Brief in den Temple geschmuggelt haben sollte. Doch abends schon kehrte er zur Freude aller zurück.

Als die Königin, Marie Thérèse und Madame Elisabeth der Duchesse von Serent selbst bestickte Kissenbezüge schicken wollten, wurde dies verweigert, weil man glaubte, die Muster enthielten Hieroglyphen, die versteckte Nachrichten übermitteln sollten. Ein Kommissar ließ Makronen zerbrechen, um nach Zetteln mit Botschaften zu suchen, ein anderer befahl, Pfirsiche zu zerschneiden und die Kerne aufzuknacken. Nach jeder Mahlzeit gab Madame Elisabeth Cléry ein Messer mit goldener Klinge zum Reinigen. Beamte rissen ihm das einmal aus der Hand, um zu sehen, ob Papier in der Scheide versteckt war.[6] Frisch gewaschene Wäsche musste auseinandergefaltet werden, jedes Papier, das zum Einwickeln benutzt wurde, musste gegen das Feuer gehalten werden, um nach Schriftzeichen in unsichtbarer Tinte zu suchen.

Und doch gelang es den Gefangenen, Nachrichten zu übermitteln und zu empfangen. Botschaften wurden zum Beispiel auf einer Serviette mit Nadelstichen eingepiekst.[7] Andere wurden in Garnknäueln versteckt. Die Nachrichtenkette verlief über den Küchenjungen Turgy, der als Einziger den Temple verlassen durfte und Nachrichten nach draußen bringen konnte. Nachts wurden Briefe an Bindfäden befestigt aus dem Fenster heruntergelassen.

Da es immer schwieriger wurde, Nachrichten mündlich weiterzugeben, hatten Marie Antoinette und Madame Elisabeth im Herbst 1792 ein differenziertes System von Zeichen entwickelt, um über die Truppenbewegungen der Alliierten informiert zu werden. Turgy schreibt: »Für die Engländer: rechter Daumen aufs rechte Auge. Wenn sie an der Küste von Nantes landen, Daumen ans rechte Ohr; wenn es bei Calais ist, ans linke. Wenn die Österreicher in Belgien siegten, Zeigefinger der rechten Hand aufs rechte Auge. Wenn sie von Mainz her Lille einnehmen, stattdessen den Mittelfinger … Wenn die fremden Mächte sich zur Lage der königlichen Familie äußern, sind die entsprechenden Finger der rechten Hand an die Haare zu legen.« Dies sind nur einige Auszüge aus der Zeichensprache, die im Detail durch den geheimen Briefwechsel ergänzt wurde, den Turgy aus dem Temple hinaus- und hineinschmuggelte.

Er nutzte seine Besorgungsgänge immer dazu, den ehemaligen Kammerdiener Hue zu treffen, der nicht zurück in den Temple gelassen wurde. Hue übernahm dann die weitere Vermittlung der Botschaften, die über die Duchesse de Serent, eine ehemalige Hofdame von Madame Elisabeth, weitervermittelt wurden.[8]

Neben der Angst vor der Unberechenbarkeit ihrer Bewacher war die erniedrigende Behandlung das größte Problem. Marie Thérèse konnte es immer noch nicht fassen, wie respektlos die

Beamten mit ihrem Vater umgingen.[9] Bei jedem Spaziergang im Garten wurde der König aufs Gröbste beleidigt, ebenso wie ihre Mutter. Einer der Arbeiter im Garten drohte einmal, ihrer Mutter eines seiner Werkzeuge an den Kopf zu werfen.

Den Turmschließer mit Namen Rocher fürchteten alle besonders. Marie Thérèse schreibt, er sei ein »furchtbarer Mensch«, der zu denen gehörte, die am 20. 7. 1792 die Tür zum Raum ihres Vaters in den Tuilerien eingetreten und gedroht hatten, ihn umzubringen. Er sang immer wieder fürchterliche Lieder und blies ihnen Tabakrauch ins Gesicht. »Es gibt keine Art von Qualen und keine Beleidigung, die er sich nicht ausdachte.«[10]

Auch Cléry schildert die Schikanen dieses Wärters: »Rocher … einer der Turmschließer, der furchterregend aussah … mit Schnurrbart, einer schwarzen Fellmütze, einem breiten Säbel und einem Bund mit großen Schlüsseln am Gürtel, stand gewöhnlich an der Tür, wenn der König hinauswollte; er schloß erst auf, wenn Seine Majestät dicht bei ihm war, wobei er scheinbar erst unter den vielen Schlüsseln suchen musste; dabei schüttelte er sie unter lautem Gerassel, ließ die königliche Familie mit voller Absicht warten und schob die Riegel krachend zurück. Dann lief er schnell hinunter und baute sich mit einer langen Pfeife im Mund neben der letzten Tür auf. Jedem Mitglied der königlichen Familie, das vorbeikam, besonders den Damen, blies er den Tabakrauch ins Gesicht. Einige Nationalgardisten, die sich über diese Unverschämtheiten amüsierten, scharten sich um ihn, lachten schallend bei jeder Tabakwolke und erlaubten sich die unflätigsten Reden; andere holten Stühle aus dem Wachlokal, um dieses Schauspiel noch bequemer genießen zu können, setzten sich darauf und versperrten den Durchgang, der schon eng genug war.

Während des Spaziergangs fingen die Kanoniere zu tanzen an und sangen Lieder, die immer revolutionär, manchmal obszön waren. Wenn die königliche Familie in den Turm zurückging, war sie den gleichen Kränkungen ausgesetzt; auf den

Wänden, an denen sie vorbeigingen, stand mit großen Buchstaben geschrieben: ›Madame Veto wird tanzen… Wir werden das fette Schwein auf Diät setzen… Man muss den kleinen Wölfen den Hals umdrehen.‹ An einer Stelle war ein Galgen mit einem Erhängten gezeichnet. Darunter stand: ›Louis nimmt ein Luftbad‹; ein anderes Mal unter einer Guillotine ›Louis spuckt in den Sack.‹«

Und immer wieder ertönte durch den Turm das Revolutionslied *Ça ira*, dessen Refrain lautete: »Ah, ça ira… Die Aristokraten an die Laterne, man wird alle Aristokraten aufhängen.« Ein anderes Lied dieser Zeit, das die Wachen begeistert sangen, war die *Carmagnole*, ein Rundgesang mit Tanz:

Frau Veto [Marie Antoinette, Anm. d. Autorin] hatte
versprochen,
Ganz Paris umzubringen.
Aber ihr Plan ist fehlgeschlagen
Dank unserer Kanoniere.

Refrain
Tanzen wir die Carmagnole,
Es lebe ihr Klang,
Es lebe ihr Klang,
Tanzen wir die Carmagnole,
Es lebe der Klang der Kanonen.

Herr Veto [Louis XVI., Anm. d. Autorin] hatte
versprochen,
Seinem Land treu zu sein.
Aber das hat er versäumt,
Lasst uns ihm kein Quartier mehr bieten.

Marie Antoinette hatte beschlossen,
Uns auf den Hintern fallen zu lassen,
Aber ihr Plan ist fehlgeschlagen
Sie hat eins auf die Nase bekommen.

Ihr Ehemann glaubte, Sieger zu sein,
Da kannte er unseren Wert aber schlecht,
Geh, Louis, du dicke Heulsuse,
In den Turm im Temple.

Die Schweizer hatten versprochen,
Unseren Freunden Dampf zu machen,
Aber wie sie gesprungen sind!
Wie sie alle getanzt haben!

Als Antoinette den Turm sah,
Wollte sie eine Kehrwendung machen.
Da wurde ihr ganz schlecht,
Als sie sich ohne Ehre sah.

Diese beiden Schmähgesänge bildeten die ständige Geräuschkulisse dieser Monate, wie Marie Thérèse berichtet.

Zeitungen bekamen die Gefangenen nur, wenn sie schlimme Nachrichten enthielten: Beleidigungen, Verleumdungen, Forderungen nach dem Tod des Königs oder »der kleinen Wölfe«, womit die Kinder gemeint waren.[11] Einmal brachten sie eine Zeitung zu ihrem Vater und sagten, »es stände etwas Interessantes drin: Welch ein Horror! Man sprach davon, dass man seinen Kopf auf eine rote Kanonenkugel stecken und dieses Höllenspektakel mit Freuden darbieten würde.« Die junge Prinzessin beschreibt auch, wie ständig Menschen unter den Fenstern erschienen und nach dem Kopf ihres Vaters schrien. Trommeln kündigten dabei immer besonders schlimme Ereignisse an.[12]

Zeit ihres Lebens behielt Marie Thérèse panische Angst vor Geräuschen und Lärm jeder Art, eine Angst, die beinahe hysterisch wirkte.

Der Abbé Henry Edgeworth de Firmont, der als Beichtvater kurz vor dem Tod des Königs zu ihm geführt wurde, berichtet erschrocken über die Zustände im Temple: »Die Tür des Turmes war zwar sehr klein und niedrig, ging aber mit furchtbarem Knarren auf, wegen der vielen Riegel und Eisenstangen, mit denen sie gesichert war … Sie führten mich über eine Wendeltreppe, die so eng war, dass dort kaum zwei Personen aneinander vorbeikommen konnten. In regelmäßigen Abständen wurde diese Treppe durch Schranken blockiert, und an jeder stand ein Wachposten; diese Posten waren echte *Sansculottes* und fast alle betrunken. Die schrecklichen Schreie, die sie ausstießen und die von den Gewölben widerhallten, waren wirklich furchterregend …«[13]

Immerhin durfte im Krankheitsfall der ehemalige Leibarzt des Königs kommen. Als der Kammerdiener Cléry krank wurde, pflegte die Familie ihn selber.[14] Die Versorgung mit Wäsche und Kleidung wurde zum Problem. Die Damen hatten ja schon angefangen, ihre Wäsche selbst zu flicken, eine ungewohnte Tätigkeit, die sie aber nach Clérys Auskunft erstaunlich gut machten.[15]

Und immer wieder hörten sie Todes- oder andere Drohungen von Wachen und Beamten der Kommune, vor allem dann, wenn die äußere Bedrohung durch die Truppen der ausländischen Monarchen akut wurde. Eines Abends kam einer, beleidigte das Königspaar und sagte, »wenn die Feinde kämen, müssten wir alle sterben. Er habe Mitleid mit meinem Bruder, aber da er von einem Tyrannen geboren sei, müsse auch er sterben.«

Einmal wurde der Dauphin nachts geweckt, um nachzusehen, ob er noch da war. »Ein anderer kam und sagte, dass mein Vater nicht getötet, sondern lebenslang ins Schloss von Chambord gesteckt würde, und mein Bruder dürfe nicht heiraten.«[16] Alles beherrschend aber war die Angst, dass man sie trennen würde. Die Wachen merkten das schnell und schürten diese bewusst. Die Königin wurde eines Tages von einer Nachricht so tief getroffen, dass ein ständiges Gefühl der Panik zurückblieb.[17]

»Das sind die Szenen, denen meine Familie jeden Tag ausgesetzt war«, schrieb Marie Thérèse in ihr Tagebuch[18], Szenen, die ihr Leben für immer prägten.

Hinrichtung des Königs

❧❧❧❧

> »Der ständige Zwang für die königliche Familie,
> sich nicht gehen lassen und nicht offen sprechen zu
> können, in einem Augenblick, wo so viele Ängste
> sie quälen mussten, war eine der raffiniertesten
> Grausamkeiten ihrer Tyrannen und eine von deren
> liebsten Freuden.«[1]

So kommentierte der Kammerdiener Cléry die Situation der Familie Anfang Dezember 1792. Er hatte über seine Frau vom bevorstehenden Prozessbeginn gegen Louis XVI. gehört und die Gefangenen informiert. Hochverrat wurde dem König vorgeworfen. Grundlage dieser Anklage war unter anderem die gesamte Korrespondenz des Königs mit den Gegnern der Revolution, die man in einem Eisenschrank in den Tuilerien gefunden hatte.

Voller Angst wartete die Familie auf die nächsten Schritte der Kommissare. »Die Königin und ich sind auf alles gefasst und machen uns keine Illusionen über das Los, das man dem König bestimmt«, sagte Madame Elisabeth zu Cléry.[2]

Als Erstes wurde am 10. Dezember der König endgültig von seiner Familie getrennt. Sie sahen ihn erst am Vorabend seiner Hinrichtung wieder. Der kleine Prinz kam zu seiner Mutter.

Am nächsten Tag wurde der König zu seinem ersten Verhör abgeholt. Informationen über sein Schicksal erhielt die Familie nur über Cléry und den Küchenjungen Turgy, die auch jetzt weiter die bewährten Methoden des Nachrichtenschmuggels anwandten. Die Kinder, vor allem Marie Thérèse, waren hierbei von Anfang an einbezogen.

Cléry kam alle zwei Tage zu den Damen, um die Wäsche des Dauphins, um die er sich weiterhin kümmerte, zu bringen oder abzuholen. Madame Elisabeth hatte ihm eines ihrer Taschentücher mitgegeben. Wenn es dem König schlecht gehe, sollte Cléry es in der Wäsche zurückbringen. Die Art, wie es gefaltet war, sollte Auskunft über die Art der Krankheit geben. Cléry sammelte die Bindfäden von Wachslichtpaketen und knüpfte daraus ein Seil, mit dessen Hilfe man Nachrichten durch das Fenster vom Zimmer der Madame Elisabeth in das darunter liegende Zimmer von Cléry herablassen konnte. Auf diese Weise wurden auch Marie Antoinette und Madame Elisabeth mit Papier und Tinte versorgt, die man dem König seit Prozessbeginn wieder zugestanden hatte.[3]

Drei Anwälte berieten den König, und obwohl er mit ihnen täglich stundenlang über seine Verteidigung sprach, hatte er kaum Hoffnung. »Ich rechne mit keiner Rücksichtnahme, mit keiner Gerechtigkeit«, sagte er zu Cléry.[4]

Am 19.12., dem Geburtstag seiner Tochter, meinte er zu Cléry beim Mittagessen: »Heute vor 14 Jahren sind wir früher aufgestanden ... Damals wurde meine Tochter geboren ... Heute ist ihr Geburtstag, und ich darf sie nicht einmal sehen!« Marie Thérèse hatte sich einen Almanach gewünscht, und Cléry besorgte auf Anweisung des Königs einen. Allerdings wird sie kaum Freude daran gehabt haben, denn den alten *Almanach royal* gab es nicht mehr. Er war längst durch den *Almanach de la République* ersetzt worden.

Am 25. Dezember 1792 machte Louis XVI. sein Testament, in dem er allen seinen Feinden verzieh und diejenigen um Verzeihung bat, die er unwissentlich verletzt habe. Er bat seine Frau, ihre Kinder »zu guten Christen und rechtschaffenen Menschen zu erziehen, ihnen die Ämter und Würden dieser Welt – wenn sie jemals das Unglück haben sollten, sie kennenzulernen – nur als gefährliches und vergängliches Gut vor Augen zu führen und ihnen den einzigen festen und dauerhaften Ruhm zu zeigen, der in der Ewigkeit liegt.«[5]

Die Empfehlungen, die er seinem Sohn gab, beweisen, wie genau er seine eigene Lage verstanden hatte: Er empfahl dem Dauphin, »wenn er das Unglück haben sollte, König zu werden«, für das Glück seiner Mitbürger zu leben und Hass und das Streben nach Rache zu vermeiden. Er könne das Volk nur glücklich machen, wenn er nach den Gesetzen regiere. »Diesen aber kann ein König nur dann zur Anerkennung verhelfen, und er kann das Gute, das er in seinem Herzen trägt, nur verwirklichen, wenn er über die notwendige Autorität verfügt; andernfalls ist er in seinen Handlungen gebunden, ohne Ansehen und eher schädlich als nützlich.«[6]

Bis zum Schluss hofften alle, dass der König nur zu einer Haftstrafe verurteilt oder deportiert würde. Cléry nährte diese Hoffnungen, denn er hatte von seiner Frau erfahren, dass im Théâtre du Vaudeville das Stück »Die keusche Susanne« gespielt wurde, in dem eine der Figuren fragt: »Wie könnt ihr zugleich Ankläger und Richter sein?« Das Volk verlangte mehrmals die Wiederholung dieser Passage, in der es eine Anspielung auf den Prozess des Königs sah.[7]

Marie Thérèse schreibt in ihrem Tagebuch, dass es einige Männer gab, die Mitleid mit ihnen hatten und ihr Schicksal erleichtern wollten. Sie versicherten ihrer Mutter, dass ihr Vater nicht leiden müsse und dass man ihn sicher retten würde.[8]

Aber das Schicksal des Königs war schon vor dem Prozess entschieden, er hatte von Anfang an keine Chance gehabt. Am 17. Januar 1793 wurde er zum Tode verurteilt. Artikel 1 des entsprechenden Dekrets des Nationalkonvents lautet: »Die Convention erklärt Louis Capet, den letzten König der Franzosen, für schuldig der Verschwörung gegen die Freiheit der Nation und des Anschlags auf die allgemeine Sicherheit des Staates.«[9]

Er durfte ein letztes Mal seine Familie sehen. Im Speisezimmer kamen sie nach wochenlanger Trennung zusammen, von den Wächtern durch die Scheiben in der Tür beobachtet, aber – eine besondere Gnade – nicht belauscht.

Cléry berichtet: »Um halb neun ging die Tür auf; die Königin mit ihrem Sohn an der Hand erschien als Erste; dann Madame Royale und Madame Elisabeth. Alle stürzten sich in die Arme des Königs. Mehrere Minuten dumpfes Schweigen, das nur von Schluchzen unterbrochen wurde…Der König nahm Platz, die Königin zu seiner Rechten, fast gegenüber Madame Royale, während der kleine Prinz zwischen den Knien des Königs stehen blieb; alle beugten sich über ihn und umarmten ihn oft. Diese schmerzliche Szene dauerte eindreiviertel Stunden, in denen draußen nichts zu verstehen war; man sah nur, dass nach jedem Satz, den der König sprach, das Schluchzen der Damen für einige Minuten heftiger wurde, bevor er fortfahren konnte. Aus ihren Bewegungen konnte man leicht schließen, dass er selbst ihnen die Verurteilung mitgeteilt hatte.«[10]

Marie Thérèse überliefert, dass ihr Vater dem Bruder auftrug, denen zu verzeihen, die ihn leiden ließen. Danach habe er sie und ihren Bruder gesegnet.[11]

Um Viertel nach zehn verabschiedeten sie sich. Der König versprach, dass er sie alle noch einmal am nächsten Morgen, dem Tag der Hinrichtung, sehen würde. Als er zum Abschied Adieu sagte, sank Madame Royale »ohnmächtig vor dem König, den sie umfasst hielt, zu Boden«, schreibt Cléry. »Ich hob sie auf und half Madame Elisabeth, sie zu stützen. Der König wollte dieser herzzerreißenden Szene ein Ende machen und hatte die Kraft, sich von ihnen loszureißen. ›Adieu…adieu‹, sagte er und verschwand in seinem Zimmer. Die Damen gingen wieder hinauf, ich wollte Madame Royale weiter stützen, die Beamten zwangen mich aber schon auf der zweiten Stufe umzukehren. Obwohl beide Türen geschlossen waren, hörte man die Damen auf der Treppe immer noch laut schreien und klagen.«[12]

Der Beichtvater des Königs, Abbé Edgeworth de Firmont, der die Erlaubnis hatte, die letzten Stunden mit dem König zu verbringen, und im Nebenzimmer wartete, beschreibt diese

Abschiedsszene in seinen Erinnerungen so: »Obwohl ich in dem Kabinett blieb, in dem der König mich zurückgelassen hatte, konnte ich leicht die Stimmen unterscheiden und wurde wider Willen Zeuge der rührendsten Szene, die ich je erlebt habe. Nein, keine Feder kann je beschreiben, wie herzzerreißend sie war. Fast eine Stunde lang wurde kein Wort gesprochen; es gab weder Tränen noch Schluchzen, sondern nur durchdringende Schreie, die sogar außerhalb des Turms zu hören sein mussten. Der König, die Königin, Madame Elisabeth, der Dauphin und Madame Royale klagten alle zugleich, und ihre Stimmen schienen sich zu vermischen. Endlich versiegten die Tränen, weil die Kraft zum Weinen fehlte; sie sprachen leise und ziemlich ruhig.«[13]

Zu einem weiteren Treffen kam es nicht. Der König wollte allen einen weiteren Abschied ersparen, und so wartete die Familie am nächsten Morgen vergeblich auf ihn.

»Der scheußliche 21. Januar kam«, schreibt der Küchenjunge Turgy. Gegen zehn Uhr morgens wollte die Königin ihre Kinder dazu bringen, etwas zu sich zu nehmen, aber sie weigerten sich. Bald hörte man Schüsse. Madame Elisabeth hob die Augen gen Himmel und rief aus: »Diese Ungeheuer, jetzt sind sie zufrieden!« Der Königin stockte vor Schreck der Atem; der kleine Prinz brach in Tränen aus, Madame Royale stieß durchdringende Schreie aus. Man möge sich den Anblick vorstellen, inmitten des Trommelwirbels und des Gebrülls der Wahnsinnigen, die den Temple bewachten!«[14]

Marie Thérèse erinnert sich zweieinhalb Jahre später: »Am Morgen jenes furchtbaren Tages standen wir auf, nachdem wir in der Nacht wie betäubt vor Schmerzen geschlafen hatten. Um sechs Uhr öffnete man unsere Tür, man suchte das Gebetbuch meines Vaters. Wir glaubten, dass wir hinuntergehen würden, und hatten immer noch diese Hoffnung, bis die Freudenschreie eines verirrten Volkes uns sagten, dass das Verbrechen geschehen war.« Später habe ihre Mutter nach Cléry gefragt, der bis zuletzt bei ihrem Vater gewesen war. Er überreichte ihr den Ehering des Königs und überbrachte ihr als seine letzten Worte, »dass er sich von dem Ring nur gleichzeitig mit seinem Leben getrennt habe«.[15]

Im September 1795 erzählt Marie Thérèse ihrer ehemaligen Gouvernante Madame de Tourzel von diesem Abschied von ihrem Vater, den sie so sehr geliebt hatte, und ergänzt, dass der Vater sie alle schwören ließ, seinen Tod niemals zu rächen. Dieser Schwur sei für sie wie eine geheiligte Pflichterfüllung seines letzten Willens.[16]

In ihrem Tagebuch skizziert die siebzehnjährige Marie Thérèse ein Denkmal ihres Vaters: »Er erhielt den Todesschlag am 21. Januar, einem Montag, um 10 Uhr und 10 Minuten. So starb Louis XVI., König von Frankreich und Navarra, im Alter von 39 Jahren, minus 3 Tagen, nachdem er 18 Jahre regiert hatte und 5 Monate und 5 Tage im Gefängnis gesessen hatte. So war das Leben des Königs, meines Vaters, während einer strengen Gefangenschaft. Man sah nur Frömmigkeit, Seelengröße, Standfestigkeit, Sanftmut, Mut, Geduld, das schlimmste Unheil zu ertragen, Milde, seinen Henkern von ganzem Herzen zu verzeihen, große Liebe zu Gott, seiner Familie und seinem Volk, von der er bis zu seinem letzten Atemzug Zeichen gab und für die er die Belohnung an der Seite eines allmächtigen und gnädigen Gottes erhalten hat.«[17]

Zeitungen verbreiteten das Schicksal der Königsfamilie in ganz Europa. Die charakteristischen Gesichtszüge Louis' XVI., Marie Antoinettes und ihrer Kinder waren in Adelskreisen und im gebildeten Bürgertum präsent, denn in Bilddokumenten wie Radierungen und Kupferstichen wurde das Grauen der Hinrichtung des Königs und vor allem seine letzten Minuten mit seiner Familie lebendig. Mit Schaudern verfolgten die Menschen die Vorgänge in Paris.

Tod Marie Antoinettes
und Madame Elisabeths

❧❦❧

»Bald hoffe ich, bald wieder verzweifle ich«,

schrieb Graf von Fersen, der das Schicksal Marie Antoinettes
von Belgien aus verfolgte, an seine Schwester Ende Januar 1793.
»Und die Untätigkeit, zu der ich verbannt bin, die geringen
Mittel, die mir zur Verfügung stehen, vergrößern meine Qualen
noch.« Zusammen mit dem geflüchteten österreichischen Botschafter Mercy suchte er weiter nach Möglichkeiten, die Königin und ihre Kinder aus dem Temple zu befreien.[1] Hilfe von
außen, auf die auch Marie Antoinette immer noch hoffte, war
aber nicht in Sicht. Für die ausländischen Mächte war die
Hinrichtung des Königs zwar eine bedrohliche Provokation.
So ließen sie auch ihre Armeen aufmarschieren, aber es ging
ihnen nur darum, das revolutionäre Frankreich zu besiegen und
dann nach dem Beispiel Polens aufzuteilen. Es ging um den
Fortbestand der Monarchie als Herrschaftsform, nicht um die
Befreiung Marie Antoinettes und ihrer Kinder.

Die Königin schickte Graf von Fersen durch den Stadtver-
ordneten Lepitre, der von Mitleid erfüllt ebenfalls an Fluchtplänen arbeitete, eine Karte mit ihrem Motto: »Alles führt mich
zu dir.« Lepitre übernahm es auch, das Siegel des Königs und
seinen Ehering an den Grafen de Provence, den Bruder Louis
XVI., zu schicken. Marie Antoinette ahnte nicht, dass dieser
sich längst zum Regenten erklärt hatte und im Exil in Verona
Hof hielt.

Das Jahr 1793 war in Frankreich insgesamt gekennzeichnet

durch eine zunehmende Radikalisierung. Der Einfluss der Jakobiner nahm stetig zu, der der gemäßigten Girondisten entsprechend ab. Die Gefangenen bekamen solche Unruhen vor allem durch den Lärm von draußen und durch strengere Kontrollen mit: Trommeln dröhnten durch die Straßen, die Sturmglocken läuteten, es wurde ihnen verboten, auf dem Turm an die frische Luft zu gehen. Was im Einzelnen passierte, sagte man ihnen nicht. Was blieb, war die Angst vor weiteren unberechenbaren Angriffen durch die Massen. Immer wieder betont Marie Thérèse in ihrem Tagebuch, dass es besonders schlimm wurde, wenn die Wachen besoffen waren, und das waren sie sehr oft.

Unerträglich wurde die Situation, wenn einer der Gefangenen krank wurde, wie der Dauphin, der nach wochenlangen Schmerzen Anfang Mai 1793 hohes Fieber bekam. Die Wärter nahmen das anfangs nicht ernst und holten erst nach Tagen den Arzt Brunier, der die Kinder seit Kindheit betreut hatte. Er gab ihm eine fiebersenkende Medizin, die Schmerzen aber blieben. Seit dieser Zeit sei ihr Bruder sehr geschwächt gewesen und habe sich nie mehr richtig erholt, schreibt Marie Thérèse.[2]

Am 1. März begann die Gegenoffensive der Alliierten, die zunächst äußerst erfolgreich war. Manchmal liefen sogar prominente Militärs über, so zum Beispiel der General Dumouriez. Die äußere Bedrohung führte aber auch diesmal wieder zu einer Verschärfung der Situation im Inneren des Landes, was zu einer neuen Verfolgungswelle für alle vermuteten Feinde der Revolution führte.

Am 10. 3. wurde ein »Revolutionstribunal« eingerichtet, um alle, die sich verdächtig gemacht hatten, zu überprüfen. Die Parteikämpfe zwischen den gemäßigten Girondisten und der radikalen sogenannten Bergpartei spitzten sich weiter zu. Gegenseitiges Misstrauen bestimmte das Tagesgeschehen. Zur Kontrolle der Minister wurde ein »Wohlfahrtsausschuss«, dessen Leitung ab dem 27. Juli Maximilien de Robespierre übernahm, an die Spitze der Exekutive gestellt.

Schon in seiner Rede am 27.3.1793 hatte Robespierre dafür geworben, auch die Königin zu verurteilen: »Sollte die Bestrafung eines Tyrannen, nach langen, schändlichen Debatten endlich erreicht, unsere einzige Huldigung an Freiheit und Gleichheit sein? Werden wir dulden, dass ein nicht weniger schuldiges, nicht weniger von der Nation angeklagtes Individuum, welches man bis heute aus einem Rest abergläubischer Verehrung für das Königtum verschont hat, werden wir dulden, dass dieses Individuum in aller Ruhe hier der Früchte seines Verbrechens harrt? Eine große Republik, die so frech beleidigt, so unverfroren verraten wurde, erwartet von Euch den Anstoß, dass der heilige Hass auf das Königtum wiederbelebt wird und der öffentliche Wille neue Kraft erhält.« Antoinette von Österreich solle daher vor das Revolutionstribunal gebracht werden. Vorwurf: Sie sei an dem »Anschlag auf die Freiheit und die Sicherheit des Staates beteiligt« gewesen.[3]

Vonseiten des Wohlfahrtsausschusses versuchten Georges Danton und andere, in geheimen Verhandlungen mit Venedig und Neapel, wo die Schwester Marie Antoinettes auf dem Thron saß, den Austausch der Königin und ihrer Kinder gegen Geld zu arrangieren.[4] Der Unterhändler Maret, der spätere Herzog von Bassano, schreibt dazu: »Der vernünftigste Teil der Regierung war übereingekommen, sich an die einzigen Verbündeten zu wenden, die der Republik geblieben waren: Venedig, Florenz und Neapel. Die Republikaner wollten nicht, dass die ganze Welt sich von ihnen abwandte. Wenn diese drei Staaten als Bedingung für die Allianz die Sicherheit der Königin und ihrer Familie verlangten, würde dies, so glaubte man fest, nicht abgelehnt werden.«[5] Die Verhandlungen wurden allerdings eingestellt, als Robespierre am 27. Juli die Führung des Wohlfahrtsausschusses übernahm.

Im Sommer 1793 sah sich die französische Regierung mit mehreren Problemen konfrontiert: Da waren die Erfolge der royalistischen Aufständischen in der Vendée und der Bretagne, der Widerstand der Girondisten, der die ganze Normandie,

Lyon, Marseille und Bordeaux erfasst hatte, und der Vormarsch der alliierten Armeen, die von allen Seiten in französisches Gebiet eindrangen.

Als Hauptschuldige an dieser Entwicklung galten die Gefangenen im Temple, vor allem Marie Antoinette. Man unterstellte ihnen, an den Aufständen gegen die Revolution beteiligt zu sein, und behandelte sie dementsprechend. Zwischen die Gärten wurde eine Mauer gebaut, die unteren Fenster bekamen Jalousien, die Blenden wurden zugestopft.[6]

Zwar erkundigten sich die Kommissare immer wieder, ob Marie Antoinette irgendwelche Beschwerden habe, aber wenn sie einen Wunsch äußerte, wurde er abgelehnt. So antwortete sie auf solche Fragen nur noch mit: »Nein!«

Der Wärter Tison diente als Spion der Revolutionsregierung im Temple und denunzierte andere Wärter, die sich freundlich verhielten. Auch seine Frau verriet, dass Marie Antoinette während des Prozesses Informationen mit dem König ausgetauscht hatte. Daraufhin wurden am 20. 4. 1793 des Nachts sechs Stunden lang die Räume der Gefangenen untersucht.

Der Hauptvorwurf, der immer wieder erhoben wurde, lautete, geheime Korrespondenz mit der Außenwelt zu unterhalten. Und dies traf ja tatsächlich zu. Vor den Temple-Mauern wurde sie bis zu seiner Verhaftung im Oktober 1793 vom ehemaligen Kammerdiener Hue organisiert. Er durfte sich, um nicht erkannt zu werden, in Paris auf öffentlichen Plätzen zwar nicht sehen lassen, aber er arrangierte nächtliche Treffen, etwa mit der Frau des königlichen Anwalts Malesherbes und anderen Hofleuten, sogar mit Abgeordneten, die sich für Marie Antoinette einsetzen wollten. Mit dem Küchenjungen Turgy traf er sich außerhalb der Stadtmauern, wo er ihm erzählte, wie die Stimmung in Paris war. Er hielt die Gefangenen über die Politik der verschiedenen Parteien, den Aufstand der Royalisten in der Vendée und über das Vorwärtsmarschieren der alliierten Armeen auf dem Laufenden.[7]

Im Mai 1793 entdeckte man ein Komplott des Generals

Arthur Dillon, der angeblich den Sohn Louis XVI. entführen und ihn als Louis XVII. auf den Thron setzen wollte. Diese Nachricht löste bei den Regierenden in Paris zusätzliche Panik aus. Während man mit allen Kräften gegen die Aufständischen im eigenen Land vorging, isolierte man vorsichtshalber den kleinen Prinzen vom Rest der Familie und brachte ihn allein im sichersten Trakt des Temple unter, um eine Entführung zu verhindern, die den Royalisten einen unberechenbaren Auftrieb gegeben hätte. Der nun achtjährige Louis war für alle Royalisten seit dem 21. Januar Louis XVII. und galt als der offizielle Nachfolger seines Vaters.

Diese aus politischen Gründen durchaus nachvollziehbare Maßnahme bedeutete aber für die Gefangenen im Temple eine weitere unverständliche Terrorisierung, da sie von dem Komplott keine Ahnung hatten und von einer weiteren Willkürmaßnahme ausgingen, die ihnen Angst machen sollte.

Um zehn Uhr abends, als er schon im Bett lag, kamen die Wachen. »Sobald mein Bruder das hörte, fing er an zu weinen«, schreibt Marie Thérèse in ihren Memoiren. Er »warf sich in die Arme meiner Mutter und bettelte, man solle ihn nicht von ihr wegnehmen. Auch meine Mutter war überwältigt von diesem grausamen Befehl und weigerte sich, meinen Bruder loszulassen, indem sie den Beamten von seinem Bett drängte.«

Eine Stunde lang kämpften die Frauen. Sie weinten, protestierten. Die Wärter antworteten mit Beschimpfungen und Drohungen. Am Ende war der Widerstand vergebens. Marie Thérèse schreibt, ihre Mutter »badete ihn in Tränen, als hätte sie gesehen, was kommen würde, und wüsste, dass sie ihn nie wiedersehen würde … Ihre Verzweiflung wuchs, als sie wusste, dass es Simon, der Schuster, war, der das unglückliche Kind betreuen würde.«[8]

Hue bezeichnet Simon als Tiger, als wildes Tier, als Monster, das nichts anderes im Sinn hatte, als dies Kind zu quälen, seinen Geist und seinen Körper zu zerstören, ständig betrunken, ein Spieler und Wüstling.[9]

Marie Antoinette flehte immer wieder, ihren Sohn sprechen zu dürfen, vergeblich. »Mein Bruder weinte untröstlich zwei Tage lang und bat darum, uns zu sehen.« Dafür wurde er so böse bestraft, dass er sich nicht mehr traute zu weinen. Aber er durfte einmal am Tag auf den Turm, um frische Luft zu bekommen. Und Marie Antoinette hockte stundenlang vor einem kleinen Fenster, um den Moment abzupassen, wenn er die Treppe hinaufging.[10]

Dass Antoine Simon den kleinen Louis Charles quälen wollte, wird von Historikern heute als Legende bewertet. Er betreute ihn zusammen mit seiner Frau, die keine eigenen Kinder hatte. Natürlich bekam der Dauphin von ihnen nicht die Ansprache und Ausbildung, die er gewohnt war. Doch Simon sei nicht wirklich bösartig gewesen, und es gebe keine Hinweise auf eine systematische Quälerei, urteilt der renommierte Historiker Lenôtre, Mitglied der Französischen Akademie der Wissenschaften.[11]

Simon kam aus ärmlichen Verhältnissen, hatte natürlich selber keine anderen Lektionen gelernt als die eines »chaotischen Lebens, voller Missgeschicke, abgebrochener Unternehmungen und Enttäuschungen«. Er sei einer der »armen Teufel« gewesen, die »viel, aber erfolglos kämpfen und dann mit einer Art zynischem Spott das Elend annehmen, das sie nicht verbergen können«. Der große Kontrast zwischen ihren Lebenswegen sei die eigentliche Ursache für das scheinbar barbarische Verhalten Simons und den Leidensweg des Kindes.[12]

Wenn er grob zu dem Kind war, wurde er, wie Zeugen später aussagten, von seiner Frau gebremst. »Petit Charles« habe sie den Jungen genannt. Simon wollte ihn zu einem »Jakobiner« machen und ließ ihn die Marseillaise und andere Revolutionslieder singen, wie er das bei einem eigenen Sohn auch getan hätte. Wie die Belege im Nationalarchiv zeigen, ließ er Tiere anschaffen: den Hund Coco, eine Voliere mit Vögeln. Auch seine Frau hat den kleinen Jungen, so gut sie konnte, wie ein eigenes Kind betreut: Sie ließ eine Badewanne und ein Waschbecken anschaffen. Solange Simon da war, durfte der Junge sogar mit den Wachen Billard spielen.[13]

Nach den Dokumenten, die Ambelain und Lenôtre vorlagen, hat Simon während seiner Zeit im Temple Informationen über den Sohn Louis XVI., der nach dem Tod seines Vaters am 29.1.1793 im Hauptquartier der Emigrantenarmee vom Prinzen Condé zum König Louis XVII. proklamiert worden war, an die spanische Regierung geliefert. Dort saß Karl IV. (1748–1819), ein Bourbone, auf dem Thron. Seit Anfang 1794 bemühte sich Spanien um die Auslieferung der Kinder Louis XVI.

Am 5. März 1794 schreibt der Geheimagent des spanischen Hofes aus Paris an den spanischen Botschafter in Wien: »Seit langer Zeit war Simon einer der Unseren, und er informierte uns im Detail, was dort passierte, wie Eure Excellenz aus meinen Berichten ersehen kann.« Aus Furcht vor Entdeckung habe er aber keine Nachrichten mehr an die Royalisten weitergegeben, sondern auch er wurde dazu gebracht, »den Gräueln der Königsmörder« nachzugeben. Darum habe er alles darangesetzt, diese Arbeit aufzugeben. Trotzdem seien zwei geheime Treffen mit ihm möglich gewesen, und man habe auch zwei Wachen in den Temple schmuggeln können, die Simons Angaben bestätigten.[14] Simon verließ am 19.1.1794 auf eigenen Wunsch den Temple, am 28. Juli 1794 wurde er zusammen mit Robespierre und anderen hingerichtet.

Wenn Marie Antoinette, Madame Royale und Madame Elisabeth sich über die Brutalität des Schusters Simon beklagten, dann spielten Sorge und Angst eine große Rolle. Wie Simon mit dem Jungen umging, haben sie mit eigenen Augen nie gesehen. Und Simon wurde, wie ja auch der spanische Geheimagent schreibt, oft gezwungen, härter durchzugreifen, als er wollte, um sich nicht noch verdächtiger zu machen, als er ohnehin schon war.

Bis Mai 1793 waren die Türen zu den Räumen der Gefangenen immer offen gewesen, und die Wachen befanden sich mit im

Raum, ab jetzt wurden die Türen verschlossen. Die Wachen kamen drei Mal am Tag, um Essen zu bringen und die eisernen Fenstergitter zu kontrollieren, um sicherzugehen, dass daran nicht herumgebastelt worden war. Auch der neue General Henriot kam zur Visite. »Er erstaunte uns durch seine rauen Manieren. Vom ersten bis zum letzten Moment tat er nichts außer fluchen.«[15]

Am 1.8.1793 hielt Barère, Mitglied im Wohlfahrtsausschuss, eine Rede im Konvent, um seine Kollegen zum Kampf gegen die Verschwörung von innen und außen zu mobilisieren. Er forderte sie auf, nicht nur die äußeren Feinde zu bekämpfen, sondern auch das »Königtum mit seinen Wurzeln auszureißen. Wer hat denn dafür gesorgt, dass in London, in Wien, in Madrid die Hoffnung lebendig blieb, in unserer Mitte könnte der Königsthron wiedererrichtet werden? Haben wir nicht zu lange die Verbrechen der Österreicherin vergessen? Sind wir nicht auf seltsame Weise gleichgültig gewesen gegenüber den einzelnen Mitgliedern unserer ehemaligen Tyrannen?«[16] Der Konvent beschloss daraufhin, Marie Antoinette vor das Revolutionskomitee zu bringen und gleichzeitig die Ausgaben für Madame Elisabeth und die Kinder auf das Nötigste zu reduzieren.

Noch in derselben Nacht erschienen um zwei Uhr die Wachen und verlasen ein Dekret des Konvents, nach dem die Königin in die *Conciergerie*, ein Gefängnis auf der Seine-Insel Saint-Louis, verlegt werden sollte. Marie Thérèse schaute zu, wie sich ihre Mutter vor den Augen der Wachen ankleidete, wie die Taschen ihrer Kleider durchsucht wurden und dann ihre ganze Habe in ein Bündel gepackt wurde. Sie ließen ihr nur ein Taschentuch und einen Flakon mit Riechsalz, weil sie fürchteten, dass sie in Ohnmacht fallen würde. »Zuletzt verließ meine Mutter mich, nachdem sie mich mehrmals geküsst und mich gebeten hatte, tapfer zu sein und auf meine Gesundheit zu achten. Ich konnte nicht antworten, denn ich war sicher, ich schaute zum letzten Mal in ihr Gesicht… Meine Tante und ich waren untröstlich und weinten die ganze Nacht.«

Marie Thérèse beschreibt in ihrem Tagebuch auch, wie sie und ihre Tante täglich hörten, wie ihr kleiner Bruder am offenen Fenster Revolutionslieder, unter anderem die *Carmagnole*, singen und Verwünschungen gegen Gott, seine Familie und alle Aristokraten ausstoßen musste. »Meiner Mutter wurde zum Glück eine Menge Horror erspart dadurch, dass sie gegangen war«, kommentierte Marie Thérèse die für sie unerträgliche Behandlung ihre Bruders.[17]

Meistens kamen Nachrichten von außen über die Zeitungsverkäufer, die ihre Meldungen laut auf der Straße ausschrien, aber manchmal gelang es Marie Thérèse und ihrer Tante auch, trotz der strengen Kontrollen, über das bewährte Netzwerk neue Informationen über Marie Antoinette zu bekommen. Hue engagierte eine Frau, die in der *Conciergerie* arbeitete und Nachrichten hinausschmuggelte. Er ließ Marie Thérèse auch ein Strumpfband zukommen, das ihre Mutter aus dem Garn eines alten Wandteppichs mit den Spitzen zweier Schreibfedern gestrickt hatte. Marie Thérèse empfing es mit beinahe »religiösem Respekt«[18].

Alle Pläne von königstreuen Anhängern, Marie Antoinette zu befreien, scheiterten schon im Vorfeld.

Als Marie Thérèse und ihre Tante erfuhren, dass man Marie Antoinette beschuldigte, mit Personen außerhalb des Temple korrespondiert zu haben, zerstörten sie alle Schreibsachen und Stifte, die sie trotz der vielen Durchsuchungen immer noch besaßen und die die Mutter weiter belasten könnten.

Im September kam die Order, den Gefangenen nur das Allernötigste zu lassen. »Wir mussten unsere Betten selber machen und den Raum säubern«, schreibt Marie Thérèse, »und dies dauerte lange, da wir anfangs nicht daran gewöhnt waren. Wir hatten nicht einen einzigen Menschen, der für uns etwas tat.« Hébert, der wachhabende Offizier, kommentierte das mit den Worten, dass in allen Gefängnissen nach dem Hauptgesetz der Französischen Republik Gleichheit herrsche und die Gefangenen für sich selber sorgen müssten.

Die Bettlaken wurden ihnen weggenommen, damit sie diese nicht zur Flucht aus den Fenstern benutzen konnten. Jeden Tag wurden die Räume durchsucht. Die Wachen nahmen das Porzellan mit, und wenn sie nicht alles fanden, was auf ihrer Liste stand, wurden Marie Thérèse und ihre Tante beschuldigt, es gestohlen zu haben, obwohl, wie Marie Thérèse bitter bemerkt, das doch die eigenen Kollegen getan hatten.

Beide wussten, dass der Prozess gegen Marie Antoinette begonnen hatte. Sie wurden selber als Zeugen am 8. 10. 1793 verhört. Die Beamten holten zuerst Marie Thérèse. Ihre Tante und Marie Thérèse glaubten zunächst, sie würde nie wiederkommen, so wie die Mutter, aber es ging diesmal nur zum Verhör. »Ich war sehr beunruhigt. Es war das erste Mal, dass ich mich alleine in Gegenwart von einem Dutzend Männern befand, und ich wusste nicht, was sie vorhatten«, beschreibt Marie Thérèse diese für sie höchst bedrohliche Situation. »Aber ich empfahl mich Gott und ging hinunter.«[19]

Dort traf sie zunächst auf ihren Bruder. Sie umarmte ihn, aber er wurde von ihr weggezogen. Im Nachbarraum fand das dreistündige Verhör statt, durchgeführt von Kommissar Chaumet. Angeblich ging es um Personen, die beschuldigt wurden, den Kontakt zwischen der königlichen Familie und der Außenwelt hergestellt zu haben. Marie Thérèse leugnete alles, da sie zu Recht befürchtete, die Wahrheit könnte ihrer Mutter schaden.[20]

Danach konfrontierte man sie mit den Beschuldigungen gegen ihre Mutter. Unter anderem wurde Marie Antoinette des Inzests mit ihrem Sohn beschuldigt. Er hatte ausgesagt, seine Mutter und seine Tante hätten ihm »verderbliche Gewohnheiten« wie das Onanieren beigebracht und sich dabei amüsiert. Seine Tante sagte später, er hätte das tatsächlich gemacht, aber sie hätten mit ihm geschimpft.[21]

Marie Thérèse wies alle Vorwürfe als infame Lügen zurück. Auch über die Flucht nach Varennes wurde sie ausgefragt. Sie antwortete, so gut sie konnte, ohne irgendjemanden zu belasten. Die letzten Jahre hatten sie gelehrt, vorsichtig zu sein. Danach wurde ihre Tante verhört, die ähnlich vorsichtige, niemanden belastende Aussagen machte.

Die Anklage lautete unter anderem, Marie Antoinette habe ihren Mann zum Verrat angestiftet und ihn zur Flucht überredet.[22] Sie habe Kontakt mit ausländischen Mächten gehabt und dem Kaiser Geld gegeben. Die Verteidigungsrede ihrer Anwälte wurde in der Zeitung von Père Duchesne, einer von dem Journalisten Jacques-René Hébert erfundenen Hetzfigur, voller Hass kommentiert. Die Verteidiger der Königin seien »Teufelsadvokaten«, die »sich wie toll gebärdeten, um die Unschuld der Vettel zu beweisen, nein, nicht genug damit, sie wagten es sogar, den Tod des Verräters Capet [Louis XVI., Anm. d. Autorin] zu beklagen und zu den Richtern zu sagen, es sei genug mit der Bestrafung des dicken Schweins, wenigstens seiner Schlampe von Frau müsse man Gnade angedeihen lassen«.[23]

Das Urteil gegen Marie Antoinette stand genau wie das gegen ihren Mann ohnehin von vornherein fest. Sie wurde wegen Hochverrats zum Tode verurteilt. In einem Abschiedsbrief an ihre Schwägerin Madame Elisabeth, den diese jedoch nie erhielt, schrieb die ehemalige Königin von Frankreich: »Ich bin ruhig, wie man es ist, wenn das Gewissen einem nichts vorwirft. Zutiefst bedaure ich, dass ich meine armen Kinder verlassen muss … Adieu, meine liebe, zärtliche Schwester, möge Euch dieser Brief erreichen! Denkt immer an mich. Ich küsse Euch von ganzem Herzen und ebenso meine armen, geliebten Kinder. Mein Gott, wie herzzerreißend ist es, sie für immer zu verlassen. Adieu! Adieu!«[24]

Am 10. Oktober 1793 wurde Marie Antoinette hingerichtet. Marie Thérèse und ihre Tante hatten zwar von den Zeitungsrufern gehört, dass man sie zum Tode verurteilen würde, hofften aber weiterhin auf ein Eingreifen der Österreicher. »Noch konnten wir uns nicht vorstellen, dass der Kaiser so skandalös handeln würde, indem er die Königin, ein Mitglied seiner eigenen Familie, den Tod auf dem Schafott erleiden lassen würde, ohne einen Finger zu rühren, um sie zu retten. So war es dann aber doch, aber unser Geist weigerte sich, den Gedanken zuzulassen, dass das Haus Österreich dieser krönenden Schande schuldig werden würde.«[25] Harte Worte einer Siebzehnjährigen, noch zwei Jahre nach diesen Ereignissen.

Am 13.10.1793 wurde auch Hue verhaftet, sodass von nun an keine Nachrichten von der Außenwelt mehr zu den Gefangenen drangen. Gewissheit über das Schicksal ihrer Mutter bekam Marie Thérèse erst zwei Jahre später, im Herbst 1795. Bis dahin hoffte sie auf ein Wiedersehen und fragte immer wieder ihre Wärter, ob man sie nicht zu ihr lassen könne. Die aber hatten die strikte Anweisung zu schweigen.

Die Haftbedingungen wurden erneut verschärft, auch wenn sie im Grunde genommen nur weiter an die normaler Gefangener angeglichen und Sonderkonditionen gestrichen wurden: Marie Thérèse bekam nicht mehr ihre morgendliche Kräutersuppe, die sie für ihre Gesundheit brauchte, Madame Elisabeth nicht mehr die Fischgerichte an katholischen Fastentagen. Auf Nachfrage erklärten die Wärter auch dieses mit der »Parole der Gleichheit«. Außerdem gäbe es keine Wochen mehr, sagte man ihnen, nur noch Dekaden. Die Revolution hatte alle früheren Zeiteinteilungen abgeschafft und durch neue ersetzt.[26] Als weitere Missachtung ihrer Person empfand Marie Thérèse, dass die Wärter anfingen, sie zu duzen.[27]

Und immer wieder Durchsuchungen ihrer Räume, ab November 1793 dreimal täglich. Über eine vierstündige Durchsuchung durch vier Beamte berichtet Marie Thérèse: »Es ist unmöglich, eine Vorstellung von den Beschimpfungen und dem Fluchen zu geben, dem sie sich hingaben.«[28] Bei diesen Durchsuchungen nahmen sie ihnen jedes Mal viele »lächerliche« Dinge weg: Hüte, die Könige aus den Spielkarten oder Bücher, in denen Wappen vorkamen. Sie ließen ihnen die Andachtsbücher, nicht ohne zahllose Gotteslästerungen zu machen, was für die beiden Frauen, für die ihr Glaube der einzige Trost war, furchtbar war.

Im Frühjahr 1794 wurden ihnen die Kerzen genommen, sodass sie nach dem Abendessen, das sie um sieben Uhr dreißig oder acht Uhr einnahmen, sobald es dunkel wurde, schlafen gingen.[29]

Besonders belastete die Frauen die Situation des kleinen Prinzen. Am 19.1.1794 hörte Marie Thérèse Lärm im Zimmer ihres Bruders, schaute durch ein Loch und sah, dass Kisten transportiert wurden. Zuerst vermutete sie, ihr Bruder würde weggebracht. Aber es war nur der Schuster Simon, der mit seiner Frau den Temple verließ.

Ihr Bruder blieb allein zurück, ein achtjähriges Kind, das nicht in der Lage war, sich selber zu versorgen, und zunehmend bewusst der Verwahrlosung überlassen wurde. Seine Schwester schreibt: »Er benutzte ein Bett, das seit sechs Monaten nicht mehr gemacht wurde. Es war bedeckt mit Ungeziefer und Flöhen, und sie waren überall auf seinem Leinen und seinem Körper. Abfälle stapelten sich in seinem Zimmer. Sein Fenster wurde nie geöffnet, und es war unmöglich, in seinem Zimmer zu bleiben wegen des giftigen Gestanks.«[30] Manchmal ließ man ihn ganz ohne Licht, und das unglückliche Kind starb fast vor Furcht, traute sich aber nicht, um irgendetwas zu bitten. Er tat den ganzen Tag gar nichts, und diese Art des Lebens zerstörte seine mentale und physische Gesundheit, wie Marie Thérèse später von den neuen Wärtern Laurent und Gomin erfuhr.

Am 9.5.1794, als Marie Thérèse und ihre Tante ins Bett gehen wollten, klopften die Wärter an die Tür. Erst nachdem sie sich angekleidet hatten, öffnete die Tante.

»›Bürgerin, du musst herunterkommen!‹, sagten sie.

›Und meine Nichte?‹

›Wir werden uns später um sie kümmern.‹

Meine Tante umarmte mich und sagte, sie würde zurückkommen.

›Nein, Bürgerin‹, sagten sie. ›Du wirst nicht mehr zurückkehren. Setz deine Haube auf und komm.‹

Sie überhäuften sie mit Beschimpfungen; sie ertrug es geduldig, und dann, nachdem sie mich geküsst hatte und mich gebeten hatte, Mut zu haben und auf Gott zu vertrauen, ging sie mit ihren Feinden hinaus.«[31]

Marie Thérèse blieb zurück, voller Verzweiflung. Niemand teilte ihr mit, was mit der Tante geschehen würde. »Ich verbrachte eine unglückliche Nacht, aber obwohl ich unsicher war, was mit ihr passieren würde, hatte ich keine Ahnung, dass ich sie in wenigen Stunden verlieren würde. Ich glaubte fest, sie wäre nicht länger in Frankreich.«[32]

Am nächsten Tag fragte sie die Wärter, aber die sagten nur, ihre Tante würde frische Luft schnappen. Dass Madame Elisabeth mit kaum 30 Jahren schon am 10. 5. 1794 hingerichtet worden war, erfuhr Marie Thérèse erst 18 Monate später. Sie war für sie wie eine zweite Mutter gewesen. »Unsere Charaktere waren exakt gleich, und auch im Aussehen glichen wir uns. Der Himmel gebe es, dass ich ihre Tugenden besitzen möge und dass ich eines Tages mit ihr vereint sein werde im Schoße Gottes«, schrieb Marie Thérèse 1795 in ihr Tagebuch.[33]

Jahre furchtbarer Einsamkeit

❧✦❧

> »Wir stellten uns dies ach so sensible Herz allein
> in diesem schrecklichen Turm vor, sich selbst über-
> lassen, ohne Trost und inmitten der lebhaftesten
> Leiden, die das Herz sich nur vorstellen kann«,

kommentiert Madame de Tourzel, die ehemalige Erzieherin der
Königskinder, die Nachricht, dass Madame Elisabeth auf der
Guillotine gestorben war. Sie versuchte, Informationen über
die Lage im Temple zu bekommen, aber »man bewahrte ein
solches Schweigen über die Situation«.[1] Auch der ehemalige
Kammerdiener Hue versuchte es vergeblich. Ihre Sorge um die
junge Prinzessin war nicht unbegründet.

Marie Thérèse war 15 Jahre und fünf Monate alt, als man ihre
Tante abführte, und 15 lange Monate dauerte anschließend ihre
Einzelhaft. Während zu Lebzeiten Louis' XVI. insgesamt 287
Soldaten die königliche Familie bewacht hatten, waren es nun
noch 15, die die zwei Kinder bewachten. Die vier städtischen
Kommissare, die dies leiteten, wurden täglich ausgetauscht, um
eine Verbrüderung mit den Gefangenen zu verhindern. Außen-
stehende, auch wenn es Angehörige der Regierung waren, durften nur mit einer Sondergenehmigung die Zimmer der Kinder
betreten.[2]

Marie Thérèse lebte im dritten Stock des Temple-Turms, dessen Wände zwei Meter dick waren. 20 Quadratmeter hatte der
Raum, in dem sie bis zu deren Verhaftung mit ihrer Mutter
wohnte, danach war die Tante eingezogen. Die gewölbte Decke
war 4,5 Meter hoch, und das Zimmer wurde nur unzulänglich

von einem Kaminofen beheizt, auf dessen Sims eine Uhr stand. Blassgrüne und blaue Wellen durchzogen die Tapeten an den Wänden.

Sie schlief in einem großen Himmelbett, das mit grünem Damast behängt war und in dem einst ihre Mutter und später ihre Tante geschlafen hatten. Ihr eigenes kleines Bett wurde später ein Stockwerk tiefer zu ihrem Bruder gebracht. Neben dem Bett stand ein kleiner Tisch, eine Art Paravent diente als Wandschirm, auf der Marmorplatte einer Mahagonikommode befand sich ein Spiegel. Weitere Möbelstücke waren ein Sofa und zwei Armsessel.

Ein Ankleidezimmer von circa vier Quadratmetern, das man durch einen schmalen Korridor erreichte, war auch im Erkerturm eingerichtet worden. Dort stand das Klavier Marie Antoinettes, auf dem Marie Thérèse aber nicht spielte: »Das Klavier gehört mir nicht, es gehört der Königin«, sagte sie dem Abgeordneten Harmand, der im Winter 1794/95 im Auftrag der Nationalversammlung einen Kontrollbesuch machte. »Ich habe nicht darauf gespielt und werde es auch nicht tun.«[3] Marie Thérèse wusste zu diesem Zeitpunkt noch nicht, dass ihre Mutter bereits seit über einem Jahr tot war.

Eine Doppeltür, die immer von außen zugeschlossen war, trennte diese Räume von dem kleinen Vorraum, in dem rund um die Uhr ein Wachposten saß. Dreimal am Tag kontrollierten die Kommissare das Zimmer Marie Thérèses. Sie musste ständig mit plötzlichem Besuch rechnen, auch wenn sie abends schon ausgezogen im Bett lag. Oft konnte sie nicht einschlafen, vor allem, wenn sie draußen vor der Tür die Stimmen der besoffenen Soldaten hörte. Sobald sie das Rasseln von Schlüsseln hörte, sprang sie auf und zog sich ihre Kleider über.

Seit ihrem 13. Lebensjahr saß sie nun schon im Temple als Gefangene, ihre Zelle war das Zuhause, das sie seither kannte. Alles, was von draußen kam, machte ihr Angst. Da waren die Alarmtrommeln, die von der Straße her immer etwas Bedrohliches ankündigten, das Waffengeklirr aus dem Hof, die Kommandos der Offiziere beim Wachwechsel und die lauten Stimmen der Wachen im Vorraum. Und da war die Angst, dass sie zu jeder Zeit die Tür öffnen konnten, ohne dass sie es verhindern konnte.

Als Madame Elisabeth abgeholt wurde, blieb Marie Thérèse in »großer Verzweiflung« zurück, sie verbrachte eine »elende« Nacht.[4] Am nächsten Morgen bat sie die Wärter, man möge sie zu ihrer Mutter bringen. Vergeblich.

In ihrer letzten Umarmung hatte Madame Elisabeth ihrer Nichte zugeflüstert, dass sie unbedingt die Regierung bitten müsse, ihr eine Dame an die Seite zu stellen, wohl weniger zur Bedienung, sondern eher als Schutz vor den Übergriffen der Wachen. Der Antrag wurde abgelehnt, und Marie Thérèse blieb allein in ihren Räumen.

Die Wärter verdoppelten in den nächsten Wochen ihre Härte gegenüber Marie Thérèse, sie nahmen ihr sogar die Streichhölzer weg, mit denen sie den Ofen anzünden konnte. Es sei zu ihrer Sicherheit, sagten sie.

»Die Wachen waren oft sehr betrunken«, schildert Marie Thérèse ihre Lage, »obwohl sie uns in Ruhe ließen, meinen Bruder und mich, jeden in seinem Quartier.«

War das wirklich so? Marie Thérèse begann ihr Tagebuch erst 1795 unter der Aufsicht von Madame de Chanterenne, die von der Regierung schließlich zu ihrer Begleitung bestimmt worden war. Hätte sie schreiben dürfen, dass es Übergriffe der Wachen gegeben hatte?

> »An diesem traurigen Ort des Schreckens
> Schien mir die Tugend, die meinem Herzen so gefällt,
> Für immer verbannt.
> Der Himmel hat mein Leben,
> Das zu oft beinahe ausgehaucht worden wäre,
> Wegen der Tränen, die er fließen sah, erhalten«,

dichtete Marie Thérèse 1795 über diese Zeit.[5]

Sie bat nur um das Nötigste, und auch das wurde ihr oft sehr grob verweigert. Sie fegte täglich ihre Räume und war damit fertig, wenn um neun Uhr das Frühstück gebracht wurde.

»Meine Tante hat vorausgesehen, welches Unglück mich treffen würde, und hat mich gelehrt, ohne Hilfe zurechtzukommen«, erzählt sie später Pauline de Tourzel.[6] Schon diese habe das Leben von Marie Thérèse so eingeteilt, dass sie immer beschäftigt war mit der Pflege ihres Zimmers, mit Gebet, Lektüre und Arbeit. Die Tante hatte sie gelehrt, ihr Bett selbst zu machen, sich zu kämmen, zu schnüren und anzuziehen, alles Dinge, die eine Königstochter normalerweise nicht tun musste oder gar durfte, denn dafür gab es ja Untergebene.

Um die Luft frisch zu halten, musste täglich Wasser versprüht werden. Jeden Tag eine Stunde sollte Marie Thérèse außerdem auf und ab gehen, möglichst schnell, um sich fit zu halten. Und Marie Thérèse hat sich an dieses Programm gehalten, 15 Monate lang. Ab und zu bekam sie Besuch von den Kommissaren, denen sie aber nur lakonische Antworten gab, in der Hoffnung, sie ließen sie in Ruhe.[7] Einmal sei sie ohnmächtig geworden, erzählte sie Pauline, aber sie habe sich nie viel Sorgen um ihre Person gemacht.

Pauline fragte sie bei ihrem ersten Besuch 1795, wie Marie Thérèse das alles ausgehalten habe. Die Antwort war: Was sie am Leben gehalten habe, sei die Hoffnung gewesen, ihre Mutter und ihre Tante wiederzusehen, und die Religion. »Sie war meine einzige Quelle und hat mich mit dem einzigen Trost versorgt, der meinem Herzen guttat.« Sie hatte die erbaulichen Bücher ihrer Tante gerettet, in denen sie immer wieder las.

Ansonsten besaß sie nur noch eine weitere Lektüre: *Les Voyages de la Harpe*. In zwei Bänden beschreibt der Autor François de la Harpe seine Entdeckungsreisen durch Afrika, Asien und Amerika und an den Nordpol. Gefangen im Temple ging Marie Thérèse damit in Gedanken auf Weltreise.

An einen prominenten Besuch erinnerte sich Marie Thérèse besonders: Robespierre soll am 11.5.1794 bei ihr gewesen sein.

Über diesen Besuch wird bis heute viel gerätselt, denn es gab keinen offiziellen Grund dafür. Es wurde vermutet, dass Robespierre, der zu der Zeit auf dem Höhepunkt seiner Macht war, Madame Elisabeth habe retten wollen, um sie zu heiraten und auf diese Weise König zu werden.[8] Andere wie zum Beispiel Barras behaupteten, dass Robespierre den Sohn Louis' XVI. als Louis XVII. auf den Thron bringen und sich mit Madame Royale verheiraten wollte. So lautete auch die spätere Anklage gegen Robespierre.[9]

Ob dies der Wahrheit entspricht oder nur eine der vielen Denunziationen war, die die Revolutionäre sich gegenseitig an den Kopf warfen, lässt sich nicht mit Sicherheit sagen. Andererseits waren viele Revolutionäre des Blutvergießens müde und sehnten sich nach Ruhe. Man darf nicht vergessen, dass viele ihrer Anführer, auch Robespierre, Adlige waren, die zwar gegen den König revoltiert hatten, als der ihre Steuerfreiheit aufheben wollte, die aber kein Interesse daran haben konnten, ihr ganzes Vermögen und ihr Leben zu verlieren. Robespierre wollte womöglich nur seine Macht dauerhaft etablieren. Was auch immer für Pläne er gehabt hatte, er konnte sie nicht mehr ausführen. Am 28.7.1794 wurden Robespierre und seine Gefolgsleute hingerichtet.

Marie Thérèse erlebte den Tag der Hinrichtung Robespierres, der nicht nur den Terror in Frankreich beendete, sondern auch für Erleichterung in ihrer Gefangenschaft sorgen sollte, so: Trommeln riefen zu den Waffen, Alarmglocken läuteten: »Ich war höchst beunruhigt ... Ich wagte sie [die Wachen, Anm. d. Autorin] nicht zu fragen, was vor sich ging, aus Angst vor einer Abfuhr.«[10]

Um sechs am nächsten Morgen hörte sie schrecklichen Lärm vor dem Temple. Trommeln, die Wache wurde zu den Waffen gerufen, Türen wurden geöffnet und geschlossen. Sie hörte, wie die Tür zum Kerker ihres Bruders geöffnet wurde, und sprang aus dem Bett, um sich anzuziehen.

Mitglieder der Nationalversammlung unter Führung von

Barras, dem neuen starken Mann der Republik, Mitglied im fünfköpfigen Direktorium, waren in den Temple gekommen, weil das Gerücht umging, dass die »unglücklichen Kinder Louis' XVI. geflüchtet seien«.[11]

Zuerst besuchten sie den kleinen Prinzen. Barras berichtet von seinem Besuch: »Ich fand ihn stark entkräftet durch eine Krankheit, die ihn aufzehrte. Er schlief in der Mitte des Zimmers in einem kleinen Bett, das kaum größer als eine Wiege war, seine Knie und seine Knöchel waren geschwollen. Er erwachte aus der Schläfrigkeit, in der ich ihn angetroffen hatte, und sagte: ›Ich mag die Wiege, wo Ihr mich getroffen habt, lieber als das große Bett; und jetzt sage ich nichts Schlechtes mehr über meine Wächter.‹ Und während er das sagte, sah er abwechselnd mich und sie [seine Wächter, Anm. d. Autorin] an. Mich, um sich in irgendeiner Weise unter meinen Schutz zu stellen, sie, um Vorwürfen vorzubeugen, die sie gegen seine Beschuldigungen haben könnten.« Barras dagegen kritisierte die Wärter, die den Raum verkommen ließen: »Ich habe scharfe Klagen gegen die Unsauberkeit in diesem Zimmer.«

Danach ging er zu Madame Royal. Als er sie ansprach, blieb sie vor Überraschung stumm. Ihr Zimmer sei in einem etwas weniger unziemlichen Zustand, schreibt er. Sie hatte sich wegen des Lärms schon angezogen. Barras ordnete an, dass die Kinder jeden Tag morgens und abends im Hof spazieren gehen dürften. Er veranlasste auch eine Untersuchung des Dauphins durch Ärzte, die feststellten, dass er schwer krank war. Außerdem wollte er, dass der Wache zwei Frauen beigegeben wurden, die sich um ihn kümmerten und über die Sauberkeit seines Raumes wachten. »Ich erfuhr später durch einen Kommissar, dass meine Befehle nicht ausgeführt wurden«[12], beklagt er sich in seinen Memoiren.

Und doch endeten mit dem Tod Robespierres die schlimmsten Monate im Temple für Marie Thérèse und ihren Bruder. Marie Thérèse schreibt, dass sie einige Tage später wie immer gegen halb neun zu Bett gegangen sei, doch aus Angst konnte sie nicht schlafen. Da sie keine Kerze besaß, ging sie immer bei Anbruch der Dunkelheit zu Bett.

Da öffnete sich die Tür, und die Kommissare erschienen mit einem jungen Mann, dem sie ihre Räume zeigten. Es war der vierundzwanzigjährige Christoph Laurent, geboren auf Martinique, der am 29. Juli 1794 als »Wächter für die Kinder des Tyrannen« angestellt wurde. Er war vorher Sekretär bei Barras gewesen und stammte wie Joséphine de Beauharnais, die damalige Freundin Barras' und spätere erste Ehefrau Napoleons, aus Martinique.

Am nächsten Morgen kam Laurent wieder gegen zehn Uhr und fragte höflich, ob sie etwas brauche. Auch er kam drei Mal täglich wie die Kommissare vorher, aber »er war ausgesprochen wohlerzogen und verriegelte niemals die Tür«. Nach zwei Jahren, in denen sie den ständigen Beleidigungen der Wärter ausgesetzt war, erlebte sie zum ersten Mal Freundlichkeit und Respekt.

Aber auch Laurent gab keine Auskunft auf ihre Fragen nach ihrer Mutter und Tante. Er hatte seine Vorschriften und wäre sonst wohl verhaftet worden. Marie Thérèse fragte, wann immer offizielle Besucher kamen, und es kamen zahlreiche in diesen Tagen, nach ihren Verwandten und bat darum, zu ihnen verlegt zu werden. Man entgegnete, dass man gar nicht verstehe, warum sie verlegt werden wolle, sie habe es doch sehr komfortabel. Einen dieser Dialoge beschreibt sie in ihrem Tagebuch:

»Ja, Monsieur«, antwortete Marie Thérèse. »Es geht mir gut, was den Ort anbetrifft, aber mein Herz ist krank, denn wenn man seit zwei Jahren von seiner Mutter getrennt ist, ohne etwas von ihr zu hören, das ist sehr traurig.«

»Ihr seid nicht krank?«, wurde sie gefragt.

»Nein, Monsieur, außer dass die Krankheit des Herzens die schlimmste von allen ist.«

»Ich wiederhole, dass wir in dieser Angelegenheit nichts tun können, und ich empfehle Euch, Geduld zu haben und Vertrauen in die Güte und Gerechtigkeit des französischen Volkes.«

Darauf schwieg Marie Thérèse, nicht ahnend, dass diese Menschen, die sie um Auskunft anflehte, alle wussten, dass ihre Mutter gar nicht mehr lebte.[13]

Mit dem Beginn von Laurents Dienst, der sie und ihren Bruder betreute, veränderte sich ihr Leben im Temple. Der junge Mann war sehr »aufmerksam« zu ihr, und »ich habe allen Grund, mit seinem Verhalten mir gegenüber zufrieden zu sein. Während der drei Monate, wo er alleine zuständig war, fragte er mich oft, ob ich etwas brauchte, und bat mich, ihn um alles zu bitten, was ich wollte, und nach ihm zu klingeln. Er gab mir Feuerstein und Stahl zurück und erlaubte mir eine Kerze.«

Anfang November kam als weitere Wache Gomin, 38 Jahre Jahre alt, der vor allem für den Dauphin zuständig war. Der kleine Junge, inzwischen neun Jahre alt, war vollständig verwahrlost, die städtischen Beamten hatten sein Zimmer nur zu den Mahlzeiten betreten.[14]

Laurent hatte sich bereits um ihn gekümmert, berichtet Marie Thérèse[15], die sich große Sorgen um ihren Bruder machte, den sie seit zwei Jahren nicht mehr gesehen hatte. Er habe ihn gebadet und den Körper des Jungen von Ungeziefer befreit. Er brachte ihm auch das kleine Bett, das in Marie Thérèses Zimmer stand, da seines voller Läuse war. Der kleine Louis blieb aber weiterhin allein in seinem Zimmer. »Das unglückliche Kind wurde vom Dämmern bis zum Abendessen ohne Licht gelassen und starb fast vor Furcht, da es die Dunkelheit nicht ertragen konnte«, schrieb Marie Thérèse.

Gomin dagegen hatte wohl andere Vorschriften als Laurent. Er gab dem Jungen ein Licht und verbrachte viele Stunden mit ihm. Er bemerkte seine geschwollenen Knie und Handgelenke und glaubte, er habe Rachitis. Ihr Bruder habe Gomins Zuneigung gespürt, schreibt Marie Thérèse, »armes Kind, das so lange nichts als schlechte Behandlung gekannt«[16].

Der Winter verging friedlich, und »ich war erfreut über die Freundlichkeit meiner Wärter«. Sie machten Feuer und brachten ihr Bücher.

Während Marie Thérèse und ihr Bruder glücklich waren über die kleinen Verbesserungen ihrer Lage, waren die Zustände im Temple im Grunde nach wie vor menschenunwürdig.

Die Gerüchteküche aber kochte: Immer wieder hieß es, dass die beiden Königskinder gar nicht mehr im Temple seien, sondern entführt oder gestorben. Das Komitee für nationale Sicherheit führte daraufhin regelmäßige Kontrollen ein, die überprüfen sollten, ob beide noch lebendig im Temple saßen. Nachdem sie sich überzeugt hatten, mussten die beteiligten und immer wechselnden Abgeordneten ein *Certificat de Vie* unterschreiben. Im Winter 1794 etwa kamen drei Mitglieder des Nationalkonvents, unter ihnen Jean-Baptiste Harmand, Abgeordneter des Départements Meuse. Sie fanden Marie Thérèse frierend in ihrem Gefängnis vor, mit Frostbeulen an den Fingern. Der Bericht, den die drei ablieferten, ist heute nicht mehr auffindbar. Aber Harmand notierte Jahre später Einzelheiten seines Besuchs aus dem Gedächtnis:

»Es war ein düsterer, nasser Tag, und die Kälte griff nach dir, sobald du den großen Raum mit seiner hohen, altertümlichen Decke und den Wänden von enormer Dicke betratest. Der ganze Ort erschien mir feucht und kalt.« Im Kamin brannte nur ein kleines Feuer aus drei kleinen Reisighaufen, das den Raum kaum erwärmen konnte.

Marie Thérèse trug ein Kleid aus einfacher, grauer Baumwolle und saß auf einem Lehnstuhl neben einem der Fenster hoch über ihrem Kopf, das durch riesige hölzerne Gitter verdeckt war. Der Raum lag praktisch im Dunkeln. »Sie saß dort zusammengekauert, als ob sie nicht ausreichend bekleidet und beschützt vor der Kälte sei. Sie trug einen Hut, der, genau wie die Schuhe, eigentlich viel zu schlecht zum Tragen war. Madame strickte. Ihre Hände sahen geschwollen und rot vor Kälte aus, und ihre Finger waren entstellt mit Frostbeulen. Madame strickte mit Mühe und mit einem Ausdruck von offensichtlichen Schmerzen.«

Marie Thérèse reagierte unbehaglich, als sie Harmand sah,

wie er selber feststellte. Er war vorgewarnt, dass Marie Thérèse mit Besuchern nicht sprechen wollte. Trotzdem bemühte er sich um ihr Vertrauen. In seinen Aufzeichnungen gibt er folgenden Dialog wieder. Er fragte sie, warum sie nicht näher am Feuer sitze, wenn es doch so furchtbar kalt sei.

»Weil ich am Feuer nicht sehen kann«, antwortete sie.

»Aber, Madame, wenn man ein größeres Feuer machen würde, wäre der Raum wärmer, und Ihr würdet Euch nicht so kalt am Fenster fühlen.«

»Sie geben mir nicht genug Holz.«

Als er aber während seiner Inspektion mit der Hand über das Fußende ihres Bettes strich, um die Qualität des Bettzeugs zu testen, merkte er an ihrer Reaktion mit Schrecken, dass er damit eine Grenze überschritten und den guten Eindruck, den er zuvor auf sie gemacht hatte, restlos zerstört hatte. Es tat ihm furchtbar leid, und er versuchte, seinen Fehler wiedergutzumachen, indem er sie nach der Qualität des Bettes fragte und ob sie damit zufrieden sei. Sie bejahte, erklärte aber, man habe ihr seit Wochen keine Bettwäsche mehr gegeben, was alle sehr betroffen zur Kenntnis nahmen.

Auf einem Mahagonibücherregal standen zehn oder zwölf Bücher ausschließlich religiösen Inhalts, unter anderem *Die Nachfolge Christi* von Thomas von Kempen. Auf Harmands Frage, ob sie nichts anderes lesen möchte, sagte sie: »Nein, Monsieur, diese Bücher sind die einzigen, die für meine Situation passen.« Sie bat ihn lediglich um mehr Holz und darum, ihren Bruder sehen zu dürfen.

Harmand war entsetzt, weil er nicht verstehen konnte, warum man den Geschwistern den Kontakt verbot, wo doch Barras bereits ein halbes Jahr vorher diesem zugestimmt hatte. Laurent und Gomin, die alles in ihrer Macht Stehende taten, um das Los der beiden Geschwister zu erleichtern, durften aber bestimmte Dinge nicht ohne ausdrücklichen Befehl tun, und der war offenbar nicht erteilt worden und wurde es auch jetzt wieder nicht. Harmand versprach, sich in seinem Bericht für sie einzusetzen. Aufgrund einer Intrige, wie er schreibt, wurde er kurze Zeit später in die Karibik versetzt und konnte nicht prüfen, ob seinen Empfehlungen entsprochen wurde.[17]

Marie Thérèse hat ihren Bruder nie wiedergesehen.

Der Bericht von Harmand spricht eine andere Sprache als die Listen, die im französischen Nationalarchiv liegen mit dem, was offiziell für die Versorgung Marie Thérèse ausgegeben wurde. So soll sie zum Beispiel am 20.11.1794 unter anderem Folgendes bekommen haben:

»5 Ellen Leinen, 9 Ellen Bänder
16 Ellen Spitze
4 Korsetts.«

Im Januar 1795 gibt es folgenden Eintrag beim Steward Liénard:

»4 Paar Baumwollsocken für das Mädchen Carpet,
64 livres«;
»Nähgarn, Nadeln, Bänder und ein Fingerhut für das
Mädchen Carpet, 26 livres«;
»Ein Pfund Puder, 3 livres.«

Außerdem gibt es Rechnungen für Stricknadeln und Pomade, Tee, Orangenblütensirup und Lakritze, alles Luxusgüter, die für die normale Bevölkerung nicht erschwinglich waren.

Auch Rechnungen für Wäsche, zum Beispiel vom 21.3. bis 19.4.1795, zeigen, dass eigentlich für ihre Versorgung ausreichende Mittel zur Verfügung gestellt wurden:

»Nankin Morgenjacket,
2 Baumwollkleider,
2 Schürzen,
21 Unterkleider,
9 Leinen Petticoats« usw.[18]

Was die Geschwister im Einzelnen zu essen bekamen, wissen wir nicht, aber einige Hinweise lassen sich finden: Hühnchen,

Pilze, Spargel, Schwarzwurzel, Kuchen, Schokolade, Konfekt. Selbst an die Freitage wurde gedacht, worum Madame Elisabeth im Jahr zuvor noch vergeblich gebeten hatte: Dann gab es Fisch und Spargel oder Weißfisch. In der Küche war seit August 1794 Meunier, ein früherer Küchendiener Louis' XVI., Chef geworden.[19] Dieser sorgte nun für eine in seinen Augen angemessene Versorgung der Prinzessin.

Vielleicht wurde die Versorgungssituation nach dem Bericht von Harmand und seinen Kollegen tatsächlich verbessert. Ob und wie viel von diesen Dingen allerdings bei den Kindern ankam, lässt sich nicht nachweisen.

Am 31.3.1795 verließ Laurent den Temple, Marie Thérèse schreibt, er wurde der Sympathie mit den Terroristen beschuldigt. An seine Stelle trat Lasne, ein achtunddreißigjähriger Hausmaler, ein »exzellenter Mann«, der sich gut um ihren Bruder kümmerte.[20]

Trotzdem wurde der kleine Dauphin immer schwächer und starb am 8.6.1795 im Alter von zehn Jahren. Das Leben, das er im Gefängnis führen musste, habe ihn so geschädigt, dass »selbst wenn er überlebt hätte, es Grund zu der Furcht gab, dass er schwachsinnig geworden wäre«, schreibt Marie Thérèse in ihrem Tagebuch. Er habe all die guten Eigenschaften seines Vaters besessen, und »wenn er nicht gefangen gewesen wäre, hätte er ein großer Mann werden können, denn er hatte viel Geist, eine große Vaterlandsliebe und einen Sinn für vornehme Unternehmungen«.[21]

Bereits unmittelbar nach seinem Tod tauchten Gerüchte auf, das tote Kind sei nicht Louis XVII. Am 12.6. erging deshalb der Befehl der Nationalversammlung, den »Sohn Capet auf allen Routen des Landes zu suchen«.[22] Der österreichische Außenminister Thugut schrieb Ende Juni 1795 an seinen Botschafter in London: Die Anerkennung des Comte de Provence als König von Frankreich sei nur vorläufig, denn es »gibt keine legale Sicherheit über den Tod des Sohnes von Louis XVI. ... Es gibt keinen reellen Beweis, wer das Kind im Temple ist.«[23]

Im Bericht der Ärzte, die am 8. 6. 1795 in den Temple gerufen wurden, heißt es: »Wir fanden auf einem Bett den toten Körper eines Kindes, der uns ungefähr zehn Jahre alt schien, von dem die Kommissare uns sagten, dass er der [Körper, Anm. der Autorin] des Sohnes des verstorbenen Louis Capet sei, und in dem zwei von uns das Kind erkannten, das sie seit einigen Tagen behandelt hatten.«[24] Dr. Pierre-Joseph Desault, einer der berühmtesten Ärzte der damaligen Zeit, war schon Arzt des Dauphin in Versailles gewesen und sagte nach der Rückkehr aus dem Temple zu seiner Nichte, dass es sich bei dem toten Kind nicht um den kleinen König handelte. Er fing an zu recherchieren, was nicht unbeobachtet blieb. Bei einem offiziellen Diner mischte man ihm offenbar Gift ins Essen, sodass er einige Tage später starb. Auch sein Freund Dr. Chopart kam auf mysteriöse Weise ums Leben.

Auch die Frau des Schusters Simon hat Zeit ihres Lebens behauptet, dass der Dauphin noch lebe, er sei vor ihren Augen in einem Wäschewagen aus dem Temple geschmuggelt und durch ein krankes Kind ersetzt worden. Sie wurde nach 1816 mehrfach von der Geheimpolizei Louis' XVIII. verhört, blieb aber bei Androhung von Strafen bei ihrer Aussage und bestätigte dies auch noch dem Priester auf ihrem Totenbett.[25]

Noch im Vertrag von Paris vom 30. Mai 1814 gab es eine geheime Zusatzklausel, die zeigt, dass die Alliierten nicht sicher waren, ob der Sohn Louis' XVI. wirklich tot war: Der Comte de Provence, der spätere Louis XVIII., wurde nur vorläufig für zwei Jahre, aber nicht *de facto* als Regent eingesetzt, um Zeit für Nachforschungen zu lassen, die sicherstellen sollten, dass er der »wirkliche Souverän« Frankreichs sei.[26]

Nach dem Tod des Bruders war Marie Thérèse nun die einzige Gefangene im Temple, was sie zu dem Zeitpunkt aber nicht wusste. Gomin und Lasne respektierten offenbar ihren Wunsch, ihren Raum nur zu betreten, wenn es unbedingt nötig war. Ihre Mahlzeiten holte sie an der Türschwelle ab. Wenn sie jemanden auf der Treppe hörte, kam sie und öffnete, dann ging sie, ohne ein Wort zu sagen, wieder hinein und schloss ihre Tür hinter sich.

François-Joseph Bélanger, ein Architekt, der am 2. Juni 1795 dienstlich im Temple war, sah sie nach dem Abendessen auf der Plattform oben auf dem Turm mit einem Buch in der Hand spazieren gehen. Sie trug ein rötliches Mieder und um ihren Hals ein Musselin-Schultertuch mit einem Loch.[27]

Doch es war nicht die materielle Versorgung, unter der Marie Thérèse am meisten litt, es war die große Einsamkeit: für ein fünfzehnjähriges Mädchen, das 15 Monate lang allein in einem 20 Quadratmeter großen Raum lebt, ohne auch nur die Chance, sich mit jemandem zu unterhalten. Als ihr endlich am 20. Juli 1795 Renée de Chanterenne als Gesellschafterin zugeteilt wurde, hatte Marie Thérèse verlernt, ein Gespräch zu führen.

Wie sehr sie unter der Einsamkeit litt, zeigen ihre Worte im Sommer 1795 zu Pauline: Sie habe immer gedacht, »wenn man nur eine Person vor mich stellen würde, die kein Monster ist, ich glaube, ich könnte es nicht verhindern, mich in sie zu verlieben«.[28]

Das Schicksal der jungen Königstochter im Temple war ein Hauptthema in den Salons von Europa. Schon am 15.11.1793 hatte der englische Politiker Baron Glenbervie in seinem Tagebuch notiert: »Man sieht die Dinge anders, sieht selbst ganz deutlich, dass es unmöglich ist zu leugnen, als man erfuhr, dass die junge Madam, Schwester Louis' XVII., die, ich glaube, erst 15 Jahre alt ist, ein Kind erwartet. Unwichtig, welches brutale Mittel man benutzt hat: Vergewaltigung, Betäubung oder systematische moralische Verdorbenheit dieser Unglücklichen, um auch ihren Körper zu beschmutzen. In jeder Hinsicht, dies ist das raffinierteste, wenn nicht das infamste und schändlichste Verbrechen, das jemals begangen worden ist.«[29]

Lannoy hält diesen Eintrag für Klatsch und nimmt ihn deshalb nicht ernst. Zur Begründung zieht er den Eintrag vom 20.11.1793 heran, in dem Lord Glenbervie vermerkt, dass bei einem Abendessen in seinem Haus »Lady Margaret der Lady K. erzählte, die junge Madame sei schwanger. Daraufhin sagte Mrs. Bouverie: ›Ich bin froh, dass sie sich während ihrer Gefangenschaft so gut amüsiert hat.‹«[30]

Diese eher zynische Bemerkung, gemischt mit wohligen Schauern über eine mögliche Schwangerschaft der Prinzessin, sagt aber nichts über den möglichen Wahrheitsgehalt derartiger Gerüchte aus.

Marie Thérèses Tante Maria Karolina, die Lieblingsschwester ihrer Mutter, beklagte am 7.10.1794 in einem Brief an ihre Freundin, die Marquise d'Osmond, dass ihre Nichte »ihre Ehre verloren« habe.[31] Einen Tag später schreibt sie »Man sagt, dass der kleine König tot ist. Ich glaube kein Wort davon. Es wäre vielleicht ein Segen für ihn. Ich mag gar nicht an die Tochter denken. Ich beunruhige und quäle mich ständig bei dem Gedanken. Ich würde alles auf der Welt geben, um sie zu retten. Niemand will mit mir über ihr Unglück reden. Trotz allem würde ich sie mit Vergnügen zu mir nehmen, um sie zu rehabilitieren. Aber ich will sie nicht unglücklich machen, indem ich ihr schreibe, was mich das alles kostet.«[32]

Im Juli 1795 kommt sie noch einmal auf das Thema zurück: »Wenn sie geblieben ist, was sie bleiben sollte, wäre es ein großes Wunder.« Am 18.7.1795 bekräftigt sie: »Ich gestehe, dass dieses unglückliche Kind, in seinem 17. Jahr alleine all dem ausgesetzt, mich erzittern lässt.«[33]

Sind das alles nur Gerüchte, Ängste, die jeder Grundlage entbehren? Tatsache ist, dass Marie Thérèse im Temple – vor allem nach dem Tod von Madame Elisabeth – allein unter Soldaten lebte, die oft besoffen waren und nicht wirklich kontrollierbar. Es ist erwiesen, dass die Wachen Hébert und Chaumette dem noch nicht zehnjährigen Dauphin Prostituierte zuführten, um ihn seelisch zu zerstören.[34]

Hat Marie Thérèse sich vielleicht in den ersten Menschen, der freundlich zu ihr war, verliebt? Der vierundzwanzigjährige

Gefängniswärter Laurent war drei Monate lang, von Mai bis Juli 1794, allein für sie zuständig. Und er musste im März 1795 plötzlich, ohne nachvollziehbaren Grund, den Temple verlassen und wurde nach Santo Domingo geschickt. Oder war es Gomin, den sie sich später auch als Begleitung nach Wien wünschte? Selbst wenn diese Gerüchte wahr wären, bleiben Fragen: Wo ist das Kind geblieben? Ist es überhaupt auf die Welt gekommen? Konnte es im Temple überleben?

Doch auch, wenn es nur Gerüchte waren, so reichte das Gerede über eine mögliche Vergewaltigung und eine Schwangerschaft, um Marie Thérèses Ruf zu zerstören. Nicht umsonst hatte ihre Tante Madame Elisabeth sie gedrängt, um eine weibliche Person als Gesellschafterin zu bitten, was aber zunächst abgelehnt wurde. Zu einer Zeit, in der Damen nicht einmal in Kurorten allein mit einem Mann in aller Öffentlichkeit spazieren gehen durften ohne eine Anstandsdame, war der Ruf Marie Thérèses so oder so ruiniert, auch wenn die Gerüchte sich als unwahr herausstellen sollten.

Wir werden es wohl nie mit letzter Gewissheit klären können. In den *Adieux* für Marie Thérèse beendet Michaud die zeitgenössischen Spekulationen über die Zeit im Temple mit den Worten: »Die Geschichte dieser edlen gefangenen Prinzessin liegt allein in ihrem Herzen; es ist ein heiliges Buch, das bisher nur im Himmel gelesen wurde.«[35]

Im Februar 1816 lag auf dem Bürgersteig in der Rue du Monceau-Saint-Gervais in Paris ein Toter. Es war Baron Jean-Baptiste Harmand, der die Prinzessin im Winter 1794 in ihrer Zelle besucht und voller Entsetzen über die Zustände berichtet hatte. In seiner Tasche fand man einen Brief, adressiert an die Herzogin von Angoulême, die offizielle Marie Thérèse, mit der Bitte um Verzeihung für das Leid, das sie im Temple erfahren musste: »Würden Eure Hoheit einem Mitglied der furchtbaren Nationalversammlung verzeihen?«[36]

Madame Royale als romantische Heldin
und der Austausch in Hüningen (1795)

Madame Royale als romantische Heldin

»Rose des Temple«, »verfolgte weiße Taube«
oder »die junge Unglückliche«,

so wurde Marie Thérèse in den Herbstmonaten des Jahres 1795 in den Zeitungen von Paris genannt.[1]

Vom Mai 1794 bis zum offiziellen Todestag des jungen Louis XVII. am 8. Juni 1795 hatten die Machthaber in Frankreich einen Mantel aus Schweigen um den Temple und die königlichen Kinder gelegt. Aber nach dem Tod des kleinen Königs wurde das Schicksal seiner Schwester, der einzigen Überlebenden der Königsfamilie, auf einmal zu einem nationalen Anliegen.

In der Presse erschienen Artikel, Gedichte und Lieder, die das Schicksal des »Waisenkindes im Temple« besangen und seine Freilassung forderten. Während Louis XVII. als legitimer Nachfolger auf dem Thron durchaus Bedeutung für die Politik hatte, galt Marie Thérèse als Privatperson, da sie nach dem in Frankreich geltenden Salischen Recht als Frau keinen Anspruch auf den Thron erheben konnte. Und so stand in den *Annales patriotiques* am 14. Juni 1795: »Alles deutet darauf hin, dass der Nationalkonvent, der geleitet wird von den Prinzipien der Menschlichkeit und Gerechtigkeit, dieser jungen Unglücklichen die Freiheit geben wird, deren einziges Verbrechen ist, geboren zu sein aus einem geächteten Geschlecht, und die in keiner Weise gefährlich werden kann.«[2]

Einige Tage später gab eine Deputation der Stadt Orléans eine Petition beim Nationalkonvent ab, in der die Freilassung

Marie Thérèses gefordert wurde: Die Pforten der Gefängnisse hätten sich nun für so viele geöffnet. Wie könne man dann ein unschuldiges Kind, das alles verloren habe und dessen einziges »Verbrechen« seine königliche Geburt sei, weiterhin eingesperrt lassen? Man müsse sie freilassen und zu ihren Verwandten schicken. »Gerechtigkeit und Mitleid schreien laut für ihre Befreiung. Gibt es auch nur ein so feiges Herz, einen so gemeinen Geist, der wünschen könne, dass sie in Gefangenschaft bleibe?«[3]

Auch die Abgeordneten der Stadt Dreux und verschiedener Stadtteile von Paris forderten die Freiheit im Namen von Mitleid und Gerechtigkeit. Ein junges Mädchen wegen seiner Geburt und der Verbrechen, die seine Eltern begangen haben sollen, weiter gefangen zu halten, sei dieser Republik unwürdig.

Schon am 13.6.1795 hatte das Komitee für allgemeine Sicherheit einen ersten Schritt getan und die zuständigen Polizeikommissare angewiesen, für Marie Thérèse eine weibliche Gesellschafterin zu suchen. Eine Woche später wurde die dreißigjährige Madeleine Elisabeth Renée Hillaire la Rochelle, die Frau des Bürgers Chanterenne, der Verwaltungschef einer Polizeiabteilung war, in den Temple geschickt.

In den *Archives Nationales* in Paris liegt folgende Beschreibung über sie: Ihr Benehmen sei angenehm und damenhaft, heißt es. Obwohl sie die meiste Zeit auf dem Land gelebt habe, könne sie sich durchaus an die Gegebenheiten des Stadtlebens anpassen. Die Kreise, in denen sie sich bewegt habe, seien nicht brillant, aber doch ausgesucht. Sie spreche gut Französisch und schreibe es mit Leichtigkeit und Korrektheit. Sie könne Italienisch und ein wenig Englisch. Sie habe sich mit Sprachen, Geschichte, Geografie, Musik, Zeichnen und anderen Dingen beschäftigt, mit denen sich Frauen ihre Zeit vertreiben. Vor allem aber sei sie loyal der Republik gegenüber.[4]

Zeitgleich befahl die Kommission, dass man die »Tochter von Louis Capet« mit allem versorgen möge, was sie für Nahrung und ihren weiteren Unterhalt brauche. Auch solle man ihr Bücher bringen.[5]

Die städtischen Kommissare, für die nach dem Tod Louis' XVII. keine Notwendigkeit mehr bestand, wurden nun abgezogen. Ende Juni 1795 wurde die Bewachung im Temple reduziert auf die beiden Wachen Lasne und Gomin, den Hausmeister Darque, die Schließer Baron und Gourlet, die Gefängniswärter Richard und Marcel und 15 Soldaten.

Man ließ Marie Thérèse bessere Kleidung zukommen, unter anderem zwei Morgenkleider aus farbigem Taft, zwei aus Baumwolle, sechs Paar Seidenstrümpfe und sechs Paar Schuhe, zwei Dutzend Hemden aus feinstem holländischem Leinen und ein grünes Seidenkleid. Außerdem bekam sie Papier, Stifte, Tinte und Pinsel.[6] In ihren Räumlichkeiten blieben die Fenster aber weiterhin vergittert.

Die neue Gesellschafterin setzte sich sofort für eine weitere Verbesserung der Lage Marie Thérèses ein, schrieb einen Brief an das Sicherheitskomitee, in dem es hieß, für die Gesundheit ihres Schützlings sei es unbedingt nötig, dass sie draußen im Garten spazieren gehen dürfte. Sie bekam die Erlaubnis, und so konnte Marie Thérèse das erste Mal seit dreieinhalb Jahren zwischen Blumen und Bäumen im Garten des Temple spazieren gehen. Und es muss auch Madame de Chanterenne gewesen sein, die die Waise über den Tod ihrer Angehörigen informierte.

Die junge Frau liefert am 28. Juli 1795 ihren ersten Bericht über Marie Thérèse an das Komitee: »Sie besitzt eine Charakterstärke, die ihrem Alter weit voraus ist. Ihre Herzensgüte verbindet sich mit Stärke und Geistesenergie, während das Grübeln und das zwanghafte Auftreten, das sie normalerweise zeigt, Platz macht für offene und einnehmende Anmut.«[7]

Andere Quellen besagen, dass die Prinzessin nach wie vor sehr konfus redete und man sie kaum verstehen konnte. Kein Wunder, da sie ja 15 Monate lang so gut wie nie gesprochen hatte. Es dauerte einen ganzen Monat, in dem sie laut vorlesen musste, dabei jedes Wort sorgfältig betonend, um zu lernen, sich wieder richtig auszudrücken.[8]

Marie Thérèse war glücklich darüber, dass sie in Madame Chanterenne endlich wieder eine weibliche Begleitung hatte, mit der sie schon bald freundschaftliche Gefühle verbanden. Wie sehr sie unter ihrem Leben umgeben von Soldaten gelitten hat, geht aus den Zeilen eines Gedichts hervor, in denen sie den Moment ihrer Ankunft beschreibt und Madame de Chanterenne mit der personifizierten Tugend vergleicht, die zurückgekehrt ist:

> *An diesem traurigen Ort des Schreckens*
> *schien mir die Tugend, die meinem Herzen (so) gefällt,*
> *für immer verbannt.*
> *Wegen der Tränen, die er fließen sah,*
> *hat der Himmel mein Leben,*
> *das zu oft beinahe ausgehaucht worden wäre,*
> *erhalten.*
> *Vor dieser sanften, liebenswerten Tugend*
> *endet seine Unerbittlichkeit;*
> *er bewirkt, dass ich sie endlich über eine*
> *traurige Pflicht triumphieren sehe.*
> *Sie besänftigt und beruhigt meine Seele,*
> *wärmt sie mit sanfter Flamme,*
> *und tröstet mich an diesem Ort*
> *durch die Helligkeit eines neuen Tages.*
> *Weit war sie aus meinem Blick geflohen,*
> *dieser Moment brachte sie mir zurück.*
> *Nun lässt der Himmel mich daran erfreuen,*
> *alles umher lässt sie mich fühlen.*
> *Alles erinnert mich an sie,*
> *ich sehe kein aufbegehrendes Herz mehr,*
> *endlich lebt sie in meiner Nähe.*
> *Alles umfasst das sanfte Gebot.*
> *Muss ich sie wirklich benennen,*

diese Tugend, die den Menschen schmückt,
die die Unglücklichen tröstet,
die den Horror dieses Ortes besingt,
die für immer hierher zurückkommt,
um für immer angebetet zu werden;
die in diesen Augenblicken zu mir zurückkehrt,
um meine Qualen zu mildern?
Sie lebt im Turm des Temple;
jeder möchte ihrem Beispiel folgen.
Sensibilität ist ihr Name.
Sie herrscht in meinem Gefängnis,
sie bezaubert mein Herz;
es erlebt keinen Schrecken mehr
seit es in ihrer Nähe nur noch
helfende, mitfühlende Seelen gibt.«[9]

Madame Chanterelle war aber nicht die Einzige, die sich beworben hatte, als bekannt wurde, dass man nach einer weiblichen Gesellschaft für die Prinzessin suchte. Bereits am 25.6. ging die Bewerbung von Madame Hue, der Frau des ehemaligen Kammerdieners Hue, ein; vier Briefe schrieb sie innerhalb von drei Tagen.

Auch die ehemalige Kammerfrau von Madame Royale, Madame Fréminville, und Madame de Mackau, die frühere Erzieherin der Königskinder, bewarben sich.

Alle drei betonten in ihren Schreiben, dass sie wegen ihrer früheren Beziehung zu Madame Royale besonders geeignet seien. »Ich habe sie aufgezogen seit dem Augenblick ihrer Geburt; bis zum Alter von sieben war sie mir ganz besonders anvertraut«, schreibt Madame de Mackau in ihrem Brief an das Sicherheitskomitee. »Ich wage zu glauben, dass das Waisenkind niemand mehr zu sehen wünscht als mich wegen der Verbundenheit, die sie durch meine Sorge und meine Zärtlichkeit für sie für mich empfindet.«[10]

Genau das aber war wohl der Grund dafür, dass ihre Bewerbung und die der anderen ohne Antwort blieben. Denn das Sicherheitskomitee legte großen Wert auf Loyalität der Republik gegenüber. Diese konnte aber bei allen dreien zu Recht bezweifelt werden.[11]

Man war insbesondere Madame Hue gegenüber skeptisch, denn ihr Mann galt in Paris als einer der zahllosen Agenten des Grafen de Provence, der sich nach dem Tod des kleinen Louis XVII. in Verona als Louis XVIII. zum König hatte ausrufen lassen. Die neue Politik gegenüber Marie Thérèse sah keinesfalls vor, ihr den Kontakt zu ihrem Onkel zu gestatten, der mithilfe der Emigrantenheere die alte Bourbonenmonarchie neu errichten wollte.

Immerhin erhielten aber andere Bedienstete des alten Regimes eine Besuchserlaubnis: die Kammerfrau Madame de Varenne und Madame Laurent, eine ihrer früheren Ammen.[12]

Am 20. September kamen Madame de Tourzel und ihre Tochter Pauline zum ersten Mal zu Besuch, von da an bis in den November regelmäßig mehrmals in der Woche von mittags bis acht Uhr abends.[13]

Über die erste Begegnung schreibt Madame de Tourzel in ihren Memoiren: »Sie kam uns entgegen, umarmte uns zärtlich und führte uns in ihr Zimmer, wo wir in Tränen ausbrachen wegen ihrer Verluste. Sie hörte nicht auf, uns davon zu erzählen, und gab uns einen herzzerreißenden Bericht über den Moment, als sie sich vom König, ihrem Vater, getrennt hat, den sie so zärtlich geliebt habe.«

Der Vater hatte sie schwören lassen, seinen Tod niemals zu rächen, und dieser letzte Wille war ihr heilig.[14]

Madame de Tourzel fühlte sich schmerzlich berührt von dieser Siebzehnjährigen, die »in einem Alter, wo alles Hoffnung und Glück ist, nichts anderes kennt als Schmerzen und Tränen«.[15]

Mutter und Tochter aber staunten über das Aussehen Marie Thérèses: »Wir hatten sie zurückgelassen schwach und zart, und als wir sie nach drei Jahren voller beispiellosem Unglück wiedersahen, waren wir sehr erstaunt, sie hübsch, groß und stark zu finden, und mit einem Ausdruck von Adel, die den Charakter einer Person ausmacht. Pauline und ich, wir waren frappiert, in ihr die Züge des Königs, der Königin und selbst die von Madame Elisabeth wiederzufinden.«

Anfangs waren die Tourzels mit Marie Thérèse allein, später aber, vor allem nach dem 5. Oktober, an dem ein Putsch der Royalisten in Paris von Napoleon niedergeschlagen worden war, nur noch im Beisein von Madame de Chanterenne, die immer einsilbiger wurde, wohl weil sie fürchtete, sich zu kompromittieren.[16] Sie durfte natürlich zu ihrer eigenen Sicherheit nie vergessen, dass sie im Auftrag des Sicherheitskomitees auch eine überwachende Aufgabe hatte. Auch hegte sie wohl den Verdacht, dass Madame de Tourzel ihre Besuche dazu nutzen würde, Briefe von Louis XVIII. an seine Nichte hinein- und herauszuschmuggeln, was tatsächlich geschah.

Madame de Mackau, die aus dem Gefängnis entlassen von der Besuchserlaubnis von Madame de Tourzel hörte, bat ihren Sohn, den Baron de Mackau, der in republikanischen Diensten stand, um Vermittlung bei den Behörden. Am 10. September 1795 erhielt sie die Erlaubnis, Marie Thérèse zu besuchen.

Sie wunderte sich, wie erwachsen die Prinzessin geworden war, sie hatte ein Kind erwartet und fand eine erwachsene Frau, die zu ihr sagte: »Lasst uns nicht über das Schicksal meiner Eltern weinen. Sie haben von Gott die Krone erhalten, die ihnen gebührt … Beten wir nicht für sie, sondern für die, die sie leiden ließen. Was mich anbetrifft, waren die Jahre nicht vergebens. Ich hatte Zeit, vor Gott und mir selber nachzudenken. Ich bin nun gestärkt gegen alles Böse. Ich bin weit davon entfernt, die französische Nation zu verwechseln mit denen, die mir all das genommen haben, was ich auf der Welt liebe. Natürlich wäre ich entzückt, das Gefängnis zu verlassen, aber ich würde das kleinste Haus in Frankreich den Ehren vorziehen, die eine Prinzessin, die so unglücklich ist wie ich, überall erwarten.« Zufrieden stellt die Baronesse fest, dass »die vielen Ungerechtigkeiten der Männer [der Wärter, Anm. d. Autorin] das Herz Marie Thérèses nicht verbittert haben; das Unglück und die Meditation haben ihrem Charakter im Gegenteil diese ruhige Erhöhung aufgedrückt«.[17]

Genau wie Madame de Tourzel kam Madame de Mackau alle drei bis vier Tage gegen Mittag und blieb bis sieben oder acht Uhr am Abend. Als sie eines Abends beim Abendessen saßen, kam das Gespräch auf die Gerüchte, die in Paris umliefen, dass Madame Royale sich nach Wien begeben müsste, um Erzherzog Karl zu heiraten. Ihre Antwort lautete: »Ich kenne keine politischen Schritte außer dem letzten Willen meiner Eltern, ich werde den Duc d'Angoulême heiraten.«[18]

Madame de Chanterenne beaufsichtigte diese Treffen misstrauisch, denn zum ersten Mal bekam Marie Thérèse Besuch von Menschen, die sie aus ihrem früheren Leben als Prinzessin kannte. War es Eifersucht, als sie sah, wie herzlich Marie Thérèse mit den Besuchern umging, wie sie Geschichten austauschten, von denen ihre Gesellschafterin keine Ahnung hatte? Oder war Marie Thérèse tatsächlich durch die Monate der Einsamkeit nur noch bedingt in der Lage, mit vielen Menschen zusammen zu sein? Die vielen Nachrichten von Personen, die sie kannte und die umgekommen waren, Berichte von einem Leben außerhalb der Gefängnismauern, von dem sie keine Ahnung hatte, mussten ihr Angst machen.

Madame de Chanterenne jedenfalls schrieb an das Sicherheitskomitee, dass der Besuch von Madame de Mackau Marie Thérèse große Freude gemacht habe und Madame de Mackau offenbar sehr an ihrer ehemaligen Schülerin hinge. Trotzdem sei Marie Thérèses Neugier nun gestillt und sie wolle keine weiteren Besuche mehr. »Sie hat mir gesagt, dass sie nicht noch mehr Personen treffen möchte als die, die jetzt schon kommen.« Daher schlug sie vor, dass man solche emotionalen Besuche verbieten solle, da sie Marie Thérèses Gesundheit schaden und ihren Geist durcheinanderbringen würden.[19] In diesem Herbst erfuhr Marie Thérèse auch, dass ihre Mutter, ihre Tante und ihr kleiner Bruder tot waren. Wohl auf Veranlassung von Madame de Chanterenne verfasste sie ihr Tagebuch, in dem sie die Jahre im Temple Revue passieren ließ. Es endet bezeichnenderweise mit dem Tod ihres Bruders. Über die 15 Monate, die sie allein unter Soldaten im Temple verbracht hat, schweigt sie.

Ob sie an den Tod ihres Bruders glaubte, bleibt zweifelhaft. Auch Madame de Tourzel nutzte ihren Besuch im Temple, um mit Marie Thérèses Hilfe das offizielle Gefängnisregister zu lesen, denn sie war nicht davon überzeugt, dass der kleine Dauphin tot war.

Marie Thérèse versuchte in dieser Zeit vergeblich, Informationen über Ernestine Lambriquet zu bekommen, die mit ihr wie eine Schwester aufgewachsen war. Bekannt war, dass ihr Vater, der Kammerdiener Jacques Lambriquet, am 15. Juli 1794 auf der Guillotine gestorben war, angeklagt, dem König bei seinen »Verbrechen gegen das französische Volk« geholfen zu haben, bei Fluchtplänen und beim Wegschaffen von Geldern nach Koblenz zu den Brüdern des Königs. Er sei Agent der »infamen Antoinette« und ihr »Spion« gewesen. Außerdem warf man ihm vor, dass seine Tochter als »Gefährtin der Tochter Capets« [Marie Thérèse, Anm. d. Autorin] öffentliche Gelder bekommen habe, das sei ein »neuer Diebstahl« zugunsten der Tochter »dieses Agenten« gewesen.[20] Aber was war aus Ernestine geworden, wo war sie? Marie Thérèse erwähnt sie merkwürdigerweise mit keinem Wort mehr.

Der Garten wurde zu Marie Thérèses Lieblingsaufenthaltsort. Hier saß sie mit Madame de Chanterenne in Sichtweite der beiden Wächter Lasne und Gomin. Mit dabei auch der kleine Hund Coco, der vorher ihrem Bruder gehört hatte, und eine Ziege, die ihr überallhin folgte.[21]

Täglich berichteten die Zeitungen nun von ihrem Leben im Gefängnis. Sie wurde als Ideal einer Prinzessin beschrieben:

bescheiden, geduldig und sanft. Auch der Direktor des *Quoti-dienne* Joseph François Michaud brachte in seinem Almanach *(Les Adieux)* die »Bulletins au Temples«. Es ist nicht bekannt, woher die Journalisten ihre Informationen bekamen, aber die Nachrichten versorgten die Leser in der Zeit vom 8. August bis zum 19. Dezember 1795 mit Details aus dem Gefängnisleben und machten aus Marie Thérèse eine Heldin.

Die Beschreibung des jungen Mädchens in den Journalen ist ausgesprochen wohlwollend: »Sie hat eine vorteilhafte Figur, ihre Gesichtszüge, die vor drei Jahren sehr zart waren, zeigen nun Charakter; ihre Augen sind groß, ihr Teint scheint ein wenig bronze, ihre Haare sind im Vergleich zum früheren Blond ein wenig dunkler geworden. Sie trägt sie normalerweise ohne Puder und nach hinten gebunden.«[22]

Aus Marie Thérèse, die in den letzten Jahren immer nur als »Tochter von Louis Carpet« oder »Tochter des Tyrannen« tituliert worden war, wurde wieder die Tochter Louis' XVI., aus der die Presse eine romantische Heldin machte, die unschuldig im Temple sitzend ihr trauriges Schicksal beweint. Die königstreue Presse, die im Sommer 1795 wieder sehr einfluss-reich geworden war, benutzte dieses Klischee natürlich als Werbung für die royalistische Sache.

Es gäbe keinen Franzosen, der nicht mit ihr fühle und ihr Schicksal betraure, heißt es in einem Brief vom 22.8.1795, der für Marie Thérèse an Madame de Chanterenne übergeben wurde. Es gäbe genügend Menschen, die ohne zu zögern ihren Kopf auf die Guillotine legen würden, wenn es darum ginge, sie vor weiterem Unheil zu beschützen.[23]

Dabei gab es durchaus Beschwerden von Bürgern über die Kosten, die das Leben der ehemaligen Prinzessin verursachte, während andere meinten, dass man in diesem besonderen Fall keine Kosten scheuen dürfe. In den Pariser Salons war das Schicksal Marie Thérèses das große Thema, die Damen disku-tierten unter anderem darüber, ob sie eine Perücke trüge oder nicht.

Sobald es sich herumgesprochen hatte, dass Marie Thérèse die Erlaubnis hatte, im Garten spazieren zu gehen, mieteten viele Adlige, unter anderem Madame Cléry und auch der ehemalige Kammerdiener Hue, Zimmer in den umliegenden Häusern. Von dort konnte man Marie Thérèse im Garten beobachten. Diesem Beispiel folgten andere Royalisten, und bald schon waren die Fenster in der Rue de la Corderie und der Rue de Beaujolais jeden Tag mit Zuschauern besetzt. Man spielte von hier aus Musik für sie, man deklamierte extra für sie gedichtete Verse oder sang Lieder, in denen ihre Unschuld und ihr tragisches Schicksal thematisiert wurden:

> »*Die Tochter unserer Könige ist eine Schäferin,*
> *Eine Ziege bildet ihren Hof;*
> *Sie hat die Kunst zu gefallen bewahrt;*
> *Sie ist immer noch Königin der Liebe;*
> *Blumen geben ihr die Krone zurück,*
> *Blumen sind ihr Zepter,*
> *Ein Stück Rasen bildet ihren Thron,*
> *Und ihr Reich liegt in unseren Herzen.*«[24]

Diese Vorstellungen hatten einen doppelten Zweck: Sie sollten Marie Thérèse unterhalten, ihr aber auch nötige Informationen über ihr Schicksal geben. Durch folgende Komposition von Lepitre, einem ehemaligen Bediensteten des Königs, erhielt sie die Information, dass man sie nach Österreich ausliefern wolle:

> *Tröstung*
> »*Sei beruhigt, du junge Unglückliche:*
> *Bald schon werden sich diese Pforten öffnen;*
> *Bald schon von deinen Fußfesseln befreit,*
> *Wirst du den klaren Himmel genießen;*
> *Wenn du aber diesen finsteren Ort verlässt,*
> *Wo Trauer und Entsetzen,*
> *Denke wenigstens daran, dass hier*
> *Herzen zurückbleiben, die dir würdig sind.*«[25]

Von einem der Fenster der umliegenden Häuser aus wurde auch das berühmte Teleskopbild von Marie Thérèse durch den Marquis de Parrois gemalt, das einzige authentische Porträt, das wir von Marie Thérèse aus diesen Tagen haben.[26]

Die Polizei beobachtete diese Treffen zwar misstrauisch, ließ sie aber zunächst zu. In den Monaten August und September 1795 trafen sich hier neben Anhängern der absoluten Monarchie auch solche der konstitutionellen Königsherrschaft; es waren Adlige und Bürger gleichermaßen, vereint in der romantischen Verklärung der Tochter ihres früheren Königs.

Und immer wieder wurden Forderungen nach einer Freilassung Marie Thérèses laut:

> *»Oh, ihr unsere Gesetzgeber!*
> *Wollt ihr, dass wir euch lieben?*
> *Wollt ihr unsere Herzen gewinnen?*
> *Lasst daher Gerechtigkeit widerfahren*
> *Der Tochter von Louis,*
> *Gefangene in Paris.«*[27]

Sowohl Madame de Tourzel als auch ihre Tochter schreiben, dass Marie Thérèse getreu ihrem Versprechen an den Vater niemals ein Gefühl von »Schärfe« gegenüber den Verursachern ihrer Leiden geäußert habe, sie hatte Mitleid mit ihnen und allen anderen Franzosen, die unter ihnen leiden mussten.

Und während Madame de Tourzel nur den einen Wunsch hatte, dass die Königstochter so schnell wie möglich das Land verlassen solle, hatte Marie Thérèse keine solchen Zukunftspläne: »Ich empfinde noch Trost, wenn ich in dem Land lebe, in dem die Asche der Menschen ruht, die ich am liebsten auf der Welt hatte … Ich würde glücklicher sein, wenn ich ihr Schicksal teilen könnte, als dass ich verdammt bin, sie zu beweinen.«[28]

Austauschverhandlungen zwischen Frankreich und Österreich

❦

> »Der Tyrann lebt nicht mehr, aber von diesem
> unreinen Rumpf sind Sprösslinge entstanden,
> die nur Früchte der Bitterkeit und gefährlichste
> Gifte hervorbringen können…«,

hatte der Abgeordnete Jacques Brival am 22. 1. 1795 seinen Kollegen im Nationalkonvent in Paris zugerufen. Er hatte den toten König mit einer »Hydra« verglichen, dem neunköpfigen Ungeheuer aus der griechischen Mythologie, dem sofort neue Köpfe wachsen, sobald einer abgeschlagen wird.[1]

An diesem Tag hatten die Abgeordneten das weitere Schicksal der Kinder Louis' XVI. diskutiert. Anlass war einerseits die seit dem Tod Robespierres geänderte Innenpolitik gewesen, andererseits die Hoffnung der neuen Regierung auf Friedensverhandlungen mit den europäischen Monarchien, mit denen sich die Republik seit 1792 im Krieg befand, und internationale Anerkennung.

Die meisten Franzosen sehnten sich nach einem Ende des Terrors, die Gefängnistore öffneten sich für politische Gefangene, viele Girondisten kehrten zurück in die Politik. Die Devise, die Jean-Jacques Regis de Cambacérès, Präsident des Wohlfahrtsausschusses, des Exekutivorgans des Nationalkonvents, ausgegeben hatte, lautete: »Keine Reaktionäre, keine Terroristen!« Man wollte eine Politik der Mitte, in der die radikalen Jakobiner zunehmend zu Feinden wurden. Mit der politischen Liberalisierung einher ging aber ein nicht geplanter Rutsch nach rechts. Und damit kamen auch die Anhänger der immer noch sehr starken royalistischen Partei wieder ins Spiel.

Auch wenn das folgende Memorandum an das Sicherheitskomitee erst im Sommer 1795 veröffentlicht wurde, zeigt es die bereits Anfang des Jahres vorherrschende Stimmung von immer mehr Franzosen, die sich nach den Zeiten der Monarchie zurücksehnten und die Gefangenschaft der jungen Tochter des letzten Königs missbilligten. Die Abgeordneten wurden hier anonym aufgefordert: »Man erwartet von Ihnen Gerechtigkeit für eine sechzehnjährige Frau, schön, sagt man, wie eine Rose im Erblühen, für eine sechzehnjährige Frau, die man hinter Schloss und Riegel begraben hält, unter der Aufsicht von bewaffneten Männern, in der Stille des Terrors und des Entsetzens und unter solchen Vorkehrungen, als sei sie der unausstehlichste und am meisten gefürchtete Tyrann; man fordert von Euch Gerechtigkeit für ein Kind von 16 Jahren, gefangen gesetzt mit zwölf Jahren, dem man kein weiteres Unrecht vorwerfen kann, als dass es einer Reihe von Königen abstammt, deren Götzendiener Ihr wart?«[2]

Überall kam es weiter zu Aufständen der Royalisten gegen die Republik. In der Vendée im Nordwesten Frankreichs hatte der Bürgerkrieg, der von 1793 bis 1794, mancherorts gar bis 1796 andauerte, über 250 000 Opfer gekostet. Auch im Süden des Landes, in Bordeaux, Marseille und Lyon gab es Unruhen und Kämpfe. Zeitweise befand sich mehr als die Hälfte Frankreichs im Bürgerkrieg. Außenpolitisch bahnte sich dagegen eine Beruhigung an. Die alliierten Armeen Preußens, Österreichs und Spaniens hatten nach anfänglichen Siegen gegen die Franzosen nicht den erwünschten Erfolg gehabt, und so begannen die Preußen bereits im Sommer 1794 mit ersten Friedensverhandlungen, die am 5. April 1795 in den Baseler Frieden mündeten. Für Frankreich war dies ein doppelter Erfolg, denn zum ersten Mal akzeptierte eine Monarchie die Vertreter der französischen Republik als gleichberechtigte Partner. Am 16. Mai folgte der Frieden mit den Niederlanden.

Auch mit Karl IV. von Spanien, einem Bourbonen, standen die Franzosen seit Oktober 1794 in Verhandlungen. Die Spanier aber wollten einen Frieden mit Frankreich nur unterzeichnen, wenn die Kinder Louis' XVI. freikämen und nach Spanien ausgeliefert würden. Für den kleinen Louis XVII. hatte man ein Fürstentum nahe der Grenze zu Frankreich geplant.[3]

Genau solche Pläne aber erregten das Misstrauen der Nationalversammlung, die im Januar 1795 über die spanischen Forderungen beriet. »Ein so grausames Geschlecht, das seit 14 Jahrhunderten Unglück über das menschliche Geschlecht gebracht hat, wird niemals vergessen, wer sein Vater war, wer seine Ahnen gewesen sind; wer einmal auf der Stufe des Thrones stand, wird niemals auf die Ambitionen verzichten, dort hinaufzusteigen«, rief der Abgeordnete Brival seinen Kollegen zu: »Entledigen wir uns der ansteckenden Gegenwart dieses Kindes, dadurch nehmen wir unseren Feinden allen Grund für einen Krieg und können viel sinnvoller die Arme und den Fleiß von 300 Bürgern einsetzen, die Tag und Nacht damit beschäftigt sind, dieses Individuum zu bewachen. Erinnern Sie sich, Bürger, und verlieren Sie niemals aus der Sicht, dass der Krieg in der Vendée im Namen Louis XVII. geführt wird, dass man Edikte verfasst, offizielle Briefe und Veröffentlichungen im Namen dieses neuen Tyrannen macht.« Er schlug vor, dass der kleine Capet und alle Individuen beiderlei Geschlechts dieser Familie für immer vom Boden dieser Republik verbannt werden und »innerhalb einer Dekade jenseits der Grenze gebracht werden sollen, in ein ganz weit entferntes Land«.[4]

Der Präsident des Wohlfahrtsausschusses Jean-Jacques Regis de Cambacérès hatte bereits in seiner Eingangsrede erklärt, dass die Kinder ein ständiger Anlass zu Angriffen aller Art seien, andererseits aber ein wichtiges Pfand in den Händen der Regierung.[5] Er hielt es für politisch unklug, die Kinder, solange der Krieg andauerte, freizulassen. Und in seinem Sinn entschied der Nationalkonvent: Louis XVII. sollte weiterhin im Temple bewacht werden, eine Freilassung würde nur Unruhe schaffen und denen in die Hände spielen, die die Republik scheitern sehen wollten.

Von März bis Mai wurden erneut Verhandlungen mit Spanien geführt, ohne Erfolg, denn für die spanischen Unterhändler gab es keinen Vertrag ohne Befreiung der Kinder. »Es ist von unserer Seite eine Pflicht, eine Religion, ein Kult, ein Fanatismus, wenn Sie so wollen«, sagte Baron Fain, der die Verhandlungen für Spanien führte.[6]

Der Tod Louis XVII. entkrampfte dies Dilemma. Hinzu kam die Zusage Frankreichs, dass man Marie Thérèse nach Österreich ausliefern wolle. Im Juli schrieb der französische Gesandte François de Barthélemy aus Basel an den Nationalkonvent, dass die Spanier den Friedensvertrag nur mit einer Geheimklausel unterzeichnen wollten, dass, falls die Österreicher nicht wollten, Marie Thérèse an sie ausgeliefert werden solle. Auch dieser Vorschlag wurde in Paris abgelehnt. Schließlich gaben die Spanier auf und unterzeichneten am 22. Juli 1795 den Friedensvertrag.

Nun wandte sich der Nationalkonvent den Österreichern zu. Man wollte sie mithilfe einer Auslieferung Marie Thérèses an den Verhandlungstisch zwingen, um so mit dem neben den Engländern hartnäckigsten Gegner den Frieden zu schließen, den die Republik dringend brauchte. So schlug der Vertreter des Sicherheitskomitees *(Comité de sûreté génerale)* Treillard am 30. Juni 1795 vor, Marie Thérèse gegen prominente Gefangene auszutauschen.[7]

Die Gefängnisstrafe der Tochter des letzten Königs und der anderen Mitglieder ihrer Familie sei eine Frage der Staatssicherheit gewesen, führte Treillard aus, denn in den letzten Jahren sei Frankreich beständig von ausländischen Staaten bedroht gewesen. Nun aber gehe es darum, durch einen Akt der Menschlichkeit großes Unrecht wiedergutzumachen: Man müsse durch den Austausch Marie Thérèses französische Bürger, unter ihnen einen Minister und zwei Botschafter, auch den Postmeister Drouet, freibekommen, die die Österreicher, die Freunde und Verbündeten der Bourbonen, unter Verletzung der Menschenrechte auf neutralem Boden gefangen genommen hätten.

Der Nationalkonvent begrüßte diese Petition und beschloss, die Tochter des letzten französischen Königs an die Person zu übergeben, die die österreichische Regierung bestimmte, sobald die erwähnten Gefangenen frei wären. Die übrigen Mitglieder der Großfamilie der Bourbonen dürften dann auch das Land verlassen.[8]

Die Österreicher aber waren nicht sehr verhandlungswillig. Sie hofften nach wie vor auf einen Sieg gegen Frankreich auf dem Schlachtfeld. Obwohl der Kaiser im Juli 1795 durch ein Gutachten des Reichstages beauftragt wurde, allgemeine Friedensverhandlungen für das Reich aufzunehmen, verfolgten seine Vertreter das nur halbherzig.

Der österreichische Außenminister Johann Amadeus Freiherr von Thugut zeigte sich über den Vorschlag der Franzosen sehr pikiert: Einerseits sei es ein Gebot der Menschlichkeit gegenüber einer Prinzessin, die so nah mit dem Kaiser verwandt sei und so viel gelitten habe, und jeder würde es inhuman und barbarisch finden, wenn man nicht darauf eingehe. Andererseits sei es eine große »Unanständigkeit«, die Cousine des Kaisers, die Tochter Louis' XVI., gegen die »schuldigen Schurken« auszutauschen. »Außerdem wäre die Prinzessin als solche einfach nur peinlich. Was sollen wir mit ihr machen? Sie dann mit Madame, der Erzherzogin Marianne, ins Kloster in Prag stecken? Der Königin von Neapel vorschlagen, dass sie sich um sie kümmert?« Und was würde mit den anderen Bourbonen passieren, die noch in Frankreich seien? Auch sie würden zumindest für die erste Zeit Kosten verursachen, wo man jetzt schon keine Gelder habe.[9]

Da Österreich aber schlecht ein Angebot Frankreichs ablehnen konnte, bei dem es sich um die Auslieferung der Tochter des letzten französischen Königs drehte, dessen gewaltsamer

Tod ja überhaupt erst der Anlass für diesen Krieg gewesen war, ließ man die Verhandlungen über die militärischen Kommandanten der jeweiligen Armeen, über General Jean-Charles Pichegru und General Stein, beginnen. Am 10.8.1795 konnte endlich Pichegru, der Kommandant der französischen Rheinarmee, nach Paris melden, der österreichische Kaiser sei grundsätzlich mit einem Vertrag einverstanden.

Damit begannen die konkreten Verhandlungen zwischen Österreich und Frankreich über den Austausch, der in Basel auf neutralem Boden stattfinden sollte. Theobald Bacher, Chefsekretär der französischen Botschaft in Solothurn, führte sie auf französischer, Freiherr von Degelmann auf österreichischer Seite mit Unterstützung von Peter Burckhardt, einem der vier Bürgermeister von Basel.

Am persönlichen Schicksal Marie Thérèses war niemand besonders interessiert. Es ging beiden Seiten nur um politisches Kalkül. Marie Thérèse wurde, kaum dass sie sich im Temple frei bewegen konnte, zum Spielball der unterschiedlichen politischen Kräfte.

Die Österreicher hofften, sie könnten große Teile der finanziellen Aussteuer, die Marie Antoinette zugestanden hatte und die immer noch nicht komplett ausgezahlt war, einbehalten. Außerdem würde Marie Thérèse das Privateigentum ihrer Eltern, die Domänen von Rambouillet und Saint-Cloud, erben. Auch das Inventar der Königlichen Schlösser oder eine entsprechende Geldsumme standen ihr zu. Bei klugen Verhandlungen könnte man vielleicht sogar noch einen Landgewinn in Lothringen und den österreichischen Niederlanden erzielen. Und wenn Marie Thérèse womöglich Erzherzog Karl von Teschen-Österreich heiratete, einen jüngeren Bruder des Kaisers und den wichtigsten Feldherrn der österreichischen Armee, hatte Österreich dann nicht Anspruch auf den französischen Königsthron?

Ein besonderes Interesse hatte auch Louis XVIII., Graf de Provence, Bruder Louis' XVI. Er und der andere Bruder,

Charles Philippe, Comte d'Artois, der am Rhein mithilfe einer von England finanzierten Truppe aus Emigranten die alliierten Armeen in ihrem Kampf gegen Frankreich unterstützte, hatten aber mit ihrer ultrarechten Vorstellung von einer Wiederherstellung der absoluten Monarchie im eigenen Land kaum Rückhalt.

Auf eine Marie Thérèse aber, die den Sohn des Comte d'Artois und potenziellen Nachfolger Louis' XVIII., den Duc d'Angoulême heiraten sollte, um so französische Königin zu werden, hätte sich die Mehrheit der Royalisten aller Couleur einigen können.[10] Nicht zu unterschätzen war auch ihre Popularität in Frankreich als »Waise vom Temple«. Und mit dem zu erwartenden Vermögen Marie Thérèses hoffte Louis XVIII., der unter ständiger Geldnot litt, seine Finanzen zu sanieren.

Sie selber ahnte von all dem nichts. Während die Verhandlungen zu ihrer Freilassung in vollem Gange waren, genoss sie ihre neu gewonnenen kleinen Freiheiten, die zwar immer noch nicht über die Mauern des Temple hinausreichten, aber doch über die Enge ihrer Zelle, denn sie konnte sich zunehmend frei im gesamten Gebäude bewegen. Sie freute sich über die abendlichen Ovationen aus den Fenstern der umliegenden Häuser. Sie war neugierig auf Nachrichten aus der Welt jenseits der Mauern, die ihr seit drei Jahren verschlossen war, und sie fragte nach den Menschen, die sie früher kannte und von denen die meisten nicht mehr lebten oder Frankreich verlassen hatten.

Und doch waren es ihr, die sie drei Jahre lang niemand anders gesehen hatte als die Wärter, die ihr wortlos das Essen reichten, und die verlernt hatte zu reden, manchmal zu viel der Eindrücke. Sie war durch die Monate der Einsamkeit nur noch bedingt in der Lage, mit Menschen zusammen zu sein. Die vielen Nachrichten von Personen, die sie gekannt hatte und die umgekommen waren, die Berichte von einem Leben außerhalb der Gefängnismauern, von dem sie keine Ahnung hatte, machten ihr offenbar Angst. Insgesamt aber waren diese Herbstwochen eine Zeit, wenn auch nicht voller »Glück«, so doch von einer

»gelassenen Zufriedenheit und ruhigen Hoffnung«, wie Madame de Chanterenne schreibt.[11]

Bis dann am 5.10.1795 der royalistische Aufstand die Situation wieder verschärfte. Am 22. August war die neue Direktorialverfassung in Kraft getreten, mit dem Ziel, die Errungenschaften der Revolution zu sichern, den Terror aber zu beenden. Das Prinzip der Rotation sollte verhindern, dass jemals wieder ein Diktator à la Robespierre die Herrschaft an sich reißen konnte: Jedes Jahr sollten ein Drittel der Abgeordneten der beiden Kammern und einer der fünf Direktoren des nun an der Staatsspitze stehenden Direktoriums, dem auch der neue starke Mann Frankreichs Paul Vicomte de Barras angehörte, neu gewählt werden.

Aus Furcht vor einer royalistischen Mehrheit bei den anschließenden Kammerwahlen aber brachen die Abgeordneten ihre eigene Verfassung, indem sie verfügten, dass zwei Drittel der neuen Abgeordneten aus den Reihen des alten Nationalkonvents kommen sollten. Dies hatte wütende Proteste und einen royalistischen Aufstand zur Folge, der von Barras und Napoleon Bonaparte, der hier zum ersten Mal politisch in Erscheinung trat, niedergeworfen wurde.

Jeder, der verdächtig war, mit den Royalisten in Verbindung zu stehen, wurde verhaftet. Zu der Zeit wurde auch ein anonymes Schreiben an das Sicherheitskomitee gesandt, in dem die Konzerte am Temple zu Ehren Marie Thérèses als royalistische Sympathiekundgebung für die Tochter des letzten Königs denunziert wurden, bei der manchmal bis zu 100 Personen teilnahmen. Natürlich hatte die Polizei von Anfang an von diesen Konzerten gewusst, aber sie bislang toleriert. Nun aber wurden sie verboten.

Ein Eintreten für Marie Thérèse als Person, ein kritisches Gedicht zu den Bedingungen ihrer Haft, ein Hinweis auf das grausame Schicksal ihrer Familie, all das galt immer auch als Angriff auf die Revolutionsregierung und ihre Organe. Die Stellungnahmen für Marie Thérèse wurden so mehr und mehr zu einem Instrument der Royalisten, um die Stimmung gegen die Republik anzuheizen, und das konnte die Regierung nicht weiter zulassen.

Auch die Besuche von Madame de Tourzel und Pauline endeten abrupt am 27. November. Madame de Tourzel wurde wie viele andere Royalisten verhaftet und stundenlang verhört. Man warf ihr eine Verschwörung gegen die Sicherheit des Staates vor und sperrte sie ein.

Madame de Chanterenne war bei den Besuchen der Tourzels von Anfang an misstrauisch gewesen, zu Recht, wie man heute weiß, denn Madame de Tourzel hatte sofort, nachdem sie die Erlaubnis hatte, Marie Thérèse im Temple zu besuchen, an deren Onkel Louis XVIII. geschrieben. Der nahm über sie Kontakt zu seiner Nichte auf. Marie Thérèse schrieb ihm, und Madame de Tourzel leitete diesen Brief weiter, fungierte mehrmals als Kurier zwischen Onkel und Nichte. Jedes Mal begab sie sich damit in große Gefahr. Ein Brief vom selbst ernannten französischen König hätte sie im besten Fall für Jahre hinter Gitter gebracht. Auch Marie Thérèse musste die Briefe ihres Onkels nach dem Lesen sofort verbrennen.

Louis XVIII. verlor keine Zeit. Er hatte von den Austauschplänen der französischen Regierung gehört und befürchtete, dass der österreichische Kaiser seine Cousine mit seinem Bruder, dem Erzherzog Karl, verheiraten könnte, um sich Marie Thérèses Erbe zu sichern.

Daher beauftragte er Madame de Tourzel, ihren Einfluss als ehemalige Erzieherin einzusetzen, um Marie Thérèse eine Hochzeit mit seinem Neffen und Thronfolger, dem Duc d'Angoulême, nahezubringen.[12]

Mehr als alle Worte sagt dies Verhalten ihres Onkels etwas über seinen Charakter aus: Seine Nichte, nach drei Jahren Haft, davon 15 Monaten Einzelhaft, darf kaum ihre ersten Schritte unter Bewachung im Garten machen, als sie auch schon zum Spielball im Kampf um das Erbe wird.

Nach der Darstellung von Madame de Tourzel hatten Pläne

für eine Hochzeit mit dem Duc d'Angoulême gar nicht mehr existiert.[13] Sie hat Marie Thérèse in diesem Punkt bewusst getäuscht. Das Mädchen war auch entsprechend verwundert, als Madame de Tourzel ihr davon erzählte. Ihre Eltern hatten nie von einer Hochzeit mit dem Duc gesprochen. Sie hatte im Gegenteil in den letzten Monaten der gemeinsamen Zeit im Temple mitbekommen, wie enttäuscht ihre Eltern über das Verhalten der Brüder Louis' XVI. gewesen waren.

Aber Madame de Tourzel benutzte ihren ganzen Einfluss. Marie Antoinette habe ihr gesagt, dass sie keinesfalls böse auf die Prinzen sei, im Gegenteil, durch eine Heirat wolle man das gute Verhältnis bekräftigen.

Marie Thérèse erklärte sich schließlich einverstanden, weil sie glaubte, dass es der Wunsch der Eltern sei und weil sie dadurch ihrem Land nützen und verhindern könne, dass ein fremder Prinz Einfluss auf Frankreich bekäme.[14]

Sie stellte tausend Fragen zu diesem ihr unbekannten Mann, die Madame de Tourzel aber nicht beantworten konnte, da auch sie ihn nicht näher kannte.

Nachdem Madame de Tourzel verhaftet worden war, wurde auch Marie Thérèse zu deren Besuchen im Temple verhört. Die Vermutung liegt nahe, dass das Sicherheitskomitee über die Verbindung von Madame de Tourzel zu Louis XVIII. Bescheid wusste. Man hatte den Agenten verhaftet, der ihre Briefe und die von Marie Thérèse an Louis XVIII. weiterleitete. Bis zur Abfahrt Marie Thérèses aus Paris am 19. 12. des Jahres hatten Mutter und Tochter Tourzel keinen Kontakt mehr zu ihr, sie erfuhren erst aus der Zeitung von der Abreise.[15]

Sogar Madame de Chanterenne geriet unter Verdacht. Man verbot ihr, den Temple zu verlassen, selbst Besuche bei ihrer Familie wurden untersagt.

Während nun in Paris wieder einmal eine Nachrichtensperre über die Gefangene im Temple verhängt und jeder Kontakt nach außen verhindert wurde, trafen an der Schweizer Grenze bereits die zukünftigen Hofdamen Marie Thérèses aus Wien ein. Kardinal de La Fare, der Vertreter Louis' XVIII. in Wien, beschrieb diesem in allen Details, was der Wiener Hof plante: Der Prinz de Gavre war als Oberhofmeister vorgesehen, Madame de Tourzel als Hofmeisterin. Marie Thérèse würde ein eigenes Einkommen haben, schrieb der geistliche Würdenträger weiter an Louis XVIII., das sich unter anderem aus der noch nicht an Frankreich ausgezahlten Aussteuer Marie Antoinettes und den seit der versuchten Flucht nach Varennes in Brüssel befindlichen Diamanten und Geld zusammensetzte. In dem Brief hieß es auch, dass Marie Thérèse in Wien keinen Kontakt zu Franzosen haben dürfe.[16]

Am 27. November erließ das Direktorium das folgende Dekret: Für die Fahrt zur Grenze wolle man ihr als Begleitung eine junge Person ihres Alters mit Namen Lambriquet zur Seite stellen, außerdem andere Personen ihrer Wahl, die mit ihrer Kindheit zu tun hatten und die sie besonders möge, ausgenommen Madame de Tourzel.[17]

Innenminister Bénézech, dem man seit seiner Nominierung royalistische Sympathien vorwarf, oblag die Ausführung dieses Dekrets. Am 28. November eilte er in den Temple, um mit Marie Thérèse zu sprechen. Sie hatte sich für Madame de Mackau, Madame de Tourzel und Madame de Serent, eine ehemalige Kammerfrau ihrer Tante Elisabeth, als Begleitung entschieden. Außerdem wählte Marie Thérèse Monsieur Hue aus, weil er der einzige von den Dienern ihres Vaters sei, der ihn in den Temple begleitet habe. Falls ein Wärter mitkommen müsse, dann wolle sie Gomin. Er sei am längsten im Temple gewesen und der erste, der ihre Gefangenschaft gemildert und zu dem sie größeres Vertrauen habe.

In Wien ging man davon aus, dass auch Ernestine Lambriquet zu denen gehörte, die Marie Thérèse begleiten würden, wie dem Bericht des Außenministers zu entnehmen ist:

»Der Kaiser hat außerdem gefordert, dass es der Prinzessin erlaubt werde, eine junge Person mitzunehmen, mit der sie aufgewachsen ist und die sie besonders liebt. Diese junge Person

nennt sich Ernestine Lambriquet. Ihr Vater war der Kammerdiener von Monsieur. Er starb während der Revolution; seine
Mutter, seit einigen Jahren tot, war die Kammerfrau der Prinzessin. Die Damen Mackau und Soucy haben sich um diese
Person gekümmert; sie müssten wissen, wo sie jetzt ist.«[18]

Angeblich konnte sie aber doch nicht gefunden werden, was
die Österreicher so verärgerte, dass Freiherr von Degelmann
sogar mit dem Abbruch der Verhandlungen drohen ließ.

War sie wirklich nicht auffindbar? Das ist kaum zu glauben,
denn in den Archiven des Départements Seine-et-Oise im
Dossier Lambriquet liegen Berichte über das Erscheinen von
Ernestine vor dem Friedensrichter mit ihren Verwandten zu
einem Familienrat: am 4. August 1794, kurz nach dem Tod
ihres Vaters.[19] Es steht zu vermuten, dass Ernestine mit ihrem
Bruder, beide noch minderjährig, bei diesen Verwandten untergekommen war. Sie waren also offiziell registriert. Und es verwundert ein wenig, warum die französische Regierung ohne
offensichtliche Not das Scheitern der Verhandlungen, die man
doch selber so dringend gewollt hatte, riskierte. Dass man
Madame de Tourzel nicht mitfahren lassen wollte, ist verständ-
lich, dass man aber auf Ernestine verzichtete, ist auf den ersten
Blick nicht erklärbar.

Mehrmals wurde die Abfahrt verschoben. Die Österreicher
wurden zunehmend ungeduldig, drohten mit dem Abbruch
des Austausches. Bénézech erklärte die Verzögerung mit der
Herstellung einer Aussteuer für Marie Thérèse, an der Tag und
Nacht gearbeitet wurde. Sie erhielt fünf Kleider, unter anderem
ein Mousselin-Kleid mit Goldstickerei, eines aus weißer Seide
und eines aus rosa Samt, Pelze und Bänder, Wäscheartikel aus
Batist und Brüsseler Spitze.[20]

Marie Thérèse selber wollte Frankreich eigentlich gar nicht
verlassen. Ihr graute vor einem Leben am Wiener Hof, weil sie
sich den Anforderungen dort nicht gewachsen fühlte. Madame
de Mackau schreibt in ihren Memoiren, dass die Prinzessin sich
nach einem stillen Leben gesehnt habe, das eher Ähnlichkeit

mit den glücklichen Tagen im Schloss Trianon an der Seite ihrer Mutter hatte: »Wie oft male ich mir ein solches Leben in ländlicher Stille aus! Ich schließe manchmal meine Augen und denke mir, dass ich in einem einsamen Schlosse wohne, umgeben nur von einigen treuen Menschen, die mich ebenso lieben wie ich sie, dass ich in einem stillen Garten spazieren gehe und meine Tiere füttere wie damals in Trianon, dass mein Blick über waldige Höhen schweift und dass die Menschen, denen ich begegne, gar nicht ahnen, wer ich bin.«[21]

Austausch in Hüningen

❧❧❧

>>Ich hoffe, dass alle Vorkehrungen, die ich
getroffen habe, verhindern werden, dass irgendjemand Wind von der Sache bekommt<<,

schrieb Innenminister Bénézech am 17. Dezember 1795 an
seinen Amtskollegen, den französischen Außenminister Delacroix.[1]

Die Abreise der Tochter des letzten französischen Königs,
die Bénézech höchstpersönlich beaufsichtigen wollte, sollte
unter Ausschluss der Öffentlichkeit geschehen. Er fürchtete
die zahllosen Zuschauer, die die Abreise zu einer erneuten
proroyalistischen Demonstration nutzen könnten. So erfuhr
die Öffentlichkeit erst Tage später davon.

Kurz vor Weihnachten, am 18. Dezember 1795 gegen 23 Uhr,
ließ der französische Innenminister seine Kutsche in einer
Nebenstraße des Temple stehen und machte sich zu Fuß auf
den Weg. Er klopfte zweimal am Außentor, wo ihn der Wärter
Lasne und der wachhabende Kommissar schon erwarteten.
Marie Thérèse hielt sich zusammen mit Madame de Chanterenne im Versammlungsraum auf. Sie hatte bis zuletzt gehofft,
dass ihre Vertraute mitfahren dürfte, und vermutete eine Intrige. Der österreichische Hof aber wollte verständlicherweise
niemanden in ihrer Nähe lassen, der sie im Namen der französischen Regierung im Temple beaufsichtigt hatte.[2] Beim
Abschied übergab Marie Thérèse Madame de Chanterenne das
Tagebuch, das seither in der Familie wie ein Schatz gehütet
wird.

Bénézech begleitete Marie Thérèse und den Wärter Gomin zur Kutsche. Auf dem Weg dorthin erklärte der Minister ihr, wie sie in einem Brief an Madame de Chanterenne berichtet, »welche Rolle sie zu spielen habe«. Auch während der Reise sollte ihr Inkognito gewahrt bleiben, die Regierung fürchtete ein Aufflammen der gerade erst unterdrückten Royalistenaufstände. Für die Fahrt hatten alle Hauptpersonen Pseudonyme bekommen: Offiziell reiste der verantwortliche Kapitän der Gendarmerie Méchain mit seiner Frau, dargestellt von Madame de Soucy, und seiner Tochter Sophie, gespielt von Marie Thérèse.[3]

Vor der Oper wartete die Reisekutsche, kurz nach Mitternacht fuhren sie los. Es war der 19. Dezember 1795, der Tag, an dem vor 17 Jahren Marie Thérèse Charlotte de Bourbon unter dem Jubel der Bevölkerung im Schloss von Versailles geboren worden war.

Insgesamt drei Kutschen verließen in dieser Nacht Paris. In der ersten saßen Marie Thérèse und Madame de Soucy, Capitaine Méchain und Gomin. Um kein Aufsehen zu erregen, folgte die zweite Kutsche mit dem Sohn von Madame de Soucy sowie dem ehemaligen Kammerdiener Hue, Catherine Varenne, einer Dienerin, Meunier als Koch, einem weiteren Templewärter mit Namen Baron und dem kleinen Hund Coco einige Stunden später. In einer dritten Kutsche wurden die Kisten mit der Aussteuer transportiert, für die Hue gegengezeichnet hatte.[4]

Abgesehen von Gomin und Hue waren keine der von Marie Thérèse gewünschten Begleitpersonen dabei. Pauline de Tourzel vermerkt später, dass auf allen Poststationen bis Basel der Name ihrer Mutter bereits angekündigt war. Auf Ernestine de Lambriquet, das Mädchen, das Marie Thérèse besonders am Herzen lag, da es mit ihr aufgewachsen war, gab es offiziell überhaupt keinen Hinweis mehr, obwohl selbst die Spione des österreichischen Kaisers nach Wien berichtet hatten, dass Madame de Mackau und Madame de Soucy ihren Aufenthaltsort wüssten.

Marie Thérèse trauerte besonders um Madame de Chanterenne, die Frau, die ihre ersten Schritte nach der jahrelangen Einzelhaft im Temple begleitet hatte. Immer wieder beschwört sie in ihren Briefen aus Hüningen ihre Freundschaft. »Ich brauche jemanden, dem ich vertrauen kann, jemanden, den ich liebe und dem ich mein Herz ausschütten kann. Die, die mich jetzt begleitet, kann diese Bedürfnisse nicht erfüllen, weil ich sie nicht genug kenne, um ihr zu sagen, was ich fühle.«[5]

Gemeint war Madame de Soucy, über die sich Marie Thérèse auch ärgerte, weil man dieser eine Zofe zugestanden hatte, während sie ohne jede Hilfe auskommen musste.[6] Gomin dagegen kümmere sich rührend um sie, wie Marie Thérèse schreibt. Capitaine Méchain sei sehr nervös, weil er immer befürchte, königstreue Emigranten könnten Marie Thérèse kidnappen.

So ganz unbegründet war diese Furcht wohl nicht, denn das Interesse am Schicksal der Prinzessin war groß. Die unterschiedlichsten Gerüchte kursierten. Mal hieß es, sie sei immer noch im Gefängnis und das Direktorium wolle eine »Geisel von solchem Wert« überhaupt nicht freigeben, dann wieder soll sie heimlich zu den Aufständischen in die Vendée gebracht worden sein. Andere berichteten, sie sei bereits unterwegs, läge aber krank irgendwo im Elsass, einige glaubten, Louis XVIII. wolle sie entführen und irgendwo festsetzen, weil die Royalisten ihn zum Abdanken zu Gunsten seines Neffen, des Duc d'Angoulême, zwingen wollten, sobald dieser Madame Royale geheiratet habe.[7]

Die Kutsche mit der Prinzessin fuhr auf dem schnellsten Weg Richtung Grenze, ein berittener Kurier eilte ihr voraus, um an den Poststationen Pferdewechsel, Mahlzeiten und Nachtquartiere vorzubereiten. Überall hielt man sich nur so kurz wie möglich auf. Sogar zum Schlafen waren nie mehr als sechs Stunden vorgesehen. Die Anonymität konnte aber schon nach kurzer Zeit nicht mehr gewahrt werden: Ein gewisser Conte Carletti, der den Kutschen auf dem gleichen Weg vorausfuhr, verriet die Identität der Prinzessin. Außerdem konnte Marie Thérèse sich nicht überwinden, Méchain »Vater« zu nennen, und so fielen in den Gasthäusern ihre Zurückhaltung und ihr förmlicher Ton ihm gegenüber auf.[8]

Wo sie erkannt wurde, begrüßten die Menschen sie erfreut und gaben ihr Segenswünsche mit auf den Weg. Marie Thérèse war gerührt: »Die einen nannten mich ihre gute Dame, die anderen ihre gute Prinzessin. Einige weinten vor Freude, und ich wollte auch weinen.«[9]

»Wie anders ist dies als in Paris«, schrieb sie an Madame de Chanterenne von Hüningen aus.[10] »Und oh! Welche Freude und welchen Schmerz bringt mir dies! Die Menschen drücken ganz offen ihre Abneigung gegen die Regierung aus. Sie sehnen sich nach ihren alten Herrschern und nach mir Armen. Wie erfüllt mein Herz ist! Warum kam dieser Wechsel nicht eher! Dann hätte ich nicht meine ganze Familie und so manch anderen Unschuldigen sterben sehen müssen.«[11]

An Heiligabend 1795 kam die Berline, eine viersitzige Reisekutsche, gezogen von sechs Pferden, in der elsässischen Festung Hüningen an.

Der Ort liegt auf der linken Seite des Rheins und grenzt unmittelbar an Basel in der Schweiz und Weil am Rhein in Deutschland. Vor der Revolution wurde Basel nur vom österreichischen Geschäftsträger als Residenz genutzt, die anderen in der Schweiz akkreditierten Diplomaten residierten in Solothurn, Genf oder Bern. Nach 1792 aber, als der Rhein zur umkämpften Grenze zwischen Frankreich und den deutschen Fürsten wurde, erhielt Basel aufgrund seiner geografischen Lage eine besondere Bedeutung. 1795, mit den Verhandlungen zum Baseler Frieden, wurde der Ort zur Diplomatenstadt. Hier auf neutralem Boden sollte der Austausch stattfinden.

Die erste Station war das Gasthaus »Zum Raben« in Hüningen, wo sie im ersten Stock Quartier nahmen. Der vorausgeeilte Kurier hatte veranlasst, dass alle anderen Gäste das Haus vorher verlassen mussten.[12]

Marie Thérèse bekam das Appartement mit der Nummer 10, ein großes Zimmer mit zwei zur Straße gehenden Fenstern und einen kleineren Raum. Der Besitzer des Gasthauses François Joseph Schultz, seine Frau, seine Tochter und sein Adoptivsohn, beide zehn Jahre alt, sorgten für die Bewirtung. Marie Thérèse war vor allem von dem kleinen Jungen angetan, der sie an ihren Bruder erinnerte.

Méchain informierte sofort Theobald Bacher, den Assistenten des französischen Geschäftsträgers in der Schweiz Barthélemy, der im Auftrag der Regierung den Austausch durchführen sollte, von der Ankunft der Prinzessin, und noch am selben Abend ging ein Bote nach Paris ab, um Außenminister Charles-François Delacroix, seit dem 5.11.1795 im Amt, über die Ankunft der Prinzessin zu informieren. Nach seinem Besuch bei Marie Thérèse am nächsten Tag schrieb Bacher erneut an Delacroix: »Die Tochter des letzten französischen Königs ist in vollkommener Gesundheit in Hüningen angekommen.« Sie zeige aber großes Bedauern, dass sie Frankreich verlassen müsse. Die Ehren, die ihr am Hof zu Wien zuteilwerden würden, schienen sie kaum zu interessieren. Sie wolle kein Aufsehen erregen und verlasse ihren Raum daher nicht.[13]

Zwei Soldaten hielten vor dem Gasthaus Wache, damit niemand unerlaubt hineinkommen könnte. Es wird aber berichtet, dass eine junge Frau unter dem Vorwand, sie bringe einen Krug Wasser, die Wachen überlistete und in das Appartement von Marie Thérèse gelangte.[14]

Marie Thérèse überbrückte die Stunden des Wartens, indem sie an Madame de Chanterenne schrieb, die sie zärtlich bei ihrem Kosenamen »Renète« nannte: »Adieu, meine liebe Renète, du viel Geliebte einer unglücklichen Ausgewiesenen.« In diesen Briefen beschäftigt sie sich immer wieder besorgt mit ihrer angeblich kurz bevorstehenden Hochzeit mit einem ihrer österreichischen Cousins: »Es gibt viel Gerede über meine Heirat, von der man sagt, dass sie kurz bevorstehe. Ich hoffe, das ist nicht so. Aber ich weiß nicht, was ich rede… Adieu, liebe Renète, der Frieden ist es, den ich wünsche, aus mehr als einem Grund. Möge er kommen und möge ich dich wiedersehen, in Rom [bei ihren Tanten väterlicherseits, Anm. d. Autorin], aber nicht in Wien.«

Sie schrieb auch an ihren Onkel einen Brief, den sie später Hue anvertraute mit der Bitte, ihn an Louis XVIII. weiterzuleiten, was der schon öfter mit ihren Briefen aus dem Temple gemacht hatte.[15]

Die zweite Kutsche kam am 25.12. gegen drei Uhr früh an.

Bacher organisierte derweil auch die Übergabe der von Österreich gefangen genommenen Jakobiner, die inzwischen eingetroffen waren. Die beiden Gruppen sollten sich nach Möglichkeit nicht begegnen, denn Marie Thérèse ahnte nicht, dass unter ihnen auch der Postmeister Drouet war, der die Flucht ihrer Familie 1791 in Varennes verhindert hatte.

Am 26.12.1795 wurden die Stadttore früh geschlossen, um Zuschauer zu vermeiden. Gegen 17 Uhr kamen die sechs Kutschen des österreichischen Prinzen de Gavre, des neuen Oberhofmeisters der Prinzessin, am Landhaus des Baseler Kaufmanns Reber vor den Toren Basels an, kurz hinter der französischen Grenze zwischen Hüningen und Basel gelegen. Auch Freiherr von Degelmann, der offizielle österreichische Gesandte, fand sich dort ein.

»Ich verlasse Frankreich mit Bedauern; ich werde niemals aufhören, es als meine Heimat zu betrachten«, hatte Marie Thérèse an Madame de Chanterenne geschrieben. »Betet für mich. Ich bin in einer nachteiligen und schwierigen Lage.«[16]

Der Abschied von Gomin fiel ihr besonders schwer.[17]

Bacher und Méchain begleiteten sie die kurze Fahrt mit der Kutsche über die Grenze in die Schweiz, wo dann der Gefangenentausch stattfand, »der der Preis für ihre Freiheit war«[18], wie Hue es ausdrückte.

In einem Brief vom 28.12.1795 berichtete Bacher dem französischen Außenminister ausführlich über den Austausch.[19] Der Prinz de Gavre erwartete sie vor der Haustür des Landsitzes, begleitete sie in den Salon, und »wir begannen sogleich mit dem Übergabegeschäft«. Der Prinz de Gavre begrüßte sie im Namen der Kaisers und versicherte sie der freundlichen Gefühle der kaiserlichen Familie und des herzlichen Willkommens, das sie in Wien erwarte.

Baron von Degelmann protestierte noch einmal, dass Madame de Tourzel nicht anwesend sei, obwohl es vertraglich zugesagt war. Er sprach sogar von »Vertragsbruch«[20].

Merkwürdigerweise wurde, angeblich auf Anordnung von Marie Thérèse, die eigens in einem vierten Wagen mitgeführte Aussteuer an die Franzosen zurückgegeben, was Hue in seinen Memoiren ebenso seltsamerweise kommentarlos erwähnt.[21] Schließlich war er für den Transport der Aussteuer bis Hüningen zuständig gewesen und hatte den Erhalt der Kisten in Paris persönlich abzeichnen müssen.[22]

Bacher bekam ein förmliches Übergabeschreiben des Prinzen, gleichzeitig überreichte ihm Degelmann eine offizielle Note, dass die französischen Gefangenen, die sich bereits auf Baseler Gebiet befänden, von diesem Moment an frei seien.

Nach sechs Monaten mit Verhandlungen und Vorbereitungen war der Austausch nun vollzogen. Im Anhang seines Berichts fügte Bacher die offizielle Übergabebestätigung an, unterschrieben vom Prinzen de Gavre: »Der Unterzeichnende, in Ausführung der Befehle Seiner Majestät des Kaisers, bestätigt, dass er von M. Bacher, dem Bevollmächtigten der französischen Regierung, am 26. Dezember 1795 in Basel die Prinzessin Marie Thérèse, die Tochter Louis' XVI., erhalten hat.«[23]

Die offizielle Version:
Madame Royale als Herzogin von Angoulême (1796–1851)

Wiener Jahre (1796–1799)

꧁ ❦ ꧂

> »Von diesem Tag an wurde das Leben der Madame Royale klösterlicher, geheimnisvoller, als es jemals während der Tage ihrer Isolation im Temple gewesen ist«,

schreibt der französische Historiker François Lenôtre 1908. Er sprach vom 30. 12. 1795, dem Tag, an dem die Prinzessin in Füssen mit Clemens Wenceslaus, dem ehemaligen Kurfürsten und Erzbischof von Trier, und dessen Schwester Maria Kunigunde, der Fürstäbtissin von Thorn und Essen, zum ersten Mal auf Verwandte traf, mit denen sie über ihren Vater und ihre Mutter gleichermaßen verwandt war. »Ich misstraue allen um mich herum«, soll sie hier an ihren Onkel Louis XVIII. geschrieben haben[1], obwohl sie freundlich aufgenommen wurde und ihre Tante sogar ihren Brief weiterleitete.

Während der langen Fahrt nach Wien war viel Gelegenheit für vertrauliche Gespräche, und dabei muss die junge Frau ihrer Begleiterin Madame de Soucy Dinge anvertraut haben, die so brisant waren, dass die ehemalige Untergouvernante sie mehr als 30 Jahre später zu einer jahrelangen Erpressung für sich nutzen konnte.

Am 9. 1. 1796 kam die Prinzessin in Wien an. Die französischen Historiker, die offenbar nur die Befürchtungen Louis' XVIII. und anderer Emigranten ausgewertet haben, charakterisieren ihren Aufenthalt in der Wiener Hofburg, der bis 1799 andauerte, oft als Gefängnis, ähnlich dem des Temple, nur diesmal unter der Aufsicht ihres Cousins, des österreichischen Kaisers Franz II. Dies ist aber wohl bösartige Übertreibung, denn die Tochter Louis' XVI. wurde genauso wie die Töchter des Kaisers behandelt, die ebenfalls der strengen Hofetikette unterworfen waren. Prinzessinnen dieser Zeit lebten in einem goldenen Gefängnis, aber im Unterschied zu der Zeit im Temple waren hier weder ihr Leben noch ihre Gesundheit bedroht, im Gegenteil, sie war zu jeder Zeit »Kind des Hauses«, wie Metternich es später einmal formulierte[2] und wie sie selber es zumindest in den ersten Monaten auch empfand.

Die Prinzessin schrieb an ihren französischen Onkel: »Ich bin hier auch ganz glücklich, so wie ich es sein kann, ich habe meine Diener, die sich um mich kümmern, ich sehe sehr oft die Erzherzoginnen, die in meinem Alter sind, das ist eine sehr angenehme Gesellschaft, und ich wiederhole, dass es keinen Tag gibt, an dem ich nicht an Euch denke; und ich spreche davon oft mit den Erzherzoginnen, auch von meiner ganzen französischen Familie, die ich sehr liebe und schätze und die ich hoffe, in diesem Jahr wiederzusehen, ich bezweifle, dass der Kaiser mich nicht reisen lassen wird, wenn ich ihn darum bitte; aber im Namen des Himmels bitte ich Euch, beruhigt Euch und seid ganz überzeugt, dass ich nicht gefangen bin; wenn ich es wäre, würde ich es ganz schnell sagen und nicht einen Moment ruhig bleiben.«[3]

Kaiser Franz II., ihren Cousin, bezeichnet sie in ihren Briefen immer mit großer Dankbarkeit als ihren Befreier. Auch Kaiserin Marie Thérèse de Bourbon war als Tochter Maria Karolinas von Neapel, der Schwester ihrer Mutter, ihre Cousine. Aus der Korrespondenz zwischen ihr und ihrer Mutter geht hervor, dass die Kaiserin ihre Cousine zunächst mit Verständnis und Fürsorge aufgenommen hat. In Wien wurde von verschiedenen Seiten, zum Beispiel von der Baronin du Montet, die Beobachtung gemacht, dass die Beziehung eher kühl sei und die Kaiserin sich nicht für die »kleine Französin« interessiere.[4] Dies hatte, wie später noch gezeigt werden wird, ganz andere Gründe.

Besonders gut verstand sich die Prinzessin von Anfang an mit ihrer Tante, Erzherzogin Maria Christina, der ehemaligen

Regentin der Niederlande, einer Schwester ihrer Mutter. Das Verhältnis war so gut, dass Kardinal de La Fare, der offizielle Vertreter Louis' XVIII. am Wiener Hof, ganz erleichtert war, als diese 1798 starb, denn er befürchtete, dass die Prinzessin ihretwegen freiwillig ihren Aufenthalt in Wien verlängern könnte.[5]

Während der Herrschaft Franz' II. wirkte das Privatleben der kaiserlichen Familie sehr familiär, fast ohne Etikette, was der französischen Prinzessin sehr entgegengekommen sein muss. Sie fühlte sich offenbar sehr wohl dort, wie sie in jedem Brief an ihren Onkel betont: »Ich arbeite viel hier; ich zeichne, ich lese, ich gehe nur aus für einen Spaziergang, dieses Leben gefällt mir gut; es ist das einzige, das meiner Lage angemessen ist, ich liebe die Ruhe und das Erfüllen meiner Aufgaben, wie ich es soll, ich hasse die Unruhe und die Intrige, das gehört sich nicht in meinem Alter; ich kann Euch nur lieben und Euch von Herzen geben, was ich soll, und auch dem Kaiser aus ganzem Herzen für meine Freiheit danken und für die Art, wie er mich behandelt, wofür ich nur zufrieden sein kann.«[6]

Erzherzogin Maria Anna, 26 Jahre alt, Äbtissin in Prag, kümmerte sich vor allem um die religiöse Erziehung ihrer Cousine. Ständige Begleiterinnen der Prinzessin waren die Töchter Leopolds II., Erzherzogin Maria Klementine, die aber bereits 1797 den späteren König von Neapel heiratete, und Erzherzogin Maria Amalia, die schon 1798 starb. Zu der erst fünfjährigen Marie-Louise, der späteren Frau Napoleons, hatte sie ein sehr zärtliches Verhältnis. Und dann waren da noch die Erzherzöge, von denen der intelligente, wenn auch nicht gut aussehende Karl von Österreich-Teschen von vielen als ihr zukünftiger Ehemann angesehen wurde.[7]

Im Winter lebte die Familie in der Hofburg in Wien, im Sommer auf Schloss Schönbrunn am Rande der Stadt oder im Schloss Belvedere. Im April 1796 hat Hue, der ehemalige Kammerdiener Louis' XVI., sie dort gesehen und beschreibt sie als »gewachsen, voller geworden und frisch wie eine Rose«.[8]

Die Prinzessin hatte in Wien ihren eigenen Hofstaat. Ihren Oberhofmeister François-Joseph Rasse, Prinz de Gavre, mochte sie offenbar nicht sehr: »Ich habe gute Menschen um mich herum, aber auch böse, denn der Kaiser hat den Prinzen de Gavre zu meinem Oberhofmeister gemacht«, schreibt sie noch vor ihrer Ankunft in Wien an ihren Onkel.

Die Oberhofmeisterin Josepha de Chanclos, die die eigentlich für Madame de Tourzel vorgesehene Stelle einnahm, war 55 Jahre alt und stammte aus Flandern. Sie kontrollierte liebevoll, aber streng auch die Beziehungen ihres Schützlings nach außen. Ihre Nichte Marie Françoise de Baudry, Marquise de Roisin, die später den Graf Nikolaus Esterházy heiratete, wurde ihre beste Freundin, mit der sie eine lebenslange Korrespondenz pflegte.[9]

In den ersten Monaten lebte die Prinzessin in zum Teil selbst gewollter Abgeschiedenheit. Sie nahm an keiner Hofveranstaltung teil, und es durfte, außer der Familie, auch niemand, vor allem kein Franzose, zu ihr. Die offizielle Begründung war, dass sie die Hoftrauer wegen des Todes ihrer Eltern nachholen wollte. »Man beklagt sich, dass ich gefangen sei, weil ich niemanden sehe, aber ich bin es, die gebeten hat, allein zu sein, es schickt sich nicht, da ich in großer Trauer bin, und in meiner Lage, jemanden zu sehen. Jetzt, da meine Trauer an Ostern endet, werde ich einige sehen, aber das ist mein Wille, der Kaiser macht nichts, was ich nicht wünsche.«[10]

Auch Hue bestätigte, dass die Tochter Louis' XVI. mit großer Freundschaft behandelt werde. Sie habe eines der schönsten Appartements im Schloss und genieße die Freiheit, die ihrem Alter und ihrer Position als Königliche Hoheit entspreche.[11]

Louis XVIII. hätte es am liebsten gesehen, wenn seine Nichte bereits nach wenigen Wochen weiter nach Rom gefahren wäre, wo seine Tanten Madame Adélaïde und Madame Victoire Asyl gefunden hatten. Der Kaiser ging darauf aber nicht ein. Louis XVIII. war in Wien nicht sehr beliebt.

Die Prinzessin schrieb zu den Italienplänen ihres Onkels in einem Brief an ihre Großtanten: »Ich hätte großes Vergnügen, meine Tanten, mit Euch in Rom zu sein; aber ich lebe hier sehr ruhig, was mir sehr gefällt. Der Kaiser behandelt mich wirklich sehr gut, und ich werde niemals den Dienst vergessen, den er mir geleistet hat, ich werde ihm immer sehr dankbar sein, vor allem auch wegen der Art, wie er mich behandelt.« Sie fährt fort, dass der Kaiser aber auch ihre Sehnsucht kenne, ihre Verwandten zu sehen, sodass sie hoffe, nach Ostern, Ende März 1796, seine Erlaubnis zu bekommen, nach Rom zu fahren und vorher in Verona ihren Onkel zu treffen.[12]

Aus den Plänen wurde nichts, was wohl mit dem in Italien wieder neu aufflammenden Krieg zwischen Österreich und Frankreich zusammenhing.

Nach Beendigung ihrer Trauerzeit zu Ostern 1796 nahm die Prinzessin wie alle anderen Erzherzöge und Erzherzoginnen an offiziellen Veranstaltungen des Hofes teil, besuchte Theateraufführungen und Bälle. Sie empfing jetzt auch Besucher, allerdings ließ der Kaiser darauf achten, dass nur ausgesuchte französische Emigranten zu ihr vorgelassen wurden. Man fürchtete, dass die Prinzessin benutzt werden könnte, um antiösterreichische Politik zu betreiben. Aus dem gleichen Grund wurden alle ihre Briefe von der Geheimpolizei geöffnet, kontrolliert und kopiert.

Andere wies die Prinzessin selber ab. In Wien gab es Anfang 1796 viele Emigranten, meist reiche Familien, die begeistert über die Ankunft der Tochter Louis' XVI. waren. Sie hofften, dass jetzt der alte Versailler Glanz am Wiener Hof wiederaufleben würde, und glaubten, dass sie durch ihre Treue zur königlichen Familie und die dadurch entstandenen persönlichen Schwierigkeiten ein Recht darauf hätten, zum inneren Kreis der Prinzessin zu gehören. Andere hofften, sie wenigstens auf ihren Spaziergängen zu sehen. Groß war ihre Enttäuschung, als sie feststellen mussten, dass dies nur wenigen gelang.

Sogar Hue und Madame de Soucy mussten außerhalb des

Palastes in einem Gasthaus wohnen und durften sie nicht sehen. Die Prinzessin versuchte im Gegenteil sogar, ihre Begleiter auf der Fahrt nach Wien, Hue, Cléry und Madame de Soucy, so schnell wie möglich loszuwerden. Vor allem gegen Madame de Soucy zeigte sie sich sehr undankbar, indem sie sie immer wieder aufforderte, Wien unverzüglich zu verlassen.[13] »Ich schreibe Ihnen, damit Sie so schnell wie möglich von hier abreisen können. Sollte das nicht möglich sein, dann morgen nach der Messe. Es ist Zeit, dass dies aufhört. Ich wünsche Ihnen eine gute Reise.«[14]

Warum diese Eile? Es war nicht der Kaiserhof, der das verlangte. Hatte sie Sorge, dass Madame de Soucy das ausplaudern könnte, was sie ihr anvertraut hatte und inzwischen womöglich schon bereute?

Auch der Chef der Emigrantenarmee, der Comte de Condé, versuchte vergeblich, sie zu besuchen, und konnte ihr nur schriftlich seine Dienste anbieten.[15] Die Prinzessin antwortete ihm sehr höflich, dankte für seine Treue der königlichen Sache gegenüber und versicherte ihn ihrer Freundschaft, machte aber keinen Versuch, ihn zu sehen. Auch andere ehemalige Freunde ihrer Mutter, wie zum Beispiel die Prinzessin von Lothringen, versuchten es vergeblich.

Offiziell hieß es vom Wiener Hof, die Prinzessin müsse sich zunächst eingewöhnen und lernen, wie man sich in der Öffentlichkeit bewegt.[16] Aber es war nicht nur der Hof, die Prinzessin zeigte selber eine ausgeprägte Abneigung, ihre Landsleute zu sehen. »Ich sehe die Franzosen, die nach Wien kommen, mein Herz ist gefüllt mit Hass, sie zu sehen.«[17]

Madame du Montet, deren Kinder in einem Konvent in Wien erzogen wurden, beschreibt in ihren Memoiren einen Besuch der Prinzessin bei den jungen Mädchen. Aufgeregt warteten die Töchter von französischen Emigranten auf die Tochter des letzten Königs, doch ihre Älteste habe ihr voller Enttäuschung erzählt: »Die Türen des Konvents wurden aufgerissen, und eine junge Prinzessin, ganz in Schwarz gekleidet, kam schnell herein. Sie war sehr schön mit herrlichen blauen Augen, blondem Haar, einer eleganten Figur und einer hellen Haut, strahlend vor Gesundheit, aber grob in der Struktur. Ihr Verhalten und ihre Bewegungen waren abrupt. Sie schoss wie ein Blitz durch das Kloster, setzte sich für einen Moment, schaute mit scharfem Blick umher, sprang wieder auf und setzte eilig ihren Weg fort; sie sprang in den Garten, als würde sie vor jemandem flüchten, raste mit außerordentlicher Geschwindigkeit umher und versuchte die vor Tränen schwimmenden Augen zu meiden, die sich auf sie richteten.«[18]

Wäre dies ein Einzelerlebnis, könnte man denken, die Prinzessin sei einfach nur überfordert gewesen, aber dieses wenig feinfühlige Verhalten, diese Ablehnung gegenüber ihren Landsleuten, war symptomatisch und passte nicht wirklich zu dem jungen Mädchen, dass die Huldigungen ihrer Landsleute auf der Fahrt nach Hüningen entzückt angenommen hatte. Ganz deutlich wird sie in einem Brief an ihren Onkel: »Ich wiederhole es noch einmal, dass ich alle diese Franzosen hasse und dass ich es sehr bedauern würde, einen von ihnen zu sehen.«[19]

Allerdings wandten sich die meisten Emigranten auch mit irgendwelchen Bitten an sie. Sie erhofften von der Tochter des letzten französischen Königs finanzielle Unterstützung oder zumindest einen Posten in ihrer Nähe. Erwartungen, die sie aufgrund ihrer Position gar nicht erfüllen konnte, was zwangsläufig zu Enttäuschungen bei den Betroffenen führen musste.

Die bekannteste Person der Emigrantenkolonie in Wien war Kardinal de La Fare, der ehemalige Bischof von Nancy. Er war 1791 mit einem Empfehlungsschreiben Marie Antoinettes nach Wien gekommen, wurde nach dem Tod Louis' XVI. zum Vertreter des Comte de Provence am Wiener Hof und blieb dies auch, nachdem dieser sich als Louis XVIII. zum König proklamiert hatte. Auch er durfte die Nichte seines Königs in den ersten Monaten nicht sehen, aber immerhin ging über ihn die Korrespondenz zwischen ihr und ihrem Onkel und später auch die mit dem Comte d'Artois und dem Herzog von Angoulême.

Briefe, die natürlich alle von der Geheimpolizei gelesen wurden und deren wichtig erscheinender Inhalt an den Hof gemeldet wurde.

Schon Ende Januar 1796 hatte Marie Thérèse ihrem Onkel ein Porträt von sich geschickt. Im Begleitbrief des Kardinals de La Fare heißt es: »Bis jetzt hat sie alle auf sie bezogenen Wünsche erfüllt; sie ist französisch bis ins tiefste Innerste, loyal und durch und durch bourbonisch... Sie bekennt offen ihre Loyalität zum König und ihren Gehorsam, ihre tiefen Gefühle für ihre ganze Familie und ihre Liebe zur französischen Nation.«[20] Im März versicherte die Prinzessin ihrem Onkel noch einmal ihre unwandelbaren Gefühle und »dass ich Euch und meine ganze französische Familie der in diesem Land vorziehe, egal, welche Freundschaft sie mir zeigen«.[21]

Die Briefe Louis' XVIII. an seine Nichte sind auf den ersten Blick voll Verständnis und väterlicher Zuneigung. Er bat sie, ihn nicht »König« zu nennen, denn »ich bin Euer Onkel, Euer Freund, Euer zweiter Vater; hier sind die Namen, die ich von Eurer Seite anstrebe«.[22] Louis XVIII. tat natürlich alles, um seine Nichte für sich zu gewinnen, denn er konnte trotz aller Versicherungen de La Fares nicht sicher sein, dass sich seine Nichte nicht doch vom Wiener Hof zu einer Hochzeit mit einem Erzherzog überreden ließ.

Über seinen Vertrauten, den Comte d'Avaray, bat Louis XVIII. seine Nichte auch immer wieder, sich für ihn beim Kaiser einzusetzen: »Ihr seid, mein liebes Kind, das Band der Freundschaft zwischen dem Kaiser und mir.«[23] Louis XVIII. plante ungeachtet der politischen Situation ganz konkret die Hochzeit seiner Nichte mit dem Herzog von Angoulême. Er wünschte sich eine Zeremonie, die die Herzen aller Franzosen bewegen würde: an der nächsten Grenzstadt zu Frankreich.[24] Aber der Kaiser reagierte nicht auf solche Pläne.

Auch die politischen Ereignisse in Europa beeinflussten die Lage der Prinzessin in Wien. Am 2. März übernahm Napoleon

Bonaparte das Oberkommando über die französischen Truppen in Italien, am 14. April wies die venezianische Regierung Louis XVIII. auf Druck der Franzosen aus Verona aus. Er begab sich nach Riegel in Baden, wo sich die Emigrantenarmee des Prinzen Condé befand.

Im August und September siegte die französische Revolutionsarmee in Italien, während in Deutschland die österreichischen Truppen unter Erzherzog Karl, der zum Idol seines Landes wurde, siegreich waren. Die Beziehungen Österreichs zu Louis XVIII. blieben ambivalent. Einerseits wollte man die Bourbonen durchaus wieder auf dem französischen Thron sehen, andererseits betrachtete man Louis XVIII. und seinen Bruder, den Comte d'Artois, als Personen eher als lästige Störenfriede.[25]

Und so wurde Louis XVIII. von Franz II. genötigt, die Armee Condés zu verlassen. Sein Ansehen bei den deutschen Fürsten war gering, er hatte kaum finanzielle Mittel und fand zunächst in Blanckenburg auf Braunschweiger Gebiet Asyl. Er hoffte auf Unterstützung der Zarin Katharina der Großen, die aber im November starb.

Zu dem Zeitpunkt war nicht mehr die Rede davon, dass seine Nichte zu ihm stoßen sollte, denn die Fürsorge des Kaisers am österreichischen Hof verhinderte, dass sie wie ihre Großtanten oder die Frau Louis' XVIII. und die Comtesse d'Artois, ihre zukünftige Schwiegermutter, durch Europa irren musste auf der Suche nach einem Asyl. Nachdem die Prinzessin in einem Atlas nach dem Ort Blanckenburg gesucht und festgestellt hatte, dass es eine sehr kleine Stadt sein musste, schrieb sie selber ihrem Onkel, dass sie froh sei, dass der Kaiser sie weiterhin bei sich behalten wolle.[26] Darum lehnte sie es auch ab, sich in irgendeiner Weise in politische Dinge einzumischen, um den Kaiser nicht zu verärgern. Sie glaubte, dass es in ihrer jetzigen Position besser sei, »die Öffentlichkeit nicht auf mich aufmerksam zu machen«.[27] Sie zog es vor, zurückgezogen auf Schloss Belvedere abseits der Wiener Hofburg zu leben. Man begann in Wien, sie zu vergessen, sie wurde zu einem »unpersönlichen Etwas«, einem »Geist«, wie der Historiker Lenôtre es formulierte. In ihren Briefen aus der Zeit zeigte sie sich mutlos: »Ich gebe zu, dass ich ein wenig schwarzsehe und in diesem Moment keine Möglichkeit sehe, dass sich alles zum Besseren wendet: es scheint, im Gegenteil, alles schlimmer zu werden.«[28]

Kurze Zeit später, Mitte April 1797, standen die Franzosen 60 Meilen vor Wien, und die Prinzessin wurde mit ihren Cousins und Cousinen nach Prag in Sicherheit gebracht. Während sich die Heere der Österreicher und Franzosen weiter bekämpften, verfolgte Kardinal de La Fare unbeirrt die Hauptaufgabe, die ihm von Louis XVIII. aufgetragen worden war: die Hochzeit der Prinzessin mit dem Duc d'Angoulême. Schon am 3.2.1796 hatte Papst Pius VI. seine notwendige Zustimmung zu der Heirat gegeben, denn sie waren Cousin und Cousine.[29]

Und wie stand der zukünftige Ehemann zu dem Heiratsprojekt? Sein erster Brief datiert vom 5.7.1796 aus Edinburgh, wo er im Exil lebte: »Ja, meine liebe Cousine, mit großem Vergnügen profitiere ich von der Erlaubnis, die Ihr mir gegeben habt, Euch zu schreiben.« Er erwarte mit Ungeduld den Moment, wo er sich an den »Ort begeben könne, an dem sie weile«.

Bis dahin sollten aber noch fast drei Jahre vergehen, in denen immer wieder Gerüchte über eine mögliche Heirat der Prinzessin mit Erzherzog Karl kursierten. In Schloss Mitau im nun russischen Kurland, wo Louis XVIII. am 13.3.1798 angekommen war, reagierte man darauf inzwischen leicht panisch. Kardinal de La Fare wurde gedrängt, die Sache endlich zum Abschluss zu bringen.[30] Sogar der russische Zar wurde gebeten, beim Wiener Hof für die geplante Hochzeit zu werben. Im Haus-, Hof- und Staatsarchiv in Wien liegt ein Brief vom 11.10.1798, in dem sich Erzherzog Karl, der ja immer wieder wegen einer Hochzeit mit der Prinzessin im Gespräch war, bei seinem Bruder, dem Kaiser, für die Bedenkzeit bedankt. Er habe »keine Neigung zum Heiraten«.[31] Daraufhin stimmte auch Franz II. einer Heirat seiner Cousine mit dem Duc d'Angoulême offiziell zu. Bereits am 4. Mai 1799 verließ die Prinzessin Wien Richtung Mitau, wo Louis XVIII. vom russischen Zaren Paul I. das vom Petersburger Hofarchitekten Rastrelli umgebaute Schloss, den ehemaligen Sitz der Herzöge von Kurland, zur Verfügung gestellt bekommen hatte. Hier heiratete sie am 10. Juni Louis-Antoine de Bourbon, Herzog von Angoulême.

Über ihre Gefühle in diesem Moment wissen wir nichts, aber in einem Brief vom 30. Juli 1799 an die Kaiserin von Österreich schreibt sie über den Herzog, seine »außerordentlichen Prinzipien und sein Charakter können nur dazu beitragen, mich glücklich zu machen«.[32]

Louis XVIII. übergab ihr am Hochzeitstag als Symbol für die Kontinuität der Monarchie den Ehering, den Louis XVI. am Abend vor seinem Tod von seinem Finger gezogen hatte und durch Cléry seiner Frau überbringen ließ. Eingraviert waren die Buchstaben »M. A. A. A.« für »Marie Antoinette Archiduchesse d'Autriche« und das Hochzeitsdatum: 16. Mai 1770.[33]

Wanderjahre (1799–1814)

❧❧❧

> »Die langen Leiden meiner Nichte, ihr Mut,
> ihre Tugenden haben ein Interesse an ihr geweckt,
> das ihr die Liebe der Franzosen eingebracht hat,
> und es ist ganz wichtig, daran teilzuhaben und
> diese Liebe mir anzueignen, indem ich sie mit
> meinem Erben verheirate«,

schrieb Louis XVIII. kurz nach der Hochzeit an den spanischen Botschafter.[1] Von Anfang an hat der König seine Nichte vor allem wegen ihrer Popularität als »Waise vom Temple« benutzt, um seinem Traum, einer Restauration der bourbonischen Herrschaft in Frankreich unter seiner Führung, näher zu kommen. Denn er selber galt bei den Royalisten in und außerhalb Frankreichs keinesfalls als Wunschkandidat für den Thron. Die Emigranten wünschten sich einen Herrscher, der auch aktiv in den kriegerischen Kämpfen gegen die Republik teilnehmen konnte, so wie zum Beispiel der Duc d'Angoulême. Louis XVIII. konnte diese Rolle schon aufgrund seines immensen Körpergewichts nicht ausfüllen.

Seine Nichte dagegen war *Fille de France*, Tochter aller Franzosen, wie die Königstöchter traditionell hießen, was ihr per se eine nicht anzuzweifelnde Legitimität verschaffte. An seinen Bruder, den Comte d'Artois, schrieb Louis XVIII. nach der Hochzeit: »Ich erkenne in ihr den Engel, nach dem wir gerufen haben.«[2]

Die Herzogin von Angoulême teilte den großen Traum ihres Onkels von einer Rückkehr der Bourbonen auf den Thron, zurück zum System des Ancien Régimes, und so war sie bereit, sein Wanderleben mit allen Konsequenzen zu teilen. Von 1799 bis 1814 folgte sie ihm von Mitau nach Warschau, dann zurück nach Mitau, bis sie schließlich in England Asyl fanden.

In Wien hatte die Prinzessin sehr behütet als Teil der kaiserlichen Familie gelebt, unbelastet von der Suche nach einem Asyl, die der Rest ihrer französischen Familie auf langen Irrfahrten seit Jahren durchmachen musste. Erst mit ihrer Heirat im Juni 1799 wurde sie genau wie die anderen abhängig vom Wohlwollen der übrigen Fürstenhäuser, die Louis XVIII. und seinen Hof zunehmend als Belastung empfanden. Er konnte zwar auf eine gewisse Familiensolidarität Österreichs und Spaniens zählen und beim russischen Zar sowie dem englischen und preußischen König auf die Solidarität unter Monarchen, die aber auch immer davon abhing, wie sich die Beziehungen zur französischen Republik und Napoleon gestalteten.

England war seit ihrer Flucht Hauptfinanzier der bourbonischen Prinzen und ihrer Armeen, es folgten Russland und Spanien, die aber nur bis 1807 einsprangen. Der Vorschlag von Zar Alexander I., dass sich alle Fürsten Europas an den Subsidien beteiligen sollten, fand bei den Angesprochenen keine Zustimmung. Die Herzogin von Angoulême stand finanziell besser da als ihr Onkel, da sie zumindest über die Gelder verfügen konnte, die ihren Eltern persönlich gehört hatten und die sie vor der missglückten Flucht nach Varennes 1791 ins Ausland schaffen ließen. Sie waren in Fonds in Österreich angelegt worden. Diese Gelder, die bei ihrer Hochzeit auf ihren Namen umgeschrieben wurden, und der persönliche Schmuck, den sie zu ihrer Hochzeit bekommen hatte, halfen der Familie durch manchen Engpass. So verkaufte die Herzogin von Angoulême zum Beispiel das Diamantencollier, das ihr der russische Zar geschenkt hatte, um 1801 die Reise von Mitau nach Warschau zu finanzieren.[3]

Immer wieder mussten drastische Sparmaßnahmen ergriffen werden, die für eine Hofhaltung, die ohnehin schon am untersten Limit angekommen war und ohne mildtätige Gaben der anderen Fürsten gar nicht hätte stattfinden können, besonders peinlich waren. In Warschau im Winter 1801/02 bekam der frühere Kammerdiener Hue eine Liste mit Kürzungsauflagen, nach der er sogar die Anzahl der Kerzen, die jedem Höfling bewilligt wurden, einschränken sollte. Hue schrieb später, dass die Herzogin das alles stoisch durchgestanden habe, auch wenn sie oft weinen musste.

Der Aufenthaltsort und der politische Aktionsradius Louis' XVIII. und seiner Gefolgschaft hingen zudem vom Einverständnis des jeweiligen Herrschers ab, bei dem sie Unterschlupf gefunden hatten. Immer wieder gerieten sie zwischen die Fronten der wechselnden Koalitionen. Als die Herzogin von Angoulême und ihre Tante Mitau 1808 verlassen mussten, um Louis XVIII. nach England zu folgen, befanden sich Russland und England im Krieg gegeneinander. Für eine Reise von dem einen ins andere Land war eine Genehmigung nötig, weshalb Louis XVIII. den schwedischen König als neutralen Vermittler um Hilfe bitten musste.

Aber selbst wenn sie geduldet und finanziell unterstützt wurden, wollten die Herrscher persönlich nichts mit ihren armen Verwandten zu tun haben. Zar Paul I. weigerte sich, Louis XVIII. zu empfangen. Auch die Preußen hatten kein Interesse an einem persönlichen Treffen. König Georg III. wollte den französischen König am liebsten nach Schottland abschieben, als er Ende 1807 ungebeten vor der englischen Küste auftauchte. Sein Land war ohnehin Hauptzufluchtsort für die französischen Emigranten. Es war nur der persönlichen Fürsprache des Prinzregenten zu verdanken, der zunehmend die Regierungsgeschäfte von seinem kranken Vater übernahm, dass sie nach London eingeladen wurden und beide Familien freundschaftliche Kontakte pflegten. Über das Hofleben in diesen Wanderjahren zwischen 1799 und 1814 wissen wir nicht allzu viel. Königin Marie-Josephine, Gemahlin Louis' XVIII., hatte Mitau schon kurz nach der Hochzeit der Prinzessin im Juni 1799 verlassen. Sie lebte bereits seit vielen Jahren getrennt von ihrem Mann. Die Herzogin von Angoulême übernahm daher von Anfang an die Rolle der ersten Dame am Hof an der Seite ihres Onkels. Ihr Mann hielt sich oft über Monate an den verschiedenen Kriegsschauplätzen auf. Ihre Ehe war sicher nicht von großer Leidenschaft geprägt, aber doch von Freundschaft und Respekt füreinander, wie seine Briefe zeigen.

Das Leben am Hof war von beschaulicher Langeweile: Die Herzogin von Angoulême unternahm lange Spaziergänge, beschäftigte sich mit Handarbeiten und schrieb Briefe. Der Amerikaner Franklin Darlington, einer der Spione im Dienste Louis' XVIII., beschreibt seinen Aufenthalt am Hof in Mitau als » Albtraum im Schloss von Dornröschen«[4].

Ein anderer Besucher bemerkte, dass die Herzogin wenig sprach und stundenlang schweigend in ihre Gedanken verloren dasaß.[5] Selbst Louis XVIII. schrieb bereits am 3. Juli 1799 an seinen Bruder:» Alle Begeisterung, die noch in den ersten Tagen existiert haben mag, ist nun völlig eingeschlafen.«[6] Die Hauptfrage, die alle Royalisten bewegte, war aber, wann endlich würde die Tochter des letzten Königs der Bourbonendynastie einen Thronfolger schenken und damit ihre eigentliche Aufgabe erfüllen? Doch dies ersehnte Ereignis ließ auf sich warten, und die Hoffnung darauf würde letztendlich unerfüllt bleiben. Art und Umfang des Hoflebens hingen entscheidend von der jeweiligen Unterkunft ab, die die europäischen Herrscher Louis XVIII. zur Verfügung stellten. In Mitau, im ehemaligen Schloss der Herzöge von Kurland, gelang es am ehesten, die etwa 100 bis 140 Personen, aus denen der Hof neben einer Hundertschaft Gardesoldaten bestand, zu beherbergen, auch wenn Teile des Gebäudes vom Feuer zerstört worden waren. Sowohl in Warschau als auch in England waren aber die ihnen zugewiesenen Schlösser zu klein, um mehr als die unmittelbare Umgebung gemeinsam unterzubringen.[7]

Der persönliche Hofstaat der Herzogin von Angoulême

umfasste etwa zehn Personen, ihre Angestellten eingerechnet. Louis XVIII. hatte ihn nach den Vorschlägen seines Bruders und mit Zustimmung der Herzogin zusammengestellt. Die Personen waren alle, bis auf Madame de Choisy, die aus Wien kam und von der Herzogin speziell gewünscht wurde, schon auf die eine oder andere Weise im Dienst der Familie vor 1792 gewesen: Man versuchte zunächst, alle Mitglieder des früheren Hofstaates der königlichen Kinder zu engagieren. Die Duchesse d'Angoulême hatte schon von Wien aus mithilfe ihrer Ober-hofmeisterin Kontakt mit ihnen aufgenommen. Aber nur das Zimmermädchen Anne Bazire folgte dem Ruf. Die Duchesse de Serent, frühere Hofdame von Madame Elisabeth, und ihre Tochter, die Comtesse de Damas, waren als Gesellschafterinnen tätig, Hue im Hofstaat des Königs, seine Frau als Kammerfrau bei der Herzogin. Turgy wurde Kammerdiener, seine Frau kümmerte sich um die Wäsche des Hofes. Diese Posten wurden von den Bediensteten als selbstverständliche Belohnung für geleistete Treue angesehen. So stellte die Herzogin am Ende auch die älteste Tochter des ehemaligen Kammerdieners Cléry noch als zusätzliches Zimmermädchen ein, obwohl sie das zu-nächst aus finanziellen Gründen abgelehnt hatte. Die Kontinui-tät des Hofstaates schien für alle Beteiligten symbolisch den Fortbestand der alten Monarchie zu garantieren, besonders im Exil, selbst wenn diese Art der Bindung zu einer Verkrustung des Systems führte.[8]

Man versuchte zwar, eine Art Etikette einzuhalten, die den dem König und seinem Haus zustehenden Respekt garantieren sollte, doch war das Hofzeremoniell im Vergleich zu früher stark vereinfacht. An der königlichen Tafel saßen jetzt die Adli-gen, die den Dienst an den Prinzen versahen, und Besucher von Rang. Hinter jedem standen Bedienstete. Auf Hofkleidung wurde verzichtet, da die Emigranten wenig Mittel hatten; sogar lange Hosen und Stiefel waren zugelassen.

In den Gesprächen ließ man die großen Zeiten des Ancien Régimes wieder aufleben, man las die zahlreich erscheinenden

Memoiren von Personen, die die Achtzigerjahre des 18. Jahrhunderts, aber auch die Zeit der Revolution hautnah miterlebt hatten. Besonders beliebt waren Jean-Jacques Clérys Erinnerungen an die Zeit im Temple mit den letzten Monaten Louis' XVI.

Louis XVIII., der bereits 1798/99 seine »historischen Überlegungen zu Marie Antoinette« verfasst hatte, hielt auch seine Nichte an, ihre Erinnerungen aufzuschreiben. Im Sommer 1799 entstanden so die Memoiren der Herzogin von Angoulême, die von Louis XVIII. ergänzt und in seinem Sinne verbessert wurden.

Anhand dieser geschönten Erinnerungen entwarf Louis XVIII. seine politischen Visionen von einem Wiederaufleben der alten Monarchie. Die Herzogin nahm dabei eine ganz entscheidende Rolle ein als Tochter des Märtyrer-Königs. Für den König war sie eine Garantie seiner Macht und ein Beweis für das Wohlwollen der göttlichen Vorsehung seiner Dynastie gegenüber.[9] Auch die Herzogin pflegte das Andenken an ihren Vater. Sie zog sich jedes Jahr am 21. Januar, seinem Todestag, für einige Zeit ganz vom Hofleben zurück, um zu beten. Vom Todestag Marie Antoinettes wird dies nicht berichtet. Im Gegenteil zeigte sie sich auch später in Paris auffallend abweisend und desinteressiert an allem, was Marie Antoinette anbetraf. Im Temple hatte Madame Royale noch mit »religiösem Respekt« das ihr übersandte Strumpfband der Mutter in Empfang genommen. Als Monsieur Decazes der Prinzessin nach ihrer Rückkehr nach Paris das handgeschriebene Testament Marie Antoinettes mit den wirklich rührenden Abschiedsworten an ihre Kinder zuschickte, bekam er es zu seiner Verwunderung kurze Zeit später zurück mit dem kalten Kommentar: Sie habe die Handschrift ihrer Mutter wiedererkannt. Es sei wohl authentisch. Die Comtesse de Boigne urteilte später: »So hart, wie Madame mit der Erinnerung an ihre Mutter umging, so leidenschaftlich verehrte sie ihren Vater, und diese Saite ihrer Seele vibrierte jeder Zeit bis hin zur Verherrlichung.«[10]

In Mitau traf die Herzogin wie schon in Wien auf Menschen, die sie in ihrer Kindheit zuletzt gesehen hatten und die verwundert und verletzt auf ihr zum Teil sehr unterkühltes Verhalten reagierten. Vor allem ihr Benehmen gegenüber vielen Freunden aus der Pariser Zeit, wie zum Beispiel Madame de Chanterenne, fiel unangenehm auf. Auch Hue war enttäuscht, weil sie nicht, wie erhofft, seine Memoiren öffentlich fördern wollte.

Diese Besucher merkten schon bald, dass sie offenbar nicht sehr glücklich war und ihre fröhliche Art verloren hatte.[11] Dies mag auch damit zusammenhängen, dass sie keine Kinder bekommen konnte. Sie wusste, wie hoch die Hoffnungen ihrer Umgebung auf einen Thronfolger waren, der den Bestand der Dynastie sichern sollte.[12]

Von den Emigranten, die nach Mitau strömten, um in nostalgischen Erinnerungen an die alten Zeiten zu schwelgen, wurde die Herzogin von Angoulême als »Engel des Himmels« angesehen[13], ihre Befreiung als Zeichen, dass der Himmel hinter den Thronansprüchen der Bourbonen stehe und die Sache der Emigranten unterstütze.

In diese schönen Träume platzte unvermutet die Anweisung des Zaren, Mitau sofort zu verlassen. Das Jahr 1800 hatte Paul I. zahlreiche Niederlagen gegen die Franzosen beschert, sodass er über ein Bündnis mit Napoleon nachdachte. Entsprechende Verhandlungen waren aber nicht möglich, solange er gleichzeitig den französischen König beherbergte. Außerdem war dem Zaren ein Brief zugespielt worden, in dem der Vertraute Louis' XVIII., der Comte d'Avaray, sich abfällig über ihn äußerte.[14] Die Ausweisung galt nicht für die Herzogin von Angoulême, der Paul I. in seinem Palast in Sankt Petersburg eine Unterkunft anbot. Sie lehnte dankend ab und verließ mit ihrem Onkel am 22.1.1801, mitten im Winter, Mitau.

In einem Brief an einen Freund beschreibt der Comte d'Avaray diese Reise von Mitau nach Memel. Er beklagt das Schicksal der Königsfamilie und vor allem das der Herzogin, »dieser charmanten, dieser heroischen Prinzessin, die aufgewachsen in einem Gefängnis und die nach all den Jahren kaum das Licht gesehen, nun geworfen ist auf den großen Erdball und ohne Schutz in der Unendlichkeit«. Sie habe nicht einen Moment gezögert, ihr Schicksal an das ihres Onkels zu knüpfen und ihn zu begleiten. Diese Reise zu Land und zu Wasser sei grausam gewesen. Auf der Ostsee habe es einen furchtbaren Sturm gegeben, auf dem Land Schneeverwehungen, und zudem kannten sie sich überhaupt nicht aus. Sie wussten oft nicht einmal, wohin sie sich wenden sollten. Der Comte lobt das Verhalten der Herzogin, die sich niemals beklagte, ihr Zimmer ohne Heizung mit Madame de Serent und ihren Damen teilen zu müssen. »Sie ist ein tröstender Engel für unseren Herrn, ein Vorbild an Mut für uns.« Der Comte prägte für die Herzogin von Angoulême einen Beinamen, der ihr seit dieser Zeit geblieben ist: »neue Antigone«[15].

Von Memel aus schrieb die Herzogin einen Brief an Königin Luise von Preußen und bat sie um Asyl. In ihrem Antwortbrief versprach die Königin, sich bei ihrem Mann für sie einzusetzen.[16] Für Friedrich Wilhelm III. wäre ein Aufenthalt des französischen Königs in Memel allerdings sehr unangenehm gewesen, denn er bemühte sich um Neutralität gegenüber Frankreich im laufenden Kriegsgeschehen. Erst als Pierre Riel Beurnonville, der außerordentliche Gesandte von Paris in Berlin, die Zustimmung seiner Regierung signalisierte, durften die Emigranten in Warschau Quartier nehmen, unter der Bedingung, sich aus allen politischen Fragen herauszuhalten. Dort trafen sie am 6.3.1801 ein und wohnten unter den Pseudonymen Comte de Lille und Marquise de la Meilleraye. Ende März folgte ihnen der Herzog von Angoulême.[17] Von Warschau aus verfolgten sie besorgt die zunehmende Kriegsmüdigkeit der Alliierten, die sich einer nach dem anderen mit Napoleon arrangierten. Am 25.3.1802 wurde der Friede von Amiens zwischen Frankreich und England unterschrieben, durch den England formell die französische Republik anerkannte. Der Traum von einer Rückkehr nach Frankreich rückte für die Emigranten in weite Ferne.

Die trostlose Situation der Königsfamilie wurde noch verstärkt durch Napoleons Pläne, mit der Gründung einer eigenen Dynastie seine Herrschaft dauerhaft zu machen. Am 26. 2. 1803 erschien ein Botschafter Napoleons bei Louis XVIII. mit der Aufforderung per Dekret an die Bourbonen, ihre Ansprüche auf den Thron aufzugeben. Louis XVIII. und der Herzog von Angoulême lehnten dieses Ansinnen empört ab. Auch die anderen Prinzen aus dem Hause Bourbon, Condé und Orléans, teilten Napoleon mit, dass sie auf ihre angestammten Rechte nicht verzichten würden. Die Herzogin nannte Napoleon von diesem Zeitpunkt an nur noch »den Kriminellen«.[18]

Den aber kümmerte dieser Protest wenig. Er ließ sich am 18. Mai 1804 durch den Senat zum Kaiser der Franzosen ernennen. Ein offizieller Protest Louis' XVIII. und seines Bruders[19] hatte nur zur Folge, dass der preußische König ihnen das Asyl in Warschau aufkündigte. Louis XVIII. habe die Aufenthaltsbedingung missachtet, sich politisch nicht zu äußern.

Zar Alexander I., der nach dem gewaltsamen Tod seines Vaters am 24. 3. 1801 den russischen Thron bestiegen hatte, bot ihnen daraufhin erneut Asyl in Mitau an, allerdings nicht mehr im Schloss und auch nur mit der Hälfte der finanziellen Unterstützung, die sein Vater gezahlt hatte. Der französische König nahm dies Angebot für drei Jahre dankbar an, plante aber, dauerhaft in England Asyl zu suchen. Die Engländer hatten sich als die zuverlässigeren Bundesgenossen erwiesen.

Als Louis XVIII. und der ihn begleitende Herzog von Angoulême allerdings im November 1807 in England von Bord gehen wollten, wurden sie vom englischen König nur unwillig ins Land gelassen. Die Herzogin von Angoulême folgte im Juli 1808. Zunächst wohnten sie im Schloss Gosfield Hall in der Grafschaft Essex, später auf Schloss Hartwell House in der Nähe von London. Hier lebten sie friedlich angepasst an das englische Landleben. Sie standen früh auf, gingen zur Kirche, lasen in der Bibliothek und pflanzten Blumen und Gemüse im

Garten. Der Tag verging mit gemeinsamen Mahlzeiten und Ausritten in die umliegenden Dörfer. Um fünf Uhr nachmittags wurde das Abendessen serviert. Die Herzogin liebte das Billardspiel, es wurde geschwatzt, die Damen beschäftigten sich mit Handarbeit. Auf Einladung des Prinzregenten, der die Herzogin von Angoulême verehrte, fanden sie auch Zugang zum englischen Hof.

Mit Trauer und Zorn mussten sie im April 1810 die Heirat Napoleons mit Marie-Louise von Österreich hinnehmen und im März 1811 die Geburt des Thronfolgers, den Napoleon zum König von Rom machte. Erst 1812/13 schöpften sie wieder Hoffnung, als Napoleon nach Russland zog und vor Moskau scheiterte, was den europäischen Befreiungskriegen neuen Auftrieb verschaffte. Am 31.3.1814 betraten die Alliierten Paris, Napoleon dankte am 6.4. ab und musste sich nach Elba begeben, die Bourbonen durften nach Frankreich zurückkehren. Louis XVIII. schreibt in seinen Memoiren, dass die Herzogin von Angoulême, die sonst ihre Gefühle gut unter Kontrolle hatte, in Tränen ausgebrochen sei, als sie die Nachricht erhielt.[20] Ein Traum wurde wahr, und doch entwickelte sich alles anders als erträumt. Der Wiener Kongress machte zur Bedingung, dass Louis XVIII. dem Land eine Verfassung geben musste, in dem zum Beispiel die Gleichheit aller Franzosen vor dem Gesetz unabhängig von Titel und Rang garantiert wurde. Der König war zwar Staatsoberhaupt, konnte Krieg und Frieden bestimmen, allein Gesetze vorschlagen und sie zur Abstimmung in eine der beiden Kammern schicken, aber über die Finanzen befand die Abgeordnetenkammer.

Der Weg zurück auf den Thron führte nur über einen Kompromiss: Frankreich war keine absolute Monarchie mehr wie vor der Revolution, sondern eine konstitutionelle Monarchie, ein System, das Louis XVI. und seine Brüder, der jetzige König Louis XVIII. und der spätere Charles X., immer abgelehnt und bekämpft hatten. Jetzt ermöglichte nur dieser Kompromiss ihnen den Weg zurück zur Königswürde.

Zwischen Nostalgie und Neuanfang
(1814–1830)

❧⟨◆⟩❧

> »Es war eine Welt in totaler Unstimmigkeit mit der,
> in der ich vorher gelebt habe; ich fand nicht eine
> Übereinstimmung, nicht einen Ansatz für eine
> Verbindung«,

schrieb Louis XVIII. in seinen Memoiren über seinen ersten
Eindruck von Paris im Jahr 1814 nach 22 Jahren im Exil. »Ich
fand mich so sehr in Opposition mit Formen, Geschmack und
Ideen … alles erschien mir so fremd, dass ich mich offen gesagt
als Fremder fühlte.«[1] An anderer Stelle schreibt er: »Es war in
Wirklichkeit der Weg von einer Welt in eine andere: wir sprachen die gleiche Sprache, ohne uns verstehen; wir waren mit
den Siegern gekommen, aber es waren die Besiegten, die uns
den Sieg wieder wegnahmen; denn um uns unter ihnen zu
behaupten, mussten wir sie in allem nachahmen: eine schwierige Aufgabe für einige, eine unmögliche für andere; man brüs-
kierte, kränkte, man machte sich hassenswert, ohne dass im
Grunde ein böser Wille da war, einfach nur durch die Auswir-
kung der Macht der Ereignisse.«[2]

Die Erwartungen bei den heimkehrenden Bourbonen wie
auch beim Volk waren groß gewesen. Alle Bourbonenprinzen
hatten Frankreich im Laufe der Revolutionsjahre verlassen, sie
hatten jahrelang gegen ihre alte Heimat gekämpft und waren
der englischen Krone freundschaftlich verbunden, die ein Land
regierte, das 20 Jahre lang an vorderster Front Krieg gegen
Frankreich geführt und nun als Sieger in die Hauptstadt eingezogen war.

Konnte man die Bourbonenprinzen überhaupt noch als französisch bezeichnen?, fragte man sich in Paris. »Die Nation hat der französischen (Königs-)Familie niemals die Leiden ganz verziehen, die ihr durch die, die sich ihre Alliierten nannten, zugefügt wurden«, schrieb die Comtesse de Boigne, die in ihren Memoiren diese Zeit der Restauration als gemäßigte Royalistin sehr kompetent und kritisch kommentiert.[3]

Eine Ausnahme bildete für die Franzosen nur die Herzogin von Angoulême. Sie war auch die Einzige aus der königlichen Familie, an die sich die Leute erinnern konnten. Die junge Generation kannte die Bourbonenprinzen nicht mehr. Aber jeder wusste, dass Louis XVI., Marie Antoinette und Madame Elisabeth auf der Guillotine gestorben waren und dass die Herzogin das »Waisenkind aus dem Temple« war.[4] Sie war zweifelsfrei französisch gesinnt und hatte auch 1795 bei ihrem Austausch immer wieder betont, dass sie lieber in Frankreich bleiben würde.

Aber die erste Enttäuschung kam bereits, als man die Herzogin am 29.4.1814 im Palast von Compiègne persönlich traf. Sie war nach englischer Mode gekleidet, was die Leute als »abschreckend« empfanden. Man riet ihr dringend, auf diesen Stil zu verzichten. Sie weigerte sich zunächst, weil sie offenbar nicht verstand, dass sie als bourbonische Prinzessin unmöglich im Kleidungsstil der Eroberer auftreten konnte.[5] Bei ihrem Einzug in Paris am 3. Mai trug sie zwar ein weißes Kleid mit Silberblättern, aber keine Juwelen, nur einen *Toque*, einen Frauenhut, der in Frankreich längst aus der Mode gekommen war. Sie wirkte englisch, urteilte der *Moniteur*[6], was keine gute Empfehlung war. Sie schaffte es immer wieder, wie eine Fremde auszusehen, kritisiert auch die Comtesse de Boigne und fährt fort: »Der König zeigte Madame dem Volk in einer affektierten und theatralischen Geste.« Sie habe aber kaum Anteil genommen, habe vollkommen passiv dagesessen. Und doch: »Man respektierte ihren schweigenden Kummer, und wenn ihre Kälte nur diesen Tag angedauert hätte, hätte niemand ihr dies vorgeworfen.«[7] Man hatte anfangs noch Verständnis dafür, dass die Herzogin von Angoulême von ihren widersprechenden Gefühlen hin und her gerissen wurde. Bei einem Gottesdienst in Notre-Dame sei Madame so rührend, so edel gewesen, dass bei allen die Tränen liefen. »Ihre würdevolle Haltung, edel und ernst, … ihre *grand air* und ihre Traurigkeit rührten alle Herzen«, heißt es in den Memoiren des Duc de Raguse.[8]

Man habe aber auch erzählt, dass sie beim Ausstieg aus der Kutsche bei den Tuilerien so kalt, so linkisch, so mürrisch gewesen sei, wie sie schön und edel in der Kirche war, schrieb die Comtesse de Boigne. Die Herzogin von Angoulême hatte mit Sicherheit die schwierigste Rolle aller königlichen Rückkehrer zu spielen, ständig von allen beobachtet, von allen Seiten mit alten Erinnerungen konfrontiert. Jeder wollte ihr zeigen, wie wach die Erinnerung an die Leiden ihrer Eltern noch war. Aber sie glaubte wie alle Bourbonen, sie könnte nahtlos an die Zeit vor der Revolution anknüpfen, so tun, als hätte es die Zeit dazwischen nie gegeben. Entsprechend benahm sie sich.

Damit waren die Enttäuschungen auf beiden Seiten vorgezeichnet, denn die Jahre der Republik und die zehn Jahre napoleonischer Herrschaft hatten das Land nachhaltig verändert. Schon auf den ersten Blick fielen die zahllosen »N«s für Napoleon, die Embleme seiner Herrschaft, an allen öffentlichen Gebäuden auf. Die Herzogin beschäftigte sich in der ersten Zeit intensiv mit dem Entfernen dieser äußeren Herrschaftszeichen des verhassten »Kriminellen«. Die eigentlichen Veränderungen in Gesellschaft, Gesetzgebung und Verwaltung aber gingen tiefer und ließen sich nicht so einfach rückgängig machen.

»Zum Glück gab es unter diesen Menschen, die unseren Augen und unseren Erinnerungen fremd waren, noch Menschen vom Hof Louis' XVI., mit denen wir von Dingen und einer Zeit reden konnten, die wir gleichermaßen gekannt haben«, schrieb Louis XVIII. in seinen Memoiren.[9] So wurde bei der Besetzung der Hofämter viel Wert auf Kontinuität gelegt. Viele der Angestellten aus dem Exil blieben auch jetzt bei ihnen. Frei gewordene Plätze wurden wiederum von Verwandten ehemaliger Höflinge besetzt.

So bestand der Hof der Herzogin von Angoulême, an dem die alten Sitten besonders intensiv konserviert wurden, unter anderem aus der Herzogin de Serent, Henriette de Choisy, Madame Hue, Turgy, Pauline de Tourzel und Kardinal de La Fare.

Von den 20 Personen, die die Hauptämter innehatten, waren die meisten bis 1814 in der Emigration geblieben. Es waren ehemalige Royalisten, die jeden Kompromiss mit der Revolution ablehnten. Die seelsorgerischen Aufgaben für die Prinzessin übernahmen ausschließlich Priester, die niemals den seit der Revolution vorgeschriebenen Eid auf die Verfassung geschworen hatten, allen voran Kardinal de La Fare, jetzt Erzbischof von Sens.[10]

Die Herzogin von Angoulême liebe »die Devoten, die Dummen und die Ultras«, kommentierte die Herzogin von Maillé die Auswahl der herzoglichen Hofbeamten.[11] Diese übten einen großen Einfluss auf sie aus, bestärkten sie vor allem in ihrer unnachgiebigen Haltung gegenüber jeglicher Art von Konzession an die Revolution.

Bei der Besetzung der Regierungsposten musste allerdings Louis XVIII. für ihn ungewohnte Kompromisse machen. Als er seine Minister auswählen wollte, beklagte er sich: »Ich war alleine mitten im Rat, ohne ein Gesicht zu erkennen, dem ich einen Namen zuordnen konnte.« Er wusste zwar, dass er mit »denen aus der anderen Welt«, wie er sie nannte, leben musste, empfand es aber als »wöchentliche Qual«, dass er sie jeden Sonntag bei Hofe empfangen musste: »All die Generäle, tapfer und verwegen ohne Zweifel, die ich zum ersten Mal sah und die ich wie alte Freunde behandeln sollte ... vor allem, wenn man wusste, dass es sich bei dem einen um einen wütenden Orleanisten, bei dem anderen um einen tollwütigen Bonapartisten handelte.«[12]

Dies galt auch für die anderen Mitglieder der Familie. Louis XVIII. notiert, dass vor allem die Herzogin von Angoulême es kaum ertragen konnte, mit freundlichem Lächeln Leute zu empfangen, von denen man wusste, dass sie während der Revolution mit den Jakobinern sympathisiert hatten.[13]

»Die, die die verschiedenen Phasen der Revolution durchlebt haben, haben sich an das, was absurd und unstimmig erscheint, gewöhnt. Sie bemerken nicht, wie fremd und lächerlich es wirkt«, beschreibt Louis XVIII. seine und seiner Familie Gefühle. »Wir dagegen, die wir rein von diesem Wahnsinn hier ankommen, wenn man will mit diesen Vorurteilen, unsere Augen und Ohren noch gefüllt mit dem alten Respekt und dem Klang einer eleganten und wohlklingenden Sprache, wir waren bis ins Innerste unserer Seele getroffen, wie grotesk und ungeordnet das alles war. Sie haben sich darüber lustig gemacht, gespottet … Daraus entstand eine fatale Situation: Enttäuschungen, Bissigkeit, Proteste, Verdruss, Zorn, alles, woraus unversöhnliche Feinde entstehen. Auch ich, der ich überzeugt war von der Notwendigkeit, die Balance zu halten, konnte mich nicht von der Ansteckung unserer sozialen Überlegenheit frei machen, um mich nicht unter uns zu amüsieren.« Der Hof zerfalle in zwei getrennte Parteien, rivalisierende Gruppen, bei denen sich auf der einen Seite Neid und Zorn zeige, auf der anderen Abfälligkeit und Spott. »Und daher waren, praktisch von der ersten Stunde an, die Früchte der Restauration verloren«, resümiert der König. Als ein Beispiel führt er an: Als seine Nichte ihre alte Bekannte, die jetzige Comtesse de Goyon, freudig begrüßte, reagierten die anderen Frauen im Raum eifersüchtig und beleidigt.[14]

Louis XVIII. bezeichnet die ehemaligen Angehörigen des napoleonischen Hofes als Haupthindernis für den sozialen Frieden, denn das seien aufgestiegene Bürgerliche, die nun ein Recht zu haben glaubten, auch am königlichen Hof aufgenommen zu werden, statt sich mit dem Status von Personen der Mittelklasse zu bescheiden. Das aber könne niemals sein, und davor habe er seine Familie schützen müssen. »Möge Gott verhindern, dass dies Verhalten der Bürger zu Ärger führe. Diese Menschen sind in der Lage, einen Bürgerkrieg zu beginnen mit dem einzigen Ziel, ihre Frauen und Töchter auf den Bällen Ihrer königlichen Hoheit, der Herzogin von Berry, tanzen zu lassen.« Der König beschreibt mit einer gewissen Bewunderung die Popularität des Duc d'Orléans, der mal wieder eigene Wege gehe, der in seinen Salons jeden ohne Auswahl zulasse. Und solche Veranstaltungen liebten die Pariser. »Wir sollten das im Schloss imitieren«, meinte er sehr weitsichtig. Allerdings sah er keine Möglichkeit, die Seinen aus ihrer altgewohnten Lebensweise herauszuführen und sie auf einen Weg zu bringen, auf dem sie alles abstoßend fanden.[15]

Der Bürgerkrieg ließ nicht lange auf sich warten. Napoleon saß zwar verbannt auf Elba, war aber mithilfe seines Agentennetzes über die Zustände im Land, vor allem die wachsende Unzufriedenheit mit den Bourbonen, gut informiert. Am 1. März 1815 kehrte er nach Frankreich zurück, die Soldaten, die ihm entgegengeschickt wurden, liefen – statt gegen ihn zu kämpfen – zu ihm über.

Die Comtesse de Boigne zitiert den Herzog de Raguse, der die Beziehung der Franzosen zu Napoleon sehr treffend charakterisiert hatte: »Wenn er sagt: Alles für Frankreich, diene ich ihm mit Begeisterung; wenn er sagt: Frankreich und ich, diene ich ihm mit Eifer; wenn er sagt: ich und Frankreich, diene ich ihm mit Gehorsam; wenn er sagt: ich ohne Frankreich, fühle ich die Notwendigkeit, mich von ihm zu trennen.«[16]

»Am 4. März 1815 war ich mächtiger König, unerschütterlich, geliebt«, schrieb Louis XVIII. frustriert über diese Ereignisse. »Am Abend des 5., als die Nachricht von der Landung Napoleons kam, gab es über Tage eine Zeit des Stillstands und der Unsicherheit, es kam der Fall von Lyon: die Treuen wankten, und am 19. gegen Abend packte jeder seine Sachen, um mich zu verlassen.«[17] Am 19. März 1815 floh auch König Louis XVIII. aus den Tuilerien.

Nur die Herzogin von Angoulême, die zu der Zeit in Bordeaux weilte, versuchte, Napoleon aufzuhalten. 14 Tage lang organisierte sie den Widerstand und forderte in der Proklamation von Bordeaux[18] im Namen von Ehre, König und Vaterland die Franzosen zum Kampf gegen den ehemaligen Kaiser auf. Sie erwarb sich damit zwar den Respekt Napoleons, aber Erfolg hatte sie nicht.

Schon am 3.4.1815 musste auch sie Frankreich erneut verlassen, um in England Asyl zu suchen. Von London aus rief sie die Franzosen zum Kampf auf. »Treue Franzosen, schließt euch der Tochter eurer Könige an; sie spricht zu euch in der Sprache des Friedens und der Einheit; … Franzosen, im Namen des Vaterlandes, eurer Familien, allem, was euch lieb und teuer ist auf der Erde, erhebt euch!«[19]

Die Herzogin übernahm damit eine Rolle, die sonst nur Männern zustand. Louis XVIII. bewunderte seine Nichte für diesen Kampfgeist: »Wenn viele Männer sich so wie sie verhalten hätten, wäre Bonaparte nie auf meinen Thron geklettert; aber mit Albernheit auf der einen Seite, Verrat auf der anderen, verliert man alles.«[20] Von den Royalisten zur Heldin erklärt, betrachteten die Liberalen und Bonapartisten sie als bigotte Furie, die nach Rache dürste. Sie sei die Frau, die die Franzosen in Bordeaux zwingen wolle, auf Franzosen zu schießen und damit einen Bürgerkrieg anzuzetteln.[21]

Die Alliierten unterbrachen ihre Verhandlungen in Wien, um erneut gegen Napoleon ins Feld zu ziehen. Mit ihrem Sieg bei Waterloo am 18. Juni 1815 sicherten sie den Bourbonen die Rückkehr nach Paris und schickten den Kaiser nach St. Helena – weit weg im Südatlantik.

Louis XVIII. forscht in seinen Memoiren nach den Ursachen: Was hatte dazu geführt, dass Napoleon zurückkommen konnte? Bestärkt durch ein Gespräch mit dem preußischen König, der in seinem Herrschaftsgebiet auch keine Verfassung zugelassen hatte, glaubte er, dass man die absolute Monarchie wie unter Louis XVI. wiederherstellen müsse: mit Befehlen, die Personen von Rang geben, einem reichen Klerus, einem einflussreichen Adel, einem dritten Stand, der sich unterwürfig in sein Schicksal ergab. Als er aus dem Exil zurückkam, habe er ruinierte Priester vorgefunden, Adelige, die ins Hintertreffen geraten waren durch die neuen Emporkömmlinge, Plebejer, Könige, Prinzen, große Herren, alle gleichermaßen in der Lage, Gesetze zu machen, eine Nation, die sich angewöhnt hatte, auf einzelne Männer zu zählen und nicht auf Kasten, eine fest gebaute Straße der Gleichheit, eine Verwaltung ohne Geschlossenheit, geformt aus ungleichen Elementen, ohne Leidenschaft. Früher dagegen habe es eine starke, gut funktionierende Verwaltung gegeben, ein fast perfektes Finanzsystem; eine angenehme Zentralisierung. Der König war der alleinige Schlüssel zum Himmel, zu allem berufen. Er hatte eine Macht, die durch nichts wankte, und gewährleistete, dass die Kassen gefüllt waren. Das Fazit seiner Überlegungen: Das alte System Louis' XVI. sei dem der Revolution in allen Punkten überlegen.[22]

»Es regierte eine Epidemie der Rache«, beschrieb die Comtesse de Boigne die Monate, die der Rückkehr der Bourbonen folgten, es war die Zeit des sogenannten Weißen Terrors. Die Bourbonen und ihre Anhänger wollten Gerechtigkeit unter dem weißen Banner, das mit den stilisierten Lilien in Gold bis 1789 Nationalflagge gewesen war und jetzt wieder die blauweiß-rote Trikolore der Revolution ersetzte. Minister wie Marschall Ney, Labédoyère und der Comte de Lavalette wurden zum Tode verurteilt, 250 Bonapartisten ins Gefängnis geworfen, weil sie nach der Rückkehr Napoleons wieder zu ihm übergelaufen waren. Louis XVIII. war natürlich nicht ganz frei in seinen Entscheidungen. Alle erwarteten von ihm, dass er ein Beispiel setzte zur Warnung an weitere Verräter. »Europa sagte: Ihr habt kein Recht, generös zu sein, Nachsicht zu üben zum Preis unseres Geldes und unseres Blutes!«, berichtet die Comtesse de Boigne.[23]

Die Herzogin von Angoulême hätte den Weißen Terror

wenigstens zum Teil durch Gnadenakte verhindern können, die
Louis XVIII. ihr zugestand. Sie ließ sich aber von den Ultras
beeinflussen, die durch Nachsicht Schaden für die Krone befürchteten. Daher wies sie die Frauen von Marschall Ney und
vom Comte de Lavalette, die sich ihr zu Füßen warfen, mit
brüsker Geste ab. Diese Härte brachte ihr den Namen »Madame
Nachtragend« *(Madame Rancune)* ein.[24] Ihre Bewegung, als sie
die Bitten der Frauen ablehnte, wurde ihr als »hasserfüllter
Zorn« ausgelegt. Die Comtesse de Boigne glaubt aber eher, es
sei ihre übliche Brüskheit und nicht zu unterdrückendes Mitleid gewesen. »Das Unglück dieser Prinzessin ist es, dass sie
nicht genug Geist hat, um ihr Zuviel an Charakter in die richtigen Bahnen zu lenken: Die Proportionen stimmen nicht.«[25]

Kaum waren die ersten Empfänge vorüber, ging man an die
Hofkleidung und die Einführung einer neuen Etikette. Die
Herzogin von Angoulême, von allen »Madame« genannt, verwandte viel Aufmerksamkeit auf Kleidung, die Länge von Bär-
ten und die Länge von Mänteln, was die Comtesse de Boigne
angesichts der Fülle anstehender echter Probleme für unpas-
send hielt.[26]

Als Madame aber die Hofkleidung des Versailler Hofes aus
der Zeit vor der Revolution wiedereinführen wollte, kam es
zum Aufstand unter den Damen. Daraufhin versuchte die Herzogin es mit einem Kompromiss: einer Mischung aus der Kleidung des napoleonischen Hofes und der des Ancien Régimes.
Die griechischen Frisuren der Männer wurden durch diese
»lächerlichen Bärte« ergänzt und die eleganten Mäntel *à la che-
rusque* durch einen schweren Mantel, einer Art Brustpanzer
aus Plissee. Anfangs bestand Madame darauf, dass diese Klei-
derordnung strikt eingehalten wurde. Sonst zeigte sie ihr Missfallen. Erst als ihre junge italienische Schwägerin, die Duchesse
de Berry, an den Hof kam und sich in keiner Weise an diese
Ordnung hielt, trauten sich die anderen bei Hofe ebenfalls.

Auch die neue Hofetikette, die unter anderem festlegte,
wer wann wie lange und in welcher Reihenfolge dem König,

Madame und den Prinzen seine Aufwartung machen durfte, sorgte für Aufregung.[27] Die Herzoginnen alten Adels aus der Bourbonenzeit hatten stets Vorrang, die neuen Adeligen aus den Zeiten Napoleons fühlten sich brüskiert.

Die Comtesse de Boigne ging so selten wie möglich zum Hof: Es sei ein wirklicher »Frondienst« gewesen, beklagte sie sich: Man musste seine Dinerzeiten ändern, eine unbequeme Toilette anlegen und um 19 Uhr in den Tuilerien sein. Die ganze Prozedur dauerte drei Stunden, in denen man nicht sitzen durfte. Das war der Preis, um zehn Sekunden vor dem König, eine Minute bei Madame und den Prinzen zu sein. Die Proportionen stimmten einfach nicht. Man wollte die alten Traditionen aufleben lassen, ohne die geänderten Örtlichkeiten [Tuilerien statt Versailles, Anm. der Autorin] und den geänderten Geschmack der Zeit zu bedenken.[28]

»Man hat nicht genug über die extreme Ungleichheit der Sitten, Gebräuche, Gewohnheiten und Formen des Hofes von Versailles im Jahr 1789 und denen, wie sie existierten, als ich gefolgt von den Meinen zurückkam, nachgedacht«, klagte auch Louis XVIII. »Die Etikette des Empire unterschied sich von der unseren, obwohl Napoleon dachte, dass er sie nach der unseren geformt habe. Nichts ist gleich. Es war eine Komödie.« Die Höflinge der alten Monarchie seien höflich gewesen, graziös, geschult darin, Vergnügen zu bereiten. Sie hatten den gleichen Stil, die gleichen Manieren, die gleichen Gewohnheiten, ob sie Baron, Duc oder Comtes waren. Was er nun vorfinde, sei der *fric-frac* eines unglaublichen Durcheinanders. Ein Salat, ein Sammelsurium, ein italienischer Mischmasch jenseits jeder Proportion und Art. Die Frauen kämen vom Ladentisch, vom Feld. Es seien Bürgerliche darunter, töricht und ungebildet.[29]

Als weiteres Beispiel führt er die Garde an: 1814 sei die Garde müde gewesen, von Narben übersät, »bekleidet mit einer kriegerischen Einfachheit … mit Helm, dunkelblauer Uniform … Schnurrbart … mit all den Attributen, die über Europa Angst und Schrecken verbreitet haben…Als nun die Herzöge d'Havreich und de Fleury ein neues Elitecorps für die Sicherheit der königlichen Familie zusammenstellen sollten, holten sie Adelige aus der Provinz, die zwar völlig unerfahren im Krieg und in der Handhabung von Waffen waren, die ihre Befähigung aber aus einer über vier Generationen dauernden Familientradition ableiteten…Man gab ihnen eine blau-rote Uniform mit silbernen Borten besetzt, *culottes* [dreiviertel lange Kniebundhosen, Anm. d. Autorin], rote Strümpfe, Schuhe mit silbernen Schnallen, einen Dreispitz und eine Frisur, sorgfältig gepudert und mit Pomade beschmiert: das Ideal einer königlichen Garde. Aber die so ausstaffierte Garde erntete nur Spott, Pfiffe, Hohn, so stark, dass man die Schnallenschuhe abschaffen musste, die Strümpfe, die dreiviertellangen Hosen, den Dreispitz, kurz: »das Ancien Régime unterlag in allen Punkten.«

Als die Garde nach der neuen Mode gekleidet vor der Herzogin von Angoulême antrat, sagte sie »mit der Einfachheit ihres Herzens«, dass sie in diesen Herren nicht die treuen Garden ihres unglücklichen Vaters wiedererkenne. Aus diesen Worten habe man ein »Verbrechen« gemacht.[30]

Die Missverständnisse häuften sich, da die Herzogin als brüsk, streng und rüde galt.[31] Man nahm es ihr auch übel, dass sie viele alte Bekannte nicht wiedererkannte. Obwohl der Vater der Comtesse de Boigne ein guter Bekannter von Marie Antoinette gewesen war und sie oft besucht hatte, schien die Herzogin ihn nicht wiederzuerkennen. Die Comtesse redete sie zwar mit dem Vornamen an: »Mais c'est Adèle.« Zuerst fühlte die sich geschmeichelt, bis sie feststellte, dass die Herzogin sich nur an ihren Namen erinnerte.[32] Madame Campan, die erste Kammerfrau und engste Vertraute Marie Antoinettes, die bis zum 10.8.1792 alle Höhen und Tiefen der Königsfamilie miterlebt und für ihre Treue von den Revolutionären sogar ins Gefängnis geworfen worden war, wurde von der Herzogin geschnitten, weil sie ab 1796 ein Institut zur Erziehung junger

Mädchen führte, das auch von Familienmitgliedern Napoleons besucht wurde. Louis XVIII. beschimpfte sie sogar als Chamäleon, das in ihrem Institut den jungen Mädchen die Fehler des Ancien Régimes einimpfte, kombiniert mit der Unverschämtheit und der Unhöflichkeit des neuen Empire.[33]

Die Herzogin und ihr Onkel vergaßen darüber, dass nicht jeder die Mittel hatte zu fliehen, um danach auf Kosten von anderen zu leben, wie sie und ihre Familie. Die, die zurückbleiben mussten, hatten keine andere Chance, als sich irgendwie zu arrangieren, wenn sie überleben wollten.

So war die Enttäuschung groß bei vielen, die sich auf die Rückkehr der Bourbonen gefreut hatten, da die Herzogin mit 35 Jahren in ihrer aktuellen Strenge in nichts dem Waisenkind aus dem Temple glich, schon gar nicht, was Schönheit und Grazie anbetraf. »Alles romantische Prestige verschwand in ihrer Gegenwart«, meinte Madame de Chastenay.[34] »Es fehlten ihr nicht die wirklichen Tugenden, und sie war in ihrer Familie die Meistverständigste und Respektabelste, und doch war sie die unpopulärste Person, und ich weiß nicht, welches Übel man hätte behaupten können, das die öffentliche Meinung nicht geglaubt hätte«, schreibt der Comte Charles de Rémusat in seinen Memoiren.[35]

Verpasste Chancen

꧁❧❦❧꧂

> »Hau ab, Marie, die du bist voller Rage und Wut,
> Die Hölle ist mit dir,
> Du bist verflucht unter allen Frauen,
> Dank sei dem Himmel, dass deine Eingeweide
>   steril sind.
> Blutrünstige Marie, Mutter des Unfriedens,
> Erlöse uns, deine armen Opfer, bald
> Durch deinen Tod. Amen.«[1]

Diese sarkastische Parodie auf das Ave Maria kursierte als Pamphlet in Paris und prangerte das übertrieben frömmelnde, aber anderen gegenüber intolerante Verhalten der Herzogin von Angoulême an.

Sie polarisierte wie keine andere in der königlichen Familie die öffentliche Meinung in Frankreich. Gerade weil sie von ihren Onkeln als Symbol für das Ancien Régime benutzt wurde, als Garant für die legitime Fortdauer der bourbonischen Dynastie, wurde sie genau dafür von den Bonapartisten und Liberalen gehasst, zumal sie sich auch in ihrer ultraroyalistischen Einstellung zu keinen Kompromissen bereit zeigte.

Von den Royalisten als Idol und Heldin verehrt, haben Bonapartisten und Liberale aus ihr während der 100 Tage der napoleonischen Rückkehr eine fanatische Furie gemacht, die blutige Rache forderte. Dies Bild von ihr blieb während der ganzen Zeit der Bourbonenherrschaft ihrer Onkel, also fast 15 Jahre lang, vorherrschend. Böse Pamphlete kursierten, in denen behauptet wurde, die Herzogin träume davon, im Blut der Franzosen zu baden, um ihre Rache zu befriedigen. Ein Text greift zum Beispiel vordergründig Katharina de Medici an, die französische Königin, der man die Verantwortung für die Bartholomäusnacht am 24. 8. 1572 zuschrieb, in der über 5000 Hugenotten hingemordet wurden. In Wirklichkeit war der Text gegen die Herzogin gerichtet, deren religiöser Fanatismus den Samen für einen Bürgerkrieg legen könne. Die Bigotterie der Prinzessin wurde zum Hauptanklagepunkt gegen sie. Offene Kritik an ihr war kaum möglich, so frei war die Presse nicht, daher griff man sie durch solche anonymen Pamphlete an.[2]

Es gab auch immer wieder direkte Bedrohungen: 1823 bei einem ihrer Besuche in der Provence wurden in Agen Steine gegen die Residenz der Herzogin geworfen. Neben Jubelrufen wie »Es lebe die Dauphine!« ertönten immer wieder drohende Schreie: »Es lebe die Charta! Freiheit für die Presse! Nieder mit den Jesuiten!«[3]

Über den Einfluss der Herzogin auf die Politik der Restaurationszeit gibt es unterschiedliche Meinungen. Charles le Mercher de Longpré, Baron d'Haussez, schreibt in seinen Memoiren, dass man ihr einen Einfluss zugeschrieben habe, den sie weder hatte noch gesucht habe. Fakt ist, dass sie zwar meist die abwesende Königin bei Hofempfängen vertrat, aber keine offizielle Funktion in der Regierung hatte, also auch keine direkten Anweisungen geben konnte. »Die politische Rolle der Herzogin von Angoulême ist in erster Linie eine häusliche; ihren Einfluss übte sie über die Familie und die direkte Umgebung aus«, schreibt der Baron.[4] So hatte das auch schon Marie Antoinette gemacht.

Sicher ist jedenfalls, dass sie während der ganzen Restaurationszeit zur ultraroyalistischen Fraktion gehörte. Diese Richtung entstand nach den Wahlen vom September 1815, als die Nationalversammlung überwiegend aus reinen Royalisten bestand, die davon träumten, Rache zu nehmen an den Männern und den Prinzipien der Revolution.[5]

Durch ihre Nähe zu beiden Königen, erst zu Louis XVIII., später zu Charles X., die ihren Rat sehr schätzten und immer wieder einholten, beeinflusste sie die politische Willensbildung in einer Weise, die man nicht unterschätzen sollte. Während die Herzogin und der spätere König Charles X. ultraroyalistisch eingestellt waren und eine Rückkehr zur Politik des Ancien Régimes wollten mit weniger Pressefreiheit, mehr Macht für die Kirche und voller Souveränität für den König, war Louis XVIII. pragmatischer. Er und sein innerer Kreis, unter anderem der Duc de Richelieu und der Duc de Decazes, hielten an den Änderungen fest, die durch die Charta eingeführt worden waren und die eine parlamentarische Regierung garantierten.[6]

So gab es häufig heftige Diskussionen in der Königsfamilie. Wenn der Herzogin die Entscheidungen Louis' XVIII. zu liberal waren, zum Beispiel bei der Besetzung von Ministerposten, redete sie einen ganzen Tag nicht mit ihrem Onkel. Der König war sehr sensibel und konnte das kaum ertragen. Meist gab er nach. Als später, am 13.2.1820, der Duc de Berry beim Besuch der Oper ermordet wurde, machte die Herzogin von Angoulême den König und die liberale Politik von Minister Decazes dafür verantwortlich. Sie erklärte ihm sogar, dass sie nicht länger mit ihm dinieren werde, wenn er den Minister nicht entlasse, was daraufhin geschah.[7] Sie war während der ganzen Regierungszeit Louis' XVIII. das »Herz der Opposition« und trug dazu bei, die Macht des Ultraroyalismus der Restaurationszeit zu prägen.[8] Zeit ihres Lebens blieb sie bei ihrer Überzeugung vom gottgewollten Recht der Bourbonen auf den Thron.

Ihr Mann dagegen hatte in den Jahren in England die parlamentarische Monarchie schätzen gelernt. Diskussionen mit seiner Frau über Politik ging er daher immer aus dem Weg. Die Comtesse de Boigne überliefert eine typische Szene zwischen den beiden: Sobald die Herzogin eine ihrer ultraroyalistischen »Schmähreden« begann, stoppte er sie mit der Bemerkung: »Meine liebe Prinzessin, sprechen wir nicht davon; wir können uns weder verstehen noch gegenseitig überzeugen.«[9]

Ein großes Problem für das Herzogspaar war in dieser Zeit ihre Kinderlosigkeit, denn die Herzogin hatte die 40 überschritten. Immer wieder gab es Gerüchte, dass sie endlich schwanger sei. 1820 sah es wochenlang so aus, aber sie hatte nur die Symptome der Wechseljahre für Schwangerschaftssymptome gehalten. Die Bourbonendynastie brauchte dringend einen Thronfolger, für den nun der jüngere Bruder des Herzogs, der Duc de Berry, sorgen sollte. Zwar hatte er schon mit einer Engländerin in London zwei Töchter, aber diese Ehe wurde annulliert und eine Dame aus dem Hochadel gesucht. Die Wahl fiel zunächst auf eine Schwester von Zar Alexander I., die aber von der Herzogin abgelehnt wurde. Die Comtesse de Boigne bemerkte bissig, dass die Herzogin eine Prinzessin fürchtete, die persönlich perfekt wäre, eine eigene politische Meinung hätte und daher um sich herum einen Hof von klugen Menschen aufbauen könnte. Von diesen sei »Madame immer schwer getroffen und habe einen instinktiven Widerwillen, egal welcher Couleur sie waren«.[10]

Die siebzehnjährige Marie Caroline von Neapel, Enkelin von Marie Antoinettes Lieblingsschwester, schien die geeignete Kandidatin. Sie war Bourbonin und Nichte des österreichischen Kaisers Franz II. 1816 fand die Hochzeit statt, 1819 wurde die Tochter Louise geboren, am 13. Februar 1820, sieben Monate nach der Ermordung des Duc de Berry, der Sohn Henri, der den Titel Duc de Bordeaux erhielt, in die Geschichte aber als Comte de Chambord eingegangen ist. Für die Herzogin von Angoulême wurden die beiden zum Kinderersatz. Sie übernahm ihre Erziehung auch mit dem Einverständnis Louis' XVIII. und später Charles' X., weil man der Duchesse de Berry dies nicht zutraute. Vor allem Henri sollte sorgfältig auf seine Rolle als künftiger König nach den Prinzipien des Ancien Régimes erzogen werden. Die Kinder liebten ihre Ziehmutter. Wie in ihrer eigenen Kindheit im Trianon Marie Antoinettes ließ die Herzogin in Villeneuve-l'Étang eine ländliche Idylle entstehen mit eigener Kuhherde, die Henri, den Duc de Bordeaux, und die Prinzessin Louise mit frischer Milch versorgte. Einmal brachte sie die Sahne mit nach Paris, und ausgesuchte Gäste durften davon kosten. Der Duc de Richelieu aber, dessen Politik ihr missfiel, bekam nichts angeboten, ein Zeichen tiefster Missbilligung, was er auch so empfand.[11]

Am 16.9.1824 starb Louis XVIII., und sein Bruder, der Comte d'Artois, übernahm als Charles X. den Thron. Aus der Herzogin d'Angoulême wurde die Dauphine, die nach dem Tod ihres Schwiegervaters französische Königin werden würde.

Mehr noch als Louis XVIII. mochte Charles X. den Luxus. Er liebte die Jagd, feierte aufwendige Feste und hatte 2219 Hofangestellte und Diener. Sein Hof war sogar extravaganter als der Louis' XVI. Ende 1820 waren dem nicht einmal einjährigen Duc de Bordeaux 100 Diener zugeteilt, der kleine Louis XVII. hatte vor der Revolution lediglich 45. Es gab allein sechs Klassen von *entrées*, Berechtigungen, in Gegenwart des Königs einen Raum zu betreten.[12] Die Rückkehr zu solch formalem Protokoll wirkte wie ein Echo aus der Vergangenheit. Es schien, als hätten der König und seine Verwandten vergessen, dass die Grundlage ihrer Regierung keine von Gott gegebene Gnade war, sondern auf einer Verfassung beruhte, die eingehalten werden musste. Charles X. sah sich immer häufiger dem Widerstand der Abgeordneten gegenüber und beschloss, sich eine Abgeordnetenkammer zu schaffen, die seinen Wünschen entsprach. Zu diesem Zweck brach er am 25. Juli 1830, als die Dauphine zu ihrer jährlichen Kur nach Vichy gefahren war, die wichtigsten Paragraphen aus der 15 Jahre alten Charta heraus: Er veröffentlichte vier Ordonnanzen, in denen die Pressefreiheit aufgehoben, die Deputiertenkammer aufgelöst, eine Wahlreform und ein Zusammenkommen der Wahlversammlung angekündigt wurden.[13]

Als Charles X. dann aber die am 26. Juli gewählte Kammer, in der die Liberalen ihre Position weiter gestärkt hatten, sofort wieder auflöste, rief die Opposition unter Führung von Adolphe Thiers zum Widerstand auf, da sie darin einen Staatsstreich sah. Gleichzeitig begannen die Pariser Kleinbürger, deren wirtschaftliche Lage sich dramatisch verschlechtert hatte, Barrikaden zu errichten, und lieferten sich mit den in der Stadt befindlichen militärischen Einheiten Straßenschlachten, die mit der Einnahme des Palais Bourbon durch die Aufständischen endeten. Daraufhin rief die Kammermehrheit die konstitutionelle Monarchie aus und berief den Herzog von Orléans zum Generalstatthalter des Königreichs.

Am 2. August 1830 dankte Charles X. ab. Für 20 Minuten war die Herzogin von Angoulême Königin von Frankreich. Dann aber trat auch ihr Mann verabredungsgemäß zugunsten seines Neffen Henri d'Artois, dem Duc de Bordeaux, zurück. Man hoffte so, die Krone für die direkten Nachkommen Louis' XVI. erhalten zu können. Aus dem *Moniteur* erfuhren sie allerdings, dass keinesfalls Henri als neuer König akzeptiert worden war, sondern dass die Abgeordnetenkammer Louis Philippe, den Herzog von Orléans, zum neuen »Bürgerkönig« gewählt hatte. Er wurde auf die revidierte Charta vereidigt, die Trikolore wurde wieder Nationalflagge.

Am 16.8.1830 gegen 14 Uhr bestiegen die Bourbonen ein Schiff, diesmal mit dem bezeichnenden Namen »The Wanderer«, um erneut in England Asyl zu suchen, das sie zunächst in der Grafschaft Dorset, dann auf Schloss Holyrood bei Edinburgh fanden. Wieder einmal musste die Herzogin von Angoulême Frankreich verlassen, das sie mit so vielen Hoffnungen 1814 betreten hatte. Große Erwartungen von beiden Seiten hatten zu großen Enttäuschungen geführt, die den Blick auf die positiven Seiten der Herzogin, wie etwa ihre große Mildtätigkeit, verdeckten. Letztlich ist sie gescheitert an ihrem starren Festhalten an einer politischen und gesellschaftlichen Ordnung, die schon Jahrzehnte vorher in der Französischen Revolution untergegangen war.

»Man musste so viel an ihr wiedergutmachen«, urteilte die Comtesse de Boigne. »Aber man hätte dies Bedauern mit Wohlwollen entgegennehmen müssen. Madame hat diese Nuance nicht erkannt. Sie tat es mit Anmaßung und Schroffheit. Madame, die im Grunde tugendhaft und gütig war, eine französische Prinzessin der Herzen, brachte es fertig, dass man sie für bösartig, grausam und ihrem Land gegenüber feindlich gesinnt hielt. Die Franzosen glaubten, Madame verachte sie, und sie verachteten schließlich Madame … Das war das Ergebnis eines fatalen Missverständnisses und eines falschen Stolzes. Mit einem Körnchen Geist zu ihrer edlen Natur gefügt, hätte Madame das Idol des Landes und das Palladium ihrer Art sein können.«[14]

Endgültiges Exil (1830–1851)

❦

»Alles ist verloren für den König? Ich glaube es
wohl. Und für uns? Auch für uns?«

Dies war die brennende Frage, die die Herzogin
von Angoulême im Exil nach 1830 beschäftigte.
Der Baron d'Haussez gibt in seinen Memoiren den
ganzen Wortlaut eines Dialogs mit ihr wieder:
»Ich schwieg.
Aber wenigstens für den Duc de Bordeaux?
Auf ihn gründen sich die Hoffnungen der
Royalisten. Für ihn setzen sie ihre ganzen Kräfte ein.
Für ihn – alleine?
Für ihn alleine, sagte ich, meine Stimme senkend.«[1]

Den Bourbonen wurde schmerzlich klar, dass sogar die Royalisten in Frankreich nur noch für den kleinen Duc de Bordeaux
eine Chance sahen. Damit war die Marschrichtung für die Politik im Exil vorgegeben: Die legitimen Ansprüche auf den Thron
mussten für ihn aufrechterhalten werden, man musste sie immer
wieder in Erinnerung bringen. Auch der Ort des Exils musste
sorgfältig ausgewählt werden und durfte nicht zu weit abseits
liegen, damit die Familie in der Öffentlichkeit präsent war.

Und damit begannen die Probleme. Zwar war die königliche
Familie diesmal finanziell unabhängig, denn Louis Philippe
hatte bei der Abreise von Charles X. 600 000 Livres überwiesen,
außerdem gab es noch die Fonds, die Louis XVIII. über den
Herzog de Blacas während der 100 Tage Napoleons hatte anlegen lassen. Die Herzogin von Angoulême verfügte zudem
über ihre österreichischen Fonds. Aber die politische Stim-
mungslage hatte sich verändert.

Mit Louis Philippe saß nun ein Bourbone aus der jüngeren Nebenlinie auf dem französischen Thron, mit dessen Hilfe ein weiteres Ausbreiten der Revolution verhindert werden konnte. Er wurde von den Ländern Europas sehr schnell anerkannt, zuerst ausgerechnet von England, das bislang zu den treuesten Unterstützern des älteren Zweigs der Bourbonen gehört hatte, nur Russland und Österreich hielten sich bedeckt. Im Grunde aber wollte niemand die königliche Familie zurück, am liebsten auch nicht als Exilanten.

In England fanden sie zwar vorübergehend Asyl, aber nur, weil sich der neue französische König Louis Philippe einverstanden gezeigt hatte. Außerdem durften sie nicht als Königsfamilie auftreten, sondern nur unter Pseudonym. Wieder einmal legte die Herzogin sich eine andere Identität zu: Comtesse de Marnes hieß sie diesmal, Charles X. nannte sich Comte de Ponthieu. Als Residenz wies man ihnen wieder das Schloss Holyrood in Schottland zu, das aber auch noch von anderen Personen bewohnt wurde, denn in England wie in Frankreich wurden unbewohnte königliche Schlösser aus Kostengründen vermietet. Das Herzogspaar und die Herzogin von Berry zogen wegen der Enge schon bald in Häuser der Umgebung. Allen war klar, dass dies nicht ihr endgültiger Aufenthaltsort bleiben konnte.

Während sich die Herzogin von Angoulême zusammen mit Charles X. ganz intensiv um die Erziehung der Kinder kümmerte, vor allem um Henri, auf dem ihre ganze Hoffnung weiterhin ruhte, beschloss die Duchesse de Berry, die Thronbesteigung ihres Sohnes zu beschleunigen, die königstreuen Anhänger in Frankreich zu mobilisieren und zu einem Aufstand gegen Louis Philippes Truppen zu bewegen. Sie verließ England und begab sich über Italien nach Frankreich, wo sie tatsächlich für einige Unruhe sorgte, schließlich aber von Louis Philippe gefangen genommen und unter Hausarrest gestellt wurde. Die Familie in England war entsetzt, vor allem, als sich dann noch herausstellte, dass sie schwanger war, wofür ein Graf Lucchesi verantwortlich sein sollte, mit dem sie sich heimlich verheiratet haben wollte. Niemand glaubte ihr: Charles X. bestand auf einem Heiratsdokument, das sie dann sogar nachlieferte. Trotzdem wurde sie aus der Familie ausgeschlossen. Durch ihre Heirat war sie keine Bourbonenprinzessin mehr, ihre Kinder durfte sie jahrelang nicht sehen. Die Rolle der Eltern übernahm das Herzogspaar von Angoulême.

Nachdem sich die Beziehungen zwischen dem englischen König und Louis Philippe von Frankreich stetig verbesserten, bemühten sich die Bourbonen der älteren Linie um ein Asyl in Österreich, was ihnen der Kaiser aus familiären Gründen auch gewährte. Die Herzogin von Angoulême reiste mit ihrer Nichte Louise vorweg und erreichte Wien am 6. 10. 1832, um dort über einen endgültigen Aufenthaltsort zu verhandeln. Minister Graf Metternich war nicht begeistert. Auch wenn er Charles X. als den legitimen Herrscher Frankreichs ansah, wollte er keinen neuen Konflikt mit Frankreich. Die Bourbonen waren daher nur als Gäste willkommen, mussten die vorsichtige Linie der österreichischen Diplomatie respektieren und sich jeglicher politischen Betätigung enthalten.[2]

Als Aufenthaltsort wurde ihnen der Hradschin in Prag zugewiesen, wo sich die Familie Anfang November zusammenfand. Trotz der Vorbehalte der österreichischen Regierung wurden sie als Teil der kaiserlichen Familie akzeptiert. Die Herzogin von Angoulême fuhr mindestens einmal im Jahr nach Wien und hatte offenbar ihre eigenen Appartements in der Hofburg.[3] Auch die Kaiserfamilie stattete den Bourbonen Besuche ab.

»Prag ist nahe Wien, auch Berlin und Russland. Und es ist angemessen«, kommentierte die Herzogin dem Marquis de Villeneuve gegenüber den neuen Wohnort. Sie wohnten umgeben von den Mächten, die weiterhin das Prinzip der Legitimität verteidigten, und es war ein Palast, der ihrem Rang entsprach.[4] Der Hof umfasste etwa 100 Personen, deren Zahl sich beim Tod der jeweiligen Prinzen entsprechend verringerte. Das Hofleben wurde nach wie vor durch eine Etikette geregelt, die weniger streng war, aber doch den nötigen Respekt gegenüber dem Königtum garantierte.

Am 2.3.1835 starb Kaiser Franz II., sein Nachfolger, der neue Kaiser Ferdinand I. beanspruchte die Prager Burg für sich, und so begann für die Bourbonen im Frühjahr 1836 erneut die Suche nach einem Asyl in Österreich. Als Sommerresidenz kauften sie schließlich das Schloss Kirchberg am Walde, die Winter verbrachten sie auf Schloss Grafenberg bei Görz (Nova Gorica).

Am 6.11.1836 starb Charles X. an der Cholera, er wurde in der Bourbonengruft des Franziskanerklosters Kostanjevica bei Görz beigesetzt. Sein Sohn, der Herzog von Angoulême, der sich nun Louis XIX. nannte, verteidigte in einer Proklamation seinen ungebrochenen Anspruch auf den französischen Thron, teilte aber gleichzeitig mit, dass er den Titel nur im Exil trage. Sein Ziel sei die Einsetzung seines Neffen Henri als einziger legitimer König Frankreichs. Das Herzogspaar führte in diesen Jahren ein sehr zurückgezogenes Leben. Sie verbrachten viel Zeit miteinander und zeigten am politischen Leben der Zeit kaum mehr Interesse. Ihr Leben verlief sehr einfach und gleichmäßig. Sie standen jeden Tag um fünf Uhr auf und gingen in den Gottesdienst. Danach folgten Spaziergänge im Wald, ein wenig Lesen und Handarbeiten, gemeinsame Mahlzeiten. Wenn sie abends mit den wenigen verbliebenen Hofleuten beisammensaßen und das Gespräch auf vergangene Zeiten kam, wehrte die die Herzogin jedes Mal ab und bat darum, über weniger traurige Dinge zu reden.[5]

Nachdem der Herzog von Angoulême am 3.6.1844 gestorben war, ließ sich die Herzogin in Schloss Frohsdorf südlich von Wiener Neustadt in Niederösterreich nieder.

In der Frohsdorfer Zeit erhielt die Herzogin von Angoulême zahlreiche fürstliche Besuche, unter anderem mehrfach von Königin Marie von Hannover, einer geborenen Prinzessin von Sachsen-Hildburghausen, von den Fürsten von Modena, Toskana und Sachsen-Coburg, von Erzherzogin Sophie von Österreich und ihren Söhnen Franz Joseph und Maximilian, der ehemaligen Duchesse de Berry, jetzt Gräfin Lucchesi, sowie ihrer Cousine Marie-Louise von Parma, der Exkaiserin und ehemaligen Gemahlin Napoleons.

1848, als auch Louis Philippe gezwungen wurde, Frankreich zu verlassen, hoffte die Herzogin noch einmal, dass das Volk nun ihren Neffen auf den Thron rufen würde. Stattdessen wurde Louis Napoleon Bonaparte, ein Neffe Napoleons, an die Spitze des Staates gewählt.

In den Jahren des Exils holte die Vergangenheit sie immer wieder ein. Häufig meldeten sich Personen bei ihr, die behaupteten, sie wären ihr verschollener Bruder. Man kann verstehen, dass sie diese Menschen nicht kennenlernen wollte. Es sei zu schmerzhaft, meinte sie, wenn sie wieder enttäuscht würde.

Das zweite Problem, mit dem sich die Herzogin von Angoulême von 1833 bis zu ihrem Tod herumschlagen musste, war die Erpressung durch Madame de Soucy, ihrer ehemaligen Untergouvernante, die sie 1795 anstelle von Madame de Mackau nach Wien begleitet hatte. Es ging um ein Geheimnis, das die Herzogin ihr unterwegs anvertraut hatte. 18 Jahre lang hat sie sich erpressen lassen, und das hat sie insgesamt 140 Millionen Centimes[6] gekostet. Zunächst ignorierte sie die Erpresserbriefe aus Frankreich. Erst als Madame de Soucy drohte, ihr geheimes Wissen an den Herzog von Angoulême, an Charles X. und an die Regierung Louis Philipps weiterzugeben, zahlte sie.

Was hatte die ehemalige Untergouvernante, die zu diesem Zeitpunkt immerhin schon 72 Jahre alt war, gegen die Herzogin in der Hand? Eine Frage, die Historiker seit Jahrzehnten beschäftigt.

Am 19. 10. 1851 starb die Herzogin von Angoulême an Rippenfell- und Lungenentzündung. Sie hatte testamentarisch festgelegt, dass man keine Autopsie vornehmen dürfe, wie sie bei den Bourbonen eigentlich üblich war, und dass alle Dokumente, die sie geschrieben habe, vernichtet werden müssten. Sie soll auch ein zweites Testament geschrieben haben, das sie einige Tage vor ihrem Tod dem päpstlichen Nuntius, der extra aus Wien anreiste, anvertraute. Sie bat ihn, das Testament 100 Jahre unter Verschluss zu halten. Nachforschungen im Vatikan und in Frankreich nach diesem Testament blieben erfolglos. Es bleiben viele Fragen unbeantwortet: Hat sie in diesem Testament ihr Geheimnis offenbart? Besteht ein Zusammenhang zu den Erpresserbriefen?[7]

In Frankreich wurden Trauergottesdienste abgehalten, an denen auch der Präsident der 2. Republik, Prinz Louis Napoleon Bonaparte, teilnahm. Der *Siecle* schrieb, die Herzogin sei ein »bedauernswertes Opfer der Wechselfälle der Geschichte«.[8]

Bis an ihr Lebensende hatte sie wider alle Vernunft gehofft, dass ihr Neffe doch noch den Thron von Frankreich besteigen könnte. 1871 hätte dieser Traum tatsächlich Wirklichkeit werden können, der Comte de Chambord bekam die Krone angeboten, lehnte sie aber ab. Angeblich hatte er zur Bedingung gemacht, dass statt der Trikolore, der Fahne der Revolution, die weiße Fahne der Bourbonen über Frankreich wehen müsse. Das aber wollten die Franzosen unter keinen Umständen. Es gibt aber auch Belege, dass er ablehnte, weil er davon überzeugt war, kein Recht auf den Thron zu haben, da Louis XVII. nicht im Temple gestorben sei. Dies habe die Königsfamilie immer gewusst. In den letzten Tagen der Regentschaft Charles' X. hatte sich sogar mit Wissen des Königs unter Beteiligung hoher Hofbeamter ein »Comité legitimiste« gebildet mit dem Ziel, Louis XVII. zu suchen.[9]

Umso merkwürdiger wirkt das Verhalten der Herzogin von Angoulême. Als der Uhrmacher Karl Wilhelm Naundorff, der behauptete, Louis XVII. zu sein, sie treffen wollte, lehnte sie ab. 1834 reiste er mit der ehemaligen Kammerfrau des Dauphin, Madame de Rambaud, die von seiner Identität überzeugt war, zur Herzogin nach Prag. Beide wurden von der Polizei ausgewiesen. 1835 flüchtete die Herzogin aus Pillnitz bei Dresden, als er seinen Besuch ankündigte.[10]

Warum wollte sie ihn nicht treffen, sich zumindest über-

Marie Antoinette und ihre Kinder: Marie Thérèse, Louis Charles und
Louis Joseph (rechts, †1789). Gemälde von Marie Louise Élisabeth Vigée-
Lebrun, 1787.

Marie Thérèse, Madame Royale, im Alter von neun Jahren. Gemälde eines unbekannten Malers.

Sturm auf die Tuilerien am 10. August 1792. Zeitgenössische Radierung, koloriert.

Louis XVI. wird in den Temple gebracht. Zeitgenössischer Kupferstich.

Madame Royale um 1793 im Temple. Zeichnung von einem Mitglied der Kommune.

Die Prinzessin Marie Thérèse begibt sich in die Villa Reber. Entwurf von Christian von Mechel, 1795.

Madame Royale anlässlich ihres Aufenthalts am 25./26. Dezember 1795 in Hüningen. Miniaturporträt von Jeanne Bernard Dabos, 1795.

Das berühmte »Teleskopbild«: Mithilfe eines Teleskops zeichnete Marquis de Parrois 1795 die Prinzessin während ihrer Spaziergänge im Hof des Temple.

Kupferstich des Augsburger Kupferstechers Johann
Martin Will, wie er 1795 in den Almanach übernommen
wurde. Die ovale Umschrift zu dem Bild lautet: LOUISE,
MARIE, THERESE, PHILIPPINE. Geb. 9 Dec 1778.

Die Herzogin von Angoulême.
Hochzeitsbild, 1799.

Der Herzog von Angoulême,
undatiert.

Die Herzogin von Angoulême als Witwe in Frohsdorf. Holzstich, 1864.

»Graf Vavel de Versay« (Leonardus Cornelius van der Valckt). Miniatur, um 1798.

Das Grab der »Dunkelgräfin« auf dem Stadtberg zu Hildburghausen, 1838.

zeugen, ob er es war? Charles X. soll dazu die Anweisung gegeben haben, vermuten manche. Das scheint nicht sinnvoll, da ja mit dem Einverständnis des Königs nach dem Verbleib Louis' XVII. gesucht wurde.

Hatte die Herzogin selber etwas zu verbergen? Die Vermutung liegt nahe, wenn man an die Erpressung Madame de Soucys denkt.

Die Herzogin von Angoulême liegt in der Bourbonengruft des Franziskanerklosters Kostanjevica bei Görz (Nova Gorica) zwischen ihrem Mann und ihrem Schwiegervater begraben. Auf ihrem Grabstein stehen auf Lateinisch die Worte: »Die ihr auf eurem Weg hier vorbeikommt, haltet inne und schaut, ob es einen vergleichbaren Schmerz wie den meinen gibt.«

Zweifel an der offiziellen Version

Die Erpressung durch Madame de Soucy

>»Sagt diesem Mann, dass er mir nicht mehr
schreiben soll, dass er mit dem Buch machen kann,
was er will. Eine Verleumdung mehr zu all denen,
die man mir bereits angehängt hat, wird mir nicht
viel bedeuten«,[1]

schreibt die Herzogin von Angoulême am 15.3.1833 an ihren
Sekretär, den Baron de Charlet. Bei »diesem Mann« handelte
es sich um den Nervenarzt Lavergne aus Crézy bei Paris, bei
dem Madame de Soucy, Tochter der von Madame Royale einst
so geliebten Madame de Mackau und bis 1792 selber Untergouvernante bei der Königstochter, seit 1830 lebte. In den
Archives Nationales de Paris, Unterabteilung *Archives Mackau*,
liegen die Briefe, mit denen Doktor Lavergne im Namen
Madame de Soucys 18 Jahre lang ihre ehemalige Schülerin um
insgesamt 7 Millionen Francs erpresste.[2]

Der erste Brief ist vom 17.10.1832, zwei Jahre, nachdem die
Revolution von 1830 die ältere Linie der Bourbonen unter
Louis XVIII. endgültig vom Thron und ins Exil getrieben hatte.
In diesem Brief erinnert Madame de Soucy zunächst an die
alten Zeiten, als sie als Untergouvernante die Kinder der königlichen Familie betreute. Dann schildert sie ihre große Not, in
die sie nach der Revolution von 1830 geraten war. Mit 72 Jahren, so schreibt auch Lavergne, stand sie »ohne Brot, ohne
Wäsche, ohne Asyl« da.[3] Unterstützung von der Familie be-
komme sie nicht. Im Gegenteil, die Familie lehne jeden Kontakt mit ihr ab. Schuld an dieser Situation sei die Herzogin von
Angoulême. Sie habe alles durch sie verloren, klagt Madame de

Soucy am 5.10.1837: »Eure Hoheit haben mich die Achtung meiner Familie und der Öffentlichkeit verlieren lassen, indem Sie mich in Ungnade fallen ließen.«

Während die meisten anderen Bediensteten des Ancien Régimes durch Posten oder Pensionen von Louis XVIII. versorgt wurden, vor allem die, die Madame Royale nach Wien begleitet hatten, ließ man Madame de Soucy leer ausgehen. Hue, Cléry, Gomin, Madame de Tourzel, alle profitierten, nur sie nicht. Und bei der Rückkehr der Bourbonen nach Frankreich 1815 zeigte die Herzogin von Angoulême für alle ersichtlich ihre Missachtung. Es gibt einen Brief vom 19.1.1828, in dem sich Madame de Soucy bitter beklagt, dass sie wieder einmal vor allen bloßgestellt wurde. »Ich tue das, was ich seit 30 Jahren tue: Ich werde die Ungerechtigkeit erleiden und schweigen.«[4]

Das war 1832 vorbei. Bis dahin hatte Madame de Soucy wohl noch gehofft, die Herzogin würde irgendwann ihr Verhalten ändern, aber nun, wo eine Rückkehr der älteren Linie der Bourbonen nach Frankreich aussichtslos erschien, sah sie ihre letzte Chance auf eine Belohnung für geleistete Dienste in der Erpressung. In einem Brief vom 5.10.1837 wiederholt sie ihre Motive dafür: Rechtlich schulde die Herzogin ihr nichts, aber sie … erwarte nun Gerechtigkeit von der Herzogin, indem diese ihr eine Pension aussetze und so ihren Ruf wiederherstelle. Am Ende des Briefs steht die Drohung: »Madame, wart Ihr gerecht und vorsichtig, indem Ihr mir dies zugefügt habt?«

Der erste Brief blieb ohne Antwort. Bettelbriefe mit dem Hinweis auf vorherige Dienste bekam die Herzogin schließlich seit Jahren, die ersten bereits 1796, als sie gerade in Wien angekommen war: Bitten um Geldgeschenke, Pensionen, Posten, meist von Menschen, die im Dienste ihrer Eltern gestanden und durch die Treue zum König alles verloren hatten. Die meisten Bitten verhallten ungehört, über ein solches Privatvermögen, um alle zu befriedigen, verfügte sie nicht.

Auch Drohungen und Verleumdungen kannte sie zur Genüge aus den Jahren 1815 bis 1830. Die neue Pressefreiheit machte auch vor den Herrschern nicht halt und ließ straflos die bösesten Pamphlete, Karikaturen und Beschimpfungen zu, die in heutiger Zeit vor dem Richter enden würden. Sogar ein Verhältnis mit einem Kardinal hatte man ihr nach 1815 angedichtet, um ihren Ruf zu ruinieren.

Das alles kannte die Herzogin. Und so glaubte sie zunächst, auch diese neue Bedrohung aussitzen zu können.

Im zweiten Brief vom 5.12.1832 wird Madame de Soucy schon deutlicher: Sie erinnert noch einmal an die Dienste ihrer Familie für die königliche Familie. Falls die Herzogin ihr aber nicht helfen würde, sei sie entschlossen, ein *Mémoire* zu veröffentlichen, aus dem alle entnehmen könnten, warum die Herzogin den Kontakt mit ihr meide. Eine leichte Drohung schwebt auch über den Worten, mit denen sie ihren Brief beendet: Sie erinnere sich mit »mit Stolz an alle Zeichen der Vertrautheit, die Eure Hoheit mir während unserer Reise nach Wien« gegeben haben.[5]

Aber auch darauf erhielt sie keine Antwort.

Ab 1833 übernahm der Arzt Lavergne, der die Marquise bei sich aufgenommen hatte und bis zu ihrem Tod versorgte, den Hauptteil der Korrespondenz, Madame de Soucy zeichnete seine Briefe nur noch ab. Er habe den Auftrag, dies *Mémoire* zu veröffentlichen, schreibt er, wolle aber nichts tun ohne das Einverständnis der Herzogin. Also habe er ihren Sekretär angeschrieben, der ihn auch sofort aufgesucht habe, ihn aber verfehlte. Erst daraufhin habe er sich das Manuskript einmal genauer angesehen und festgestellt, dass es wohl »besser sei, wenn nur Ihre Königliche Hoheit das Manuskript kennen würden, denn ein Dritter, wer auch immer das sei, wäre deplatziert in dieser Affäre«. Bis jetzt würde niemand, auch nicht die Familie der Madame de Soucy, den Inhalt kennen. Er kündigte aber an, dass er es veröffentlichen werde, falls die Herzogin sich nicht melde.[6]

Dass die Familie das *Mémoire* nicht kennen würde, stimmt wohl nur insofern, als die ursprünglichen Mitwisser, Madame de Mackau, die Mutter der Marquise de Soucy, und ihre Schwester, Madame de Bombelles, zu diesem Zeitpunkt seit Langem verstorben waren.

Da die Herzogin aber weiterhin schwieg, verfasste Lavergne am 21.2.1833 einen weiteren Brief. Die Neugier des Publikums an einer Veröffentlichung sei sicher groß. Er rechne mit 23 000 Exemplaren. Und die Herzogin möge nun prüfen, ob sie die Veröffentlichung der Stellen, die sie beträfen, nicht bereuen würde.

Doch sie schwieg weiter. Noch unterschieden sich die allgemein gehaltenen Drohungen nicht wesentlich von denen, die sie immer mal wieder bekommen hatte. Daraufhin schickten ihr die Marquise und der Arzt mit dem Brief vom 2. März 1833 einen wörtlichen Auszug aus dem *Mémoire*, um ihr die ganze Brisanz der möglichen Enthüllungen vor Augen zu halten.

Nun endlich reagierte die Herzogin, auch wenn sie noch nicht bereit war zu zahlen. Sie schrieb an ihren Sekretär, der sich in Paris befand: »Sehr jung, sehr unschuldig, als ich mit dieser Frau reiste, kann es sein, dass ich Dinge erzählt habe, die sie falsch verstanden hat, aber ich habe ihr niemals Geheimnisse dieser Art anvertraut…Sagt diesem Mann, dass er mir nicht mehr schreiben soll, dass er tun soll, was er möchte mit diesem Buch; eine Verleumdung mehr zu all denen, die man schon über mich erzählt, bedeutet mir nicht viel. Sagt ihm, ich würde dieser Frau helfen, wenn ich die Mittel hätte, da ich sie krank und unglücklich weiß, aber da sie mir gedroht hat, ist alles aus.«[7]

Der Baron de Charlet war aber offenbar der Ansicht, dass man eine Veröffentlichung nicht riskieren konnte, und so erfolgte im April 1833 eine erste Zahlung an Madame de Soucy.

Nun hätte die Herzogin ja durchaus die Angelegenheit an die Justiz weitergeben oder sich mit Charles X., ihrem Schwiegervater, besprechen können, zu dem sie ein sehr vertrauensvolles Verhältnis hatte. Welches Geheimnis hätte eine Siebzehnjährige schon gehabt haben können, das noch nach über 40 Jahren zu solch einer Erpressung führen konnte?

Manche Autoren vermuten, es ging um ihren Bruder, der eben nicht, wie offiziell behauptet, im Temple gestorben, sondern gegen ein krankes Kind ausgetauscht worden war, und der jetzt irgendwo im Geheimen weiterlebte.

Aber das war in der Königsfamilie ein offenes Geheimnis, und man hätte damit auch eher den jeweiligen König, also Charles X. oder später ihren Mann, erpressen können, deren Regentschaft bei einem nachweislichen Überleben Louis' XVII. ungültig gewesen wäre. Aber genau die Drohung Madame de Soucys, Charles X. und ihren Mann zu informieren, veranlasste die Herzogin zu weiteren Zahlungen. Lavergne, der sich im Sommer 1833 mehrfach ergebnislos mit dem Sekretär der Herzogin traf, drängte auf eine rasche Einigung »im Interesse unserer lieben Prinzessin«, wie er süffisant bemerkte, damit sie nicht weiterhin Angst haben müsse durch Briefe, die »Ihr wisst es genau, noch viel schlimmere Dinge verursachen könnten«.[8] Aber erst, als er der Herzogin drohte, den König und ihren Mann über das Geheimnis zu informieren[9], wurde der Marquise am 2. Juli die Summe von 500 Francs in Gold ausgezahlt unter der Bedingung, »dass ich nicht mehr von ihr reden höre, nicht von ihr, nicht von dem Buch, nicht von dem Arzt«.[10]

Es konnte also nur etwas sein, was die Herzogin ganz persönlich betraf. War es eine verheimlichte Schwangerschaft, eine Vergewaltigung im Temple? Auch darüber hatte es bereits in den Jahren 1793 und 1794 jede Menge Spekulationen gegeben, es ist aber kaum wahrscheinlich, dass dies 40 Jahre danach noch Anlass für eine Erpressung gegeben hätte. Denn schon 1793 hatte das Mitleid mit dem jungen Mädchen im Temple überwogen.

Schon am 7. 10. 1833 erreichten die Herzogin weitere, diesmal ganz konkrete Forderungen der Erpresser: eine Pension für die Marquise de Soucy und den Titel eines »Arztes von Madame de Dauphine« für Lavergne. Sie lehnte empört ab, zahlte aber weiter. Am 20.5.1835 schließlich rechtfertigte Lavergne sich und die Marquise erneut damit, dass es nur darum ginge, »Mittel zur Existenz« zu bekommen und Ersatz für den entgangenen Verdienst.[11]

Es wäre wohl einfacher gewesen, die verlangte Pension für die Marquise zu zahlen und dem Arzt seinen Titel zu geben, aber das wäre dann ein offizieller Vorgang geworden, den sowohl die Herzogin als auch ihr Sekretär vermeiden wollten. So blieb es bei Einzelzahlungen, die den beiden Erpressern aber nicht ausreichten. Am 7.2.1836 schrieb Lavergne genervt an den Sekretär, ob er sich bewusst wäre, dass es sich bei dieser Angelegenheit um die größte Affäre handle, die dieser jemals für die Herzogin verhandelt habe. Das habe er ihm seit vier Jahren immer wieder gesagt; »Eure Ruhe in Bezug auf diese Affäre könnte den Ruf der Republik in Europa auf das Kolossalste demolieren, wenn diese Angelegenheit in anderen Händen läge als den meinigen«. Vielleicht sei es aber doch besser, wenn man das Manuskript öffentlich mache, zum Beispiel in den Tuilerien oder den Champs-Élysées. Dort säßen Männer, die diese Angelegenheit sicherlich besser zu verfolgen wüssten.

Das war die offene Drohung, das Geheimnis aus dem *Mémoire* an die Regierung weiterzuleiten, was ganz deutlich zeigt, dass es sich keinesfalls um eine Privatsache handelte, wie etwa eine Schwangerschaft vor 40 Jahren, sondern um eine Staatsangelegenheit, die auch 1836 noch ungeheuren Schaden anrichten konnte.[12]

1837 forderte Lavergne 34 000 Francs für die Übergabe des Originalmanuskripts an die Herzogin. Sie war empört über die Höhe der Summe, wollte nur 10 000 geben, zahlte aber am Ende doch die gesamte Summe. »Dieser Arzt ist ein Elender, der nur Geld will und die Impertinenz hat zu verweigern, was man ihm gibt. Er verdient gar nichts. Trotzdem, da er das Papier zurückgegeben hat, und Ihr ihm bereits 24 000 Francs versprochen habt, wünsche ich, dass Ihr ihm die restlichen 10 000 Francs, die übrig bleiben, auszahlt«, schrieb sie an ihren Sekretär. »Ich werde meinen Bankier anweisen, die Summe Euch zu überweisen, aber danach will ich diesem Mann nichts mehr geben und nichts von ihm hören. Was das Geschriebene anbetrifft, könnt Ihr es verbrennen, wie Ihr wollt.«[13]

Aber Doktor Lavergne hatte keinesfalls das Original übergeben, sondern nur eine Kopie, und so ging die Erpressung weiter: Am 20. November 1845 schrieb er, der nach dem Tod Madame de Soucys im April 1841 alleiniger Besitzer des Dokuments war, dass er alle Unterlagen über die Verhandlungen der letzten zehn Jahre aufbewahrt habe: Briefe, handschriftliche Zettel des Sekretärs mit Vorschlägen für Treffpunkte und dann natürlich eine Abschrift des Dokuments. Das alles sei der »Beweis dafür, was ich getan habe, um das Thema dieser langen Verhandlungen in der Dunkelheit zu lassen«. Er sei aber immer noch bereit, das Manuskript zu verbrennen. Er bekam weitere 10 000 Francs und noch mal 1 000 im Juli 1847, sogar von einer Rente war die Rede. Die Erpressung endete erst mit dem Tod der Herzogin.[14]

Die Marquise de Soucy hatte ihr brisantes Manuskript Anfang 1796 aber nicht allein angefertigt, sondern zusammen mit dem Kammerdiener Hue auf der Fahrt zwischen Hüningen und Wien, die sie gemeinsam in einer der Kutschen zurücklegten. Als sie Ende Januar 1796 Wien verlassen musste, nahm sie es mit nach Regensburg, wo sie ihre Schwester, Madame de Bombelles, besuchte, deren Mann Gesandter beim Reichstag war.

Madame de Bombelles schreibt im April 1796 an den Kammerdiener Hue, der sich noch in Wien aufhielt: »Die Marquise de Soucy hat uns während ihres Aufenthaltes von dem Tagebuch erzählt, das Ihr und sie über Eure Fahrt angefertigt haben.« Man habe einen Auszug gemacht und an Louis XVIII. nach Verona geschickt. Das Original bleibe bei der Marquise de Soucy. Sie habe mit ihr abgesprochen, dass sie während und nach ihrer Rückkehr niemandem davon erzählen solle. Sie sei überzeugt, dass die Marquise in diesem Punkt auch auf Hues

Meinung Rücksicht nehmen werde und »auf den ausdrücklichen Befehl, den ich ihr im Hinblick auf das Geheimnis gegeben habe, und dies auch noch mal vor Kurzem, da ich eine sichere Gelegenheit hatte, meiner Mutter [Madame de Mackau, Anm. d. Autorin] zu schreiben und es ihr durch den spanischen Botschafter in London, den Chevalier las Casas, mitzuteilen, der Frankreich auf dem Weg nach Italien durchqueren wird. Er ist ein enger Freund der Familie, und ich kann auf ihn zählen, sowohl was seine Beflissenheit als auch seine Vorsicht angeht.«[15]

Madame de Mackau, die wegen ihrer Krankheit nicht nach Wien mitreisen konnte, hatte sich aus Paris auf die Besitzungen ihrer Familie in der Nähe von Straßburg zurückgezogen. Das »Geheimnis«, das ihre Tochter, die Marquise de Soucy, und Hue auf der Fahrt nach Wien entdeckt hatten, war Mitte 1796 auch in Straßburg angekommen.

Hue hatte sich zu diesem Zeitpunkt in Wien längst Kardinal de La Fare anvertraut, dem offiziellen Vertreter Louis' XVIII., der ihm beim Schreiben seiner Memoiren half und den er fast täglich sah.[16]

Dass der Kardinal auch Ludwig XVIII. informiert hat, geht aus einem Brief vom 22.1.1796 an Freiherrn von Flachslanden hervor, in dem er schreibt: »Madame de Soucy, die nach Basel reist, wird nicht nach Frankreich zurückkehren, solange dazu keine unbedingte Notwendigkeit besteht…Diese Dame weiß alles, was Hue weiß. Ihre Majestät könnten eine vertrauenswürdige Person nach Basel schicken und sie beauftragen, mit ihr über alle Punkte zu sprechen, die von Interesse sein könnten.«[17]

Für den Kardinal eröffneten sich durch das ihm mitgeteilte Geheimnis ganz ungeahnte Möglichkeiten, was die Kontrolle der Prinzessin anging, denn er war in vielen Punkten unzufrieden mit ihr und machte daraus auch kein Hehl. In einem Brief an die Erzherzogin Maria Anna in Prag beklagt er sich, dass sie sich zu wenig für die Royalisten interessiere: »Mit einem Wort, ihr Herz sollte angefüllt sein mit Besorgnis für die royalistische

Sache, einer Besorgnis, die bei jeder Gelegenheit sichtbar sein müsste.«[18]

So unzufrieden de La Fare in vielem auch war, in einem Punkt erfüllte die Prinzessin alle Erwartungen: Sie hielt an der von den Bourbonen geplanten Hochzeit mit dem Thronfolger Louis XVIII., dem Duc d'Angoulême, fest. De La Fare schrieb an den Freiherrn von Flachslanden, »dass Ihre Majestät in diesem Punkt das größte Vertrauen in Madames Gefühle und die Reinheit ihrer Motive setzen kann«.[19] Falls sich das aber ändern sollte, habe er die Mittel in der Hand, »ihr zu helfen, diese Qualitäten auch beizubehalten, wenn sie so eine Unterstützung brauchen sollte, aber mit einer Einstellung wie der ihren wird das wohl nie nötig sein«.

Welches war nun das »Mittel«, das die Prinzessin zum Wohlverhalten veranlassen sollte?

In einem Brief an Baron de Charlet schreibt der Arzt Lavergne im Juli 1847: »Wenn ich in den ersten Tagen, als ich von der Affäre erfuhr, dies der Regierung verkauft hätte, hätte ich beachtliche Summen bekommen.«[20]

Um welches Geheimnis handelt es sich, für das die Regierung unter dem Bourbonen Louis Philippe Unsummen bezahlt hätte und von dem offenbar auch andere Personen wussten, die es aber – aus welchen Gründen auch immer – verschwiegen?

Merkwürdigkeiten rund um den Austausch in Hüningen

❦

> »Ich leide wahre Qualen beim Gedanken, dass diese Schurken sich erlauben, ein junges Mädchen auszuliefern, das überhaupt nicht die Tochter meiner Schwester ist«,

schrieb Maria Karolina, die Königin von Neapel, im Januar 1796 an die Marquise von Osmond.[1] Verstärkt wurde diese Sorge noch durch den Bericht des neapolitanischen Botschafters Marquis de Gallo in Wien, der kurz nach der Abreise der Kutschen von Hüningen nach Wien die französischen Unterhändler in Basel getroffen hatte und alarmierende Berichte nach Wien und Neapel lieferte.[2]

Die Sorge Maria Karolinas war keinesfalls unbegründet. Auch der englische Agent Lord Wickham erhielt von seinen Informanten beunruhigende Berichte über merkwürdige Vorfälle rund um den Austausch der Madame Royale: Lord Macartney, der englische Gesandte am Hof Louis' XVIII., hatte am 5. Dezember 1795 aus Verona an Wickham geschrieben, dass Madame Royale schon aus Paris abgefahren, aber auf dem Weg durch das Elsass krank geworden sei, sodass man nicht wisse, wann sie nun in Freiheit gesetzt würde. Einen Tag später schreibt er: »Uns wurde gesagt, dass der Bericht, dass Madame Royale krank ist, falsch war und dass sie immer noch in Paris ist.« Der Lord findet es sehr merkwürdig, dass man so viele widersprüchliche Nachrichten bekommt. Er ist sicher, dass sie »mit Eifer ausgestreut werden …, aber es ist noch nicht erkennbar, zu welchem Zweck«.

Wickham war als Vertreter Englands von seinem Studienfreund Lord Grenville, Staatssekretär im Auswärtigen Amt in London, nach Basel geschickt worden. Er wurde »das Haupt der ganzen von England auf dem Kontinent organisierten antirevolutionären Bewegung; in seinen Händen liefen die Fäden zusammen, welche die gemeinsame Aktion der Mächte zu Land und zur See mit den Unternehmungen der Emigranten und der royalistischen Verschwörungen, auch mit den Aufständen im Innern Frankreichs, zu einheitlicher Wirkung bringen sollten, und dementsprechend flossen ungeheure Geldmengen durch seine Hände«.[3] Seine Agenten saßen in der Schweiz, in Paris, in Straßburg, in der Franche-Comté, Lyon, der Bretagne und der Vendée. Er korrespondierte mit den Regierungen in Wien, Berlin, Turin, Venedig und den anderen europäischen Staaten. Ab Mitte 1795 wurde er bevollmächtigter Minister in der Schweiz mit der Hauptaufgabe, die revolutionäre Regierung in Frankreich zu stürzen und die Monarchie wiederherzustellen. Im Einverständnis mit dem Wiener Hof sollte das Emigrantencorps des Prinzen Condé mit englischem Geld wieder aufgebaut werden. Er hatte auch entlang der Rheingrenze einen Agentenring gebildet mit der Zentrale in Basel.

So war er sehr gut über alles informiert, was sich im Umkreis dieser Stadt abspielte. Am 5. Januar 1796 schreibt er an die englische Regierung: »Der Prinz Condé hat mich gefragt, ob der Kanton Bern der Prinzessin Asyl gewähren würde, falls sie während ihrer Reise in Basel flüchten wolle.« Er habe ihm geantwortet: »Er sei überzeugt, dass jeder Staat stolz sein würde, eine Prinzessin vom Hause Bourbon zu empfangen«, aber dass es für sie besser wäre, nach Wien zu gehen, als ihre Zeit in irgendeiner »langweiligen Sonntagsgesellschaft« zu verbringen. Er habe auch ein Gespräch zwischen dem Comte d'Avaray, einem Vertreter Louis' XVIII., und M. Duverne de Presle mitgehört, in dem es darum ging, die Prinzessin in die Vendée zu bringen. Bayard habe ihm vor seiner letzten Fahrt nach Paris gesagt, dass M. d'Avaray mit ihm darüber gesprochen habe.[4]

Nach dem Austausch am 25.12.1795 schreibt der französische Beauftragte Bacher an den Außenminister einen Abschlussbericht, in dem er sehr ausführlich über die Verärgerung spricht, die der österreichische Verhandlungsführer Freiherr von Degelmann darüber äußerte, dass Madame de Tourzel nicht wie vereinbart mitgekommen sei.[5] Er habe sogar geäußert, »dass dieser Vorfall die Verhandlungen aufs Spiel setzen würde, zumindest aber den geplanten Austausch verzögern würde«. Nur mit Mühe habe Bacher ihn davon überzeugen können, anstelle von Madame de Tourzel Madame de Soucy zu akzeptieren.

Nach monatelangen Verhandlungen wollten die Österreicher den ganzen Austausch kippen, nur weil Madame de Tourzel nicht mitgekommen war? Warum legten sie so viel Wert darauf? Sicher, sie war als Oberhofmeisterin vorgesehen, was übrigens die Annahme widerlegt, die Österreicher hätten alle Franzosen aus der Nähe der Prinzessin entfernen wollen.

Aber sie war vor allem die Einzige, die Marie Thérèse nicht nur von früher kannte, sondern auch bis vor ein paar Wochen noch im Temple gesehen hatte. Die Einzige, die hätte bestätigen können, dass es die ausgelieferte Prinzessin aus dem Temple war. In einer Zeit, in der es weder Personalausweise noch Fingerabdrücke oder Fotos gab, war ein persönliches Zeugnis die einzige Garantie für die Identität einer Person.

Madame de Tourzel war als treue Royalistin bei Hofe in Wien und in Neapel bekannt, also vertrauenswürdig. Madame de Soucy aber, auch wenn sie die ehemalige Untergouvernante der königlichen Kinder gewesen war, wurde mit Misstrauen betrachtet. Man wusste, dass ihr Bruder im Dienst der Republikaner stand. Und selbst wenn sie Royalistin gewesen wäre, hätte sie die Identität Marie Thérèses nicht wirklich bestätigen können, denn sie hatte sie im Juli 1792 das letzte Mal gesehen.

Man bewegte sich in einer Zeit, in der jeder unter falschem Namen reisen konnte und es auch tat – Fürsten machten das seit Jahrzehnten, um sich in Kurorten jenseits der Etikette erholen oder um ohne Aufsehen reisen zu können. Auch Marie

Thérèse und ihr Gefolge waren unter falschem Namen nach Hüningen gekommen. Und die spätere Herzogin von Angoulême lebte in Mitau, England und Österreich inkognito unter falschem Namen.

Weder Bacher noch de Gavre kannten die Prinzessin, von den Mitreisenden hatte nur Gomin sie in den letzten Wochen gesehen. Wer garantierte denn, dass die Franzosen die Richtige auslieferten? Sie befanden sich mitten im Krieg mit den Österreichern.

Niemand der am Austausch direkt Beteiligten konnte mit Sicherheit sagen, ob die junge Frau, die übergeben wurde, tatsächlich Marie Thérèse Charlotte de Bourbon war. Jeder ging davon aus, dass es so war.

Aber war es so?

Am 19.1.1796 schrieb Wickham an Lord Grenville: »Der [Wiener, Anm. d. Autorin] Hof wurde sicherlich informiert, dass es die größte Indiskretion gegeben hat bezogen auf die Reise der Prinzessin und die Absichten des Kaisers, von allen Personen, die direkt mit dem König [Louis XVIII., Anm. d. Autorin] zu tun haben, ebenso vom Prinzen Condé und den wichtigsten Personen in seinem Umfeld. Aber das ist noch nicht alles. Die gleichen Personen planen alle Arten von unnützen und unpraktikablen Projekten, um zu verhindern, dass die Prinzessin das Territorium des Kaisers erreicht. Bayard wird Eurer Lordschaft davon vertraulich berichten und kann mehr Informationen geben als sonst jemand. Ich schenkte all dem zu der Zeit wenig Aufmerksamkeit, aber ich muss leider sagen, dass ich jetzt guten Grund zu der Furcht habe, dass der Hof zu Wien über alles genau informiert war, was geplant war, und auch über die indiskrete Sprache, die benutzt wurde.«[6]

Während beim Austausch in Hüningen nach außen hin alles seinen offiziellen Gang ging, geschahen hinter den Kulissen merkwürdige Dinge:

Da ist zunächst mal der Vorfall im Gasthof »Zum Raben« in Basel auffällig, wo die Prinzessin am 24.12.1795 ankam. Sie und ihre Begleiter waren die einzigen Gäste, alle anderen hatten das Haus verlassen müssen. Marie Thérèse bewohnte das Appartement mit der Nummer 10 im ersten Stock. Sie blieb den ganzen nächsten Tag in ihrem Zimmer und schrieb Briefe.[7]

Den Eingang bewachten Soldaten. Trotzdem gelang es, wie viele Zeugen berichten[8], einer jungen Frau, als Dienerin verkleidet, an den Soldaten, die strikte Anweisung hatten, niemanden durchzulassen, ins Haus zu gelangen. Dies ist nur zu erklären, wenn es eine offizielle Anweisung dafür gab. Der Vorwand, sie wolle eine Karaffe Wasser zu Madame bringen, ist zu fadenscheinig.[9] Immerhin wird dieser Vorfall von allen berichtet, was ja schon zeigt, dass er außergewöhnlich und gegen die Vorschriften war.

Wer war diese Person und was wollte sie bei Madame Royale?

Am 16.1.96 schrieb Hue in einem seiner ersten Briefe aus Wien an seine Frau: »Meine Freundin, ich habe in keiner Weise das erwartet, was passiert ist … Im Gegenteil waren die Befehle so erteilt, damit die Person alleine ankam, man ließ uns sie ignorieren; wir wurden erst instruiert in dem Moment, als keine Zeit mehr war, einen Rückzieher zu machen. Erst nachdem die ersten Momente verstrichen waren und als es uns möglich war, uns über unsere wahre Lage im Klaren zu werden, hatten wir uns beschwert, so wie es sich gehört; es gab nur beruhigende Parolen, die mich nicht trösten konnten, denn die Lüge allein, die der erste fatale Eindruck war, kann zerstören.«[10]

Eine weitere Merkwürdigkeit war die Sache mit den Koffern. Die Kutsche, in der der Kammerdiener Hue aus Paris angereist war, hatte auch die beiden großen Schrankkoffer mit dem Gepäck der Prinzessin mitgebracht, unter anderem die Kleider, die in wochenlanger Arbeit extra für Marie Thérèse angefertigt worden waren und die seit dem 17.12.1795 bereitstanden. Da gab es ein Kleid aus weißer Seide, eines aus Moiré-Seide, aus rosa Samt, Bänder, Hüte, eben eine ganze Aussteuer, die sich das Direktorium einiges hatte kosten lassen.

In seinem Brief an den Außenminister vom 28.12.1795 berichtet Bacher von einer »privaten Unterredung mit Madame de Soucy«. Madame de Soucy teilte ihm mit, dass ihr Schützling und sie in solcher Hast Paris verlassen mussten, dass sie keine zusätzliche Kleidung mitnehmen konnten. Sie bäten um eine Schneiderin, damit sie ihre Koffer nicht auspacken müssten.[11]

Dies stimmt definitiv so nicht. Vielleicht wurde Madame de Soucy genau wie Hue erst 30 Stunden vor der Abreise informiert, Madame Royale wusste aber längst vom geplanten Austausch. Im Gegenteil, sie sollte ja schon viel früher abreisen und hatte für ihre Aussteuer wochenlange Anproben hinter sich. Warum also neue Kleider?

Vor der Abreise ließ die Prinzessin außerdem die für sie in Paris hergestellten Koffer mitsamt der Aussteuer an Bacher zurückgeben. Sie könne sie nicht annehmen, ließ sie erklären. Merkwürdig, denn in Paris hatte sie die Kleider akzeptiert. Und die neuen Kleider hat sie ja auch von Bacher bezahlen lassen, der wegen der nicht eingeplanten Kosten extra einen Rechtfertigungsbericht nach Paris senden musste: »Bürgerin Soucy (hat) mich gebeten, ihr von Basel eine Putzmacherin zu schicken (Mademoiselle Serini), von der sie für sich und ihren Schützling einen Mantel, einige Hauben und Hüte, Tücher, Schals anfertigen ließ, für die nicht bezahlt wurde, da die Damen kein Geld hatten.«[12]

Bacher erklärte das alles offiziell mit einer Vorschrift Österreichs, nach der ausländische Prinzessinnen bei der Übergabe vollkommen entkleidet würden. Dies war aber wie in Frankreich nur der Brauch, wenn eine Prinzessin heiratete. Dann musste sie neben ihrem gesamten alten Hofstaat auch ihre Kleider an der Grenze zurücklassen. In diesem besonderen Fall aber war Madame de Tourzel sogar am Wiener Hof als neue Oberhofmeisterin vorgesehen, und alle Begleiter der Prinzessin durften nach Wien mitreisen. Hue und Cléry bekamen noch im selben Monat vom Kaiser eine kleine Pension angewiesen. Von einem Zurücklassen der Kleider war erst recht nirgendwo die Rede. Sinnvoll erscheint die Geschichte nur, wenn man annimmt, dass die angefertigten Kleider einer Austauschperson nicht passten. Es wäre in Wien sofort aufgefallen, wenn zwei Koffer mit teuren, neu angefertigten Kleidern der Prinzessin die falsche Größe gehabt hätten.

In seinem Brief an den Außenminister schrieb Bacher, dass Madame de Soucy ihm gesagt habe, dass ihr Schützling den Minister Degelmann darum bitten würde, keine Emigranten sehen zu müssen. Wollte sie nicht gesehen werden?

Es heißt bei vielen Historikern, es sei ein Befehl der Österreicher gewesen, alle Emigranten fernzuhalten. Sicherlich hatte man auf österreichischer Seite ein Interesse daran, die Prinzessin ohne größeres Aufsehen erst einmal nach Wien zu bringen. Abgesehen davon, dass das nicht ganz gelungen ist, denn es haben einige, unter anderem ein Offizier aus der Armee von Condé, mit ihr sprechen können, deckte sich dies Interesse offenbar durchaus mit dem der Prinzessin, sich nicht zu vielen Menschen zu zeigen.

Am 15.2.1796 wurde in der *Gazette de France* ein Bericht aus Wien vom 23.1.1796 abgedruckt, in dem es heißt, »ein junges Frauenzimmer« sei in Wien aufgetaucht und hätte behauptet, die »kürzlich hier eingetroffene Prinzessin sei eine untergeschobene Person. Sie wurde von der Polizei verhaftet.«[13]

Hatte die Königin von Neapel mit ihrer Angst am Ende Recht, dass es gar nicht ihre Nichte war, die nach Wien reiste? »Die Abschiebung von Madame de Tourzel und die Intrigen aller Art geben mir genügend Gründe, das zu befürchten, und daher bin ich außer mir«, schreibt sie im Januar in ihrem Brief an ihre Freundin.[14]

Wochen des Misstrauens in Wien

❦

»Ich wollte sie immer zu mir holen,
aber so ist es vielleicht besser«,

schrieb am 11.8.1795 Maria Karolina an ihre Tochter, die österreichische Kaiserin, als sie erfuhr, dass ihre Nichte nach Wien
und nicht nach Neapel kommen würde. »Man muss ihr in allen
Punkten mit Mitleid und Erbarmen entgegenkommen. Wenn
sie geblieben ist, was sie sollte, wäre es ein wahres Wunder, so
verlassen, wie dies arme Kind gewesen ist ... sie kann immer
noch etabliert werden, und der Sohn des Comte d'Artois oder
der Enkel von Condé würden ihr gleichermaßen passen, ich
habe ein solches Mitleid mit der jungen Person, dass ich es
kaum sagen kann. Ich schmeichle mir zu sagen, dass sie Euch
nicht zur Last fallen wird. In jedem Fall solltet Ihr wissen, dass
sie in Neapel eine Mutter finden wird. Ich denke, dass es sehr
weise wäre, es [mögliche Schwangerschaft, Anm. der Autorin]
nicht auszubreiten, ihr Unglück verteidigt sie. Ich empfehle sie
Eurer Freundschaft. Ihr und ich, wir sind Mütter.«[1]

Bis zu diesem Zeitpunkt war es die Sorge über eine Schwangerschaft, wie sie bereits seit 1794 immer wieder von verschiedenen Seiten vermutet wurde. Dieser Verdacht löste in Maria
Karolina aber nur Wut auf die Franzosen und unendliches
Mitleid mit ihrer Nichte aus, die sie vor den Folgen schützen
wollte, indem sie sie bei sich wie eine Mutter aufnahm.

Bereits seit Anfang 1795 hatte sie einen Spion in Basel
stationiert, der sie zweimal pro Woche über den Stand der Verhandlungen zunächst mit den Spaniern informierte, die sich ja

auch um eine Auslieferung bemühten. Diese Person hatte auch im Oktober 1795 einen Brief von ihr an Marie Thérèse in Paris übergeben, in der sie die Nichte aufforderte, unter Eid dem Kaiser alles zu sagen, was passiert sei.[2]

Nach den ersten Berichten über den Austausch am 25. 12. 1795 hatte die Tante aber eine ganz andere Sorge: War es überhaupt die richtige Prinzessin, die auf dem Weg nach Wien war?

Verstärkt wurde das Misstrauen durch die Nachricht aus Basel, dass Madame de Tourzel nicht mitgekommen war, es also keine Person gab, der man in Bezug auf die Identifikation der Prinzessin vertrauen konnte. Man darf nicht vergessen, dass sich Österreich und Frankreich im Krieg befanden und man den Republikanern in Frankreich jedes Verbrechen zutraute. Maria Karolina spricht in ihren Briefen an ihre Tochter, die österreichische Kaiserin, immer nur von den »Canaillen«, »Schurken« oder »Monstern«, wenn sie die französische Revolutionsregierung meint.

Am 9. 1., dem Tag der Ankunft der Kutschen in Wien, schrieb Maria Karolina einen seitenlangen Brief an ihre Tochter: »Nun wird das arme französische Waisenkind kurz vor Wien sein. Ich empfehle es Eurer Güte ... Ich empfinde ein besonderes Gefühl für diese junge Person. Sagt mir, wie Ihr sie findet. Madame de Tourzel begleitet sie nicht mehr ...« Nach allem, was sie gehört habe, sei die Prinzessin sehr liebenswert und ihrem Alter voraus, wenn auch ihre Erziehung seit fünf Jahren sehr gelitten habe. Außerdem mache sie sich Sorgen um ihre religiöse Erziehung, die in den letzten Jahren zerstört wurde und die in Wien verstärkt aufgenommen werden müsse.

Und dann kommt sie auf ihre eigentliche Sorge zurück: »Ich vertraue darauf, was Ihr mir sagt: dass sie bestimmt die Tochter meiner Schwester ist und die Elenden meine Schwester nicht verraten haben. Man muss sie aber nach Anekdoten ausfragen, Dinge, die passiert sind, als sie alleine mit ihrer Mutter ... war, um zu sehen, ob sie solche weiß, damit wir sichergehen, dass wir nicht getäuscht werden.«

In diesem Brief wird auch ein erstes Misstrauen gegenüber Madame de Soucy ausgesprochen: Man solle ihre Nichte keinesfalls durch Madame de Soucy prüfen lassen, die einen zweifelhaften Charakter haben müsse, da sie die Erlaubnis erhalten habe, in Frankreich zu bleiben [während der Revolution, Anm. d. Autorin]. Man müsse sie gut beobachten.[3]

Am 12.1.1796 schickte Maria Karolina an ihre Tochter in einem *Mémoire* die Ergebnisse ihrer Nachforschungen über Madame de Soucy. Sie betont, dass diese wie ihr Bruder und ihr (verstorbener) Mann Anhänger der Republik sei: »Es sei nicht schwer, die Motive der Republikaner zu erraten, die dazu geführt haben, Madame de Soucy anstelle von Madame de Tourzel zu wählen.« Die eine sei Royalistin, die alle Details des Horrors kenne, die vor und während des Todes Ihrer Majestäten stattgefunden hatten. Es hätte daher im Interesse dieser »Schurken« gelegen, Madame Royale von jemandem ihrer Partei begleiten zu lassen.[4]

Im Haus- und Hofarchiv zu Wien liegen die Briefe der Königin Maria Karolina an ihre Tochter und die Berichte des Botschafters Gallo. Außerdem befinden sich in einer dicken Polizeiakte die Abschriften aller Briefe, die von Januar 1796 bis Anfang 1797 von Madame de Soucy, Hue, Cléry, den Agenten Louis' XVIII., den Bourbonenprinzen, Louis XVIII., den Emigranten und Marie Thérèse verfasst wurden, sorgfältig kopiert von Geheimpolizisten, bevor sie an die Adressaten weitergeleitet wurden. Madame de Soucy wurde während ihres Aufenthalts im Januar 1796 in Wien rund um die Uhr vom Geheimdienst überwacht.[5]

Bei der Ankunft in Wien traf das geballte Misstrauen des österreichischen Hofes die französische Begleitung völlig unvorbereitet. Immerhin hatte die Prinzessin noch von Laufenburg aus den Kaiser gebeten, diese gut zu behandeln, denn sie hätten viel auf sich genommen, um ihr zu folgen.[6]

Voller Entsetzen schrieb Hue an einen Bekannten in Mülhausen: Er habe sich sehr geehrt gefühlt, mit Madame Royale nach Wien reisen zu dürfen. Doch in Wien habe er einen Schlag bekommen, der ihn »fast das Leben gekostet hätte«. Er dürfe die Prinzessin auf kaiserlichen Befehl nicht sehen, müsse in einer Herberge in der Nähe des Schlosses wohnen.[7]

Auch Madame de Soucy war über die frostige Behandlung erstaunt und schrieb einige Stunden nach der Ankunft an ihre Schwester in Regensburg: »Wir sind, liebe Freundin, vor einigen Stunden angekommen: Ich habe sofort erfahren, dass die Franzosen in der nächsten Zeit unsere Prinzessin nicht sehen werden.« Sie spricht von ihrer baldigen Abreise, da es keinen Sinn habe zu bleiben, wenn sie sie doch nicht sehen dürfe.[8]

Dabei hatte Madame de Soucy durchaus Unterstützung durch ihre Familie, damit ihr Aufenthalt in Wien gelinge. Vor allem ihre Schwester, Madame de Bombelles, deren Mann beim Reichstag in Regensburg als Gesandter tätig war, und die mit der Königin von Neapel sehr gut bekannt war, setzte all ihre Beziehungen ein: Sie empfahl ihrer Schwester, bei der Kaiserin von der Königin von Neapel zu sprechen, »der wir unsere ganze Existenz verdanken, spreche von unserer Dankbarkeit«. Ihr Mann schreibe auch an den Kaiser und empfehle Madame de Soucy, denn sie befürchteten, dass man am Hofe Madame de Tourzel nachtrauern werde.[9]

Bereits einen Tag später, am 4. 1., schreibt sie ihr erneut, dass sie über ihre Freundinnen Kontakt zu Madame de Dombal, der Erzieherin der Erzherzoginnen, aufgenommen habe, damit ihre Schwester in Wien gut behandelt werde. Sie meint, die Prinzessin solle unbedingt einen Brief an ihre Tante in Neapel schreiben. »Ich weiß nicht, ob Madame weiß, dass diese gute Königin alles getan hat, um Madame zu ihr zu holen; dass sie für ihre charmante Nichte jede nur denkbare Zärtlichkeit empfindet, daher ist es nur schicklich, wenn deine Prinzessin ihr ihre Dankbarkeit in deutlichen Worten zeigt, was auch der Kaiserin große Freude machen wird, die in ihre Mutter das größte Vertrauen setzt.« Die Schwester solle aber größtes Schweigen über das Verhalten des Bruders wahren und eine

Sprache benutzen, die keinen Verdacht über ihre politischen Prinzipien aufkommen lassen könne. Denn man sage, dass Madame de Tourzel zurückgewiesen wurde, weil sie eine zu gute Royalistin sei, und dass »du ausgewählt wurdest, damit du nach Frankreich berichtest, was in Wien passiert«.[10]

Trotzdem traf das Misstrauen des Hofes vor allem Madame de Soucy, die sich daraufhin beim Oberhofmeister der Prinzessin beklagte: Sie müsse sich zum ersten Mal für die Reinheit ihrer Gefühle rechtfertigen. Sie sei von Madame Royale gebeten worden, sie zu begleiten, genau wie die anderen Franzosen. Das würde auch in ihren Pässen stehen. Madame Royale habe gerade sie ausgewählt, weil sie sie in ihrer Kindheit besonders geliebt habe. Das mache die Verleumdung gegen sie lächerlich. Sie wolle unverzüglich zu ihrer Familie nach Paris zurückfahren, sobald ihr Sohn nachgekommen sei.[11]

Wie verwirrt man in Wien war, zeigen vor allem die widersprüchlichen Befehle in Bezug auf die französische Begleitung. Am 20.1. schrieb Hue an einen Bekannten: Er habe der Prinzessin das Opfer gebracht, seine Familie zurückzulassen, habe gedacht, er sei in Wien willkommen. Nun habe er den Befehl bekommen, die Stadt zu verlassen. Er sei tief enttäuscht.[12]

Bereits einen Tag später aber schickte er einen Brief nach Basel, um den österreichischen Gesandten Degelmann zu bitten, Meunier und den anderen Franzosen, die Madame Royale begleitet hatten und die sich seit dem Vortag auf dem Weg nach Basel befänden, zu sagen, dass er auf Befehl des Kaisers bleiben dürfe.[13] Die Einzige, die man in Wien unbedingt loswerden wollte, war Madame de Soucy, was sich zunächst mit ihrem eigenen Wunsch deckte.

Unterdessen nahm man in der Hofburg die angekommene Prinzessin genauer unter die Lupe. Die Briefe der österreichischen Kaiserin an ihre Mutter sind leider während der napoleonischen Kriege in Neapel verloren gegangen. So haben wir nur die Antworten Maria Karolinas auf die Briefe ihrer Tochter, um uns ein Bild zu machen, was in diesen Wochen und Monaten in der Hofburg los war. Neugier und Misstrauen, das durch das merkwürdige Verhalten der angekommenen Prinzessin noch verstärkt wurde, prägen diese Briefe. Am 23. 1. 1796 schrieb die Königin an ihre Tochter: »Ich bin sehr beeindruckt über die ersten Nachrichten, wie Ihr Eure unglückliche verwaiste Cousine findet. Ich denke, es ist vollkommen nützlich und nötig, ihr ohne Barmherzigkeit alles wegzunehmen, was in ihrer Umgebung französisch ist.« Sie gab Anweisungen, wie man sie vor allem religiös unterweisen solle. »Ich interessiere mich dafür, als ob sie mein eigenes Kind ist.«[14]

In einem Brief vom 26. 1. 1796 antwortete Maria Karolina auf einen Brief ihrer Tochter vom 11. Januar, also zwei Tage nach der Ankunft: »Ich gestehe, dass mir alles, was Ihr erzählt, überhaupt nicht gefällt … Man muss sie dazu bringen, viel zu reden und zu erzählen, um zu sehen, ob sie sich in ihren Reden widerspricht … wenn das so ist und diese Monster haben sie [die echte Prinzessin, Anm. d. Autorin] verloren, dann rate ich Euch, muss man mit ihr klar sprechen, sie ihr Unglück fühlen lassen und sie aus Mitleid in ein Kloster stecken, denn schließlich ist es nicht ihr Fehler. Ich fürchte all das, denn ihr Ton und diese betrügerische Entwicklung und Kaltherzigkeit machen mir Angst, dass sie in keiner Weise das ist, was sie sein sollte, denn ich verstehe sehr gut, dass sie tut wie ein Bär in Verzweiflung, aber trotzdem rate ich Euch, liebes Kind, Mitleid zu haben.« Man solle sie vor allem wieder an die Religion heranführen.[15]

Am 30. 1. hat Maria Karolina das erste Porträt der Prinzessin erhalten. Während sie sich in einem beigelegten Brief direkt bei dem jungen Mädchen, das als ihre Nichte gilt, bedankt und das Porträt lobt, findet sie im Brief an die Tochter andere Worte über ihre »unglückliche Nichte«[16]: »Ich wünschte, sie könnte sich beugen, aber vor allem sollte sie sein, was sie sein muss. Dieser große Mut, der dreiste Ton lässt mich zittern. Denn es liegt nicht in der Natur eines siebzehnjährigen Mädchens, vor allem nach all den Leiden scheint es mir, und das sollte man ganz klar sehen, um über ihren zukünftigen Aufenthalt zu entscheiden. Nach allem, was ich sehe und höre, scheint es mir, dass sie sich als Herrin ihrer selbst ansieht und glaubt, nur auf der Durchreise in Wien zu sein. Man muss ihr klarmachen, dass die, die die Gnade gehabt haben, sie aus dem Gefängnis und den Händen der Mörder ihrer Eltern zu holen, nun ein Recht auf väterliche Autorität über sie (haben), und das muss man ihr klarmachen, damit sie sanft und gehorsam wird.«[17]

Betrügerische Entwicklung, Kaltherzigkeit, dreister Ton, der Glaube, sie sei Herrin ihrer selbst? Dies alles passt nicht zu der Marie Thérèse, die sich in Hüningen in einem Brief an ihre geliebte Renète Chanterenne schüchtern und voller Angst über ihre Zukunft geäußert hat. Die nicht an Protest dachte, weil es sich nicht gehörte, weil sie wusste, dass sie gar nicht in der Position war zu protestieren.

Jetzt hört sich das so an in einem Brief an ihren Onkel Louis XVIII.: »Man beklagt sich, dass ich gefangen sei, weil ich niemanden sehe, aber ich bin es, die gebeten hat, alleine zu sein, es schickt sich nicht, da ich in großer Trauer bin, und in meiner Lage, jemanden zu sehen. Jetzt, da meine Trauer an Ostern endet, werde ich einige sehen, aber das ist mein Wille, der Kaiser macht nichts, als was ich wünsche.«[18]

Woher auf einmal dies Selbstbewusstsein in einer ihr vollkommen fremden Umgebung? Drei Monate zuvor hatte sie sich noch gewünscht, irgendwo unerkannt unterkriechen zu können.

Die Prinzessin geht sogar noch weiter. Sie hatte ein ganz eigenes Interesse, ihre Begleitung loszuwerden, und handelte sogar eigenmächtig gegen den Willen des Kaisers, denn auf der Fahrt nach Wien wurde ihr Geheimnis gelüftet, das Madame de Soucy später zu ihrer jahrelangen erfolgreichen Erpressung verhalf.

Die Prinzessin schrieb bereits am 13.1.1796, also vier Tage nach der Ankunft in Wien, an Madame de Soucy, bedankte sich, versprach, dafür zu sorgen, dass sie ihre Auslagen zurückbekäme, und wünschte ihr eine gute Rückreise. Sie habe Madame

de Soucy von Anfang an gesagt, dass sie wegen der Kriegs-
situation wohl nicht vom Kaiser empfangen werden würde.[19]

Dies war eine glatte Lüge, denn Madame de Soucy wurde
Tage später durchaus vom Kaiser empfangen. Das Ziel der
Prinzessin war wohl, eine Begegnung mit dem österreichischen
Herrscher zu verhindern, aus Furcht, ihre ehemalige Unter-
gouvernante könnte etwas ausplaudern.

Das tat sie auch, allerdings nicht das Geheimnis, aber doch
die Absicht der Prinzessin, ihren französischen Cousin zu heiraten, was diese zusätzlich sehr empörte. »Wie konntet Ihr
so dumm sein und dem Kaiser von meinem Cousin d'Angoulême erzählen? Wer bat Sie, sich in meine Angelegenheiten zu
mischen, was ihn angeht?«, schrieb sie an Madame de Soucy.
Und sie fuhr fort: »Was Monsieur Hue angeht, er muss Wien
verlassen.« Er sollte in Verona ihren Onkel treffen und dann
zurückkommen.

Der dritte Brief an Madame de Soucy folgte schon am 30.1.:
»Madame, ich schreibe Euch, um Euch aufzufordern, unver-
züglich abzureisen. Wenn Ihr das nicht heute könnt, dann unter
allen Umständen morgen nach der Messe. Die Sache muss ein
Ende haben. Ich hoffe, Ihr habt eine angenehme Reise. Marie
Thérèse Charlotte de Bourbon.«

Nichts erinnert in ihrem Verhalten an das schüchterne Mädchen, das sie noch in Hüningen war. Jetzt kommandiert sie
Menschen herum, die nicht einmal mehr in ihrem Dienst standen. Wenn Hue Wien tatsächlich verlassen hätte, hätte er keinesfalls zurückkommen können, da er nicht den nötigen Pass
besaß.

Gegenüber Louis XVIII. rechtfertigte die Prinzessin ihr Verhalten so: »Ihr habt Euch beklagt, dass man Madame Soucy
zurückgeschickt hat, der Kaiser hat gedacht, er tue Euch einen
Gefallen; sollte er eine Frau dabehalten, die gebeten hat zu
gehen, eine Frau, die die Republik damit betraut hat, mir zu
folgen, sollte er eine Frau dabehalten, die ein Monster als Bruder hat?…Es war sie, die als Erste darum gebeten hat zu gehen.

Ich habe Hue und Cléry gesehen, aber zurzeit, da es nichts gibt, was sie mir zu sagen haben, ist es nicht nötig, sie zu sehen. Der Kaiser hat ihnen auf meine Bitten einen Betrag gewährt, ich möchte, dass sie glücklich sind, und ich tue mein Möglichstes, dass es so ist … Madame de Soucy erdrückt mich mit Briefen; sie macht eine Riesenaffäre, weil Hue und Cléry in Wien bleiben und sie ist abgereist; ich weiß nicht, ob Sie mit ihr zufrieden sind, aber ich finde, dass sie sich besser ruhig verhalten sollte, sie hat überhaupt keinen Geist und sie erzählt von jedem nur Schlechtes.«[20]

Am 27. Februar schickte Madame de Soucy an den Kaiser aus Regensburg einen Brief, in dem sie sich offiziell beschwerte, weil sie abreisen musste, die anderen aber nicht.[21]

Das Verhalten der Madame de Soucy erscheint auf den ersten Blick merkwürdig. Während sie anfangs freiwillig sofort abreisen wollte, hatte sie später Bedenken, ob sie überhaupt sicher nach Frankreich einreisen könnte. Aus einem Brief an ihre Schwester spricht Angst vor der Rückkehr nach Paris, die sie vorher nicht gehabt hat.[22] Auch anderen fiel ihr plötzlich zögerliches Verhalten in Bezug auf die Abfahrt auf. Kardinal de La Fare bemerkt verwundert in einem Brief an den Freiherrn von Flachslanden: »Madame de Soucy zögert ihre Abfahrt von einem Tag zum anderen heraus unter immer neuen Vorwänden.«[23]

Warum? Sie wollte doch selber abreisen. Erst als sie bemerkte, dass sie allein fahren sollte, da bekam sie Angst, dass sie sich womöglich auch allein vor der Regierung würde verantworten müssen für das, was passiert war. Zu dem Zeitpunkt ahnte doch niemand, wer für die Vertauschung verantwortlich war. Sie sollte Marie Thérèse begleiten, und nun war eine Falsche in Wien angekommen, ohne dass sie das verhindert hatte. Kein Wunder, dass sie auf einmal Bedenken hatte, vor allem, weil sie offenbar von den Österreichern als alleinige Schuldige behandelt wurde.

Daher versuchte Madame de Soucy, Hue und auch Cléry zur

Abreise zu bewegen. Hue beklagt sich in seinen Briefen an seine Frau, dass Madame de Soucy alles versucht habe, damit auch er und Cléry das Land verlassen müssten. »Sie ließ nichts unversucht, um mich zu zwingen, mit ihr abzureisen.«[24] Sie ging offenbar sogar so weit, ihn verführen zu wollen.

Die Geschichte dieser angeblichen Verführung erscheint in den Briefen Hues so absurd, dass man sich kaum vorstellen kann, dass es die gleiche Frau ist, die auf ihren Sohn wartet, um danach sofort wieder nach Frankreich zu ihrer Familie zurückzureisen, eine Frau, die nüchterne Einschätzungen der Lage in Wien an ihre Schwester schickt.

Die vorgespielte Verliebtheit ergibt nur Sinn, wenn sie zu einem bestimmten Zweck erfolgte. Hue benutzt dafür das Wort »comédie«, da er sich das erst in Wien auftretende Verhalten von Madame de Soucy auch nicht erklären kann. Sie benahm sich auf einmal so ganz anders als auf der Fahrt. Immerhin waren die beiden ja wochenlang zusammen unterwegs gewesen. Madame de Soucy wollte Hue durch ihr »verliebtes« Verhalten bei Hofe wohl unmöglich machen, wo sie als Republikanerin ohnehin in schlechtem Ruf stand, sodass auch er gezwungen wäre abzureisen. Dann wäre sie zumindest nicht allein in Paris, um Fragen zu beantworten. Erreicht hat sie allerdings nur böses Gerede wegen ihres Verhaltens.

Hue wollte von Anfang an nicht zurück nach Frankreich, »wo das Verbrechen mit so viel Dreistigkeit regiert«. Er sei in sechs Gefängnissen gewesen, er verachte sein Vaterland, schrieb er ganz zu Beginn seines Wien-Aufenthalts an einen Freund.[25] Und er war glücklich, als der Kaiser ihm am 20. 1. 1796 erlaubte, in Wien zu bleiben.

Aber dann geschah etwas Merkwürdiges: »Es sind, was mich betrifft, unglaubliche Dinge passiert«, erzählt Hue seiner Frau, er sei »fast vernichtet«. Zwei Stunden vor der Abfahrt von Madame de Soucy wurde er zur Prinzessin gerufen. Er müsse abfahren, sagte sie ihm ohne weitere Begründung. Er aber sei am Nachmittag in die allgemeine öffentliche Audienz des Kai-

sers gegangen, um ihn deswegen zu befragen. Der Kaiser wusste
von der Abreise nichts. »Sie wollen mich verlassen?«, habe er
gefragt und hinzugefügt, dass er dann auch die monatliche
Pension von 165 Francs verlieren würde, die er ihm ebenso wie
Cléry ausgesetzt habe. Hue habe ihm daraufhin erwidert, dass
er durch Madame Royale den Befehl bekommen und geglaubt
habe, er käme vom Kaiser. Der Kaiser aber befahl ihm, in Wien
zu bleiben.[26]

Das Interesse der Prinzessin, ausgerechnet die Personen loszuwerden, die offenbar ihr Geheimnis auf der Fahrt mitbekommen haben, ist auffällig.

Viele Zeitgenossen beobachteten in den nächsten Monaten
des Jahres 1796 eine Abkühlung zwischen dem Hof und der
»französischen Prinzessin«, wie sie nur noch genannt wurde.
Sie wird oft damit erklärt, dass die Prinzessin sich geweigert
habe, einen Erzherzog zu heiraten. Das aber war nach den eigenen Aussagen der Prinzessin gar nicht vorgesehen. Auch nicht
von Maria Karolina.

Die Ursache der zunehmenden Entfremdung lag darin, dass
man in Wien erkannt hatte, dass ihnen eine falsche Prinzessin
untergeschoben worden war. Doch was sollte man mit ihr
machen? In ein Kloster geben oder ihren Wunsch nach einer
Heirat mit dem Duc d'Angoulême erfüllen? Man tendierte zur
zweiten Option, wie die Briefe Maria Karolinas zeigen: Am
16.2.1796 schreibt sie an ihre Tochter: »Ich persönlich wünsche ihr, dass sie den Herzog von Angoulême heiratet, damit
französisch und französisch zusammenbleibt. Ich wünsche,
dass er in seine Rechte wieder eintritt. Wenn ich vier Töchter zu
Hause hätte, würde ich sie ihm nicht geben, auch wenn er
König von Frankreich wäre. Das Land und seine Einwohner
machen mich schaudern.«[27]

Und im April heißt es dann: »Sie läuft in ihren Ruin, und
diese verfluchten Emigranten verlieren sie ein zweites Mal. Was
will diese junge Person alleine in der Welt, ohne Staat, ohne
Güter? Es ist ein wahres Unglück, aber ich finde es natürlich,

dass Euer Mann sie dort hingibt, wo sie es möchte. Das ist eine großmütige Barmherzigkeit und wird durch Gott belohnt, auch wenn die schrecklichen Franzosen ihm [dem Kaiser, Anm. d. Autorin] Undankbarkeit zeigen.«[28]

Im November schließlich stellte sie erleichtert fest: »Ich bin erfreut, dass die kleine Französin sich besser benimmt.« Sie finde es gut, wenn sie den Sohn von Artois heirate. »Auf diese Weise bleibt das Geschlecht vereint zusammen.«[29]

Man hatte in Wien offenbar beschlossen, nach außen so zu tun, als sei alles in Ordnung. Was hätte man auch machen soll? Protestieren? Man wäre zur Lachnummer in Europa geworden. Immerhin hatte der Prinz de Gavre ja offiziell bestätigt, am 26.12.1795 die Tochter des letzten französischen Königs ausgehändigt bekommen zu haben. Sein ungutes Gefühl und seine Überlegungen, den ganzen Austausch abzublasen, weil mit Madame de Tourzel die einzige Person fehlte, die die Prinzessin zweifelsfrei hätte identifiziere können, hatten ihn nicht getrogen.

Nun war es zu spät. Und so nahm das Interesse der Österreicher, allen voran das der Königin von Neapel, am Schicksal der Prinzessin deutlich ab. Die Briefe Maria Karolinas stehen beispielhaft dafür. Während darin anfangs noch vom Wunsch die Rede war, als Ersatzmutter für Marie Thérèse zu sorgen, und sie sie ihre »Nichte« nennt, ist sie Ende 1796 »die kleine Französin«, die in den vorliegenden Briefen der Jahre 1797 und 1798 gar nicht mehr vorkommt. Selbst in den Briefen aus den Monaten von Januar bis Mai 1799 vor ihrer Abreise aus Wien und der immerhin anstehenden Hochzeit finden sich keine Erwähnungen mehr. In den Briefen, in denen es in den ersten Wochen des Jahres 1796 seitenlang nur ein Thema für Maria Karolina gab, herrscht am Ende der Wiener Jahre der Prinzessin Schweigen über sie.

Vorwürfe gegenüber der »kleinen Französin« hat es zu keiner Zeit gegeben. Schließlich hatte die Königin bereits bei den ersten Verdachtsmomenten in der Erkenntnis, dass auch die falsche Prinzessin nur eine für sie erdachte Rolle spielen musste, ihrer Tochter geraten: »Aber wenn sich das so erweist, dann rate Ich Euch, muss man mit ihr klar sprechen, sie ihr Unglück fühlen lassen und sie aus Mitleid in ein Kloster stecken, denn schließlich ist es nicht ihr Fehler.«[30]

Kammerdiener Hue zwischen Ehrlichkeit und Eigennutz

❧⊙⊱✦⊰⊙❧

»In diesem Frühjahr werde ich öfter nach Schönbrunn gehen, wenn Madame dort ist, und ich habe keine Angst mehr, mich ihr zu nähern, wie ich das im vergangenen Jahr hatte«,

schrieb der ehemalige Kammerdiener Hue zufrieden am 11.3.1797[1] an seine Frau in Paris. Ein Jahr lang hatte er in Wien unter entwürdigenden Bedingungen ausgeharrt. Seit dem 1. des Monats sei man höflich zu ihm, nicht affektiert, nicht befangen; er bemühe sich dementsprechend, bewahre aber die Erinnerung an seine Pein.

Die Frage, die sich nun allerdings stellt, lautet: Warum hatte er ein Jahr lang Angst, der Prinzessin zu begegnen, die er nach Wien begleitet hatte? Diese Frage lässt sich nur mithilfe der Korrespondenz zwischen Hue und seiner Frau in Paris beantworten, die in einer Akte der österreichischen Geheimpolizei zu finden ist. Er schickte die Briefe über das Büro des französischen Gesandten Theobald Bacher in Basel, wo die Briefe sicher auch noch mal gelesen wurden.

Jeden Samstag schrieb er seiner Frau durchnummerierte Briefe, damit sie immer wissen konnte, ob ein Brief verloren gegangen war. Zu Beginn eines neuen Briefes fasste er zudem immer den Inhalt des vorangegangenen zusammen. Während Madame de Soucy wusste, dass ihre Briefe von der Polizei gelesen wurden, und sich entsprechend verhielt, scheint Hue davon keine Ahnung gehabt zu haben, auch wenn er vieles verklausuliert ausdrückt und man die Gedanken oft nur verstehen kann, wenn man die Zusammenhänge und den Inhalt der gesamten Korrespondenz durchschaut.

Madame Hue, die mit ihrem Sohn in Paris nur mithilfe der Familie und dem wenigen, was ihr Mann aus Wien schicken konnte, über die Runden kommen musste, war frustriert über die offenbar aussichtslosen Versuche ihres Mannes, bei Hofe in Wien eine Anstellung zu bekommen. Sie schrieb am 12. 5. 1796: »Es scheint mir unmöglich, dass du so erfolglos sein könntest und dass sie [die Prinzessin, Anm. d. Autorin] dir nicht ein einziges Zeichen, schmeichelhaft und tröstlich, zukommen ließ; alles ist eine Täuschung in dieser Welt; die dir ein besseres Schicksal einbringen sollte als das, was du hast; dein Brief verstärkt meine Meinung über die Person, in die ich mein ganzes Vertrauen setzte; sie vergisst dich, lässt dich im Stich, verachtet dich vielleicht; ich erröte darüber nicht. Wenn man sich wie du verhalten hat, kann man der Undankbarkeit die Stirn bieten und der Intrige und der Verleumdung trotzen.« Seine Frau meinte, es sei ein Unglück, dass ihr Mann in dieses Land geführt wurde, um »fallen gelassen zu werden, in die Ecke gedrängt, eines Verbrechens verdächtigt, von dem dein Verhalten sich ständig distanziert hat«.

Welches aber war das Verbrechen, dessen man ihn anklagte?

Madame Hue fährt fort: »Dieses Gespinst aus Horror lässt einen gefrieren; sie versucht also ein neues Verbrechen und möchte dich verfolgen und dich in die Verzweiflung treiben, wenn es möglich wäre, und ihre Versuche führten zum Erfolg, dass du angeklagt, selbst verdächtigt wurdest…« Diesmal ist mit dem »sie« Madame de Soucy gemeint, die ausgewiesen wurde, weil man sie für eine Republikanerin hielt, mitverantwortlich für die Vertauschung der Prinzessin.

Hue wurde durch seinen Ruf als guter Royalist bis zu einem gewissen Punkt geschützt. Aber die Überwachung seines Briefwechsels zeigt, dass man ihm nicht ganz traute. Immerhin war seine Frau mit der Frau des Innenministers Bénézech, der den Austausch organisiert hatte, gut bekannt, und Hue reiste wie

Madame de Soucy im offiziellen Auftrag der französischen Regierung. Madame Hue rät ihrem Mann dringend, Wien zu verlassen und zurückzukommen: »Du musst fliehen, ohne anzuklagen, und dich flüchten in den Schoß der Freundschaft ... du bist verdammt, eine empörende Erniedrigung hinzunehmen; ich rate dir und flehe dich an, aus diesem Zustand herauszutreten.«[2]

Hue aber hoffte weiter. Er wollte abwarten, um irgendwann eine Vergütung für seine langen Leiden zu bekommen, »aber ich darf nichts provozieren, vielleicht wird die Zeit mich ans Ziel meiner Wünsche bringen – niemals, nein niemals wird diejenige, für die ich das Unmögliche getan habe, mir Ersatz bieten können für die bitteren Tränen, die ich um ihr Schicksal vergossen habe«.[3]

Auf den Rat des Kardinals de La Fare, der sein Vertrauter geworden war, traf er sich mit Cléry, der sich ebenfalls in Wien aufhielt und von dort immer wieder mit Aufträgen zu Louis XVIII. nach Verona fuhr. Hue war ein wenig eifersüchtig auf ihn, weil er offenbar von Louis XVIII. und der Prinzessin bevorzugt wurde. Er langweilte sich furchtbar, saß viel in seinem Zimmer und schrieb an seinen Memoiren. »Ah, hätte ich die Art meiner gegenwärtigen Existenz vorausgesehen, so wäre ich nicht der Schöpfer meines eigenen Unglücks geworden, vor allem in einer Umgebung, die nicht geschaffen ist für die Sensibilität, die du an mir kennst. Mein Nachbar [Cléry, Anm. d. Autorin] arrangiert sich gut, verweigert sich wenig, man könnte sagen, er hat nur das Glück auf seiner Seite, seit er auf der Welt ist. Welch' Unterschied zu der Bedrücktheit des Herzens, die ich vom Morgen bis zum Abend erfahre, und dem Ekel, die mir manchmal das Leben zur Last machen.«

Mitte Juni meldet er seiner Frau, dass er Madame gesehen habe. »Entweder täusche ich mich oder sie hat die Güte, sich für mich ein wenig zu interessieren.«[4] Diese Worte klingen auch nicht nach der echten Marie Thérèse, die sich noch ein halbes Jahr vorher so sehr für den Kammerdiener Hue interessiert hatte, dass sie ihn unbedingt als Begleitung haben wollte, weil sie mit ihm die Erinnerung an die letzten Monate ihrer Eltern teilte. Schon im März 1796 hatte Hue seine Frau gebeten, ihm das Porträt von Madame zu schicken, das der Marquis de Parrois von ihr gemacht hatte. Es handelt sich hierbei um das berühmte Teleskopbild, das der Marquis im Herbst 1795 aus einem der umliegenden Häuser mit Sicht auf den Garten des Temple mithilfe eines Fernrohrs von Madame Royale gemalt hatte. Es ist das einzige Bild, von dem wir mit hundertprozentiger Sicherheit wissen, dass es die echte Madame Royale vor dem Austausch zeigt.

Nun stellt sich die Frage, warum Hue sich ausgerechnet dieses Bild schicken lässt. Seitdem die Prinzessin in Wien war, waren viele Bilder entstanden, die sie fleißig herumschickte. Wollte er ihr durch das Teleskopbild aus der Zeit vor der Vertauschung zu verstehen geben, dass er Bescheid wusste? Das Bild wäre in jedem Fall sehr hilfreich gewesen, um seine Position bei Hofe zu verbessern.

Madame de Hue scheute sich, das Bild einem Brief anzuvertrauen, also gab sie es dem schwedischen Botschafter, Monsieur Engström, mit, der auf dem Weg nach Wien war. Der diplomatische Weg zur Beförderung von politisch heikler Post war ein bewährter Weg, Dinge sicher an ihre Adressaten zu bringen.

Und damit beginnt der merkwürdige Irrweg des Porträts: Am 20.5.1796 erreichte Hue ein Brief der Schwester von Madame de Soucy aus Regensburg. Madame de Bombelles schreibt, dass der schwedische Botschafter sie auf der Reise nach Wien in Regensburg besucht und von dem Bild erzählt habe. Da er glaubte, es sei für die Prinzessin bestimmt, habe er es dem Kanzler Brabant mitgegeben, der schon vor ihm nach Wien abreiste. Der solle es direkt an den österreichischen Außenminister weiterleiten, mit der Bitte, es Madame zu geben. Die Marquise von Bombelles meint, dass Hue nun sicher verärgert sei, weil er ihr doch das Bild wohl selber überreichen wollte: »Wenn sie [Marie Thérèse, Anm. der Autorin] nicht

schon im Besitz des Porträts ist, dann nur, weil M. Thugut auf-
geschoben hat, es ihr zu geben, und wenn Ihr ihm Eure Rechte
sagt, wird er es Euch sicher zurückgeben.«[5]

In den nächsten Wochen machte Hue immer wieder Ein-
gaben beim Außenminister, um sein Bild zurückzuerhalten.
Vergeblich. »Es kostet mich Mühe, einen Gegenstand zurück-
zubekommen, an dem ich legitime Rechte habe; ich kann nicht
durchschauen, warum das so schwierig ist«, schrieb er frustriert
an seine Frau.[6]

Warum aber hat der Außenminister das Bild zurückgehalten?
Es bestand kein Grund, es sei denn, die Unterschiede zwischen
dem Bild aus den Tagen in Paris und der realen Prinzessin in
Wien waren so groß, dass es den bereits existierenden Verdacht
einer Vertauschung erhärtete. Denn die Ankunft des Bildes in
Wien fiel zusammen mit der von allen Seiten festgestellten
Abkühlung der Beziehung zwischen dem Wiener Hof, Königin
Maria Karolina in Neapel und der französischen Prinzessin.

Hue dagegen überlegte ernsthaft, ob er nicht auch ohne Porträt, also ohne Beweis in der Hand, die Karten auf den Tisch
legen sollte. »Manchmal möchte ich eine endgültige Entscheidung treffen«, schrieb Hue Ende Juli 1796 entnervt an seine
Frau, »werde aber sofort durch die möglichen Konsequenzen
zurückgehalten; ich wäre verloren in einem Land, in dem sich
nichts für mich einsetzt, niemand sich im Recht sieht, mich zu
verteidigen; voilà die Lage, auf die ich reduziert bin: voilà die
Art, auf die ich für meine tausend Opfer belohnt werde, die
meist gefährlich waren.«

Mitte Oktober schrieb Hue einen weiteren sehr aufschluss-
reichen Brief an seine Frau: Er war mit Cléry in Schönbrunn
gewesen, aber sie wurden der Prinzessin nicht vorgestellt, da
diese mit der kaiserlichen Familie zusammengewesen sei. Am
nächsten Tag wollten sie wieder zum Schloss, und da »wird sie
wohl die Güte haben, uns zu empfangen. Diese unsere Aus-
drucksweise macht dir Kummer«, schreibt er, »das glaube ich
wohl, aber es ist vollkommen ausgeschlossen, dass es anders

sein kann; noch arroganter, noch beleidigender als jemals durch ihre Erfolge und ihren Schleier, den niemand hebt, auch ich nicht, außer vis à vis von B. oder H., Personen, die das Geheimnis bewahren; wie kannst du wollen, dass ich alleine, ohne Hilfe eine derartige Aufdeckung des Schildes mache? Kann ich, darf ich diese Rolle spielen? Darüber hinaus ist es unter meiner Würde, ich wäre das Opfer; ich muss mich also so verhalten, wie ich es tue, und abwarten; anders zu handeln würde mir neue Unannehmlichkeiten einbringen; davon hatte ich genug. Ich nehme deine weisen Ratschläge, die du mir gibst, sehr an und handle danach … Ich gebe zu, dass ich immer noch eine Art Verlegenheit empfinde, wenn ich mich vis à vis von Madame befinde, ohne es zu wollen.«[7]

Hue wusste, dass er die falsche Prinzessin vor sich hatte, er hatte immer wieder ein schlechtes Gewissen, das falsche Spiel mitzuspielen, aber er hatte sich nun mal entschlossen, den Bourbonen weiter zu dienen und dadurch für seine Familie auf Dauer einen gesicherten Lebensunterhalt zu bekommen. Nach Frankreich konnte er nach neun Monaten nicht mehr so einfach zurück. Die Emigrantengesetze sahen vor, dass jeder, der die Republik verließ, Vermögen und Bürgerrechte verlor. Und wenn er auch ursprünglich mit Genehmigung der Regierung nach Wien gereist war, galt er Ende 1796 doch längst als freiwilliger Emigrant, der bei einer Rückkehr die Verhaftung riskierte. Seine einzige Chance war, in Wien auszuharren und zu hoffen, dass man seine Dienste irgendwann anfordern würde. Aus seinen Briefen klingt die Verzweiflung, weil er seiner Frau nicht mehr bieten kann. Nur langsam machte er Fortschritte: »Heute hat mich Madame de Chanclos zu der respektablen Person geschickt [Marie Thérèse, Anm. d. Autorin]«, schreibt er Mitte Dezember 1796, »ich wurde extrem gut empfangen, aber dieses Schweigen zerreißt mir das Herz.«

Im März 1797 scheint er es geschafft zu haben. Dieser Brief an seine Frau ist auch der vorletzte, der von der Geheimpolizei abgeschrieben wurde. Die Akte wurde geschlossen. Seit dem

1. des Monats sei man höflich zu ihm, schreibt Hue, »nicht affektiert, nicht befangen«. Er hoffe auf 600 Livres Gehalt mehr pro Jahr. In diesem Frühjahr wolle er öfter nach Schönbrunn gehen, wenn Madame da sei, und er habe auch keine Angst mehr, ihr zu begegnen. Sogar ein Zimmer in Schloss Schönbrunn oder in Schloss Laxenburg habe er in Aussicht.[8]

Hue folgte der Prinzessin 1799 nach Mitau, Louis XVIII. machte ihn zum Baron und zum Schatzmeister. Sein Sohn wurde Kammerdiener bei ihm und später bei Charles X., Madame Hue wurde in den neuen Hofstaat der Herzogin von Angoulême aufgenommen.

Hue hatte sein Ziel erreicht, für sich und seine Familie ausgesorgt. Da spielte der »Schleier, den niemand hebt« keine Rolle mehr. Er hat lange mit sich gekämpft und am Ende das Unabänderliche akzeptiert, wie so viele in diesen Zeiten, wo es am Ende nur noch darum ging, irgendwie zu überleben.

Anders als Hue bekam Madame de Soucy keine Belohnung für geleistete Dienste, und so nutzte sie später das erfahrene Geheimnis für eine Erpressung. Wie schrieb der Nervenarzt Lavergne noch an den Sekretär der Herzogin im Juli 1847: »Wenn ich in den ersten Tagen, als ich von der Affäre erfuhr, dies der Regierung verkauft hätte, hätte ich beträchtliche Summen bekommen.«[9]

Denn ein Bekanntwerden der Vertauschung hätte die Ehe der »Madame Royale« mit dem Herzog von Angoulême ungültig gemacht, der Dispens des Papstes wäre unter falschen Voraussetzungen erschlichen worden, das Sakrament der Ehe missbraucht. Die Regierung Louis Philippes hätte ohne Probleme darlegen können, dass Louis XVIII. und Charles X. davon gewusst haben müssen. Das Haus Orleans unter Louis Philippe hätte 1832 wohl tatsächlich Unsummen bezahlt, um damit den Anspruch des älteren Zweiges der Bourbonen und seiner legitimistischen Anhänger durch diesen enormen Skandal endgültig vernichten zu können.

Die Verantwortlichen
für die Vertauschung in Frankreich

Der Mann im Hintergrund:
Paul François Nicolas, Vicomte de Barras

ᘓᕲᓫ᙮᠊᠊ᘏᕱᓫᕲᓫᕱᘏ

»Wenn er [Louis XVI., Anm. d. Autorin] sich
auf sich selber verlassen hätte, dann hätte er Frankreich ruhig und mächtig regieren können, denn die
Hauptreformen der konstitutionellen Versammlung
deckten sich mit seinem Wunsch nach Erneuerung«,

urteilte Paul François Nicolas, Vicomte de Barras in seinen
Memoiren. Und das, obwohl er am 23. 1. 1792 für die Hinrichtung des Königs gestimmt hatte. Er müsse sich dafür nicht
rechtfertigen, fährt er fort, die Zeiten und sein Gewissen hätten
es so gewollt. »Das Herz des Königs sei gut, sein Geist gerecht
und seine Sichtweisen gesund gewesen, wenn er sich nur von
den ultrarechten Kreisen in seiner Umgebung befreit hätte, von
den Höflingen, die ihre Macht missbrauchten, die ihn zu einem
Verhalten drängten, das ohne Festigkeit und ruckartig war,
sodass er am Nachmittag ablehnte, was er am Vortag akzeptiert
hatte.«[1]

Fragt man sich, wer ein Interesse daran gehabt hätte, dass die
Tochter Louis XVI. nicht nach Wien gelangte, dann kommt
man an Paul Barras nicht vorbei.

Er wurde am 30.6.1755 in Fox-Amphoux (Var) als Sohn
einer der ältesten Adelsfamilien der Provence geboren. Zunächst als Offizier in Übersee tätig, ließ er sich später in Paris
nieder, ohne anfangs in die politischen Vorgänge einzugreifen.
Nach dem Sturm auf die Bastille am 14. Juli 1789, den er als in-
teressierter Zuschauer beobachtet hatte, ging er in die Provence
zurück, heiratete eine vermögende Frau, die er dort zurückließ,

als er am 7.9.1792 als Abgeordneter des Départments Var für den Nationalkonvent nach Paris zurückkehrte. In den folgenden Jahren wurde Barras vom Parlament immer wieder eingesetzt, um konterrevolutionäre Aufstände niederzuwerfen. Er war erfolgreich, nutzte seine Position aber auch, um sich persönlich zu bereichern. Dies war einer der Gründe, warum er in Konflikt mit Robespierre und seinen Anhängern geriet. Am 27.7.1794 war er maßgeblich am Sturz Robespierres beteiligt, und so stand nichts seinem weiteren Aufstieg entgegen.

Im Februar 1795 wurde er zum Präsidenten des Nationalkonvents gewählt, danach kämpfte er in den Niederlanden als General. Zurück in Paris schlug er mit Napoleons Hilfe am 5.10.1795 den Royalistenaufstand nieder. Und am 31.10.1795 wurde er in das aus fünf Mitgliedern bestehende Direktorium an der Spitze des Staates gewählt.

Barras sei »geschmeidig, einschmeichelnd, frei von Anhänglichkeit an irgendeine politische Sekte«, schrieb ein Zeitgenosse, der französische Historiker François Mignet, über ihn. Er verhalte sich wie ein Revolutionär, während er aufgrund seiner Geburt den Aristokraten nahestünde.[2]

Er liebte den Luxus und hatte sich privat das Schloss Grobois in der Brie gesichert, den Besitz des Comte de Provence, des späteren Louis XVIII., der seit 1792 im Exil lebte. Als Amtssitz bezog er das Palais de Luxembourg in Paris, wo er sich im ersten Stock des Ostflügels prunkvoll einrichtete. Madame de Chastenay berichtet, wie er in einem der roten Samtsessel mit goldener Tresse, mit denen das ganze Appartement möbliert war, denen zuhörte, die ihm ihre Petitionen brachten.

Barras verkörperte Mitte der Neunzigerjahre wie kein anderer das Leben der »neuen Reichen«, die durch Soupers, Konzerte und Tanzabende das gesellschaftliche Leben des Ancien Régimes wieder aufleben ließen.[3] Namen wie Jean Lambert Tallien und dessen Frau Thérèse, als »Notre Dame de Thermidor« bekannt, und Joséphine, verwitwete Vicomtesse de Beauharnais und spätere Frau Napoleons, mögen stellvertretend dafür genannt werden. Politisch standen sie alle auf der Seite der Republik mit ihren Idealen von Freiheit, Gleichheit und Brüderlichkeit, in ihrem Privatleben aber zogen sie einen prunkvollen Lebensstil vor, der dem der Zeit vor der Revolution in keiner Weise nachstand.

»Der Luxus, das Vergnügen und die Künste gewinnen jetzt hier wieder auf erstaunliche Weise die Oberhand«, schrieb auch Napoleon, der die Szene in Paris im Juli 1795 noch als unbeteiligter Zuschauer betrachtete, an seinen Bruder Joseph. »Gestern hat man in der Oper, als Benefiz für eine frühere Schauspielerin, Phädra gegeben; obwohl die Preise um das Dreifache erhöht waren, hatte sich eine ungeheure Menschenmenge bereits seit zwei Uhr mittags zusammengefunden. Equipagen und die vornehme Welt erscheinen wieder auf der Bildfläche, oder besser, sie erinnern sich nur noch wie eines langen Traumes, dass sie jemals aufgehört hatten zu glänzen.«[4]

Die Männer der neuen politischen Klasse, die den Terror überlebt hatten, benutzten wie Barras ihre Posten auch dazu, sich die Taschen zu füllen. Talleyrand, der von Barras zum Außenminister ernannt worden war, traf die Haltung der herrschenden Politklasse sehr gut, als er einmal zynisch ausrief: »Man muss ein Vermögen machen, ein immenses Vermögen!«[5] Der französische Journalist Jacques Mallet du Pan, ein Zeitgenosse, schrieb über Barras: »Wenn er den Thron liebte, dann wegen seines Samtes.«

Barras war, darüber sind sich alle Zeitgenossen einig, strategisch hochbegabt. Nicht umsonst war er der einzige unter den Direktoren, die bis 1799 ununterbrochen im Direktorium verblieben. »Seine politische Intelligenz ließ ihn fein zwischen rechts und links lavieren, mit Bravour die Hauptverschwörungen der Zeit ausspielen.«[6]

La Révellière-Lepeaux, der am 1. November neben Barras ins Direktorium gewählt wurde, bezeichnete ihn wegen der vielen dubiosen Gestalten, die sich seiner Meinung nach auf den Festen von Barras amüsierten, als »Louis XIV. vom Trödelmarkt«, der beim royalistischen Aufstand in Paris vom September 1795 keinesfalls »aufs Pferd stieg, um die Republik zu retten, sondern die Freuden von Capua [Freuden des Daseins, Anm. d. Autorin]«.[7]

Wie man Paul Barras und seinen Einfluss in Frankreich sah, zeigen auch die folgenden Verse mit verballhornten Titeln der Bourbonen, die in Paris kursierten:

> *Paul Barras, Erster dem Namen nach,*
> *König von Frankreich, von Navarra und der Lombardie,*
> *Herzog von Brabant, Graf von Nizza,*
> *Herzog von Savoyen, Prinz von Liège und Grand Electeur*
> *von Köln ... «*

Auch satirische Verse standen hoch im Kurs:

> *Mehr als Nero ist mein Vicomte ein Despot,*
> *herumstolzierend in seinem roten Mantel,*
> *führt er große Reden in einem Ton,*
> *über den ganz unten der Gaffer in seinem Dreck lacht.*
> *Er ist Harlekin, Beinkleid und Clown,*
> *indem er so tut, als sei er Agamemnon.«*[8]

Zeit seines Lebens hat Barras sich selber als Republikaner bezeichnet, was ihn keinesfalls daran hinderte, parallel dazu Verhandlungen mit Louis XVIII. zu führen. Bekannt geworden ist dies durch die Memoiren eines der besten Geheimagenten des Königs, Louis Fauche-Borel.[9] Dieser pflegte 25 Jahre lang die Kontakte zwischen den Bourbonen und den Regierungen der Alliierten, vor allem der englischen. Es gelang ihm unter anderem, den berühmten französischen General Pichegru für die royalistische Sache zu gewinnen. 1814, nach der Rückkehr der Bourbonen, fühlte sich Fauche-Borel nicht genug von ihnen gewürdigt und beschrieb seine Verdienste in einem Buch mit dem Titel: *Genaue Geschichte der verschiedenen Missionen, für die ich eingesetzt wurde wegen der Angelegenheit der Monarchie.* Er hatte vor, alle von ihm in diesen Jahren gesammelten Briefe und Dokumente beizulegen.[10]

Das gefiel naturgemäß bestimmten Leuten gar nicht. Unter ihnen war auch Barras, der von Louis XVIII. die Erlaubnis bekommen hatte, auf seinen Besitzungen in Frankreich in Ruhe leben zu dürfen, obwohl er für den Tod Louis' XVI. gestimmt hatte. Kein anderer der alten Revolutionäre bekam diese Genehmigung. Barras erklärt allerdings in seinen Memoiren, es seien nur Gerüchte, dass er sich für die Rückkehr der Bourbonen eingesetzt habe.[11]

Das aber waren wohl Schutzbehauptungen, um seinen Ruf als Republikaner nicht zu ruinieren. Die Dokumente sagen etwas anderes. Fauche-Borel schildert in seinem Buch, wie Barras alles versucht habe, um dessen Veröffentlichung zu verhindern. Auf Anordnung des Polizeiministers, der Fauche-Borel gegenüber zugab, der Befehl sei auf eine Beschwerde von Barras hin direkt vom König gekommen, wurden alle bereits gedruckten Exemplare beschlagnahmt.[12]

Bereits im November 1794 hatte Louis XVIII. in Paris eine Agentur gründen lassen, die Berichte aus dem Land liefern und die Konterrevolution vorantreiben sollte. Unter ihrem Chef, dem Abbé Brottier, sollten die Agenten »Auge und Wache der Konterrevolution« sein. Über Botot, Barras' Sekretär und Vertrauensmann, und David Monnier, den Agenten von Barras, entstand die Verbindung zu Fauche-Borel.[13]

In seinen Memoiren zitiert dieser aus einem Brief des Marquis de la Maisonfort (1763–1827), der ebenfalls in die geheimen Verhandlungen zwischen Barras und den Bourbonen verwickelt war, an Louis XVIII.: »Er [Barras, Anm. d. Autorin] lässt Ihnen sagen: ›Wenn ich inmitten der Gewitter leben wollte, würde ich bleiben, wo ich bin; ich würde versuchen, hier meine Herrschaft zu verewigen; ich würde nicht vom Gipfel herabsteigen, um einige Schritte wieder hinauf zu steigen; aber ich will Ruhe, ich will alle Genüsse des Vermögens, und ich möchte es in Frieden‹ … Man muss Barras also einige Millionen geben, das Nutzrecht an dem Land, das er besitzt; der legitime Besitzer von Versailles muss den betrügerischen Erwerb von Grosbois sanktionieren; außerdem eine Garantie, dass er nicht kompromittiert wird … Seine Pläne sind die eines Mannes, der jenseits aller Fraktionen angekommen ist; sein Anspruch der eines weisen Mannes, seine Ansichten über die Monarchie die eines Staatsmannes und nicht die eines Hitzkopfs der Verfassung.«[14]

Am 7. 3. 1799 schrieb der Agent Monnier an Louis XVIII., Barras sei mehr denn je interessiert. Er wolle persönliche Sicherheit und eine Abfindung sowie Amnestie für alle, die er nenne. Außerdem benötige er eine persönliche Sicherheitserklärung Louis' XVIII. für sich und seine Besitzungen.[15]

Die Vorbereitungen waren so weit gediehen, dass auch der englische Gesandte Wickham eingeweiht wurde und die Unterstützung seiner Regierung signalisierte.[16]

Es gibt sogenannte Patentbriefe, in denen steht, dass Paul Barras einverstanden war, die Monarchie in der Person Louis' XVIII. wieder einzuführen, Louis XVIII. garantierte dafür:

- eine Abfindung in Form von zwei Jahresgehältern eines Direktors (12 Millionen Louisdors);
- sein geheiligtes Wort zwischen Barras und alle Tribunale zu legen und keine Recherchen in seiner Vergangenheit zuzulassen;

England und Russland unter Paul I. sollten die Kosten übernehmen.

Die Verhandlungen endeten allerdings abrupt mit dem Staatsstreich Napoleons am 9. 11. 1799. Fauche-Borel vermutet in seinen Memoiren, dass Barras seine Hilfe bei der Wiederherstellung der Monarchie nur zugesagt habe, um Frankreich vor Anarchie zu bewahren und davor, dass es eine »Beute für die Fremden« werden könnte.[17]

Die oben beschriebenen Verhandlungen beziehen sich auf die Jahre 1797 bis 1799. Doch Barras war schon vorher als genialer Stratege bekannt, der sich immer eine Hintertür offen und sich nicht auf eine Richtung festlegen ließ. Benjamin Constant beschrieb Barras einmal so: »Jedes Mal, wenn eine Krise sich andeutete, sagte man, dass Barras aufs Pferd stieg. Das Unglück war nur, dass man niemals genau wusste, ob er für oder dagegen aufstieg.«[18]

Am 28.4.1796 fand im Palais du Luxembourg eine Geheimsitzung des Direktoriums statt, an der neben Barras auch Jean François Reubell, La Révellière-Lepeaux und Nicolas Carnot teilnahmen. Anlass war der Brand im Schloss von Vitry-sur-Seine unweit von Paris in der Nacht vom 20. auf den 21. April. Der Schlossherr und seine Familie wurden ermordet, ein Junge sei verschwunden, hieß es später im Polizeibericht. Baron de Petival, dem das Schloss gehörte, war Royalist, Bankier und Freund Malesherbes', des Verteidigers des Königs, gewesen. Chrétien-Guillaume de Lamoignon de Malesherbes, der von Louis XVI. vor dessen Tod zum Vormund für seinen Sohn bestellt worden war, hatte vor seiner eigenen Hinrichtung seinen Freund Petival gebeten, seine Stelle als Testamentsvollstrecker und Vormund Louis' XVII. einzunehmen.

Barras ließ von der Geheimsitzung ein Protokoll anfertigen, in dem es unter anderem heißt, dass bei dem Brand des Schlosses keine Wertsachen, sondern offenbar nur Dokumente gestohlen wurden, Dokumente über den kleinen König Louis XVII.

Barras wird in diesem Protokoll so zitiert: Man hätte dem Sohn Louis' XVI. in Frankreich niemals vollständige Freiheit geben können, das habe er den Vertretern der Rechten am Vortag des Sturzes Robespierres auch gesagt.

»Warum hat man ihn denn nicht im Temple gelassen?«, fragte Carnot daraufhin.

Barras antwortet: »Weil er dort nicht die Pflege hatte, die für sein Alter und seinen Zustand notwendig war. Aber ich habe seine Entfernung aus dem Gefängnis so verstanden, dass er immer zur Verfügung der Nationalversammlung zu stehen hat; außerdem habe ich alle Vorsichtsmaßnahmen getroffen, dass man ihn nicht entführen konnte. Gerade diejenigen, die mir heute Vorwürfe machen, mir und meinen Freunden, sind genau jene, die bereit waren, den Sohn Louis' XVI. den Spaniern auszuliefern. Ich kann für die Ereignisse, die inzwischen eingetreten sind, gar nichts.«

Petival habe als Vermögensverwalter des hingerichteten Louis XVI. und als rechtlicher Vormund des kleinen Louis XVII. mit dem Geld aus der Hinterlassenschaft versucht, »die Annullierung des Totenscheins [für Louis XVII., Anm. d. Autorin] zu erreichen, den er als Fälschung kannte«. Mit diesen Worten wird der Direktor Reubell zitiert. Nach der Rückkehr der Bourbonen 1815 hat Barras Louis XVIII. über die Existenz dieses Protokolls informiert, das bei einer Veröffentlichung die Thronbesteigung Louis' XVIII. gefährdet hätte. Louis XVIII. zahlte ihm daraufhin 150000 Goldfranken plus eine Leibrente von 40000 Pfund für sein Schweigen.[19]

Kurz vor seinem Tod bekam Barras Besuch vom Dichter Alexandre Dumas d. Ä., mit dem er befreundet war, und von seinem Arzt Cabarrus. Sie fanden Barras inmitten von Pappkartons. Er erzählte ihnen, dass er seit Stunden sein Siegel auf diese Kartons drücke, denn die Regierung würde sich nach seinem Tod mit Sicherheit auf seine Dokumente stürzen, die er aber in Sicherheit gebracht habe: »Seit ich an der Macht gewesen bin, haben sie ein Auge auf mich; sie wissen, dass ich sterbe, und sie lauern auf den Moment meines Todes, um ihre Hände auf meine Papiere zu legen.« In den Kartons seien aber nur seine Wäscherechnungen.[20]

Am 31.10.1795, als Barras einer der mächtigsten Männer in Frankreich wurde, war die innenpolitische Lage keinesfalls eindeutig zugunsten der Republik gesichert. Die Royalisten waren aktiv wie nie zuvor. Und in der jungen Madame Royale hatten sie eine Person gefunden, die von allen Seiten Sympathien für die Bourbonen auf sich versammelte.

Während sich außenpolitisch eine Entspannung anbahnte, da seit dem Baseler Frieden vom April/Mai 1795 zumindest Spanien und Preußen die Waffen gegen die Republik niedergelegt hatten, befanden sich weite Teile Frankreichs im Aufstand gegen die eigene Regierung. Der Aufruhr in der Vendée, der eigentlich schon niedergeschlagen schien, war im Juni 1795 erneut aufgeflammt. Auch in der Bretagne wurde seit 1793 unter Führung des Comte de Puisaye gekämpft. Am 23.7.1795 war in der Bucht von Quiberon eine Emigrantenarmee gelandet, mit dem Comte d'Artois, dem Bruder Louis' XVIII., an Bord, eine Armee, die von England bezahlt wurde. Ziel war es, den gesamten Westen Frankreichs in die Hände der Konterrevolutionäre zu bringen, um die Monarchie in Frankreich wieder einzusetzen.

Auch wenn die Republikaner unter General Hoche siegreich blieben, waren die Kämpfe damit nicht beendet. Wie aktiv die Royalisten im Herbst 1795 trotz der Niederlage in Quiberon waren, zeigt beispielhaft der Brief des Kommandanten Villeneuve-Bernard vom 24.10.1795 an den Comte d'Artois: Nach der verheerenden Niederlage habe zunächst allgemeine Betroffenheit geherrscht. »Aber die Ankunft von Monsieur, die Hoffnung, von seiner Gegenwart zu profitieren, sein Name von Haus zu Haus weitergegeben, hatten Trost und Freude gebracht. Mehr als 50000 Männer hatten sich vereinigt, um ihm als Schutzschild und Führer zu dienen.« Sie seien nun froh, dass der Comte d'Artois sich in die Vendée begeben wolle, und versprächen, ihre Anstrengungen zu verdoppeln, um dem Projekt zum Erfolg zu verhelfen.[21] Der Bruder des Königs auf französischem Boden, unterstützt von einer Emigrantenarmee, die von England bezahlt wurde – für die republikanische Regierung ein Horrorszenario!

Der Kammerdiener Hue berichtet in seinen Memoiren, dass ein Agent des Königs ihm im September 1795 einen Brief von General Charette zugespielt habe mit der Bitte, ihn an Madame Royale weiterzuleiten. Der General erklärte der Prinzessin die »heißesten« Gefühle der katholischen königlichen Armee der Vendée für sie und versicherte ihr, dass seine Kameraden ihren letzten Tropfen Blut geben würden, um ihre Ketten zu zerbrechen. Für die Aufständischen war die Tochter Louis' XVI. längst zur Kultfigur im Kampf gegen die Republik geworden.[22]

Aber selbst in Regierungskreisen gab es mehr Männer, als man denken sollte, die sich die Rückkehr der Bourbonen wünschten. Dabei wurden mehrere Modelle angedacht. Sogar einem Robespierre wurde nachgesagt, er habe den Sohn Louis' XVI. wieder einsetzen und selber die Königstochter heiraten wollen. Der Gedanke, sich der königlichen Sprösslinge zu eigenen Machtzwecken zu bedienen, war eine durchaus realistische Möglichkeit in den Köpfen der Menschen. Schon seit Ende 1794 kursierten Gerüchte, die Kinder seien geflüchtet oder entführt worden. Das Sicherheitskomitee verfügte daraufhin die wöchentliche Kontrolle durch ständig wechselnde Kommissare, die im Temple die Anwesenheit der Kinder kontrollieren mussten.

Man darf nicht vergessen, dass die meisten führenden Revolutionäre Aristokraten waren, die im Chaos der frühen Revolution ihr Vermögen und viele Angehörige verloren hatten. Viele von ihnen hatten sich 1789 auf die Seite des Dritten Standes gestellt, weil sie die von Louis XVI. geplanten Steuerreformen, nach denen sie als Adlige auch besteuert werden sollten, ablehnten. Den folgenden Gewaltrausch, bei dem niemand seines Lebens sicher war, aber hatten sie nicht gewollt. Nach der Hinrichtung Robespierres und mit dem Ende des Terrors kehrte die führende politische Schicht zu einer Lebensweise zurück, die Luxus und Genuss des zum Teil auf dubiose Weise zurückgewonnenen Vermögens in den Mittelpunkt stellte. Man sehnte sich nach Frieden im Innern und nach außen. Eine gemäßigte

Monarchie schien vielen eine denkbare Möglichkeit, diesen Frieden wiederherzustellen.

Bei den Wahlen des Jahres 1795 gewannen die Royalisten zunehmend Stimmen. Aus Furcht vor einer royalistischen Mehrheit hatten die Abgeordneten im September 1795 sogar ihre eigene Verfassung gebrochen, indem sie ein Dekret verabschiedeten, dass zwei Drittel der neuen Abgeordneten aus den Reihen der alten kommen sollten. Daraufhin brach in Paris ein Aufstand aus, der am 5. 10. von Barras höchstpersönlich mit Hilfe Napoleons niedergeschlagen wurde. Barras nimmt in seinen Memoiren dazu Stellung. Die Historiker meinten, dass der Aufstand vom September ein Aufstand gegen den Nationalkonvent war. Das weist er zurück. Das Volk habe keinen Grund gehabt, sich gegen den Nationalkonvent aufzulehnen. Für ihn sei das ein Aufstand gewesen mit dem Ziel, das Königtum zurückzuholen und das Haus der Bourbonen wieder auf den Thron zu setzen.[23]

Im Oktober 1795 wurde die Spionageagentur, die Louis XVIII. in Paris eingerichtet hatte, entdeckt und zerschlagen. Zwei der Hauptagenten wurden verhaftet: Lemaître und Brottier. Lemaître wurde zum Tode verurteilt, bei ihm wurden Briefe an und von Louis XVIII. gefunden.

In diesem Zusammenhang geriet auch Madame de Tourzel in das Visier der Polizei. Sie wurde am 8. 11. 1795 verhaftet, wie sie ausführlich in ihren Memoiren schildert. Anfangs war sie sehr beunruhigt, weil Lemaître auch einen ihrer Briefe an den König und einen von Marie Thérèse befördern sollte. Stundenlang wurde sie verhört. Man habe sie beschuldigt, »in Verbindung mit dem Kaiser und allen Mächten zu stehen, die sich für das Haus der Bourbonen interessieren«.[24] Sie sollte alles erzählen, was sie mit Marie Thérèse gesprochen habe, und welche Gedanken und Gefühle jene habe. Man erzählte ihr vom Schicksal des »armen« Lemaître, den man genau an dem Tag »umgebracht« hatte. Er sei beschuldigt worden, das Haus der Bourbonen nach Frankreich zurückholen zu wollen. Nicht ein

Detail dieses »traurigen Tages« habe man ihr erspart. Die Kommissare fügten hinzu, dass man in Zukunft die größte Strenge gegen alle Royalisten ausüben würde, auch »bei Damen mit Hüten, wobei sie sich große Mühe gaben, mich zu fixieren«, schreibt Madame de Tourzel.[25]

Sie kam erst Tage später frei, nachdem Madame Royale, die man ebenfalls verhört hatte, ihre Aussagen bestätigt hatte. »Ich kannte Madame zu genau, als dass ich ihre Diskretion infrage gestellt hätte, und ich hatte überhaupt keine Angst, dass ich durch ihre Antworten kompromitiert würde.« Diese neue Verfolgung sollte nur verhindern, dass sie Madame nach Wien begleitete. Man wollte dem Kaiser sagen, dass sie nicht reisen könnte, weil sie unter Anklage stünde. Der Zugang zum Temple blieb ihr von da an verwehrt. Sie erfuhr die Abreise der Prinzessin erst aus der Zeitung.[26]

Direktor Barras, zuständig für Polizei und Inneres, verbot in diesen Tagen auch die Sympathiekundgebungen für Marie Thérèse aus den Nachbarhäusern rund um den Temple. Auch ihre Spaziergänge im Garten mussten eingestellt werden. Die Königstochter verschwand wieder hinter dicken Mauern. Niemand bekam sie mehr zu sehen.

Barras war bekannt dafür, dass er immer mehrere Eisen im Feuer hatte. Während er einerseits die Bourbonen mit allen Mitteln bekämpfte, war er sich andererseits durchaus bewusst, dass deren Rückkehr gar nicht so unwahrscheinlich war. Über Louis XVIII. schreibt er in seinen Memoiren: »Louis XVIII. besaß die Energie des Willens und, wenn man das so sagen darf, diese Leidenschaft für die Krone, die ihn davon überzeugt hatte, dass sie durch kein Gewitter erschüttert werden könnte, und dass sie unwiderruflich auf seinem Kopf festsaß.«[27]

War es dann nicht besser, sich abzusichern für den Fall, dass die Bourbonen wieder auf den Thron kamen? Hatte nicht schon der Präsident des Wohlfahrtsausschusses Jean-Jacques Régis de Cambacérès im Januar 1795 erklärt, dass die Kinder ein ständiger Anlass zu Angriffen aller Art seien, andererseits aber ein wichtiges Pfand in den Händen der Regierung?

Warum dann nicht auch in den Händen eines Einzelnen? Wie sein Verhalten in den Jahren 1795 bis 1799 zeigt, war sich Barras durchaus bewusst, dass er bei einer Rückkehr der Bourbonen unter normalen Umständen keine Chance haben würde, sein Vermögen in Ruhe zu genießen. »Barras hing an nichts mit Überzeugung«, charakterisiert ihn der Zeitgenosse und Historiker Mignet[28], »und erklärte sich stets für die Partei, die am meisten Aussicht auf Sieg hatte.«

Die echte Tochter Louis' XVI. in seinen Händen hätte ihm nach vielen Richtungen hin Türen geöffnet.

Die Ausführenden:
Bénézech, Barthélemy, Bacher

✻❦✻

»Dieses neue Kostüm ist nur eine Maske.
Ich werde Euch sogar einen meiner geheimsten
Gedanken verraten: Frankreich wird erst wieder
seine Ruhe zurückgewinnen an dem Tag, an dem
es seine alte Regierung zurückholen wird.«

Das sind Worte Pierre Bénézechs (1749–1802), der seit dem
3. November 1795 französischer Innenminister war und mit
den Vorbereitungen für den Austausch betraut wurde. Der
Kammerdiener Hue berichtet in seinen Memoiren von einem
Besuch Bénézechs, der ihm unter anderem den Wunsch von
Marie Thérèse mitteilte, sie nach Wien zu begleiten. Bénézech
habe mit großem Respekt von ihr gesprochen. Er habe sie
»Madame Royale« genannt und damit ihren alten Titel benutzt,
nicht die revolutionäre Anrede »Tochter Capet«, und Hue gebeten: »Also, wenn Ihr das könnt, ohne mich zu komprommit-
tieren, legt dem König das Angebot meiner Dienste zu Füßen;
versichert Seiner Majestät meinen Eifer, die Interessen der
Krone zu pflegen.«[1]

Auch Madame de Tourzel konnte sich von der Sympathie
Bénézechs für die Bourbonen überzeugen. Als sie in der
Zeitung las, dass Madame die Stadt verlassen hatte, suchte sie
zusammen mit ihrer Tochter Pauline den Innenminister auf.
»Er sprach über diese Prinzessin mit dem tiefsten Respekt und
als ein Mann, der von ihrem Unglück berührt war und von dem
Mut, mit dem sie es ertrug. Er zeigte sich erstaunt über die
Zuneigung, die sie für Frankreich bewahrte, und den Schmerz,

den sie zeigte, als sie es verlassen musste; er war gerührt, als er über die Sensibilität sprach, mit der sie allen Personen dankte, die sie im Temple versorgt hatten, und diese nachsichtige Güte, die nicht eine Spur von Verbitterung habe für das, was sie während ihrer Gefangenschaft erlitten habe. Sie hinterlasse bei ihm ein Gefühl der tiefsten Achtung.«[2]

Während Barras aus privaten strategischen Gründen eine Rückkehr der Bourbonen in seine Pläne einschloss, war Innenminister Bénézech Royalist aus der Überzeugung heraus, nur so könne Frankreich seinen inneren und äußeren Frieden wiedergewinnen. Eine Auslieferung der echten Madame Royale an die Habsburger mit der Aussicht, sie könne an einen österreichischen Erzherzog verheiratet werden, würde den inneren und äußeren Frieden Frankreichs aber gefährden. Bénézechs Worte über die Prinzessin zeigen echtes Mitgefühl mit dem jungen Mädchen, das durch seine jahrelange Einzelhaft psychisch angegriffen war und sich eigentlich nur nach Ruhe sehnte. Eine Austauschperson für sie würde eine menschlichere Lösung dieses Dilemmas ergeben. Und wenn die Österreicher diese dann tatsächlich mit einem Erzherzog verheiraten und Ansprüche auf französisches Gebiet oder gar den Thron erheben sollten, könnte man die echte Prinzessin wieder ins Spiel bringen.

Später wurden Bénézech ganz offen Kontakte zur royalistischen Agentur in Paris nachgesagt. Man konnte ihm zwar nichts nachweisen, aber das Misstrauen blieb, im Juli 1797 wurde er als Innenminister unter anderem auch deshalb abgelöst.

Wie groß die Furcht vor einer möglichen Hochzeit mit einem Österreicher bei den Mitgliedern der französischen Regierung war, zeigen die Worte Pauline de Tourzels, die in ihren Memoiren schreibt, dass man ihre Mutter verdächtigt habe, sie wolle Marie Thérèse für eine Hochzeit mit einem Erzherzog beeinflussen.[3] Dabei arbeitete Madame de Tourzel nachweislich als Agentin Louis' XVIII. mit dem Auftrag, genau das zu verhindern.

Innenminister Bénézech war unter anderem für die Zusammensetzung der Reisegruppe zuständig. Er war es, der dafür sorgte, dass bestimmte Personen, die Marie Thérèse in den letzten Monaten im Temple besonders nahestanden, wie Madame de Tourzel, sie nicht begleiten durften, und nahm dafür sogar den Unmut des österreichischen Botschafters Freiherr von Degelmann in Kauf.

Bénézech holte Madame Royale am Abend des 18.12.1795 persönlich vom Temple ab und begleitete sie zu ihrer Kutsche. In einem Brief an Renée de Chanterenne beschreibt Marie Thérèse, wie der Innenminister ihr erklärte, welche Rolle sie auf der Fahrt zu spielen habe, und die Gefahren auf der Reise erwähnte. »Er sprach mit mir auch über Dinge, die mich nicht überraschten, weil wir das schon ahnten … M. Gomin wird sie Euch mitteilen, das ist sicherer als auf dem Papier.«[4]

Was hatten Marie Thérèse und Madame de Chanterenne geahnt? Dass ihr größter Wunsch in Erfüllung gehen würde und sie in »ländlicher Stille« ihren Frieden finden dürfte? Dass eine andere Person an ihrer Stelle nach Wien fahren würde?

Nun konnte ein Mann wie Bénézech wohl einen Austausch von Marie Thérèse gegen ein anderes junges Mädchen mit vorbereiten. Er konnte auch die Austauschperson auswählen und sie auf welchem Weg und unter welchem Pseudonym auch immer nach Hüningen bringen lassen. Aber durchführen konnte er den Austausch von Paris aus nicht.

Ein derartiges geheimes Vorhaben konnte auch nicht ein beliebiger Sonderbeauftragter oder General der in Hüningen stationierten Truppen in die Wege leiten. Dafür kamen nur zwei Männer infrage, die in Basel seit Jahren amtierten: der französische Gesandte in der Schweiz François de Barthélemy und sein Vertreter Theobald Bacher. Beide verfügten über Einfluss und Macht im öffentlichen und »geheimen« Leben des Grenzgebietes zwischen Frankreich, Deutschland und der Schweiz.

François de Barthélemy (1747–1830) war bereits unter Louis XVI. Gesandter in der Schweiz und behielt den Posten auch während der Revolution. Verantwortlich für die Verhandlungen über die Friedensverträge mit Preußen, den Niederlanden und Spanien, wurde er im Mai 1797 ins Direktorium nach Paris berufen, im November aber bereits wieder ausgeschlossen wegen seiner moderaten Ansichten und wegen des Verdachts, er sei Royalist.

Dies versucht er in seinen historischen Memoiren zu widerlegen. Er analysiert darin sehr genau die Ursachen für den revolutionären Umsturz. Er sagt aber auch, dass das Frankreich unter Louis XVI. wie das unter Robespierre immer noch »unsere Heimat« sei. Daher habe er sich entschlossen, seinem Heimatland in allen Epochen des Unglücks zu dienen, und habe einen Platz in der Regierung angenommen [1797, Anm. d. Autorin], Seite an Seite mit den Zerstörern, um die Freunde des alten Regimes mit denen des neuen durch seine moderaten Ansichten zu verbinden.

Eine Wiederherstellung der alten Monarchie halte er zurzeit für unklug und für nicht praktikabel, schreibt er, da man die Säulen der Königtums, den Klerus und den Adel, aus Frankreich vertrieben habe. Die erbliche Monarchie müsse reich, imposant durch Luxus und durch das Zeremoniell sein, respektiert durch das Volk und gestärkt durch das Vorrecht der Geburt. Die Revolution aber habe den Luxus degradiert, die Zeremonien der Könige lächerlich gemacht und bei den Bürgern Behörden konstituiert, die man nicht so einfach aufgeben könne. Daher erscheine eine Königsherrschaft, wie sie im übrigen Europa herrsche, in Frankreich unmöglich.

Seine politischen Memoiren sind im Grunde eine geschickte, scharfsinnige Analyse, warum ihm die Rückkehr zur Monarchie zu diesem Zeitpunkt unmöglich erschien, auch wenn er sich nicht direkt dazu äußert, ob er das begrüßte oder nicht gutheiß. Barthélemy war vor allem ein Mann des Ausgleichs. In Formulierungen wie: Louis XVI. wurde gezwungen, die französische Verfassung anzunehmen, den »zerstörerischen Code für die Monarchien«, schimmert allerdings seine Gesinnung durch.[5]

Die Botschaft in der Schweiz, die von Barthélemy geleitet wurde, galt damals als die wichtigste der Republik. Sie war das Zentrum der »unsicheren, unterbrochenen und in der Mehrzahl geheimen Beziehungen, die die Republik sich bemühte aufrechtzuerhalten«.[6] Und Barthélemy galt nicht nur als ein »exzellenter Informationsagent, sondern er war der wahre Außenminister der Republik«.[7]

In der Schweiz war Theobald Bacher sein Vertreter, der auch für den konkreten Ablauf des Austausches zuständig war (siehe Seite 154 ff.). Inwieweit er Royalist war, weiß man nicht genau. 1791 bekam er für seine Dienste um das Ancien Régime von Louis XVI. das »Ritterkreuz des Ludwigsordens«. In seiner Biografie beschreibt Friedrich Otto ihn vor allem als Diplomaten, der »immer auf das Ausland achtend, auch die innenpolitischen Vorgänge nach ihrer Wirkung auf Frankreichs Ansehen in den anderen Staaten beurteilt«.[8]

In einem Brief vom 17. 9. 1791 äußerte Bacher den Wunsch, dass der König seine alte Macht zurückerhalten möge, »damit das Vaterland nicht inneren Machinationen zum Opfer falle und der Gnade der feindlichen Mächte preisgegeben würde«.[9] »Das Königreich geht unter«, schreibt er zwei Monate später, »die eigenen Kinder zerfleischen es. Man will nicht hören, und alles wird vernichtet. Unsereins kann nichts als darüber weinen. Nachher ist es zu spät.«[10] Otto vermutet hier allerdings weniger eine royalistische Gesinnung Bachers als vielmehr die Sorge um eine politische Isolierung Frankreichs durch die Abschaffung der Monarchie.

Bacher war vor allem für die Organisation des Geheimdienstes zuständig. Ohne sein Wissen konnte im Grenzgebiet um Basel herum nichts geschehen. Mitte der Neunzigerjahre hielt er »ein ganzes Netz von geheimen Verbindungen in der Hand«; überall hatte er seine bezahlten und unbezahlten Korrespondenten, die ihm über alles, was vorging, Bericht erstatteten.[11]

Dieses Netz überspannte die Schweiz, das Elsass und Norddeutschland; zu Bachers Agentur gehörte aber auch ein Auf-

klärungsdienst für die Armeen am Rhein.[12] Der Agent Louis'
XVIII. Fauche-Borel beschreibt ihn als einen »Mann, der alles
wusste, in alles eindrang«.[13]

Bacher handelte jederzeit loyal gegenüber der republikanischen Regierung, wenn vielleicht auch nicht ausschließlich aus
Überzeugung, sondern aus Karrieregründen. Wenn eine Vertauschung gegen französische Interessen verstoßen hätte, hätte
er es mit Sicherheit nach Paris gemeldet und verhindert. Wenn
ihm etwas aber im Interesse Frankreichs notwendig erschien,
dann handelte er sehr selbstständig, auch seine Berichte nach
Paris wurden dann »gefärbt«.[14]

Eine Vertauschung der Prinzessin könnte für ihn durchaus
im Interesse Frankreichs gestanden haben: Würde eine Regierung klug handeln, wenn sie eine Frau dem Feind übergab, der
sie danach so verheiraten konnte, dass er Zugriff auf Teile des
Landes haben würde? Womöglich Anspruch auf den französischen Thron? Außerdem konnte das Ausliefern eines psychisch
kranken jungen Mädchens, das durch die Qualen im Gefängnis
der Republik so geworden war, die Friedensverhandlungen mit
ihren österreichischen Verwandten – das primäre Ziel der Franzosen in dieser Zeit – erheblich hinauszögern, ja sogar verhindern.

Ein Gerücht kursierte damals unter der Pariser Bevölkerung
und sorgte für große Unruhe: Durch die Zerstörung der Monarchie sei *ipso facto* das Salische Gesetz außer Kraft gesetzt, das
die weibliche Thronfolge in Frankreich ausschloss.[15] Also war
Marie Thérèse Thronfolgerin, und damit wäre bei einer Hochzeit mit einem österreichischen Erbprinzen ein Habsburger
neuer französischer König geworden.

Ein verführerisches Gedankenspiel für jede Regierung, die
sich mit den Franzosen im Kriegszustand befand. Aber konnte
man in Frankreich damit rechnen, dass die Österreicher nicht
genau das versuchen würden, sobald sie Marie Thérèse in der
Hand hatten? Warum sollte man das Risiko eingehen? Absurd!
Vor allem, wenn es, wie sich zeigen wird, eine Alternative gab.

Ernestine Lambriquet,
die adoptierte Tochter Marie Antoinettes

❧❧❧

»Der Kaiser hat außerdem gefordert, dass es der Prinzessin erlaubt wird, eine junge Person mitzunehmen, mit der zusammen sie erzogen wurde und die sie besonders gerne hat«,

lautet eine Aktennotiz im Nationalarchiv zu Paris, Abteilung österreichische Angelegenheiten. »Diese junge Person heißt Ernestine Lambriquet. Ihr Vater war Kammerdiener bei Monsieur, ihre Mutter Kammerfrau bei der Prinzessin. Die Damen Mackau und Soucy haben sich um diese Person gekümmert; sie müssten wissen, wo sie zurzeit ist.«[1]

Am 27.11.1795 erging dementsprechend die Anordnung des Direktoriums, dem auch Barras angehörte, an die Minister, alle nötigen Maßnahmen für den Austausch der Tochter des letzten Königs zu treffen und »ihr zur Begleitung ein junges Mädchen ihres Alters, namens Lambriquet, das sie mitnehmen möchte, zu geben«.[2]

Als Eltern von Ernestine, die eigentlich Marie Philippine hieß, galten offiziell Jacques Lambriquet, seit 1771 im Dienst des Comte de Provence in Versailles, später bei Louis XVI., und Marie-Philippine Noirot, Kammerfrau bei Marie Thérèse. Bei Hofe aber bestanden große Zweifel an der Vaterschaft des Kammerdieners. Schon bei der ersten Tochter des Paares, Louise Catherine, geboren am 22.5.1776 in Versailles, hieß es, dass der Comte de Provence der Vater wäre. Diese Vermutung stützt sich vor allem auf die Auswahl der Taufpaten. Ambelain führt ausführlich aus, wie außergewöhnlich es sei, dass Madame und Monsieur, also der Bruder Louis' XVI. und spätere Louis XVIII. und seine Frau, bei der Tochter eines gewöhnlichen Kammerdieners Paten standen. Als deren Vertreter bei der Taufe fungierten der Duc de Laval, erster Kammerherr bei Monsieur, und Madame la Duchesse de Lesparre, Ehrendame bei Madame. Dieses adlige Aufgebot bei der Tochter eines nichtadligen, untergeordneten Kammerdieners ist, wenn man die strenge Hofhierarchie kennt, ausgeschlossen. Es sei denn, es handelte sich um die Tochter von Monsieur, der als Casanova bei Hofe galt, gezeugt mit der Frau des Kammerdieners.[3]

Bei Marie Philippine dagegen soll Louis XVI. der Vater gewesen sein. Nach acht Jahren Ehe war immer noch kein Thronfolger gezeugt. Nicht nur in Paris spottete man inzwischen über die Unfähigkeit des Königs. Das Königspaar stand unter dem enormen Druck, beobachtet von ganz Europa, endlich dies Ziel zu erreichen. Für beide geriet jedes Zusammensein aber zu einem einzigen Fiasko, was die Briefe Marie Antoinettes und ihres Bruders, des römisch-deutschen Kaisers Josef II., belegen, den Maria Theresia im Frühjahr 1777 nach Paris geschickt hatte, um nach der Ursache zu suchen. »Ich bin nicht ohne Hoffnung, und mein Bruder wird meiner teuren Mama sagen können, wie sich die Sache verhält. Der König hat mit ihm aufrichtig und vertrauensvoll über dieses Kapitel gesprochen«, schrieb Marie Antoinette an ihre Mutter.[4]

Louis XVI., der an einer schmerzhaften Phimose litt, unterzog sich im Juli 1777 der von seinem Schwager angeregten Operation. Marie Antoinette soll anschließend zu einem ihrer Freunde gesagt haben: »Ich wäre weder in Sorge noch wäre ich sehr eifersüchtig, wenn der König eine momentane und vorübergehende Neigung nutzen würde, damit er mehr Druck und Kraft erwirbt.«[5]

Man darf nicht vergessen, dass es sich bei der Ehe dieses Königspaares nicht um eine Liebesheirat handelte, sondern um ein dynastisches Bündnis mit dem Ziel, zum Erhalt der Dynastie einen Thronfolger zu produzieren.

Mit wem aber konnte der König zwecks Stärkung seiner Energie üben? Auffallend ist, dass seit dem 10.12.1777 der Kammerdiener Jacques Lambriquet eine Pension auf Lebenszeit vom König zugesprochen erhielt, offenbar nachdem die Schwangerschaft seiner Frau sicher war.

Seit dem 9.11.1788 bekam auch Ernestine eine sogenannte Pension von 12000 Livres »wegen der Dienste ihrer verstorbenen Mutter«[6]. Ebenfalls fällt auf, dass nach dem Tod der Mutter nur Marie Philippine als Ernestine vom Königspaar adoptiert wurde, die anderen Kinder des Paares aber nicht.[7]

Von August 1789 bis zum 10. August 1792 lebte sie mit der Königsfamilie im Schloss zu Versailles, später dann in den Tuilerien. Sie bekam die gleiche Ausstattung und die gleiche Ausbildung wie Madame Royale. Die Ausgaben für sie sind im *Registre des Enfants de France,* also dem Verzeichnis der »Kinder Frankreichs« aufgeführt, eine Bezeichnung, die ausschließlich den leiblichen Kindern des Königs vorbehalten war, was nicht nur bei Historikern die Vermutung verstärkte, dass es sich bei Ernestine um eine uneheliche Tochter Louis' XVI. handeln musste.[8]

Auch der Befehl Marie Antoinettes am Vorabend des 10. August 1792 an die Untergouvernanten de Soucy und de Mackau ist bezeichnend: »Was aus uns und den anderen werden wird, ist unsicher; aber was auch das Schicksal sein möge, das der Himmel uns zugedacht hat, vergessen Sie niemals, dass Ernestine meine Tochter ist, und ich erwarte wegen Ihrer Verbundenheit zu mir, dass Sie ihr die gleiche Aufmerksamkeit widmen wie ihrer Freundin [Madame Royale, Anm. d. Autorin].«[9]

Nachdem die Königsfamilie ohne Ernestine die Tuilerien verlassen hatte, gelang es Madame de Soucy und Madame Mackau zusammen mit Ernestine und eskortiert von einigen mutigen Gardisten, aus dem Schloss zu flüchten. Überall lagen die Leichen der Schweizer Gardisten. Als Ernestine nicht mehr weitergehen konnte, setzte sie sich auf einen Stein. Während einer der Soldaten eine Kutsche herbeirief, wurden die übrigen Gardisten von der Menge beiseitegedrängt. Die Leute machten zu Füßen des Mädchens, das sie für Madame Royal hielten, ein Kohlefeuer, warfen den nackten Körper eines toten Schweizer Gardisten hinein und aßen seine angekohlten Gliedmaßen. Ernestine fiel in Ohnmacht.

Eine Ladenbesitzerin, die Zeugin dieser Szene wurde und sie wegen ihrer Ähnlichkeit ebenfalls für Madame Royale hielt, hielt ihr Riechsalz unter die Nase, sodass sie wieder erwachte. Als die Kutsche kam, ließ die Menge Ernestine ohne weitere Schikanen einsteigen. Zunächst soll sie, wie der Zeitzeuge Montjoie in seinen Memoiren von 1797 berichtet, von Madame de Mackau weiter unterrichtet worden sein.[10] Dann aber verliert sich ihre Spur. Madame de Mackau und Madame de Soucy wurden kurze Zeit später verhaftet und waren bis zum 27.7.1794 im Gefängnis. Auch Ernestines Vater wurde verhaftet und am 15. Juli 1794 hingerichtet.

Es gibt Vermutungen, dass sie sich auf dem Lande aufgehalten hat. Sie könnte auch wieder in dem Kloster Sainte Marie an der Rue du Faubourg St. Jacques gelebt haben, wo sie schon 1791 von Madame de Mackau abgegeben worden war, als die Königsfamilie ihren Fluchtversuch machte.

Wahrscheinlicher ist aber, dass sie bei Verwandten unterkam. In den Archiven des Département Seine-et-Oise, das den Westen, Norden und Teile des Südens der Umgebung von Paris umfasste, liegt im Dossier Lambriquet eine Akte über einen Familienrat, der am 14.8.1794 vor dem Friedensrichter Antoine-Louis Rauté in der Präfektur in Versailles stattgefunden hat, also kurz nach dem Tod des Vaters. Es waren neben Ernestine und ihrem Bruder »Verwandte und Freunde« erschienen.[11] Ein weiterer Familienrat fand am 2.9.1796 am gleichen Ort statt.

Das Direktorium hatte noch Ende November den Innenminister aufgefordert, nach Ernestine zu suchen. Madame de Mackau würde Bescheid wissen, hatte man aus Wien geschrieben. Ernestine war bei der Präfektur Versailles registriert. Warum also geht die offizielle Meldung von Paris nach Wien, Ernestine sei unauffindbar?[12] Hatte man die Verwandten aufgesucht, bei denen die Kinder offenbar untergekommen waren, und die große Ähnlichkeit Ernestines mit der echten Prinzessin festgestellt? Die Gerüchte, sie sei eine uneheliche Tochter des verstorbenen Königs, kursierten schon damals. Ernestine war die ideale Austauschperson. Sie war mit Madame Royale erzogen worden, kannte das Königspaar also persönlich, hatte bis zum 10. August 1792 auch die ersten Jahre der Revolution an ihrer Seite miterlebt und würde alle Fragen wahrheitsgemäß beantworten können. Und sie war trotz aller Schrecken, die auch sie erlebt hatte, nicht durch eine lange Haftzeit psychisch so belastet wie die echte Prinzessin.

Was uns heute im Zeitalter von Personalausweisen mit eingebautem Erkennungschip als absurd und kaum noch durchführbar erscheint, war zur damaligen Zeit nicht ungewöhnlich. Im Gegenteil. Das Wechseln der Namen, das Reisen inkognito, das jahrelange Leben unter falschem Namen wurde selbstverständlich vor allem in Adelskreisen als Möglichkeit benutzt, um zeitweise – zum Beispiel auf der Grand Tour oder für Kuraufenthalte – oder gar dauerhaft in eine neue Identität zu schlüpfen.

Für die Fahrt nach Hüningen erhielten Madame Royale und ihre Begleitung ganz offiziell falsche Papiere, ausgestellt von Innenminister Bénézech: Marie Thérèse fuhr unter dem Namen Sophie Méchain.

Wichtig für die Verantwortlichen in der französischen Regierung war, dass die Vertauschung nicht auffiel. Denn das hätten die Österreicher mit Sicherheit übel genommen, und Friedensverhandlungen wären in weite Ferne gerückt. Nachforschungen, von welcher Seite auch immer, durften daher nicht ergeben, dass eine »Marie Philippine Lambriquet« Frankreich verlassen hatte. Sie musste an ihrem Wohnort weiterhin offiziell registriert bleiben. Und das war sie auch, es gibt eine Heiratsurkunde aus dem Jahr 1810 und eine Sterbeurkunde aus dem Jahr 1813.[13]

Wenn man allerdings berücksichtigt, wie bedenkenlos Ausweispapiere damals auch von offizieller Seite gefälscht wurden, haben diese Eintragungen nur begrenzt Aussagekraft.

Einige französische Historiker vermuten daher seit Langem, dass womöglich ihre ältere Schwester Louise Catherine, geboren am 22.5.1776 in Versailles, die Rolle der Austauschperson übernommen habe.[14] Das ist allerdings eher unwahrscheinlich. Denn diese hatte weder eine höfische Erziehung genossen noch kannte sie die Einzelheiten, die man von ihr als Königstochter erwarten konnte. Sie wäre schon nach kurzer Zeit enttarnt worden.

Anders sieht es aus, wenn man sie ausgewählt hätte, für ihre Schwester Marie Philippine einzuspringen. Für Louise Catherine liegen nämlich keine weiteren Daten vor. Sie ist aus den Akten spurlos verschwunden. Es gibt für sie, ihre beiden Schwestern und ihren Bruder im Kirchenverzeichnis in Versailles Geburts- und Taufdaten, für die Schwestern Emile Marie und Louise Philippine auch das Sterbedatum, auch für ihren Bruder Auguste Louis liegen Daten vor. Louise Catherine dagegen verschwindet aus den Unterlagen. Es gibt weder ein Heirats- noch ein Todesdatum, wo doch sonst alles sorgfältig registriert wurde.[15]

Anfang Januar 1796, kurz nach dem Austausch, wurde von Basel aus ein kleines Buch veröffentlicht mit dem Titel: *Les Adieux de Marie Thérèse Charlotte de Bourbon.* Der Autor war Joseph François Michaud, der zusammen mit Claude François Beaulieu viele der politischen Texte für eine Befreiung Marie Thérèses aus dem Temple verfasst hat. Beide waren Anhänger der absolutistischen Monarchie: Michaud hatte aktiv an der Verteidigung des Königs am 10.8.1792 in den Tuilerien teilgenommen, musste sich danach verstecken und gründete später mit Beaulieu zusammen die Zeitung *Le Quotidien.* In dem Buch werden neben einer Biografie Marie Thérèses auch viele der Gedichte und Romanzen abgedruckt, die die Menschen in den Herbstmonaten 1795 für die gefangene Prinzessin geschrieben und ihr von den umliegenden Fenstern aus vorgetragen haben. Es fand in Paris reißenden Absatz und wurde 1797 in einer zweiten Auflage herausgegeben.

Darin war ein besonders interessanter Kupferstich von Johann Martin Will enthalten, der in den meisten der heute antiquarisch zu erwerbenden Exemplare herausgetrennt wurde. Will war einer der wichtigsten Hersteller konterrevolutionärer Bilder und Flugblätter seiner Zeit.

Der Stich zeigt Marie Thérèse (siehe Bildtafel VI). Darunter erkennt man bei genauem Hinsehen die Gesichter Louis' XVI. und Marie Antoinettes, gebildet aus den Körpern von zwei Schlangen, die dort, wo die Nasen sich fast berühren, verknotet sind. Marie Thérèse deutet mit der rechten Hand auf die ihr Porträt umrahmenden Worte:

»Louise, Marie, Thérèse, Philippine. Geb. 19. Dec. 1778«

Das Geburtsdatum ist das von Marie Thérèse, aber weder Louise noch Philippine sind Teile ihres Namens. Doch sie passen zu den Namen der beiden Schwestern Lambriquet: Louise Catherine und Marie Philippine, genannt Ernestine. Marie Thérèse wird umrahmt von jeweils einem Teil des Namens der beiden Schwestern.

Ein Hinweis auf die doppelte Vertauschung? Aber von wem? An wen? Das wird sich in einem späteren Kapitel zeigen.

Außerhalb von Paris kannte niemand der am Austausch Beteiligten die Prinzessin. Selbst Hue und Madame de Soucy hatten sie seit 1792 nicht mehr gesehen. Die einzige Gefahr, dass die Vertauschung auffiel, bestand in der Existenz von Porträts, die bei aller Ähnlichkeit – immerhin waren Marie Thérèse und Ernestine Halbschwestern – die Unterschiede deutlich machen konnten. Es gab nur ein Bild, das die echte Prinzessin im Jahr 1795 zeigte: das Teleskopbild des Marquis de Parrois, das sich Hue von seiner Frau im Frühjahr 1796 schicken ließ, um es mit der Prinzessin in Wien zu vergleichen. Es ist nie bei ihm angekommen, die österreichische Regierung hat es einbehalten (siehe Seite 245 f.). Spätestens im Sommer 1796 kannte wohl auch die österreichische Regierung die Wahrheit, was sich an den Briefen Maria Karolinas nachvollziehen lässt. Mitte 1796 begann die von allen bemerkte Abkühlung zwischen dem Wiener Hof und der Prinzessin, Hue dagegen bekam auf einmal Zugang zum Hof, sogar ein Zimmer im Schloss wurde ihm in Aussicht gestellt.

Der Malerin Jeanne Dabos war es gelungen, Marie Thérèse in Hüningen am 25./26. 1795 zu porträtieren, also vor dem Austausch. Am Tag der Abreise, am 27. 12., überreichte sie Nicolas Reber-Passavant, dem Besitzer des Landgutes, auf dem sie ausgetauscht wurde, die Miniatur als Geschenk der Prinzessin. Reber hat eigenhändig auf der Rückseite vermerkt: »Marie Thérèse de France, Tochter Louis' XVI., gemalt nach der Natur von Madame Dabos während ihres kurzen Aufenthalts, die die Prinzessin in der Festung Hüningen machen musste.« Riggenbach, der das Porträt im Original gesehen hat, beschreibt das Bild so: »Der Teint ist auffallend blaß; man merkt deutlich, dass sie Mühe hat, die Haltung zu wahren. Trotz ihrer schlanken Glieder sieht sie beinahe wie eine Greisin aus, kein Mensch würde eine Siebzehnjährige unter diesem Porträt vermuten. Nur das Rot des Gürtels bringt Leben in diese müde Gestalt.«[16]

Bei ihrer Ankunft in Laufenburg am selben Tag beschreibt dagegen einer der Spione Wickhams die Prinzessin so anders, dass man annehmen muss, dass es sich um eine andere Person handelt: »Die Prinzessin hatte eine elegante Figur, und ihre Haltung, ohne erkennbaren Hochmut, ist würdevoll und sehr anmutig. Ihr Haar ist blond, und sie hat eine frische und eine rosige Gesichtsfarbe, blaue Augen und, allgemein gesprochen, eine sehr ausdrucksvolle Miene.«[17]

Auch die französische Regierung ließ offizielle Bilder veröffentlichen, gezeichnet nach dem Austausch. Alle Porträts sehen anders aus als die Marie Thérèse auf dem Teleskopbild und auf der Miniatur von Jeanne Dabos. Vor allem die Nase fällt sofort auf. Die spätere Herzogin hat die klassische gebogene Nase der Bourbonen als Tochter ihres Vaters, während Marie Thérèse die gerade Nase ihrer Mutter geerbt hat (siehe Bildtafeln V und VII).

Sobald Marie Thérèse in Wien war, wurden Porträts angefertigt und an Verwandte und Bekannte geschickt, an Maria Karolina, an ihre Tanten in Rom, an ihren Onkel. Mit dieser Maßnahme sollte sich möglichst rasch das Bild der neuen Prinzessin in den Köpfen festsetzen.

Nur Erzherzogin Elisabeth, die Marie Thérèse auf ihrer Fahrt nach Wien besuchte, wundert sich. Sie schreibt am 21.1.1796 an die Prinzessin nach Wien und bedankt sich für das übersandte Porträt: »Man hat hier auch ein Porträt gemalt, aber es ähnelt Ihnen nicht.«[18] Welche Vorlage hatte der Maler in Innsbruck benutzt? Das Bild von Jeanne Dabos? Dann war es kein Wunder, dass es der Prinzessin, die in Wien angekommen war und eifrig ihr Porträt verschickte, nicht ähnlich sah. Denn es zeigte nicht ihr Gesicht.

Schriftvergleiche taugen dagegen als Beweis für eine Vertauschung nicht wirklich, denn wir wissen nicht, wer diese Briefe tatsächlich geschrieben hat. Die Briefe der Herzogin von Angoulême im Wiener Haus- und Hofarchiv, die oft für einen solchen Vergleich herangezogen werden, sind alle nicht von ihrer Hand. Es sind Abschriften eines Wiener Geheimpolizisten für die Polizeiakte.

Am 9.1.1796 hatte Maria Karolina an ihre Tochter, die Kaiserin, geschrieben: »Man muss sie aber nach Anekdoten ausfragen, Dinge, die passiert sind, als sie alleine mit ihrer Mutter... war, um zu sehen, ob sie solche weiß, damit wir sicher gehen, dass wir nicht getäuscht werden.« In einem weiteren Brief vom 26.1.1796 heißt es: »Man muss sie dazu bringen, viel zu reden und zu erzählen, um zu sehen, ob sie sich in ihren Reden widerspricht.«

Bis zum 10. August 1792 war Ernestine bei der Familie gewesen, kannte Einzelheiten, die sonst niemand wusste. Maria

Karolina, die ja bis zum Schluss mit Marie Antoinette korrespondiert hatte, kannte noch mehr Details. Doch für die Zeit nach dem Tod Marie Antoinettes gab es keine Zeugen mehr. Im Grunde konnte die junge Frau erzählen, was sie wollte.

Und so wiegte sich Ernestine auch jahrelang in Sicherheit, bis sie einen Brief von Madame de Chanterenne bekam, die wissen wollte, was sie mit dem Tagebuch anfangen sollte, das Marie Thérèse ihr vor der Abreise übergeben hatte. Der Vicomte de Reiset hat die entsprechende Korrespondenz zwischen Madame de Chanterenne und der Herzogin in den Familienpapieren der Familie Chanterenne einsehen dürfen.[19]

Bis Hüningen schrieb Marie Thérèse noch zärtliche Abschiedsbriefe an Madame de Chanterenne: »Adieu, liebe, gute, zärtliche, liebenswerte, fröhliche, freundliche, ehrliche, charmante Renète« oder »Adieu, meine teure Renète, Vielgeliebte einer unglücklichen Verbannten. Ich verspreche Euch, immer sehr an Euch zu denken. Weder kann noch will ich Euch vergessen!«[20]

Nach dem Austausch schrieb die Prinzessin dagegen bis 1801 keinen einzigen Brief mehr an ihre Freundin Renée, obwohl sie das durchaus gekonnt hätte, wie die vielen Briefe an andere Adressaten zeigen. Ernestine hatte keine Ahnung von der engen Beziehung, die ihre Halbschwester in den Monaten bis zu ihrer Abreise aus Paris zu Madame de Chanterenne aufgebaut hatte. Sie lässt ihr nur, ausgerechnet über Madame de Soucy, bestellen (20.1.1796), dass sie keinen Versuch machen solle, nach Wien zu kommen: »Ich bitte Euch auch, Madame de Chanterenne zu besuchen. Diese arme Frau soll sehr traurig sein. Richtet ihr von mir aus, dass sie keine Schritte unternehmen möge, mit mir zusammenzukommen, da dies unnütz sein würde. Sagt ihr, dass ich sie immer sehr liebe.«[21]

Madame de Chanterenne schrieb immer wieder in den nächsten Jahren, erinnerte an die gemeinsame Zeit und an ihr Versprechen, sie nicht zu vergessen. Sie bekam keine Antwort. Selbst als sie im Februar 1799 die Prinzessin auf ihre eigene

Aussage – »Weder kann noch will ich Euch vergessen« – hinwies und von ihrer schwierigen Situation und von ihrem Sohn erzählte, wohl in der Hoffnung auf eine Unterstützung, schwieg die Prinzessin.[22]

Im April 1801 aber fragt Madame de Chanterenne auf einmal, was sie mit dem Tagebuch machen solle. Nun antwortet die Herzogin: »Ich habe mit Vergnügen, Madame, Euren letzten Brief erhalten. Rechnet stets mit meinen Gefühlen für Euch, die ich Euch aus so manchem Anlass schulde. Was Eure Anfrage hinsichtlich des in Euren Händen befindlichen Schriftstückes betrifft, so wünsche ich, dass Ihr es verbrennt oder ganz geheim aufbewahrt, aber unter keinen Umständen veröffentlicht.«[23]

Diese Reaktion findet Boehmker, der sich intensiv mit der Geschichte des Tagebuchs auseinandergesetzt hat, zu Recht sehr befremdlich: »Das sicherlich mit großem Fleiß, mit Sorgfalt geschriebene Mémoire, ein Gedächtnisbuch für kommende Zeiten, ein Buch der Erinnerung und Vertiefung, zugleich ein Akt der Pietät den Eltern, dem Bruder, den Verwandten gegenüber, soll vernichtet werden! Warum ist es dann geschrieben worden? Warum vertraut es die Schreiberin wie ein kostbares Kleinod ihrer Herzensfreundin an?«[24]

Boehmker vermutet, dass die Herzogin von Angoulême gar nicht gewusst habe, dass es ein solches Tagebuch gibt. Am 28. 2. 1803 erhielt Madame de Chanterenne einen weiteren Brief von Cléry, der sie im Namen der Herzogin aufforderte, ihr das Manuskript auszuhändigen, da sie ihre Memoiren schreiben wolle. Madame de Chanterenne machte eine Abschrift vom Original und schickte es dann an die Herzogin, die wiederum, nachdem sie Änderungen am Original vorgenommen hatte, eine Abschrift machte und sie ausgerechnet Madame de Soucy aushändigte. Boehmker, der die Erpresserbriefe nicht kannte, schreibt dazu: »Man könnte fast annehmen, dass Frau von Soucy, welche wahrscheinlich von Madame de Chanterenne von dem Manuskript erfahren hatte, sich dessen Abschrift erbat, und dass sich die Herzogin ihr gegenüber in einem gewissen Zwangsverhältnis befunden hat, als sie die Abschrift des Schriftstücks Frau von Soucy aushändigte.«[25]

Madame de Soucy wartete bis 1817, als die Bourbonen nach Frankreich zurückgekommen waren, um das Manuskript zu veröffentlichen. Die Herzogin ließ daraufhin die Druckstöcke und Paletten vernichten und alle bereits gedruckten Exemplare einsammeln.[26]

Im Jahr 1823 erschien eine offizielle Ausgabe der Memoiren der Herzogin mit den Anmerkungen von Louis XVIII., der alle ihm verdächtigen Stellen komplett gestrichen hatte.

Madame de Chanterenne bekam in den nächsten Jahren von der Herzogin mehrfach Geldgeschenke, später eine Jahresrente, ihr Sohn eine Leutnantsstelle. Das alles ließ die Herzogin durch ihren Sekretär Baron de Charlet abwickeln. Von lebenslanger Freundschaft keine Spur, im Gegenteil, die Herzogin mied ein Zusammensein mit zu viel Zweisamkeit. Nur einmal wurde Madame de Chanterenne von ihr in offiziellem Rahmen empfangen.

Wer sich für das Schicksal der Königstochter interessierte, fand schnell heraus, dass zwischen der jungen Prinzessin nach Jahren der Gefangenschaft, zeitweise in Einzelhaft, und der gut aussehenden jungen Frau, die in Wien ankam, große Unterschiede bestanden.

Aber alle Beteiligten haben mitgespielt:

Der Wiener Hof und die österreichische Regierung, einschließlich des Außenministers Thugut. Man ließ formal alles so, wie es war, auch wenn die Prinzessin kühl behandelt wurde. Denn wie hatte Maria Karolina gesagt? Sie sei auch nur ein Opfer, und man solle ihr mit Mitleid begegnen. Offiziell protestieren konnte man wohl kaum. Schließlich hatte man die Prinzessin regulär übernommen und bestätigt, dass man die Tochter Louis' XVI. in Empfang genommen hatte.

Louis XVIII. wusste es spätestens, nachdem Madame de Bombelles ihm aus Regensburg einen Auszug aus dem *Mémoire* geschickt hatte, das Hue und Madame de Soucy auf der Fahrt von Hüningen nach Wien angefertigt hatten, dasselbe *Mémoire*, mit dem Madame de Soucy die Herzogin später erpresst hat. Es hat den König aber wohl kaum interessiert. Ernestine war die Halbschwester der echten Prinzessin, also auch eine Tochter seines Bruders. Ein persönliches Interesse an der Person seiner Nichte hat er ohnehin nicht gehabt. Er kannte beide kaum. Sein Interesse galt der Macht. Und solange es nicht öffentlich wurde, war es ihm wohl gleich, mit welcher Prinzessin er sein Ziel erreichte.

Als er die Nachricht vom Tod seines königlichen Bruders erhielt, schrieb er an den Comte d'Artois, den späteren Charles X.: »Es ist geschehen, mein Bruder, der Schlag ist passiert. Ich halte in meinen Händen die offizielle Nachricht über den Tod des unglücklichen Louis' XVI., und mir bleibt nur die Zeit, Euch darüber zu unterrichten. Man hat mir auch zu verstehen gegeben, dass sein Sohn sterben wird. Indem wir über unsere Verwandten weinen, solltet Ihr nicht vergessen, wie nützlich für den Staat ihr Tod sein wird. Möge diese Idee Euch trösten, und denkt daran, dass Euer Sohn [der Duc d'Angoulême, Anm. d. Autorin] nach mir die Hoffnung und der Erbe der Monarchie ist.«[27]

Hofleute, die Bescheid wussten, wie Hue, wurden mit einer lebenslangen Stellung am Hofe belohnt. Gomin, der Gefängniswärter, bekam ebenfalls eine Anstellung auf einem Bourbonengut in Frankreich. Alle Beteiligten hatten gute Gründe, den Betrug stillschweigend hinzunehmen, bis auf Madame de Soucy, die die Herzogin ja ganz bewusst zu Beginn ihrer Erpressung fragte, ob sie das verächtliche Verhalten ihr gegenüber für klug halte angesichts der Dinge, die sie wusste.

Im entscheidenden Erpresserbrief vom 3. März 1832, der als einziger Brief konkrete Einzelheiten aus dem *Mémoire* der Madame de Soucy, das als Ganzes nicht mehr vorhanden ist, preisgibt, schreibt der Arzt Lavergne: Auf Seite 36 stehe, dass Marie Antoinette ihr [Madame de Soucy, Anm. d. Autorin] im

Winter 1777/78 ein Geheimnis anvertraut habe, »das nur das Herz einer Mutter würdig zu empfangen gewesen sei«. Im Winter 1777/78 war aber nicht die Königin schwanger, sondern die Kammerfrau Lambriquet mit Ernestine, von der es hieß, dass sie die Tochter des Königs war.

Über die Fahrt nach Wien 1795 schreibt Madame de Soucy: »Noch niemals war ich so überrascht wie von dem Auftauchen des sogenannten leiblichen Kindes des ehemaligen Argus, der in ihrem Haus [Marie Antoinettes, Anm. d. Autorin] angestellt war. Meine Überraschung war umso größer durch die vertrauliche Mitteilung, die ich 18 Jahre zuvor erhalten habe und von der ich auf Seite 36 berichtet habe.«[28]

Argus, der hundertäugige Riese aus der griechischen Mythologie, ist ein Symbol für einen »Spion« und wird auch in der französischen Sprache so benutzt. Er steht hier für den Kammerdiener Lambriquet, der bei Marie Antoinette angestellt von Versailles aus die revolutionären Umtriebe in Paris ausspioniert hatte und deshalb auch in der Anklageschrift vom 14. Juli 1794 als »Agent der infamen Antoinette und ihr Spion«[29] beschuldigt und zum Tode verurteilt wurde.

Diese wenigen Worte, schreibt der Arzt weiter, müssten die Prinzessin eigentlich davon überzeugen, dass es wohl besser sei, das Manuskript vernichten zu lassen. Die Überraschung, die Madame de Soucy beim Auftauchen der Austauschperson empfand, deckt sich mit der Hues, der am 16.1.1796 an seine Frau schrieb: »Meine Freundin, ich habe in keiner Weise das erwartet, was passiert ist…Im Gegenteil waren die Befehle so erteilt, damit die Person alleine ankam, man ließ uns sie ignorieren; wir wurden erst instruiert in dem Moment, als keine Zeit mehr war, einen Rückzieher zu machen. Erst nachdem die ersten Momente verstrichen waren und als es uns möglich war, uns über unsere wahre Lage im Klaren zu werden, hatten wir uns beschwert, so wie es sich gehört; es gab nur beruhigende Parolen, die mich nicht trösten konnten, denn die Lüge allein, die der erste fatale Eindruck war, kann zerstören.«[30]

Während Hue auf seine Weise mit dem Geheimnis umging, waren es die obigen Zeilen aus dem *Mémoire*, das er und die Marquise de Soucy auf der Fahrt von Hüningen nach Wien angefertigt hatte, die die Herzogin von Angoulême dazu bewogen, 18 Jahre lang an die Marquise zu zahlen, damit niemand erfuhr, dass sie nicht Marie Thérèse Charlotte de Bourbon war.

Marie Philippine Lambriquet, genannt Ernestine, zahlte Schweigegeld, um das Geheimnis der Vertauschung, das sie ein Leben lang bewahrt hatte, nicht doch noch auffliegen zu lassen. Was aus ihrer Halbschwester geworden ist und ob sie zu diesem Zeitpunkt noch lebte, wird sie mit Sicherheit nicht gewusst haben.

Die Prinzessin
auf der Suche nach einer Heimat
(1796 – 1806)

Die politische und militärische Lage
1795/96 am Oberrhein

❦

> »Es gibt zwei Arten von Geschichte: die offizielle,
> lügenhafte Geschichte, und dann die geheime,
> wo die wahren Ursachen der Ereignisse liegen«,

schrieb der französische Schriftsteller Honoré de Balzac Anfang
des 19. Jahrhunderts. Und doch gilt die »offizielle« Geschichte
auch heute noch oft als die einzig wahre, weil sie auf schriftlichen Quellen gründet, während die »geheime« Geschichte
meist keine Dokumente hinterlässt.

Das ist aber eine vor allem auf unseren Kulturkreis bezogene
Aussage. Denn es gibt viele Kulturen, in denen keine Dokumente existieren, sondern durch mündliche Überlieferung Fakten und Ereignisse weitergegeben werden. In vielen Fällen wurden auch durch einen flächendeckenden Krieg alle Unterlagen
zerstört. Haben die Ereignisse deshalb nicht stattgefunden,
weil sie nicht auf Papier dokumentiert sind?

In der Zeit der Revolutionskriege, in der die Geschehnisse
um Marie Thérèse de Bourbon stattfanden, wurden in vielen
Briefen wichtige Informationen zwischen den Zeilen mit unsichtbarer Tinte oder Zitronensaft notiert. Königin Maria
Karolina schrieb während der napoleonischen Kriege auch in
Privatbriefen politische Nachrichten nur mit Zitronensaft oder
als Zahlencode. Nach dem Lesen wurden die Briefe durch den
Empfänger vernichtet. Ganz wichtige Nachrichten wurden nur
mündlich per Boten weitergegeben.

Wenn man sich die verworrene politische und militärische
Lage 1795 am Oberrhein ansieht, in der Spione und Agenten

aller politischen Richtungen im Auftrag von Königen, Ministern und Botschaftern ihr Spiel trieben, dann fragt man sich zu Recht, welchen Wert Dokumente damals überhaupt hatten. Da wurde mit Codenamen gearbeitet, wurden Pässe ganz offiziell auf falsche Namen ausgestellt. Für Geld bekam man jede Information, wobei man allerdings nie wissen konnte, ob der Agent nicht auch für die andere Seite tätig war. Menschen tauchten für Jahre unter einem Pseudonym unter, wie Louis Philippe, ab 1830 französischer König, der von Juni 1794 bis Februar 1795 unter dem Pseudonym Corby in Bremgarten im Aargau unterkam.[1] Manchmal, wie bei der Vertauschung Madame Royales, hatten alle Beteiligten ein elementares Interesse an der Geheimhaltung und auch die Möglichkeit, diese durchzuhalten. Wie wir später noch sehen werden, galten anstelle von Briefen mit Unterschrift und Siegel der Eid und das Schwören auf das Kreuz. Diese Art der Geheimhaltung hinterlässt keine schriftlichen Zeugnisse, die wir heutzutage auswerten könnten.

All das, was in den kommenden Kapiteln beschrieben wird, konnte natürlich nicht ganz verborgen bleiben. Es gab überall Augenzeugen, die sich gewundert haben über ungewöhnliche Dinge in ihrer nächsten Umgebung. Das wurde weitererzählt, seltener in Tagebüchern oder Memoiren festgehalten. So entstand eine mündliche Tradition, eine historische Quelle, die als *Oral History* auf der Erzählung von Zeitzeugen basiert und inzwischen auch als Methode in der Geschichtswissenschaft anerkannt ist.

Wenn der Historiker sich dieser mündlichen Überlieferung bedient, muss er allerdings immer sorgfältig prüfen, inwieweit die persönlichen Umstände des Zeitzeugen den Wahrheitsgehalt seiner Beobachtungen beeinflussen. War er zu der Zeit tatsächlich vor Ort? Was kann er gesehen haben? Welchen Bildungsstand hatte er? Gibt es andere Zeitzeugen, die ähnliche Beobachtungen gemacht haben? Auf diese Weise kann der Historiker Indizien sammeln, die am Ende ein Bild ergeben, das der Wahrheit gerade in Zeiten unvollständiger schriftlicher

Dokumentation, die oft auch nicht die ganze Wahrheit ergibt, sehr nahe kommt.

Der Gasthof »Zum Raben«, wo die Vertauschung der Prinzessinnen wohl stattgefunden hat (siehe Seite 154 ff.), lag nahe der Rheinbrücke innerhalb der Festung Hüningen. Auf der anderen Seite des Rheins lag die Schweizer Stadt Basel mit ihren 16 000 Einwohnern, für Österreich und Frankreich gleichermaßen neutraler Boden.

Ein kurzer Rückblick: Seit der Deklaration von Pillnitz, in der Kaiser Leopold II. und König Friedrich Wilhelm II. von Preußen am 17. August 1791 eine Intervention zugunsten »einer den Rechten des (französischen) Souveräns und den Interessen der Nation gleichermaßen angemessenen monarchischen Regierung« beschlossen hatten, war die Gegend beiderseits des Rheins eine Unruhezone ersten Ranges.[2]

Auf der rechten Seite des Rheins hatten sich seit dem Sturm auf die Bastille 1789 Scharen von französischen Emigranten niedergelassen, die Schätzungen liegen bei etwa 150 000 bis 160 000 Personen, davon etwa 50 Prozent Bürger aus dem dritten Stand sowie 40 Prozent Adlige und Kleriker, die den Eid auf die Verfassung nicht hatten leisten wollen und deshalb flüchten mussten.[3]

Aus einer Art Ehrengarde für die königlichen Prinzen hatten sich 1791/92 kampfstarke Truppen gebildet; die Einheiten von Rohan und Mirabeau-Tonneau lagen bei Ettenheim, die des Prinzen Condé um Worms herum. Eine Armee der königlichen Prinzen war bei Koblenz unter Führung von Marschall Broglie aufgestellt worden. Insgesamt verfügten diese Truppen über etwa 24 000 Mann Infanterie und Kavallerie.[4]

Durch die oben genannte Deklaration fühlte sich die Regierung der »neuen französischen Republik« provoziert und durch die aggressive Propaganda der Truppenführung der Emigranten herausgefordert; sie erklärte am 20. 4. 1792 Österreich den Krieg. Man nannte ihn den ersten Koalitionskrieg, da sich

1793 Großbritannien, die Niederlande, Spanien und Portugal, Neapel und Sardinien den Mittelmächten Österreich und Preußen anschlossen.

Nach anfänglichen Erfolgen der Koalition mit der Besetzung von Teilen Lothringens und des Elsass kam es zu Rückschlägen, wobei die französischen Truppen Großteile des Rheinlandes, z. B. Speyer, Worms und 1794 auch Trier und Koblenz, besetzten. In den ehemals österreichischen Niederlanden entstand die französisch beeinflusste »Batavische Republik«. Friedrich Wilhelm II. von Preußen suchte als Erster Verhandlungen mit den Franzosen, was zum Sonderfrieden von Basel führte. Diesen bereiteten auf französischer Seite der Gesandte Barthélemy und sein Stellvertreter Theobald Bacher vor.

Ende 1795 stellte sich am Oberrhein die Lage so dar: Das linke Rheinufer mit Colmar und Straßburg befand sich in französischer Hand, dort lag General Pichegru mit seinen Truppen, der einen Waffenstillstand erzwang, der bis Mai 1796 hielt. Insgeheim aber führte er Verhandlungen mit den Agenten Louis' XVIII. über eine Belohnung, wenn er in Frankreich eine Konterrevolution anzettelte.

Größere Kämpfe fanden in dieser Zeit weiter nördlich am Niederrhein, etwa bei Düsseldorf, statt.[5] Der Krieg verlagerte sich nach Italien, wo Napoleon am 17. 10. 1797 den Frieden von Campo Formio erzwang, in dem Österreich alle seine linksrheinischen Territorien und die österreichischen Niederlande an Frankreich abtrat.

Die schweizerische Handelsstadt Basel war gegen Ende des 18. Jahrhunderts Sitz mehrerer großer Spionageorganisationen. Es gab dort Handelshäuser, die intensive Beziehungen zu deutschen und französischen Städten wie Nürnberg und Frankfurt oder Nantes und Lyon pflegten und dementsprechend hervorragende Postverbindungen besaßen. Diesen konnte man auch Geheimdienstpost anvertrauen, zumal wegen des reichen literarischen und geistigen Lebens, gefördert durch die angesehene

Universität, auch früh leistungsfähige Druckereien zur Verfügung standen, deren Erzeugnisse in ganz Europa verbreitet wurden.

Während der österreichische Gesandte von Greiffenegg schon seit längerer Zeit in Klein-Basel residierte und von da aus kaiserliche Gebiete jenseits der Grenze beaufsichtigte, zog der französische Gesandte in der Schweiz, Barthélemy, erst Anfang der Neunzigerjahre von Solothurn nach Basel, um die Friedensgespräche mit Österreich besser führen zu können. Barthélemy wohnte in diesen Jahren im Haus des Stadtschreibers Peter Ochs. Auch der englische Botschafter Wickham hatte die Zentrale seines Geheimdienstes nach Basel verlegt.[6]

Die andere Stadt, die für die Vertauschung wichtig wurde, war Straßburg. Im 18. Jahrhundert hatte die Universitätsstadt in einer »geistigen Mittlerfunktion zwischen Frankreich und den südlichen Ländern des deutschen Reichsgebietes insbesondere den im Elsass territorial ansässigen und den interessierten Adel des deutschen Südwestens zu einer Kultur- und Wohngemeinschaft (zusammengebunden), die für das Hofleben und Beamtentum den diplomatischen und politischen Rahmen absteckte«.[7] Dabei spielten die im Elsass ansässigen zahlreichen Straßburger Freimaurerlogen eine bedeutende Rolle. Viele Adlige, auch Beamte und Professoren, gehörten ihnen an und lebten in der Stadt einen heimatverbundenen, protestantisch geprägten bürgerlichen Lebensstil.

Der einheimische Adel pflegte aber auch traditionell gute Beziehungen zum französischen Königshaus. Die Zeit, als Goethe und Herder dort studierten und Straßburg als »Zentrum Völker verbindender Geistigkeit«[8] priesen, war aber seit 1789, dem Beginn der Französischen Revolution, vorbei. Viele Bürger, beeinflusst von den Ideen der Aufklärung, hatten den ersten Jahren der revolutionären Bewegung und den Veränderungen in Paris mit Sympathie zugesehen. Sie waren für Reformen in Staat und Gesellschaft und forderten eine Verfassung, wie sie sich in England bewährt hatte: demokratische Wahlen, Reformen nach dem Motto Freiheit, Gleichheit, Brüderlichkeit, und den König als Repräsentanten des Volkes. Es dauerte nicht lange, da schwappte der revolutionäre Geist auch nach Straßburg und ins Elsass über. Ein Bürgeraufstand verjagte den Stadtrat, der vom Volksrat neu gewählte, angesehene Bürgermeister Jean de Dietrich fiel dem Terrorregime Robespierres zum Opfer und wurde in Paris durch die Guillotine hingerichtet. Liberale Politiker, wie der Bankier Türckheim, flohen ins Ausland.[9]

Je radikaler die revolutionäre Bewegung aber in Paris wurde, desto größer wurden in Straßburg die Zweifel. »Wonne der Thränen, fließet, fließet, ihr erleichtert mein Herz!«, schrieb Octavie von Bergheim nach dem Tod Louis' XVI. in ihr Tagebuch. »Ja, die Tränen befreien ein bedrücktes Herz, sie tun gut. Die Traurigkeit der Ereignisse, die uns ummanteln, die Schmerzen, die immer stärker werden, die Zerstörung der Freiheit in meinem Heimatland…, stellen meines auf eine harte Bewährungsprobe.«[10]

Auch der in weiten Teilen Frankreichs und des Reiches bekannte Dichter Gottlieb Konrad Pfeffel aus Colmar begeisterte sich anfangs für die Möglichkeiten der Revolution, die Ideale der Aufklärung umsetzen zu können. Über die Tage im Juli 1789 dichtete er:

> *Wohl mir, dass ich den Tag erlebte,*
> *Dem im prophetischen Gesicht*
> *Mein Geist oft kühn entgegenstrebte!*
> *Er ist mir mehr als Sonnenlicht…«*[11]

Als ab 1792 innenpolitisch aber eine Zeit der permanenten Unruhe, des latenten Bürgerkriegs folgte, als man den Glauben an den christlichen Gott abschaffte und die Guillotine in Paris aufstellte, da wandte er sich enttäuscht ab und beantwortete 1793 die Frage, ob er denn die Freiheit verachte, so:

*»Doch lieber will ich stets sie missen,
als frei mit Bösewichtern seyn.«*[12]

Die Ausrufung des sogenannten Höchsten Wesens durch Robespierre kommentierte er ironisch:

*»Darfst, lieber Gott, nun wieder sein:
So wills der Schach der Franken,
Laß flugs durch ein paar Engelein
Dich schön bei ihm bedanken.«*[13]

Die Gräueltaten der Jakobiner ließen ihn deutlicher werden:

*»Mit Abscheu sah ich jene Szenen
Der Rachsucht und der Anarchie.«*[14]

Von nun an engagierte Pfeffel sich wie viele seiner Freunde im Elsass ganz besonders für die Menschen, die vor den Jakobinern flüchten mussten, indem er sie bei sich versteckte oder auf ihrer Flucht weitervermittelte. Da er die Zeit des Terrors als »Schande« empfand, über die die Franzosen »nach tausend Jahren noch … erröten« würden, begrüßte er den Tod Robespierres:

*»Der Wütrich fiel im Augenblicke,
Da er mit wilder Gierigkeit
Die Früchte seiner Bubenstücke
Zu fressen wähnte.«*[15]

1798 zog Pfeffel für sich persönlich eine Bilanz, der wohl die meisten Menschen im Elsass zugestimmt haben:

*»Erreicht mein Fuß einst auf dem schmalen Stege
Das Paradies, so frag ich an der Tür:
Gibt's Revolutionen hier?
Und sagt der Pförtner: ›JA‹,
so geh ich meiner Wege.«*[16]

Mögliche Aufenthaltsorte der Madame Royale nach der Vertauschung in Hüningen

❧❧❧

>»Ich übergebe Euch eine Aufstellung über das Gehalt, das dem Bürger Gomin, ehemaliger Kommissar im Temple, und ebenso dem Bürger Baron, dem Türschließer, noch geschuldet wird«,

schreibt Liénard, der Schatzmeister im Temple, am 4. Mai 1796 an Innenminister Bénézech. Die beiden hätten ihren Lohn abgeholt, der ihnen noch für die Zeit vom 23. September 1795 bis zum 18. Dezember, dem Tag ihrer Abreise mit der Tochter des letzten Königs, zustand.[1]

Die Gesetze der Republik in Bezug auf jegliches Verlassen des Staatsgebietes waren streng. Wer emigrierte, verlor sein Vermögen und wurde, sobald er zurückkam, wie ein Staatsfeind behandelt. Während der Kurier Chassault unmittelbar nach dem Austausch von Basel nach Paris zurückkehrte und direkt seine Rechnung einreichte, blieben der ehemalige Gefängniswärter Gomin und Baron noch dort. Nachdem die Kutschen mit der Austauschperson aus Hüningen abgefahren waren, fuhr Bacher mit ihnen zurück nach Basel. Dass die beiden ein halbes Jahr später, ohne Probleme zu bekommen, nicht nur nach Frankreich einreisen, sondern sich wie selbstverständlich ihren ausstehenden Lohn im Temple abholen konnten, deutet darauf hin, dass sie in offiziellem Auftrag in Basel zurückblieben. Schon Lenôtre, der die Vertauschungstheorie nicht kannte, wunderte sich. Die Vermutung liegt nun sehr nahe, dass Gomin und Baron weiterhin im Auftrag Bachers die Überwachung und den Schutz der echten Prinzessin übernahmen.

Es ging zunächst darum, die Prinzessin so rasch wie möglich ohne großes Aufsehen in der Umgebung von Basel unterzubringen, bis sich die Aufregung in der Stadt über das Ereignis gelegt hatte. Bacher und Barthélemy hatten nicht viel Zeit zur Vorbereitung, denn Anweisungen dazu dürften nicht vor Anfang Dezember aus Paris gekommen sein.

Natürlich hätten sie auf die Tausende in der ganzen Schweiz auf Schlössern und Gütern verstreuten französischen Adligen zurückgreifen können, die hier Schutz vor den Verfolgungen in der Heimat gefunden hatten. So wie zum Beispiel die Familie der Gräfin de Polignac, der besten Freundin Marie Antoinettes, der Erzieherin des Dauphin, die bereits 1789 flüchten musste und sich mit ihrer Schwester auf Schloss Gümligen bei Bern niederließ, während ihr Mann sich im Auftrag Louis' XVIII. in Wien oder St. Petersburg aufhielt. Sie war allerdings schon 1793 gestorben.

Oder Madame de Staël, die solcherart Hilfsdienste auch in ihren Memoiren beschreibt: »Ich verbarg bei mir im Waadtland einige in jeder Beziehung durch ihren Rang und ihre Tugenden achtungswürdige Freunde der Freiheit, und da man von den damaligen Schweizer Behörden keine förmliche Erlaubnis für ihren Aufenthalt bekommen konnte, so führten sie schwedische Namen, die Herr von Staël (Botschafter Schwedens) ihnen beilegte, um das Recht zu haben, sie zu beschützen.«[2] Madame de Staël war die Tochter Jacques Neckers (1732–1804), des langjährigen Finanzministers Louis' XVI., der aus Genf stammte. Ihr Vater hatte größere Besitzungen in der Schweiz und war einverstanden, dass sie – wie viele andere – den unglücklichen Vertriebenen Asyl gewährte. Sie war in jungen Jahren mit ihrer Familie nach Paris gekommen und hatte zum engsten Freundeskreis Marie Antoinettes gezählt, der sie im Juli 1792 hatte zur Flucht verhelfen wollen. Gegen die Hinrichtung Marie Antoinettes hatte sie vergeblich protestiert. Sie selbst war Mitte der Neunzigerjahre allerdings nur selten auf ihrem Schloss Coppet am Genfer See, das für eine rasche Unterbringung der Prinzessin wohl auch zu weit entfernt von Basel lag.

Wahrscheinlicher ist daher, dass Bacher und Barthélemy zunächst einmal auf ihre persönlichen Kontakte in Basel und Umgebung zurückgriffen. Da war zum Beispiel der oberste Verwaltungsbeamte der Stadt, Peter Ochs, bei dem Barthélemy seit seiner Übersiedlung nach Basel wohnte, oder der reiche Kaufmann und Gelehrte Jacob Sarasin (1742–1802), der in seinem palastähnlichen Haus am Rhein stets Gäste aus aller Welt beherbergte. 1777 besuchte ihn dort Kaiser Joseph II., 1784 Prinz Heinrich von Preußen. Dies Haus lag nicht weit vom Ort der Vertauschung entfernt. Auch das Gasthaus »Zum Engel« im nahe gelegenen Pratteln, das er 1777 für Gäste eingerichtet hatte, wäre für einen kurzfristigen Aufenthalt infrage gekommen.

Das eigentliche Problem aber war die dauerhafte Unterbringung einer königlichen Prinzessin dieses Ranges. Wenn man davon ausgeht, dass Madame Royale vertauscht wurde, weil die französische Regierung bzw. einige ihrer Mitglieder ein Interesse daran hatten, dann musste alles unter höchster Geheimhaltung vor sich gehen. Jeder neue Mitwisser brachte eine unkalkulierbare Gefahr mit sich. Die an der Vertauschung Beteiligten gingen ein hohes Risiko ein. Wenn das Geheimnis zum falschen Zeitpunkt entdeckt wurde, konnte es nicht nur die Karriere der Beteiligten ruinieren, sondern auch die Beziehungen der französischen Regierung zu Österreich und anderen Herrscherhäusern, die sich brüskiert fühlen würden. Immerhin war der Austausch ein offizieller Akt zwischen zwei Regierungen gewesen. Der noch sehr instabile Ruf der Republik als ernst zu nehmender Verhandlungspartner wäre nachhaltig zerstört worden.

Wie aber sollte man das verhindern? Niemand wusste, wie lange das Versteckspiel dauern würde. Jahre, Jahrzehnte, bis zum Tod der Prinzessin? Niemand konnte voraussehen, wann und ob überhaupt man das Geheimnis der Vertauschung zum eigenen Nutzen würde einsetzen können.

In diesen Zeiten der Revolution, der Kriege, der unkalkulierbaren Regierungen gab es nur ein Netzwerk, das überregional, unabhängig von der politischen Überzeugung, unabhängig von gesellschaftlichen und religiösen Schranken funktionierte: das soziale Netzwerk der Freimaurer.

Es geht hier, um das ausdrücklich zu betonen, nicht um irgendeine der vielen Verschwörungstheorien, die den Freimaurern auch gerade in Zusammenhang mit der Französischen Revolution fälschlicherweise angehängt wurden und werden. Es geht hier allein um ihr Netzwerk, das wirklich einzigartig war.

Ausgehend von England hatte sich die Freimaurerei im 18. Jahrhundert auch in Frankreich und im Deutschen Reich ausgebreitet. Um 1790 gab es beiderseits des Rheins kaum eine größere Stadt ohne Freimaurerloge. Allein in Straßburg gab es acht Logen, in Basel fünf. Zwar wurde die Logenarbeit in dieser Zeit durch strenge Auflagen und Verbote sehr erschwert, in einigen Städten sogar unmöglich gemacht, da man den Geist der Aufklärung in den Logen mit dem Aufruf zur Revolution verwechselte, das Netzwerk aber blieb bestehen.

Wie sich im Folgenden zeigen wird, verbindet ein roter Faden alle an der Vertauschung Beteiligten, angefangen bei Barras, Bénézech, Barthélemy und Bacher: Sie sind Freimaurer. Nun haben bei dem einen oder anderen wie beschrieben auch eigene Interessen oder Staatsinteressen eine zusätzliche Rolle gespielt.

Aber sie und alle anderen, die in den nächsten Jahren den Schutz der Prinzessin übernahmen, waren als Freimaurer der Menschlichkeit und der Verschwiegenheit verpflichtet, auch wenn sich der Passus der Verschwiegenheit vor allem auf die Logenarbeit bezog. Immer wieder werden wir in den folgenden Kapiteln auf einen Eid stoßen, der geschworen wurde mit dem Ziel, das Geheimnis zu bewahren.

Louis XVI. war wie seine Brüder seit seiner Jugend Freimaurer. Auch Marie Antoinette stand den Freimaurern nahe.

Ihr Vater war Freimaurer, und sie und ihre Schwestern protegierten in ihren jeweiligen Ländern die Freimaurerei. Marie Antoinette selber war nicht Mitglied, obwohl »Le Grand Orient« von Paris seit 1774 weibliche Logen akzeptierte, die allerdings nicht als regulär galten, sondern nur als Ergänzung der männlichen. In Paris waren diese Adaptionslogen zur Zeit Louis' XVI. sehr populär. Die beste Freundin von Marie Antoinette, die Gräfin von Polignac, war sogar Großmeisterin, und die Prinzessin de Lamballe, die Marie Antoinette bis zum 10. August 1792 begleitet hatte, war seit 1780 Großmeisterin aller Frauenlogen des schottischen Ritus von Frankreich.[3] Die Loge »Les Neufs Sœurs« feierte die Geburt Marie Thérèses im März 1779 mit einem großen Fest.[4]

Johann Georg Schlosser, Gründer und Erster Meister vom Stuhl der Loge in Freiburg (1784), bezeichnet in seinem Aufsatz von 1785 »Schutz, Gastfreiheit und Beihilfe« als die erste Pflicht der Freimaurer. Freundschaft sei unter den Brüdern heilig.[5] Und für ihre Verpflichtung zur Menschlichkeit konnte es wohl kaum ein geeigneteres Objekt geben als ein junges Mädchen, das seine Familie durch die Guillotine verloren hatte und sich nur danach sehnte, irgendwo in Frieden leben zu dürfen. In Basel wurde Anfang Januar 1796 das schon erwähnte kleine Buch veröffentlicht mit dem Titel *Les Adieux de Marie Thérèse Charlotte de Bourbon*. Unter dem Porträt Marie Thérèses erkennt man bei genauem Hinsehen die Gesichter Louis' XVI. und Marie Antoinettes, die aus dem Körper von zwei Schlangen gebildet werden, die dort, wo die Nasen sich fast berühren, verknotet sind. Das Bild wird umrahmt von rankenden Rosen. Über allem schwebt das allsehende Auge in der Strahlenkrone (siehe Bildtafel VI).

Diese Symbole, die dem Porträt zugeordnet sind, sind Freimaurersymbole. Das Auge mit der Strahlenkrone steht für die Wahrheit, vor der sich das Gewissen zu verantworten hat. Unter diesem zur Wahrheit verpflichtenden Symbol befindet sich das Bildnis. Die Rosen, die es umrahmen, stehen für Verschwiegenheit und Wiedergeburt. Die Knotenschnur, die das Königspaar bildet, ist ein Zeichen für Unendlichkeit und die ewige Verbundenheit der Freimaurer untereinander.

Die ganze Emblematik dieses Kupferstichs erinnert Freimaurer an die von ihnen erwartete unbedingte Verschwiegenheit. »Das hervorstechende Merkmal jedes Symbols ist seine Anschaulichkeit. Indem Abstraktes auf Gegenständliches übergeführt wird, klärt es auf. Es kann allerdings auch verhüllen, jedoch nur in dem Sinne, dass seine Bedeutung einem eingeweihten Kreis zugänglich gemacht wird, während Nichteingeweihten der Inhalt des Symbols verschlossen bleibt.«[6]

Marie Thérèse unter dem Schutz der Freimaurer, diese verschlüsselte Botschaft erreichte von Basel aus alle, die sie lesen konnten. Für alle anderen blieb sie verborgen.

In diesem Zusammenhang spielen die vielen Offiziere der »Schweizer Garden«, die durch Dekret der gesetzgebenden Versammlung in Paris vom 20.8.1792 entlassen worden waren und nun zum Teil mit Angehörigen ihrer Regimenter auf ihren Gütern in der Schweiz saßen, eine große Rolle. Mehrere Garde-Regimenter wurden aus den Kantonen Solothurn, Freiburg und Luzern gestellt, und unter ihren höchsten Offizieren finden sich die Namen Pfyffer von Heidegg und von Althofen, Comte d'Affry von St. Barthélemy und de Besenval, die alle im Dienste der Bourbonen gestanden hatten und für den persönlichen Schutz Louis' XVI. und seiner Familie zuständig gewesen waren. Und alle waren Freimaurer, die meisten in einer der Logen in Paris.

Da war zum Beispiel die katholische Adelsfamilie d'Affry, beheimatet nördlich von Lausanne am Plateau St. Barthélemy, seit Jahrhunderten in den Schweizer Garden tätig. Louis Augustin Comte d'Affry war bei Ausbruch der Revolution Oberbefehlshaber der Schweizer Soldaten in Frankreich und zeitweise Militärgouverneur von Paris gewesen. Er nahm zwar wegen einer schweren Erkrankung mit seinen über 70 Jahren nicht mehr an den Kämpfen in der Hauptstadt teil, sorgte aber nach dem 10. August 1792 für eine geordnete Rückführung der Schweizer Truppen in die Heimat, wo er 1793 in St. Barthélemy starb.

Sein Sohn Louis Auguste Philippe d'Affry war Bacher gut bekannt. Er war 1791/92 Oberbefehlshaber der französischen Truppen im Elsass mit Sitz in Hüningen gewesen. Er hatte bei den königlichen Schweizer Garden Karriere gemacht und begleitete mit seinem Vater nach der Ausweisung die Rückkehr in die Schweiz. 1795 leitete er in Freiburg, seiner Geburtsstadt, den »Rat der Sechzig«, die Versammlung der führenden Bürgerfamilien der Stadt.

Hilfe konnte Bacher auch von der Familie de Besenval erwarten, denn sie besaß die Herrschaft Brünnstatt, nur 30 Kilometer nördlich von Hüningen gelegen. Pierre Victor de Besenval (1721–1791) hatte dem engeren Zirkel um Marie Antoinette angehört. Er war Mitglied der Großloge »Le Grand Orient« in Paris und jahrelang Befehlshaber der Garden in Versailles. Sein Neffe Joseph de Besenval hatte sich als ehemaliger Hauptmann der Garden 1792 auf das heimatliche Gut zurückgezogen. Nach der Rückkehr der Bourbonen trat er 1815 als Oberstleutnant erneut in die Schweizer Garden ein.

Auch die weitverzweigte Familie Pfyffer gehörte zu denen, auf die Bacher sich stützen konnte; sie hatte jahrhundertelang auf Schloss Heidegg gesessen, das zwischen Basel und Luzern hoch über dem Baldeggersee gelegen ist. Ihre männlichen Mitglieder hatten – wie viele andere Adlige des Kantons Luzern – meist in den Schweizer Garden in Paris gedient. So auch Alfons Pfyffer von Heidegg um 1770 als Leutnant, nun war er Stadtschreiber von Luzern und Mitglied des dortigen »Großen Rates«. Sein Neffe Carl Pfyffer von Altishofen – die Baronie lag 25 Kilometer westlich von Schloss Heidegg – war unter Louis XVI. Leutnant in den Pariser Garden und nur durch einen Zufall wegen eines Kommandos in der Normandie nicht bei der Verteidigung der Tuilerien dabei gewesen, bei der 750

Mann der Leibwache starben. Er errichtete seinen toten Kameraden das »Löwendenkmal« in Luzern und war ab 1815 als Kapitän wieder in Versailles tätig.

Schloss Heidegg ist einer der Orte, an denen sich die mündliche Überlieferung erhalten hat, dass Madame Royale sich hier für einige Zeit aufgehalten habe.[7] In einem Raum hängt noch heute ein Bild von Kaiser Karl VI. und seiner Gemahlin Elisabeth, den Urgroßeltern der Prinzessin. In der Familie Pfyffer hat sich das Wissen um den Aufenthalt der Madame Royale als Familiengeheimnis erhalten. Und hier finden wir auch zum ersten Mal den Eid, der zur Erhaltung des Geheimnisses geschworen wurde. Erst die letzte Nachfahrin Marie Louise de Chambrier, geborene Pfyffer von Heidegg, die sich nicht mehr an den Eid ihrer Vorfahren gebunden fühlte, hat dies vor ihrem Tod 1953 dem Historiker Gottfried Boesch mitgeteilt[8], der ab 1951 als Konservator Schloss Heidegg betreute, das Marie Louise de Chambrier und Mathilde von Glutz dem Kanton Luzern geschenkt hatten.

Madame Royale in Straßburg (1797/1798)

❧

> »Ich musste an die Königstochter denken,
> an das traute Zimmer mit den grün umsponnenen
> Fenstern im Hause des Vicomte de Bussière in
> Straßburg. Hier weilte sie so gern und konnte doch,
> von innerer Angst getrieben, keine Ruhe finden«,

schrieb Diana von Pappenheim, geborene Gräfin von Waldner-Freundstein, in ihr Tagebuch.[1] Das kann frühestens im Jahr 1812 gewesen sein, als sie nach langen Jahren zum ersten Mal allein in Straßburg war, um sich mit ihrem Vater zu beraten.[2] Sie hatte am Hofe in Weimar als Ehrendame der Zarentochter Maria Pawlowna und im Umfeld des sie fördernden Dichters Johann Wolfgang von Goethe gelebt, hatte den 20 Jahre älteren Freiherrn von Pappenheim geheiratet und zwei Söhne mit ihm. Sie war mit ihrem Mann an den Hof des Napoleonbruders Jérôme in Kassel berufen worden und dort nicht ohne Zutun ihres Mannes dessen Geliebte gewesen. Nun war sie auf der Rückfahrt von Paris, wo sie ihren geisteskranken Mann in ärztlicher Behandlung gelassen hatte, in ihrer Heimatstadt und erinnerte sich an die Erlebnisse ihrer Kindheit.[3]

Ihr Vater Gottfried residierte nach wie vor auf seinen Gütern in Oberviller und Schweighausen, die südlich von Colmar lagen, nahe der kleinen Stadt Thann, aus der auch Bacher stammte. Seine Frau Friederike kam aus dem Freiherrngeschlecht derer von Stein in Thüringen. Sie war eine hochgebildete Frau und gehörte zum Freundeskreis des blinden Dichters und Darmstädter Hofrats Pfeffel. Als sie Ende November 1797 starb, verfügte sie in ihrem Testament, dass ihre beiden ältesten Töchter Isabelle (zwölf Jahre alt) und Diana (neun Jahre alt) zunächst zur weiteren Erziehung zur Familie Pfeffel kommen sollten. Ein Hofmeister sollte sie begleiten.[4]

Aber schon im April 1798 zogen die Mädchen nach Straßburg um, wo sie von der Witwe des früheren Bürgermeisters Jean de Dietrich, der in Paris auf der Guillotine gestorben war, aufgenommen wurden. Sybille Luise de Dietrich, die Schwester des Baseler Bürgermeisters Peter Ochs, wohnte nicht mehr in dem repräsentativen Haus am Alten Rossmarkt, wo Rouget de Lisle die Marseillaise vorgetragen und sie ihn auf dem Klavier begleitet hatte. Dieses Haus war nach dem Tod ihres Mannes im Oktober 1793 von der neuen republikanischen Stadtregierung konfisziert worden. So war sie in das Haus ihres Schwiegervaters gezogen, das jenseits der Ill am Quai St. Nicolas Nr. 20 lag und sich seit 1609 im Besitz der Familie befand.

In diesem Haus wohnte zeitweise auch Annette von Rathsamhausen, eine Freundin ihrer Mutter, die über die Ankunft der beiden Mädchen in einem Brief an die Baronin von Stein, geborene Octavie de Bergheim, berichtet. Die beiden Mädchen wurden zusammen mit den Dietrichtöchtern unterrichtet.[5] »Hier wurde ihre Erziehung im humanistischen Geist und in der Hinwendung zum Glauben fortgesetzt, so wie es die Mutter begonnen hatte. Diana entwickelte sich zu einer Persönlichkeit, die in besonderem Maße die Fähigkeit hatte, Menschen für sich zu gewinnen.«[6]

Einige Hundert Meter weiter am Quai St. Nicolas Nr. 7 lag das Haus der Familie de Franck, das der Bankier und mehrmalige »Ammeister« in Straßburg Philipp Jacques de Franck der Ältere (1715–1780) 1759 gebaut hatte. Nach seinem Tod im Jahr 1780 hatte seine Frau Marie Cleophée aus der bekannten Bankiersfamilie de Türckheim die Geschäfte ihres Mannes sehr erfolgreich weitergeführt. Die Familie gehörte zu den reichsten im Elsass, ihre »prachtvolle, aber herzliche Gastfreundschaft war sprichwörtlich«.[7]

Während der Revolution half Madame de Franck Verwandten und Freunden in der Emigration oder durch Aufnahme in ihr Haus. Das machte sie in den Augen vieler Revolutionäre verdächtig, und so belagerte 1793 eine grölende Menschenmenge ihr Haus und wollte sie vor ein Revolutionstribunal schleppen. Ihre älteste Tochter Caroline rettete die Mutter, indem sie sich an ihrer Stelle anbot. Die Menge verzog sich daraufhin.[8]

Um weiteren Übergriffen zuvorzukommen, schickte Madame de Franck ihre Töchter aber bis Ende 1794 zu Pfarrer Friedrich Oberlin nach Waldersbach ins abgelegene Steintal. Hier in der Grafschaft Ban de la Roche, deren sieben Dörfer der Familie de Dietrich gehörten, hatte Oberlin, ein guter Freund des Hofrats Pfeffel, neben Verbesserungen für die Landbevölkerung ein Erziehungsinstitut für junge Mädchen geschaffen. Hier fanden in der Revolutionszeit viele Flüchtlinge Schutz, auch Geistliche, die den Eid auf die Verfassung verweigert hatten. Auch zwei der Schwestern de Bergheim, Amélie und Louise, hatten zusammen mit ihrer Lehrerin Mademoiselle de Seitz hier Zuflucht gefunden, wo sie und die beiden Schwestern de Franck am 25. November 1794 von Octavie von Bergheim besucht wurden.[9]

Bei der Witwe de Franck wohnte seit einigen Jahren auch der Vicomte de Bussière (1775–1846). Er stammte aus einem alten französisch-schweizerischen Adelsgeschlecht, das seit dem 17. Jahrhundert in Diensten des französischen Königshauses stand. Die Familie war reich, sie besaß das Salzregal in einigen Provinzen und hatte Besitzungen an der Loire, in Besançon und in Yverdon an der Südspitze des Neuenburger Sees in der Schweiz. Der Vater des Vicomte de Bussière war bei den französischen Dragonern gewesen, seine beiden Brüder Offiziere bei der Armee des Königs in Paris, einer von ihnen bei den Musketieren. 1797 kämpften beide jenseits des Rheins für die Rückkehr der Bourbonen in der Emigrantenarmee Condés. Paul Athanase Vicomte de Bussière, der beim Kampf um die Tuilerien 1792 in Paris dabei gewesen war, verschlug es nach dem Tod des Vaters 1794 nach Straßburg.[10]

Hier freundete er sich mit Friederike de Franck an. Nach der Hochzeit 1801 machte ihn deren Mutter zum Teilhaber der Bank, die sie leitete.

Als die Schwestern Isabelle und Diana 1798 zu Besuch im Haus de Franck waren – Madame de Franck und Madame de Dietrich waren befreundet –, lernten sie dort nicht nur de Bussière kennen, sondern auch Marie Thérèse de Bourbon. Von den beiden Schwestern war es Diana, die ein besonderes Verhältnis zur Prinzessin aufbaute. Sie wurde, wie sie schreibt, des Öfteren zu ihr »befohlen«. Es waren ja nur 200 Meter am Ufer der Ill entlang, an der Kirche St. Nicolas vorbei.

Was aber konnte Bacher und Barthélemy 1797 veranlasst haben, die Prinzessin nach Straßburg zu bringen?

Um das zu verstehen, muss man sich die geänderte politische Situation in der Schweiz ansehen. Im 18. Jahrhundert konnte die Schweiz als Puffer zwischen Österreich und Frankreich ihre Neutralität problemlos wahren, auch wenn die traditionellen Verbindungen zu Frankreich überwogen. Neben wirtschaftlichem und geistigem Austausch waren auch zeitweise 25 000 Schweizer als Söldner in der königlichen französischen Armee, was über offizielle Staatsverträge geregelt war. Viele Schweizer Adlige dienten als Offiziere bei den Garden und wurden in den französischen Adelsstand erhoben.

Die Französische Revolution mit ihren Idealen von Freiheit, Gleichheit und Brüderlichkeit weckte in den aufgeschlossenen liberalen Kreisen der Schweiz, unter anderem bei den Baseler Philantrophen Ochs und Sarasin, Hoffnung auf eine Reform auch des überholten Schweizer Staatssystems. Die Gräueltaten der Revolution schreckten allerdings auch hier die Menschen ab, sodass Reformversuche aus Angst vor ähnlichen Entwicklungen im Keim erstickt wurden. Bereitwillig wurden in den meisten Kantonen flüchtige Adlige und Geistliche aufgenommen. Viele der Adligen lebten zwar zurückgezogen auf ihren Gütern, andere aber schlossen sich der Konterrevolution an, sodass die Schweiz in Paris bald den Ruf einer Hochburg der

Revolutionsfeinde hatte. Ab Mitte 1796, gestärkt durch den Baseler Frieden und die Siege Napoleons in Oberitalien, übte das Direktorium in Paris zunehmend Druck auf die Kantone aus, die Emigranten auszuweisen. Die Neutralität der Schweiz wurde zu einem Wert, der in Paris nicht mehr geschätzt wurde: Man benötigte für die siegreichen Truppen Napoleons, die man nun südlich des Oberrheins gegen die Österreicher einsetzen wollte, ein Durchmarschgebiet.

Im Jahr 1797 spitzte sich die Situation auch für Madame Royale und ihre Beschützer dramatisch zu. Zunächst einmal wurde Barthélemy am 20.5.1797 ins Direktorium nach Paris berufen, am 16. November wurde Bacher als Gesandter nach Regensburg geschickt. Im Dezember besetzten französische Truppen den südlichen Teil des Bistums Basel, im Frühjahr des nächsten Jahres folgten weite Teile der übrigen Schweiz.[11] Ziel war die Umwandlung in eine Republik nach französischem Vorbild analog den neuen Tochterrepubliken in Oberitalien und Belgien.

Die Tochter des letzten französischen Königs konnte unter diesen Umständen nicht in der Schweiz bleiben. Bacher wird also spätestens ab Mitte 1797 nach einer neuen Unterkunft gesucht haben. Dabei konnte er auf das dichte Beziehungsnetz zurückgreifen, das Basel mit den elsässischen Städten Straßburg und Colmar verband. Da war die Frau des Straßburger Bürgermeisters, Sybille Luise de Dietrich, die Schwester des Baseler Bürgermeisters Ochs, bei dem Barthélemy gewohnt hatte. Da war die Familie de Berkheim, die mit dem Kaufmann Sarasin befreundet war, und da war vor allem der Freundeskreis der Familie des Colmarer Dichters Gottlieb Konrad Pfeffel.

Von 1773 bis 1793 hatte der Dichter eine Militärschule für protestantische Schüler eingerichtet, eine École militaire nach dem Vorbild der École royale militaire in Paris, die vor allem katholische Söhne des Adels aufnahm. 290 Schüler besuchten die Schule während ihres Bestehens, davon 155 aus der Schweiz,

Bürgerliche und Adlige.[12] Pfeffel war aktives Mitglied der »Helvetischen Gesellschaft« seines Freundes Jacob Sarasin aus Basel, dessen Sohn seine Akademie besucht hatte. Als Pfeffel im Juli 1792 in einem Rundschreiben die Eltern seiner Zöglinge bat, sie möchten ihre Kinder nach Hause zurückholen wegen der drohenden Kriegsgefahr, bot Sarasin ihm an, den Schülern aus dem Norden bei Bedarf einen sicheren Zufluchtsort zu verschaffen.[13]

Bacher kannte den Dichter persönlich und hatte ihn bei der Verabschiedung Barthélemys im Juni 1797 zuletzt gesehen, wie der Dichter in einem Brief erwähnt.[14] Er habe in Basel »den edlen Barthélemy (besucht) und wohnte der rührenden Szene seiner Abreise nach Paris bey«, nachdem er vorher in Aarau auf die Gesundheit des neuen Pariser Direktoriumsmitglieds angestoßen hatte.[15]

Seit 1795 war Pfeffels Sohn Carl als Sekretär im Dienste Bachers in Basel tätig. Carl hat seinem Vater ausführlich brieflich vom Austausch der Madame Royale erzählt, selbst über die Momente, bei denen er nicht anwesend war. Seine Darstellung deckt sich, zum Teil wortwörtlich, mit dem Bericht, den Bacher nach Paris an den Innenminister schrieb. Es ist bezeichnend, dass Carl Pfeffel in seinem Brief vom 25.12.1795 noch von der »Tochter Ludwigs XVI.« spricht, in einem Schreiben vom 16. Januar 1796 aber nur noch von der »jungen Person, welche letzthin in Basel ausgewechselt wurde«.[16]

Ob Carl Pfeffel von Anfang an in den Doppeltausch eingeweiht war, wissen wir nicht, aber dass Bacher auf der Suche nach einem Unterschlupf für die Prinzessin an Pfeffels Vater dachte, ist mehr als denkbar.

Merkwürdig ist auch, dass im Mai 1796, als die ehemaligen Temple-Wärter Gomin und Baron nach Paris zurückkehrten, Caroline, eine der Töchter Pfeffels, auf eine geheimnisvolle Stelle in die Schweiz befohlen wurde, über die der Dichter sich nur mündlich äußern wollte.[17]

Die Familie Pfeffel hatte viele Freunde unter den begüterten

Adligen des Elsass zwischen Straßburg und Colmar, die in den beiden Städten ihre Häuser für Besuche und für die kalten Monate des Winters hatten. Da waren die Dietrichs, Türckheims, Oberkirchs, die Waldner von Freundsteins und die de Francks.

Die Töchter dieser Familien schlossen Freundschaftsbünde, die ein Leben lang hielten und durch intensiven Briefwechsel, gegenseitige Besuche und durch Hilfeleistungen in den schwierigen Jahren der Französischen Revolution, vor allem zur Zeit der Schreckensherrschaft Robespierres, gefestigt wurden.

Ursprünglich waren sie den Idealen der Revolution gegenüber aufgeschlossen, aber die Gräuel schreckten sie ab. In ihrem Tagebuch vom 23.9.1793 klagt Octavie von Bergheim, dass alle in den Krieg ziehen. »Wir glauben nicht, dass wir den armen Reiset jemals wiedersehen … Franzosen vergießen das Blut von Franzosen! Ein tausendfach furchtbarer Krieg, in dem die Brüder zu Cains [Brudermördern, Anm. d. Autorin] werden! Bürger! Wo ist bloß eure Liebe geblieben!«[18]

Der Freundeskreis um Pfeffel engagierte sich daher aktiv für die Emigranten. Pfeffel, der aus der Zeit seiner Akademie genügend Wohnraum zur Verfügung hatte, nahm nicht nur Freunde und Verwandte, die flüchten mussten, bei sich auf, wie Annette von Rathsamhausen, sondern auch den nach dem missglückten Lyoner Aufstand 1793 geflüchteten August Perrier und den Grafen Renaud Philipp von Custine, den er neun Tage lang in einem Wandschrank versteckte.[19] Auch Camille Jordan aus Lyon, später Vizepräsident des Senats, und den Grafen Joseph de Gerando schützte er so vor einer Verhaftung.

Aus einem Brief, den Annette von Rathsamhausen am 17.2.1798 an Camille Jordan und den Grafen de Gerando schrieb, geht die Bedeutung Pfeffels für die Unterbringung von Flüchtlingen ganz deutlich hervor: »Ihr habt neulich ein Paket durch einen Kurier an den Professor [Pfeffel, Anm. d. Autorin] geschickt; wisst Ihr, liebe Freunde, dass Ihr ihn kompromittiert habt und dass er sehr beunruhigt ist? Wir müssen noch mehr als sonst vorsichtig sein; die Freiheit, wie so viele Dinge in gewissen Ländern, ist nur ein Wort... Ich konnte noch nicht mit Pfeffel reden. Wegen einer Entzündung in der Brust musste er mit der kleinen Schülerin aus Paris wegfahren, die ihm und seiner Frau anvertraut wurde und die alle, die sie sehen, entzückt. Die ganze Familie ist besorgt.«[20]

Unter den Briefen der Annette von Rathsamhausen findet sich auch ein weiterer mysteriöser Brief, undatiert aus den Jahren zwischen 1796 und 1798. Sie bedankt sich bei einem Prinzen von Württemberg, einem ihrer Verwandten, für die erhaltenen Aufmerksamkeitsbeweise: »Mme R*** [Royale?, Anm. d. Autorin] hat mir bereits das ehrenwerte Souvenir überreicht, das Ihr ihr für mich mitgegeben habt, und ich hätte Euch längst meine Dankbarkeit ausgesprochen, wenn die Ereignisse mir nicht ein Gesetz des Schweigens auferlegt hätten. Der Brief von M. G. hat mich noch mehr in Eure Dankbarkeit gebracht. Aus Vorsichtsgründen kann ich darauf nicht antworten.«[21]

Der Freundeskreis um Pfeffel wurde jedes Mal aktiv, wenn in Straßburg wieder einmal junge Flüchtlinge gestrandet waren. Octavie von Bergheim beschreibt in ihrem Tagebuch ausführlich, wie sie 1794 ein junges Mädchen suchen ließen und es anschließend bei Pfarrer Oberlin in Ban de la Roche in Sicherheit brachten.[22] Dieses Netzwerk von Pfeffel für eine vorübergehende Betreuung der Prinzessin einzusetzen bot für Bacher die sicherste Möglichkeit, sie aus Schweizer Gebiet herauszubringen.

Hinzu kam, dass das Wissen um den Austausch ja längst, seit Mitte 1796, in Straßburg angekommen war. Die Familien Mackau und Bombelles waren alteingesessene Elsässer Familien mit Schlössern um Straßburg herum, wo sie auch politische Funktionen innehatten. So war zum Beispiel der Vater von Madame de Mackau »Stettmeister« (Bürgermeister) in Straßburg gewesen. Madame de Mackau hatte sich ab Ende 1795 auf

Schloss Fegersheim südlich von Straßburg zurückgezogen, wie aus einem Brief des Colonel Oberkirch an seine Cousine Madame de Soucy aus Straßburg hervorgeht.[23] Hier waren Madame de Mackau und ihre Geschwister geboren worden, hier hatten sie in den führenden Familien ihre Freunde und Bekannten, und hier erreichte Madame de Mackau auch der Brief mit der Kopie des *Mémoires* ihrer Tochter aus Regensburg. Madame de Mackau war eng mit der Baronin d'Oberkirch befreundet, die sie in Versailles oft besucht hatte. Diese wiederum war die Tante Dianas von Pappenheim.

»Nur wenige Auserwählte wussten von ihrem [Madame Royale, Anm. d. Autorin] Aufenthalt in seinem Haus«, schreibt Diana in ihrem Tagebuch. Mit »seinem« Haus ist das der Familie de Franck gemeint, denn als Diana 1812 diesen Eintrag machte, war es das Haus de Bussières, der seit 1801 mit der Tochter de Francks verheiratet war und dort lebte. Das Haus lag für eine geheime Unterbringung sehr günstig, nämlich nicht im Umfeld der Kathedrale und des Schlosses des Fürsten Rohan, wo die meisten Adligen ihre Palais hatten, sondern nahe dem *Petite France* genannten Viertel, wo die Banken und Versandhäuser, die Gerber und Fischer ihren Sitz hatten.[24]

Die Erlebnisse der Prinzessin haben Diana tief bewegt, wie ihre Schwester Isabelle, Freifrau von Egloffstein, die in Weimar als Hofdame lebte, bestätigt. Diana habe immer wieder davon erzählt.[25]

»Über die Leichen mussten wir schreiten, als die Getreuen des Königshauses mich in der Verkleidung einer alten Bäuerin retteten«, habe die Königstochter erzählt. Der Vicomte de Bussière, der als sechzehnjähriger Page oder Unterleutnant am 10. August 1792 an der Evakuierung der Königsfamilie beteiligt war, beschreibt diese Flucht so: »Als die königliche Familie die Tuilerien verlassen musste, drang die Volksmenge bereits in den Palast. Das leichte Gitter war weggerissen und der Weg frei. Wir Königstreuen mischten uns als Jakobiner verkleidet unter die eindringende Menge. Wir hofften, wenigstens die königlichen Kinder zu retten und vor dem Äußersten bewahren zu können.«[26] Im Haus de Bussière stand zur Erinnerung an diese Ereignisse eine Standuhr von der Konsole Marie Antoinettes, die der Hausherr erwerben konnte.

Ein Satz in ihrem Tagebuch hat zu Missverständnissen geführt: »Bussière hatte ihr zur Flucht verholfen und hielt sie monatelang verborgen.« Hier sind zwei Ereignisse zusammengezogen, die Diana als Kind, das diese Erzählungen hört, missverstanden hat. Und doch sind sie jeweils wahr. Die Flucht, von der die Rede ist, fand am 10.8.1792 von den Tuilerien in die Nationalversammlung statt, das »Verborgenhalten« 1797/98.[27]

Die »Herzogin von Angoulême« habe ihr damals eine Locke von sich geschenkt, schreibt Diana von Pappenheim weiter[28], nicht ahnend, dass die junge Frau, die sie im Haus de Bussières getroffen hatte, nicht identisch mit der späteren Herzogin war. Die spätere Herzogin von Angoulême ist niemals in Straßburg gewesen. Diana hatte die echte Madame Royale getroffen.

Wanderjahre mit
Leonardus Cornelius van der Valck

❧❧❧❧❧

»Ob und wie viel das allgemeine Gerücht Wahr-
scheinlichkeit hat, dass der Herzog von Angoulême
und seine Gemahlin, folgl. die Tochter des guten
unglücklichen Königs von Frankreich sei, will ich
nicht entscheiden, obgleich ihr beiderseitiges Alter,
ihre kinderlose Ehe und manches andere es mehr
zu unterstützen als zu widerlegen scheinen«,

erklärte Geheimrat Braun am 31. 3. 1804 aus Ingelfingen seinem
Fürsten Friedrich Ludwig von Hohenlohe-Ingelfingen in Ans-
bach.[1] Die Herzogin von Angoulême aber war niemals in Ingel-
fingen und befand sich Ende März 1804 am anderen Ende von
Europa, in Mitau und Warschau. Wie konnte dann unter der
Bevölkerung das Gerücht entstehen, sie sei in Ingelfingen?
Natürlich kannte man das Porträt Marie Thérèses in den gebil-
deten Kreisen Europas und man wusste auch, dass sie 1799 den
Herzog von Angoulême geheiratet hatte.

Im Herbst 1803 erschien jedenfalls in Ingelfingen an der
Jagst – südlich von Würzburg und Bad Mergentheim – ein
Mann, der sich als Kutscher Johann Philipp Scharr eines Grafen
Vavel vorstellte und für seinen Herrn und dessen Begleitung
das erste Obergeschoss in der Hofapotheke mietete.

Ingelfingen war Residenz des Fürstentums Hohenlohe-
Ingelfingen, das vom Apotheker Sendel erbaute Gebäude ge-
hörte dem Landesherrn Fürst Friedrich Ludwig von Hohen-
lohe-Ingelfingen. Es steht neben dem Schloss am Ufer der
Kocher, einem Nebenfluss des Neckar; davor liegt ein großer
Park, zu dem man über Treppen von beiden Häusern hinunter-

gehen konnte. Hier lebte das Paar in völliger Abgeschiedenheit.[2] Es wurde bedient vom »Kutscher Scharre« und der
»Jungfer Vöth«. Der Apotheker hatte Zutritt zum Grafen, der
sich bei den Behörden als Kaufmann und Händler aus Holland
ausgewiesen und erklärt hatte, dass er unter dem besonderen
Schutz des holländischen Gesandten in Stuttgart stehe.[3] Man
sah die »Gräfin« ab und zu im Park, aber nur verschleiert oder
mit grüner Brille. Der Graf galt als freundlich und zahlte pünkt-
lich. So waren die Bürger des Städtchens zufrieden. Nur die
Gerüchte waren lebendig: die Hausjungfer hatte auf Wäsche-
stücken die »drei Lilien« eingestickt gesehen, das Wappen der
Könige von Frankreich.

Ein Sohn des Geheimrats Kraus, der jahrelang Gesandtschaftssekretär des Fürsten Hohenlohe am Hof Maria Theresias in Wien gewesen war, traf eines Tages auf die Dame, als sie
beim Spaziergang ihren Schleier hochnahm. Sie blieb stehen, als
sie den Jungen sah, erschrak zwar, aber strich ihm über die
Locken. Zu Hause erzählte er von der Schönheit der Dame und
ihren großen Augen. Als er später seine Schwester zum Mal-
unterricht begleitete, wo Bilder der Bourbonen gezeigt wurden, rief er bei einem Bild aus: »Das ist meine Gräfin Vavel.«
Unter dem Bild aber stand: »Duchesse d'Angoulême.«[4] Die
Tochter von Geheimrat Kraus berichtete, dass die Dame sehr
scheu gewesen sei. »Wenn sie Tritte auf der Treppe hörte, flüchtete sie in ihr inneres Gemach, das sie hinter sich verschloss. Sie
soll viel geweint haben. Wenn sie am Arme ihres Gatten spazieren ging oder wenn sie mit ihm ausfuhr, war sie verschleiert
oder trug eine grüne Brille.« Wer sie sah, stellte eine auffallende
Ähnlichkeit mit der Tochter Louis' XVI. fest.[5]

1851, als der geheimnisvolle Graf in Hildburghausen starb,
stellte sich heraus, dass er eigentlich Leonardus Cornelius van
der Valck hieß und in Amsterdam geboren war. Nach seinem
Studium in Bonn und Göttingen kam er 1792 nach Paris, wo er
die Bekanntschaft Rouget de Lisles machte. Er verkehrte in

Kreisen der aristokratischen Jugend im Café Corazza und im Palais Royal. Seine Großmutter kaufte ihm für 1 800 Gulden eine Offiziersstelle in der französischen Armee. Im Februar 1793 verließ er Paris und ging zu einem Jäger-Bataillon am Rhein.[6] Bei Kämpfen dort geriet er in preußische Gefangenschaft, wo er im Mai oder Juni 1795 Prinz Karl von Hohenlohe-Bartenstein kennenlernte.

Beide kannten den Bankier Wilhelmus van Bennekom, einen einflussreichen Holländer, der 1798 Sekretär der Batavischen Republik wurde – so hießen die Vereinigten Niederlande damals. Karl von Hohenlohe hatte mit ihm 1794 an der Freilassung des von den Franzosen gefangenen Gouverneurs von Maastricht mitgewirkt, und van der Valck hatte ihn öfter bei seiner reichen Großmutter Maria van Moorsel-Fockink, die sein Studium finanziert hatte und ihm nach ihrem Tode ein großes Erbe hinterließ, in Amsterdam getroffen.[7]

Hohenlohe hatte in Straßburg studiert, bis er 1788 die Grafschaft Oberbronn nördlich von Straßburg erbte, die aber die Franzosen besetzt hielten. So war er 1796/97 in der Gegend von Offenburg und Freiburg als Chef eines der Hohenloher Regimenter tätig, wobei er häufig auch den Prinzen Condé, dem er beigeordnet war, und den Comte d'Artois, den späteren König Charles X., sah. Während im Oktober 1797 Hohenlohe mit Condé Louis XVIII. in Blankenburg im Harz besuchte, entließ man van der Valck aus der Gefangenschaft. Beide hielten in den kommenden Jahren Kontakt zueinander.

Den holländischen Offizier zog es in die französische Hauptstadt zurück, wo er sich am 4. 2. 1798 aus der Armee entlassen ließ. Mithilfe der Beziehungen seiner Großmutter bekam er die Stelle eines Sekretärs der batavischen Gesandtschaft in Paris. Dort traf er seinen Freund Rouget de Lisle wieder. Als Freimaurer knüpfte er Kontakte zu La Fayette und Talleyrand, dem damaligen französischen Außenminister.

Anfang 1799 kehrte er wegen Vermögensverhandlungen nach Holland zurück, mit einem Pass, den Talleyrand am 26. 3.

persönlich unterschrieben hatte.[8] Hier bekam er Besuch von seinem Freund Rouget de Lisle, der ihn offenbar im Auftrag Bachers oder Talleyrands aufsuchte. Sie hatten nicht umsonst auf de Lisle zurückgegriffen, denn nach dem Besuch der Militärschule in Paris war er ab dem 12. 8. 1782 in der Freimaurerloge »Les Frères Decrets« aufgenommen worden und seit April 1791 als Kapitän in Straßburg stationiert. Dort verkehrte er häufig im Haus des Bürgermeisters Jean de Dietrich. Hier dichtete er die Marseillaise, die er zusammen mit der Frau des Bürgermeisters Louise de Dietrich, die ihn auf dem Klavier begleitete, in deren Salon zum ersten Mal vortrug. Im Sommer 1792 war er in Hüningen stationiert, wo er Kontakt zu Bacher hatte.

Am 10. 8. 1792, als nach der Gefangennahme des Königs alle Offiziere vor die Wahl gestellt wurden, sich den Dekreten der Nationalversammlung zu unterwerfen, weigerte sich de Lisle als Einziger. Von September 1793 bis zum Tod Robespierres war er im Gefängnis. Er ging zurück in die Armee und nahm unter Tallien an der Expedition nach Quiberon teil. Im Mai 1795 traf er in Paris auf seinen Freund Fritz de Dietrich, den Sohn des hingerichteten Bürgermeisters. Im Dezember 1795 bewarb er sich darum, Madame Royale nach Hüningen zu begleiten, was ihm den Vorwurf einbrachte, Royalist zu sein. In einem Brief an den Minister für auswärtige Beziehungen vom 1. April 1796 beklagte sich de Lisle, dass ihn sein Antrag als Begleitung für »Mademoiselle Bourbon« verdächtig gemacht habe. Er erklärte, er habe nur seine Bekanntschaft mit der französischen republikanischen Partei in Basel erneuern wollen, aber niemand glaubte ihm. Man ließ ihn fallen. Er trat aus der Armee aus und widmete sich seinen künstlerischen Aktivitäten.[9]

1798 wurde er akkreditierter Agent der Batavischen Republik in Paris bei der französischen Regierung. Und hier lernte er van der Valck kennen, der am 9. 4. 1798 Gesandtschaftssekretär der batavischen Regierung in Paris geworden war.[10] De Lisle bereiste in dieser Zeit häufig die Batavische Republik, und so fiel sein Besuch bei van der Valck mit einem Spezialauftrag nicht weiter auf.

Um zu verstehen, warum der Einsatz van der Valcks nötig wurde, muss man einen Blick auf die Situation in Frankreich werfen: In den Wahlen des Frühjahrs 1799 in Frankreich hatte die jakobinische Opposition deutlich an Boden gewonnen und im Sommer die Ersetzung zweier Direktoren durchgesetzt. Die Pressezensur wurde gelockert, und politische Clubs lebten wieder auf; eine jakobinische Renaissance schien sich abzuzeichnen. Die Rückkehr der Bourbonen rückte in weite Ferne, zumal die militärische Überlegenheit der französischen Truppen unter Napoleon einen Sieg der Alliierten in absehbarer Zeit für unwahrscheinlich erscheinen ließen. Der starke Mann hieß Napoleon; er setzte sich durch einen Staatsstreich am 9./10. November 1799 an die Spitze der Regierung.

Dort hatte sich von den Direktoren des ersten Jahres (1796) nur Barras halten können. Er hatte Talleyrand nach dessen Rückkehr aus dem Exil gefördert und zum neuen Außenminister gemacht. Wie Barras sah auch Talleyrand vor allem seinen eigenen Vorteil, und wie Barras schaffte er es, nicht nur unter den Republikanern, sondern auch unter Napoleon und nach 1815 unter den Bourbonen zu »überleben«.

Der Comte de Villemarest beschreibt Talleyrand in seiner Biografie 1834 als einen Mann, der »keine festen Prinzipien hatte, sondern sie so wechselte wie seine Wäsche – indem er sie entsprechend der Mode des Tages annahm. Er war ein Philosoph, wenn Philosophie gefragt war; ein Republikaner nur, weil es im Moment nötig ist, einer zu sein, und morgen wird er die Tyrannei proklamieren und hochhalten, wenn es seinen Interessen dient.«[11]

Villemarest zeichnet insgesamt ein vernichtendes Bild der französischen Regierung dieser Zeit: »Da niemand an die Dauer der Regierung glaubte, nicht einmal die Regierung selbst, dachte jeder nur daran, sein eigenes Vermögen aufzubessern,

und die Regierung des Direktoriums war die von schmach-
vollstem Egoismus geprägteste, die jemals eine Nation belastet
hat.«[12]

Wenn der Comte hier vielleicht auch etwas übertreibt, so
bestätigen doch auch andere Zeitgenossen, dass Barras und
auch Talleyrand Opportunisten waren, die vor allem ihren
eigenen Vorteil verfolgten.

Talleyrand war als neuer Außenminister unter anderem auch
Chef von Bacher und wurde mit Sicherheit von ihm oder von
Barras in das Geheimnis um die Vertauschung eingeweiht,
spätestens als Anfang des Jahres 1799 der Kaiser in Wien seine
Zustimmung zu den Hochzeitsplänen der offiziellen Marie
Thérèse mit dem Herzog von Angoulême gab, denn als Außen-
minister musste er um die möglichen diplomatischen Probleme
wissen.

Von nun an musste die Prinzessin endgültig untertauchen.
Was auch immer man mit ihr vorgehabt hatte, die politischen
Verhältnisse hatten sich zu Ungunsten der Bourbonen verändert: Louis XVIII. war auf der immerwährenden Suche nach
einem Asyl in Mitau gestrandet, abhängig vom Mitleid der
anderen Fürsten Europas.

Eine Rückkehr der Bourbonen nach Frankreich war zu diesem Zeitpunkt wenig wahrscheinlich, konnte aber nicht ganz
ausgeschlossen werden. Für Barras, der sich immer nach allen
Seiten absicherte, war die weitere Geheimhaltung und damit
das Leben im Untergrund für Marie Thérèse zwingend. Talleyrand hatte keine andere Möglichkeit, als mitzuspielen: Ein Auf-
decken des Geheimnisses und damit die Erklärung, dass der
Herzog von Angoulême die falsche Frau geheiratet hatte, hätte
nicht nur das Ansehen der französischen Regierung dauerhaft
beschädigt, sondern auch einen neuen Krieg entfacht. Denn so
ein unverschämter Vertragsbruch hätte nicht nur Österreich
auf den Plan gerufen, sondern auch andere Monarchien. Dies
galt auch, wenn man annahm, dass Louis XVIII. von der Vertauschung gewusst hatte. Das aber konnte und würde auch er

nicht öffentlich zugeben. Zudem handelte es sich ja um Ernestine Lambriquet – immerhin die Tochter seines Bruders und Adoptivtochter Marie Antoinettes.

Bei der Suche nach einem Beschützer der jungen Prinzessin kamen den Verantwortlichen in Paris ihre Freimaurerbeziehungen zu Hilfe. Im Nachlass von van der Valck fanden sich unter anderem ein Pass, unterschrieben von Außenminister Talleyrand, und eine Brieftasche mit zwei Medaillons. Das eine Medaillon zeigt einen Pelikan, der sich die Brust aufreißt, um mit seinem Blut seine Jungen zu nähren. Um das Bild herum stehen auf Französisch die Worte: »Vermöge mein Blut Eure Tage zu verlängern.« Der Pelikan steht als uraltes christliches Symbol für den Opfertod Christi, ist aber auch ein wichtiges Symbol bei den Freimaurern, neben dem Rosenkreuz das Hauptsymbol des Rosenkreuzergrades. Die »Ritter vom Rosenkreuz« heißen in alten Ritualen auch »Ritter vom Pelikan«. Van der Valck und Talleyrand waren beide Freimaurer.[13]

Außerdem hat van der Valck mehrfach zu Zeitzeugen gesagt, dass er einen Eid geschworen habe, die Prinzessin zu schützen. Einmal soll er dem Arzt Carl Hohnbaum erklärt haben, wenn Talleyrand früher gestorben wäre, hätte er eher ins normale Leben zurückkehren können.[14] Marie Thérèse starb 1837, Talleyrand 1838. Am 1.7.1799 soll van der Valck Marie Thérèse unter seinen Schutz genommen haben. Das könnte in Frankfurt geschehen sein, wo Bacher seit dem 1.3.1799 seine Dienststelle hatte. Für die Überführung der Prinzessin von Straßburg nach Frankfurt konnte man wieder auf die bewährten Kontakte Pfeffels zurückgreifen, der unter anderem mit dem Schwager Goethes Johann Georg Schlosser (1739–1799) in Frankfurt gut befreundet war.

Zwischen Colmar und Frankfurt reisten Mitglieder der Familie Pfeffel häufig hin und her. Auch Sophie de la Roche wohnte dort. Als sie ihren Sohn 1784 auf die Militärschule zu Pfeffel brachte, nahm sie dafür seine älteste Tochter mit zurück. Caroline Pfeffel war ebenfalls bereits 1798 für vier Monate dort gewesen. Im April 1799 wurde ihr erneut ein Pass für Frankfurt ausgestellt, wo sie bis Ende September blieb. Offizieller Grund für die Reise: Begleitung ihrer jungen Freundin Bettina Müller in deren Elternhaus nach Frankfurt als angebliche Angehörige einer Weinhändlersfamilie, die es in Frankfurt aber gar nicht gab.[15]

Die Aufenthaltsorte van der Valcks und seiner Begleiterin in den folgenden Jahren können aus den Akten nur zum Teil erschlossen werden, wie etwa in Schweinfurt, Ingelfingen und Meiningen, wofür Augenzeugenberichte vorliegen. Die anderen Orte müssen aus den jeweiligen Passverlängerungen, die meist Bacher vornahm, erschlossen werden, oder man muss sie im Umfeld der jeweiligen Poststationen suchen, an die Louis Comte Vavel de Versay, wie er sich inzwischen nannte, Post und Geldsendungen schicken ließ.

So suchte van der Valck im Mai 1800 den damals sehr bekannten Arzt Justus Christian Loder in Jena wegen einer schweren Hernia auf.[16] Am 12.6. verlängerte Bacher seinen Pass in Frankfurt.[17] Von November 1800 bis September 1801 wurde die Post nach Gotha geliefert. In dieser Zeit war der Comte öfter in Weimar. Ein weiterer Besuch bei Loder in Jena dürfte wohl auch stattgefunden haben.[18] Von September 1801 bis zum April 1802 hielt van der Valck sich unter seinem echten Namen als Gast des Bürgermeisters Schrimpf von Berg in der freien Reichsstadt Schweinfurt auf. Da er sich nicht ausweisen konnte, legte der Rat Einspruch gegen seinen Aufenthalt ein. Van der Valck wandte sich an Bacher, der seinen Pass am 28.9.1801 erneuerte. Der Rat der Stadt hält im Ratsprotokoll fest: »Herr van der Valcken, ehemaliger Gesandtschaftssekretär zu Paris, überschickte seinen Pass, erneuert von dem französischen Geschäftsführer zu Regensburg Bacher.«[19]

Vom Mai 1803 bis Herbst 1803 lebte er in Begleitung der Prinzessin in Heidelberg. Dort regierte der Freimaurer Großherzog Karl Friedrich von Baden (1728–1811).

Ab Herbst 1803 waren sie dann in Ingelfingen. Geheimrat

Braun beendet seinen Bericht an den Fürsten zu Hohenlohe mit den Worten: »Ich weiß denselben nichts hinzuzusetzen, als dass der s. g. Herr Louis de Vavel mit seiner Frau Gemahlin mit Sack und Pack heute vor 14 Tagen nach 2 Uhr ganz in der Stille ab und gegen Würzburg gezogen ist; dies, sein und seiner Gemahlin misstrauisches verborgenes Betragen und der Zeitpunkt seines Wegziehens und der entdeckten Verschwörung gegen die französische Regierung machen die Vermutung nicht ganz unwahrscheinlich, dass er mehr oder weniger Wissenschaft davon gehabt hatte.«[20]

Damit dürfte der Geheimrat richtig gelegen haben, denn unmittelbar vor der überstürzten Abreise van der Valcks hatte ein reitender Bote einen Brief für ihn gebracht. Der Prinz von Sachsen-Altenburg vermutet, dass sich darin eine Warnung der Prinzessin Rohan-Rochefort aus Ettenheim, die mit dem Herzog von Enghien liiert war, befand.[21] Louis Antoine Henri de Bourbon-Condé, Herzog von Enghien (1772–1804), soll an einer Verschwörung gegen Napoleon in englischem Auftrag teilgenommen haben. Am 10.3.1804 erteilte Napoleon deshalb General Berthier den Befehl, unter anderem Namen nach Straßburg zu reisen und dort den Divisionsgeneral aufzusuchen. »Der Zweck dieser Sendung ist, sich nach Ettenheim zu begeben, die Stadt einzuschließen, den Herzog von Enghien, Dumouriez, einen englischen Offizier und alle in ihrer Begleitung befindlichen Personen zu verhaften.« Dies geschah gegen geltendes Recht am 15.3.1804 in Ettenheim jenseits des Rheins. Am 21.3. um vier Uhr morgens wurde der Herzog ohne regulären Prozess erschossen.[22]

Auch gegen die Bourbonen um Louis XVIII. in Mitau ging Napoleon vor: Als er im Herbst 1804 seine Kaiserkrönung vorbereitete, die am 2.12.1804 in Paris stattfand, wies er seinen Polizeiminister Fouché an, einen Agenten nach Wilna zu schicken, um Louis XVIII. auszuspionieren.[23] Louis XVIII. hatte Napoleon in den letzten Jahren wiederholt aufgefordert, die Monarchie unter den Bourbonen wieder einzuführen. »Sie dürfen Ihre Rückkehr nach Frankreich nicht wünschen«, antwortete Napoleon ihm, »denn Sie müssten über 100 000 Leichen hinweg.«[24] Er hatte Louis XVIII. und den Bourbonenprinzen einen Verzicht auf ihre Ansprüche vorgeschlagen, was diese empört zurückwiesen. Im Herbst 1804 wurden auch auf Louis XVIII. und die Herzogin von Angoulême Anschläge verübt.

Wenn man bedenkt, dass Napoleon im März 1804, also zeitgleich mit der Entführung des Herzogs von Enghien, gesagt hat, dass es in Frankreich weder »Frieden noch Ruhe geben würde, bis zu dem Moment, wo das letzte Individuum der bourbonischen Rasse ausgelöscht ist«[25], kann man die panikartige Flucht van der Valcks aus Ingelfingen gut verstehen, als die Nachricht kam, dass Napoleon den Herzog von Enghien gegen geltendes Recht auf Reichsgebiet gekidnappt hatte.

Die Suche nach einer endgültigen Heimat

»Ob es einem Fremden gestattet sei, mit seiner Gattin zurückgezogen in Meiningen zu leben, ohne dass die Polizei nach Namen, Stand und Gewerbe fragte.«

So formuliert van der Valck 1806 seine Eingabe und fügt hinzu, sie würden so lange bleiben, »als dass man sich gar nicht um ihn und seine Frau kümmere«.[1] Daraus spricht die Sehnsucht des geheimnisvollen Paares nach einer endgültigen Heimat, die sie nach ihrer fluchtartigen Abreise aus Ingelfingen immer noch nicht gefunden hatten. Sie oder ihre Beschützer hatten zunächst versucht, die Fahrtroute zu verschleiern. So erschien im Juli 1804 eine merkwürdige Todesanzeige im *Schwäbischen Merkur*, wonach »ein Emigrant, der einige Zeit in Ingelfingen Unterkunft gefunden habe, plötzlich gestorben sei«. Die Beschreibung passte genau auf van der Valck.[2] Man muss annehmen, dass damit von van der Valck und seiner Begleiterin abgelenkt und Nachforschungen über ihren Verbleib verhindert werden sollten.

Für van der Valck war klar, dass er sich bei seinen weiteren Fahrten an zwei Vorgaben halten musste, einmal, sich so weit wie möglich von kriegerischen Handlungen der streitenden Mächte, vor allem der Franzosen, fernzuhalten, und zum anderen dem in Mitteldeutschland sehr engen Netzwerk der Freimaurer verbunden zu bleiben.

In der Nacht ihrer Flucht dürften sie mit ihrem Reisewagen nicht weit gekommen sein. Nach Aussagen des Geheimrats Braun sollen sie in nordöstlicher Richtung »gegen Würzburg«

gezogen sein.[3] Nach Informationen des Freiherrn Wolfgang von Stetten dürften sie sich in den ersten Tagen auf seinen Gütern Jagdhaus Sonnhofen und Bodenhof beim Schloss Buchenbach aufgehalten haben.[4]

Wenn die Flüchtlinge ihre Fahrt gen Würzburg fortgesetzt haben, mussten sie zwangsläufig nach Niederstetten kommen, wo auf Schloss Halderbergstetten seit dem Jahre 1802 der van der Valck wohlbekannte Prinz Karl Joseph von Hohenlohe lebte. Er hatte die dortigen Besitzungen im Austausch für das verloren gegangene Oberbronn im Elsass bekommen und zum Hauptsitz für seine Familie gemacht.[5]

Wie schon erwähnt, hatte Karl Joseph von Hohenlohe den Aufenthalt des Paares in Ingelfingen bei seinem Onkel, dem Fürsten Friedrich Ludwig von Hohenlohe-Ingelfingen, vermittelt. Der war General der Kavallerie in der Reichsarmee und hatte seit 1795 das Kommando über die preußischen Truppen, welche nach dem Baseler Frieden zwischen Frankreich und Preußen zur Überwachung der Demarkationslinie am Rhein standen. Er verlegte sein Hauptquartier 1796 nach Ingelfingen. In den Jahren um den Baseler Frieden (1795) stand er in intensivem Briefkontakt mit Barthélemy und dem preußischen Diplomaten Freiherr von Hardenberg.[6] Hardenberg hatte gute Beziehungen zu Bacher und verließ erst wenige Tage vor dem Austausch Basel.[7] Karl Joseph von Hohenlohe aber hatte einen guten Überblick über die politischen Verhältnisse im Reich und konnte das Paar gut beraten.

Nach einem späteren Brief von Piet Cornelius Schmitz, dem Neffen und Erben van der Valcks in Amsterdam[8], in dem er beschreibt, wohin die Post und die Geldsendungen in den Jahren 1800 bis 1807 nach Anweisungen seines Onkels gehen sollten, muss man davon ausgehen, dass das Paar sich jeweils in der Nähe dieser Orte aufgehalten hat.

Von Ende März 1804 bis Februar 1805 wäre das Neuwied nordwestlich von Koblenz am Rhein gewesen. Neuwied hatte in den Achtzigerjahren für die Freimaurer einen geradezu legendären Ruf. In der Residenzstadt des Fürsten zu Wied gab es unter Friedrich Alexander die sehr aktive Loge »Zur wahren Hoffnung«, eine Freimaurerzeitung und ein Logenhaus im Schloss Friedrichstein.[9] Der Fürst selbst war 1735 in Paris aufgenommen worden. Berühmt ist sein »Toleranzedikt«, das allen Religionsgemeinschaften »freie Ausübung ihrer Gemeindeaktivitäten« gewährte. Auch unter seinem Nachfolger Friedrich Karl, ab 1791, blieb Neuwied eine vom Geist der Freimaurer geprägte Stadt. Bis Ende 1792 trafen sich hier viele Emigranten. Im Zuge der Auflösung der Armeen der französischen Prinzen, da Preußen seine Zahlungen einstellte und die Prinzen auswies, ebbte auch der Zustrom an Emigranten ab. Ab 1802 setzte sogar »ein großer Rückstrom der Emigranten« nach Frankreich ein, als Napoleon durch zwei Maßnahmen, den Abschluss des Konkordats mit Papst Pius VII. am 15.7.1801 und ein Amnestiedekret vom 26.4.1802, ihnen die Möglichkeit dazu gab.[10]

Vom Frühjahr 1805 bis zum Dezember 1806 lebte das Paar 20 Kilometer weiter nördlich in Linz am Rhein oder in dessen Umgebung. In dieser Zeit hatte van der Valck öfter in Familienangelegenheiten in den Niederlanden zu tun, wobei es vor allem um das Vermögen seiner Mutter ging, das ihm sein Vater nach ihrem Tod am 18.2.1805 streitig machte.[11] Die ursprünglich zum Kurfürstentum Köln gehörige Stadt war 1803 an die Fürsten von Nassau-Usingen gefallen. Diese gehörten zum »Bund der Fürsten der Wetterau«, zu dem sich auch die von Hohenlohe und die von Hanau bekannten. Und die liberalen Maßnahmen des regierenden Fürsten Friedrich August, Regent von 1803 bis 1816 und Freimaurer, wirkten sich in Stadt und Umfeld positiv aus.

Vom Rheinland aus soll das Paar im September 1805 für kurze Zeit im Dorf Gerlingen bei Ludwigsburg gewohnt haben. Man nimmt an, dass sie an der Hochzeit der Prinzessin Charlotte von Sachsen-Hildburghausen mit dem Prinzen Paul von Württemberg auf Schloss Solitude am 28. September teilgenommen haben, wobei die Prinzessin eine Maske vor dem Gesicht beziehungsweise einen Schleier getragen haben soll.[12] 1807 sollen sie bei der Taufe von Charlottes erstem Kindes wieder dort gewesen sein.[13]

Bei der Hochzeit 1805 soll es zur ersten Begegnung mit dem Herzogspaar Friedrich und Charlotte von Hildburghausen gekommen sein, den Eltern der Braut, die später ihre Beschützer wurden. Dort traf van der Valck auch Zar Alexander I., der ein Neffe des Bräutigams war und den er später als »einen wahrhaft guten und liebenswürdigen Mann« beschrieben hat.

Während van der Valck mit der Prinzessin auf der Suche nach einem endgültigen Asyl von einem Ort zum anderen reiste, zerfiel um sie herum das alte Reich. Im Juli 1806 schlossen sich 16 Fürsten zum Rheinbund zusammen, der unter der Protektion Napoleons stand. Franz II. legte am 6. August 1806 die deutsche Kaiserwürde nieder. Bacher wurde zunächst von seiner Regierung ganz offiziell zum *Chargé d'affaires* bei den Fürsten des Rheinbundes gemacht. Eine ständige Versammlung der Rheinbundfürsten kam aber nie zustande. Napoleon ging dazu über, besondere Gesandte an die einzelnen Höfe zu entsenden. Damit wurde Bachers Funktion praktisch überflüssig, er kümmerte sich stattdessen um den weiteren Ausbau seines Geheimdienstnetzes. Ob er weiterhin Pässe ausstellen durfte, ist nicht bekannt. Die offizielle Politik der französischen Regierung verlangte von den befreundeten Staaten die Ausweisung von Emigranten.

Auf der Suche nach einer endgültigen Heimat sind van der Valck und seine Begleiterin dann nach Thüringen gekommen, und wir treffen sie Ende 1806, Anfang 1807 in dem kleinen Residenzstädtchen Meiningen an. Dort regierte die Herzoginwitwe Luise Eleonore von Hohenlohe-Langenburg-Kirchberg als Vormund ihres Sohnes Bernhard Erich Freund von Sachsen-Meiningen. Van der Valck, der mit seiner Begleiterin und zwei Bediensteten im Gasthof »Zum braunen Hirsch« abgestiegen war, richtete nach seiner Ankunft eine Bittschrift an den dirigierenden Geheimrat Freiherrn von Könitz. Er fragte an, ob er mit seiner Begleitung in der Stadt unerkannt und vor allem unbehelligt leben dürfe.

Könitz hatte bereits erfahren, dass »dieser Fremde nebst Gemahlin mit schweren Koffern, einem Bedienten und einer Kammerjungfrau vierspännig per Extrapost angelangt sei«.[14] Das Geheimratskollegium war vorsichtig; es verlangte eine Legitimierung. Daraufhin reiste das Paar am folgenden Tag ohne jedwede Begründung wieder ab.

Das nächste Ziel van der Valcks war die nahe gelegene thüringische Residenzstadt Hildburghausen. Auf dem halben Weg dorthin machte er Halt in dem Ort Themar, wo er sich mit dem Amtmann und Hofrat Mereau traf, auch er Freimaurer.[15] In einem längeren Gespräch ging es um Stadt und Land Hildburghausen, aber besonders um die Tätigkeit der dortigen Loge, die vom Herzog selbst protegiert wurde und einen guten Ruf wegen ihrer sozialen Aktivitäten hatte. Meyhöfers Ausführungen[16], dass es sehr unklug von van der Valck gewesen sei, ausgerechnet sechs Wochen nach dem Beitritt des Herzogtums zum Rheinbund in Hildburghausen um Asyl zu suchen, sind nicht von der Hand zu weisen.

Andererseits könnten Bacher und Talleyrand aber genau das so gewollt haben. Die Tochter des letzten Königs blieb auf diese Weise kontrolliert untergebracht. Bacher und Talleyrand konnten es sich nicht leisten, die Prinzessin aus den Augen zu verlieren.

Auch die persönlichen Kontakte Bachers könnten hier eine Rolle gespielt haben. Er hatte nach seiner Vertreibung aus Regensburg 1799 als persönlicher Gast der Fürstenfamilie von Hessen-Darmstadt in Hanau gewohnt, während er in Frankfurt seinen Geschäften nachging. Gastgeberin dort war Luise von Hessen-Darmstadt, die mit Marie Antoinette befreundet und mit der amtierenden Herzogin Charlotte von Hildburghausen verwandt war.[17]

Von 1807 bis zum Tod der Prinzessin beziehungsweise des Grafen erhielten sie Asyl in Hildburghausen. Das Wanderleben hatte ein Ende. Herzogin Charlotte hatte verfügt, »dass das stille, verborgene, namenlose Unglück in erster Linie Anspruch auf Teilnahme und Hilfe machen könne«.[18]

Die Dunkelgräfin in Hildburghausen
(1807–1837)

Marie Antoinette und ihre Kontakte zu deutschen Fürstenhäusern

❧❦❧

»Möge eines Tages alles, was wir tun und leiden,
unsere Kinder glücklich machen; das ist der einzige
Wunsch, den ich mir genehmige ...«,

schrieb Marie Antoinette in ihrem letzten Brief vor ihrer Haft
im Temple im Juli 1792 an eine ihrer besten Freundinnen, die
Landgräfin Luise von Hessen-Darmstadt, Tante der Herzogin
Charlotte von Hildburghausen.[1] Als Marie Antoinette wenige
Tage später mit ihrer Familie in den Temple geführt wurde,
durfte sie nur sieben ganz persönliche Dinge mitnehmen: unter
anderem neben zwei kleinen Päckchen mit den abgeschnittenen
Locken ihrer Kinder die »Porträts der Herzogin von Meck-
lenburg [Charlotte, Anm. d. Autorin] und der Prinzessin von
Hessen [Luise, Anm. d. Autorin], mit denen sie in Wien erzo-
gen wurde und deren Andenken sie zu bewahren liebte«.[2] Der
Comte Montjoie betont 1797 in seiner Biografie über Marie
Antoinette, dass dies alles war, was »eine Prinzessin, der die
Schatztruhen des Empires und ganz Frankreichs offen gestanden hatten«, nun noch besaß.[3] Umso schwerer wiegt die Be-
deutung dieser beiden Porträts.

Die Landgrafen von Hessen-Darmstadt, Verwandte von
Herzogin Charlotte von Hildburghausen mütterlicherseits,
hatten traditionell gute Beziehungen zum Wiener beziehungsweise Pariser Hof vorzuweisen: Bereits der Urgroßvater Ludwig VIII. (1691–1768), der als österreichischer Feldmarschall
in den drei schlesischen Kriegen gekämpft hatte, wurde von
Kaiserin Maria Theresia als »ihr treuester Freund und Vasalle

und letzter Grandseigneur« bezeichnet.[4] Seine Söhne traten auf Wunsch des Vaters ebenfalls in die österreichische Armee ein, auch Prinz Georg Wilhelm (1722–1782), der Großvater von Herzogin Charlotte.

Beim »Fürstentreffen von Heusenstamm« 1764, als die kaiserliche Familie auf dem Weg zur Kaiserwahl nach Frankfurt war, wurde er vom zukünftigen Kaiser Joseph II. »Freund« genannt.[5] Auch die Großeltern von Herzogin Charlotte waren an der kaiserlichen Tafel geladen. 1780 wurde Prinz Georg Wilhelm vom Kaiser zum General-Feldmarschall des Oberrheinischen Kreises und Gouverneur der Festung Philippsburg ernannt.

Selbst in den offiziellen Staatsakten wird das gute Verhältnis des Kaiserreichs zu Hessen-Darmstadt vermerkt; dort heißt es in einem politischen Gutachten, das Minister Graf Colloredo dem späteren Kaiser Joseph II. vorlegte: »Das Haus Hessen-Darmstadt ist von jeher dem kaiserlichen Hof ergeben gewesen«, obwohl es protestantisch war.[6]

Zu Frankreich gab es ebenfalls engere Beziehungen, wenn auch zunächst nicht privater Natur. Die Großeltern von Herzogin Charlotte hatten große Besitzungen im Elsass, in Buchsweiler nördlich von Straßburg und in Lothringen. Prinz Georg Wilhelm hatte an der Straßburger Universität studiert. Auch seine Frau Luise Albertine von Leiningen-Dagsburg hatte über ihren Vater Besitzungen in Frankreich.

Als Marie Antoinette 1770 den späteren König Louis XVI. heiratete und von Wien nach Paris zog, wurden die Beziehungen zwischen den Hessen-Darmstädtern und der Tochter Maria Theresias in Paris, wo die Familie im Palast der Schwester Luise Albertines, Palisena Wilhelmina, wohnen konnte, intensiviert.[7] Die Töchter Charlotte und Luise verstanden sich sehr gut mit Marie Antoinette, wie die zahlreichen zwischen ihnen gewechselten Briefe zeigen. Vor allem zwischen Charlotte, die im Frühjahr 1772 vier Monate dort weilte, und Marie Antoinette entstand eine liebevolle Brieffreundschaft.

Entscheidend für die vertiefte Freundschaft zu Marie Antoinette wurde das Jahr 1780: Am 10.2. traf die Familie Georg Wilhelms in Paris ein. Anlass war ein Prozess, den der Prinz wegen ausstehender Requisitionsgelder führen musste. Sie bezogen für vier Monate Quartier im Hotel Bourbon an der Rue Jacob auf dem linken Seine-Ufer.[8] In den Briefen Marie Antoinettes an ihre Mutter in Wien wird dieser Besuch erwähnt: »Der Prinz Georg [Wilhelm, Anm. d. Autorin] ist hier mit seiner ganzen Familie, seiner Gemahlin, seinem zweiten Sohn [Georg, Anm. d. Autorin], seinem Schwiegersohn [dem Erbprinzen, Anm. d. Autorin], seinen beiden Töchtern [Luise, der Frau des Erbprinzen, Anm. d. Autorin] und Charlotte und seiner Schwägerin…Besonders der Sohn des Prinzen Georg hat hier sehr großen Erfolg, er ist sehr liebenswürdig.«[9]

Im Verlauf ihres Aufenthalts in Paris lud Marie Antoinette die beiden jungen Prinzessinnen Charlotte und Luise öfter nach Versailles ein und nahm sie sogar mit ins Trianon, auf ihr Landgut. In dieser Zeit lernten sie auch Marie Thérèse kennen, die gerade zwei Jahre alt war.

Im Jahr 1782 starb Prinz Georg Wilhelm, und so musste seine Frau Luise Albertine wegen des immer noch nicht beendeten Prozesses nach Paris. Sie nahm ihren Sohn Georg und die unverheirateten Töchter Charlotte und Auguste mit, wobei Charlotte ihre Freundschaft mit Marie Antoinette weiter vertiefen konnte. Marie Antoinette bedauerte in einem Brief an Luise, dass der Prozess so lange dauere und sich ihre Mutter und die Schwestern deshalb so lange in Paris aufhalten müssten. »Aber ich gebe zu, dass ich persönlich entzückt bin, sie dadurch länger und öfter zu sehen.«[10]

Auch später nahm die Königin brieflich großen Anteil am Schicksal ihrer Freundinnen. Zum Zeichen ihrer Freundschaft schickten sie sich gegenseitig ihre Porträts. Als Charlotte 1784 ihren Schwager Karl von Mecklenburg-Strelitz heiratete, um als Stiefmutter die fünf Kinder ihrer verstorbenen Schwester Friederike zu betreuen, unter anderem Luise, die spätere Königin von Preußen, und Charlotte, die Herzogin von Sachsen-Hildburghausen, munterte Marie Antoinette sie auf: »Mit einer solchen Mutter können diese wohl auf eine glückliche Zukunft hoffen.« Und sie bat Charlotte, »für ihr ganzes Leben auf meine Zärtlichkeit und unverletzliche Freundschaft zu zählen.« Sie ließ Karl von Mecklenburg-Strelitz Grüße bestellen und wünschte sich, ihn kennenzulernen.

Als Charlotte ihr im Mai 1785 ihre Schwangerschaft mitteilte und ihre Ängste, wie ihre Schwester Friederike im Kindbett zu sterben, beruhigte die Königin sie: »Ich wünsche mehr als jemals, öfter von Euch zu hören, wenn Ihr Euch Sorgen macht oder Schmerzen habt. Teilt sie mir mit, denn Ihr findet bei mir immer ein Herz, das Eure Geheimnisse bewahrt und, wenn möglich, sie mildert durch die aufrichtige und zärtliche Freundschaft, die Euch für immer gilt.«[11]

Charlotte starb jedoch im Dezember 1785 bei der Geburt ihres Sohnes Karl, und Marie Antoinette schrieb einen traurigen Kondolenzbrief an Erbprinzessin Luise.[12]

Nach dem Tod von Charlotte blieb ihre Schwester Luise Briefpartnerin der Königin. Mit dieser Freundin teilte Marie Antoinette Freud und Leid einer Mutter: »Meine Gesundheit und die meiner Kinder sind sehr gut. Meine Tochter hatte die Masern ...; sie wird langsam zu einer Persönlichkeit, und in den drei Wochen, in denen ich mit ihr eingesperrt war [in Quarantäne war, Anm. d. Autorin], hat sie mir ausgesprochen gut Gesellschaft geleistet.«[13]

Als Marie Antoinette 1781 wieder schwanger war und unter dem ungeheurem Druck stand, nun endlich einen Thronfolger zu gebären, fand sie Trost bei der Freundin: »Eure Hexenkunst ist sehr liebenswürdig, mir einen Jungen vorauszusagen«, schreibt sie an Luise. »Ich glaube stark daran und zweifele nicht.«[14]

Es wurde ein Junge.

Ab dem Revolutionsjahr 1789 nahmen die Hessen-Darmstädter über diesen Briefkontakt direkt am Schicksal der

Königsfamilie teil. Am 14. Mai 1790 schreibt Marie Antoinette: »Unsere Gesundheit ist gut; meine Kinder wachsen viel; sie sind ununterbrochen mit mir zusammen und sind mein einziges Glück.«[15] Aber ab 1791 wurde es immer schwieriger, Post aus Paris zu verschicken. Ein Brief vom 2.1.1791 ging mit einem Boten über Brüssel nach Darmstadt. Marie Antoinette wünschte sich sehnlichst, alle wiederzusehen. »Liebt mich in diesem Jahr wie in den anderen: dieser Gedanke wird ein großer Trost für mein zerrissenes Herz sein, das Euch gehört bis in den Tod.«[16]

Auch Prinz Georg von Hessen-Darmstadt, der Bruder von Luise und Charlotte und von 1776–1782 Generalmajor in holländischen Diensten, hat die Königin sein Leben lang sehr verehrt. Er war zwischen 1782 und 1792 oft monatelang in Paris. Offenbar hat Prinz Georg auch im Juli 1792 versucht, mit Marie Antoinette Kontakt aufzunehmen. Sie aber hat nicht gewagt, ihn zu treffen, obwohl sie gern mit ihm über die Familie, die sie so »zärtlich liebte«, gesprochen hätte, wie sie schreibt. Luise wollte wohl einen Fluchtversuch durch ihren Bruder organisieren lassen. Aber Marie Antoinette lehnte ab, so wie sie auch alle anderen Fluchtangebote ablehnte, um nicht ihre Familie zurücklassen zu müssen: »Nein, meine Prinzessin, wenn ich den Preis all Eurer Angebote bedenke, kann ich sie nicht annehmen. Ich habe mein Leben meinen Pflichten geweiht und den Menschen, die mir lieb sind und mit denen ich mein Unglück teile.«[17]

Bei ihrem Prozess antwortete Marie Antoinette dem Präsidenten des Revolutionsrates auf die Frage nach der Bedeutung der beiden Porträts: »Die sind von zwei Damen, mit denen ich in Wien aufgewachsen bin.«[18] Diese Aussage war aus der Not geboren und stimmte so nicht ganz. Zwar stand Prinz Georg Wilhelm von Hessen-Darmstadt, der Vater von Charlotte und Luise, im Dienste des Kaisers, aber die Familie hat nicht in Wien gewohnt.[19] Für die Jahre 1756 bis 1763 hat der Autor Georg Horn den Schriftwechsel zwischen dem Prinzen und seiner Frau ausgewertet, der belegt, dass sich der Prinz bei seiner Truppe im Siebenjährigen Krieg gegen Preußen befand, seine Familie aber in Darmstadt war. Prinzessin Luise ist zudem erst 1761 geboren.[20]

Die persönliche Freundschaft mit den Hessen-Darmstädtern hat erst in Paris begonnen. Das aber konnte Marie Antoinette in einem Prozess, der gegen sie wegen Hochverrats und Konspiration mit dem Feind geführt wurde, kaum zugeben. Die Hessen-Darmstädter kämpften auf der Seite Österreichs um die Wiederherstellung der Monarchie in Frankreich. So war es unverfänglicher, wenn sie ihre Freundschaft in weit zurückliegende Kindertage verlegte.

Die Herzogin Charlotte von Hildburghausen und ihre Geschwister haben dagegen Marie Antoinette und ihre Kinder nie persönlich kennengelernt. Ihre Mutter Friederike war zur Zeit der Parisbesuche der anderen Familienmitglieder mit ihnen in Hannover, dem Gouverneurssitz des Vaters. Zur Hochzeit Charlottes mit Friedrich von Sachsen-Hildburghausen schickte Marie Antoinette aber ein persönliches Glückwunschschreiben.[21]

Das Schicksal der französischen Königsfamilie war im Leben von Herzogin Charlotte und ihrer Geschwister immer präsent, wie aus ihren Briefen untereinander hervorgeht; angefangen von der ersten Flucht vor den französischen Truppen im Jahr 1792, wo die Darmstädter in Hildburghausen bei Charlotte unterkamen.[22] Auch die Gefangennahme des Königspaares durch französische Soldaten war Gesprächsthema. Friederike kommentierte die Berichte aus Paris mit den Worten, dass die Königin sich offenbar viel tapferer benommen habe als der König.[23]

Nach dem Tod des Königspaares wurde am Hof in Darmstadt Trauerkleidung angelegt. Luise schrieb in einem Brief an den Kronprinzen von Preußen: »Ich habe recht wohl die französische Art bei der Enthauptung der unglücklichen Königin erkannt. Dieser Tod lässt schaudern, ihre Wut hat sich noch nicht abgekühlt, denn es sind noch zwei arme Unschuldige [die Kinder Ludwigs XVI., Anm. d. Autorin] umzubringen, es ist wirklich grausam. Wir sind jetzt alle auf sechs Wochen schwarz gekleidet. Sie würden mich nicht wiedererkennen, so schwarz bin ich.«[24]

Wenn also die Tochter Marie Antoinettes einen sicheren Zufluchtsort suchte, dann war Hildburghausen gerade richtig, denn auch die Familie von Herzog Friedrich, dem Mann Charlottes, hatte traditionell enge persönliche Bindungen zur Kaiserfamilie in Wien.

Als Charlotte von Mecklenburg-Strelitz 1785 zu ihrer Hochzeit mit dem Erbprinzen Friedrich nach Hildburghausen kam, regierte dort als Vormund der zweiundachtzigjährige Prinz Joseph Friedrich, ehemaliger Oberbefehlshaber über die Rheinarmee in österreichischen Diensten. Er hatte die Nichte des Prinzen Eugen von Savoyen geheiratet und sich dadurch neben einem ungeheuren Vermögen auch den Zugang zur Kaiserfamilie in Wien verschafft. Prinz Eugen war einer der Taufpaten des späteren Kaisers Josephs II., Marie Antoinettes Bruder. Charlottes Mann Friedrich war als Fünfzehnjähriger 1779 längere Zeit in Wien gewesen und wurde 1785 Generalwachtmeister, dann bis 1806 Feldmarschall des Reiches.

Van der Valck hatte bei seinem Gespräch mit Hofrat Mereau in Themar auch von der besonderen Bedeutung erfahren, die Karl von Mecklenburg-Strelitz (1741–1816), der Vater von Herzogin Charlotte, in Hildburghausen spielte, obwohl er sein eigenes Land im Norden regierte. Er hatte nach dem Tod seiner ersten Frau Friederike deren Schwester Charlotte, die Freundin Marie Antoinettes, geheiratet, nach ihrem Tod 1786 seinen Dienst in der englischen Armee in Hannover quittiert und war als Feldmarschall i.R. mit seinen Kindern nach Darmstadt gezogen. Hildburghausen diente ihm lange als Zweitwohnsitz. Hier gründete er, aufbauend auf einer seit 1740 arbeitenden Loge »Erneste«, die Johannisloge »Karl zum Rautenkranze«.

Die eigentliche Arbeit der Loge begann im Dezember 1788. Karl wurde zum Meister vom Stuhl ernannt und leistete intensive Arbeit, bis er 1794 Herzog in Mecklenburg-Strelitz wurde. Seit 1786 war er außerdem Provinzialgroßmeister der Provinzloge des Kurfürstentums Hannover, das mit England in Personalunion verbunden war.

Von 1794 bis zu seinem Tod 1816 wurde Karl von Mecklenburg-Strelitz jedes Jahr wieder zum Meister vom Stuhl gewählt, ließ sich in Hildburghausen aber, wenn er abwesend war, durch den deputierten Meister vom Stuhl von Gussio vertreten. Den regierenden Herzog Friedrich, Ehemann seiner Tochter Charlotte und ebenfalls Freimaurer, veranlasste er, die Protektion über die Loge zu übernehmen, die bis 1816 stark vom Hof bestimmt war. Manche Sitzungen fanden im Schloss statt aus Mangel an eigenen Räumen. Auch Familienfeste des Fürstenhauses wurden mit Logenfesten gefeiert.[25]

Noch wichtiger für Stadt und Land war aber die Arbeit Herzog Karls als Präsident der Kaiserlichen Debitkommission, die von Kaiser Joseph 1769 eingesetzt worden war, um die Finanzen zu ordnen und die Landeseinkünfte zu verwalten. Der regierende Herzog Ernst Friedrich Carl III. (1745–1780) hatte eine gewaltige Schuldenlast aufgehäuft. Zunächst hatten die Herzoginwitwe Amalie Charlotte von Meiningen sowie die Hildburghausener Prinzen Joseph und Eugen die Aufgabe übernommen, später machten dies Karl von Mecklenburg-Strelitz und Herzog Georg von Meiningen. Es gelang ihnen durch drastische Einsparungen und Umschuldungen, die Finanzen des kleinen Landes wenigstens einigermaßen zu sanieren, was mehrere Jahrzehnte dauerte.[26]

Herzog Karl war durch die Familie von Hessen-Darmstadt, aus der seine beiden Frauen stammten, auch mit den Fürsten von Hohenlohe gut bekannt. In Straßburg lag das Palais der Landgrafen von Hessen-Darmstadt am Broglie-Platz, gegenüber vom Haus des Bürgermeisters de Dietrich und nur wenige Meter von dem der Hohenlohe-Bartensteins in der Rue des

Frères entfernt. Auch seine Schwägerin Auguste von Zwei-
brücken, die Schwester Luises von Hessen-Darmstadt und
ebenfalls mit Marie Antoinette befreundet gewesen, wohnte
bis 1791 am Broglie-Platz mit ihrem Mann Max-Joseph von
Pfalz-Zweibrücken, Befehlshaber des französischen Regimentes Royal Alsace. Ihre Mutter, die Landgräfin Luise Albertine,
hatte sie dort im Sommer 1788 für mehrere Wochen mit ihren
Enkelinnen Thérèse, Luise [der späteren Königin von Preußen,
Anm. der Autorin] und Friederike besucht. Auch wenn im
Zuge der Revolution die Häuser in Straßburg aufgegeben werden mussten, blieben die Kontakte zwischen den Fürsten-
familien bestehen.

Herzog Karl kannte wie fast alle Mitglieder der Familie
Mecklenburg-Strelitz die wahre Identität der »Dunkelgräfin«;
dieses Wissen wurde als Familiengeheimnis jahrzehntelang
bewahrt. Ausführliche Informationen über die »Dunkelgräfin«
findet man daher nicht in der Korrespondenz, nur manchmal
gibt es versteckt zwischen harmlosen Familiennachrichten
Hinweise, die zeigen, wie sehr die Familie in den Fall verwickelt war. So erinnert zum Beispiel Auguste drei Monate nach
dem Austausch in Hüningen ihre Mutter, die gerade ihre Enkelinnen am Berliner Hof besuchte, sehr geheimnisvoll daran,
dass sie dem Prinzen Hohenlohe, der zeitgleich in Berlin war,
Grüße von ihr bestellen solle. Er möge daran denken, ihr die
Verse über den Tod des verstorbenen Königs Ludwig XVI. zu
übergeben. Die Worte »Verse über den Tod des verstorbenen
Königs« sind zweifach unterstrichen.[27]

In einem Brief vom 25.12.1796 an ihren Vater schreibt Luise:
»Ich bin sicher, dass Sie, lieber Vater, etwas wissen von der
Angelegenheit, die uns noch frisch in der Erinnerung ist. Ich
nenne keinen Namen, ich spreche darüber so wenig wie mög-
lich, aber Ihnen sei gesagt, dass mir deswegen das Herz blutet.
Sie haben keine Ahnung von den Gemeinheiten, die bei dieser
Gelegenheit begangen wurden. Seien Sie so gütig, Großmama,
der ich mich zu Füßen lege, zu sagen, dass ich mich um die

Wertsachen der Emigrantin gekümmert habe, und dass ich hoffe, sie gut zu verkaufen. Haben Sie die Güte, nicht auf das mit der ›Angelegenheit‹ zu antworten.«[28]

Die Geheimhaltung gestaltete sich hier insofern unproblematisch, als sowohl der Vater der Geschwister als auch Herzog Friedrich und auch die meisten Hofleute in Hildburghausen Freimaurer waren. Sie waren zum Schweigen verpflichtet, auch wenn dies Schweigen natürlich in erster Linie die Arbeit in den Logen betraf. Goethe, ebenfalls Freimaurer, hat dies in einem seiner Logengedichte so ausgedrückt:

» Verschwiegenheit
Niemand soll und wird es schauen
Was einander wir vertraut,
Denn auf Schweigen und Vertrauen
Ist der Tempel aufgebaut.[29]

Oft wurde zusätzlich ein Ehrenwort verlangt, ehe man Informationen mündlich weitergab. Friedrich Ernst, Prinz von Sachsen-Altenburg, ein Nachfahre von Herzogin Charlotte, schreibt in seinem Buch über Madame Royale, dass der Historiker Maeckel die Erlaubnis bekam, im Familienarchiv seines Vaters die Briefe der Familienmitglieder durchzusehen. Seine Untersuchung führte zu folgendem merkwürdigem Ergebnis: »Meine beiden Urgroßmütter, Marie von Sachsen-Altenburg, Gemahlin des Herzogs Georg, und Marie von Sachsen-Meiningen, Gemahlin des Herzogs Bernhard Erich Freund, führten, hauptsächlich in den Jahren 1830 bis 1862, einen lebhaften Briefwechsel. Alle diese Briefe waren nach einzelnen Jahrgängen geordnet und nummeriert in großen Umschlägen im Besitz meines Vaters. Von dem geheimnisvollen Paar ist in der Korrespondenz nicht die Rede. Dagegen konnte man die sehr merkwürdige Beobachtung machen, dass gerade die Briefe, in denen man zeitlich eine Erwähnung hätte erwarten können, z. B. bei dem Tode der Dunkelgräfin im Jahr 1837 und dem ihres Gefährten im Jahre 1845, entfernt worden sein müssen, was man am Fehlen der Nummern ersehen konnte. Und ebenso verräterisch ist die Tatsache, dass vielfach Abschnitte und einzelne Sätze aus den Briefen herausgeschnitten worden sind, bei denen man dem Zusammenhang nach vermuten muss, dass es sich darin um Bemerkungen über das Paar in Eishausen gehandelt haben muss. Es kann ja kaum Zufall sein, dass jedes Mal vor den entfernten Briefstellen die Rede von Frankreich, der Revolution und den Bourbonen ist«, schreibt der Prinz und fährt fort, dass die letzte Mitwisserin Marie (1818–1907), Königin von Hannover, war, eine Enkelin von Herzogin Charlotte. Sie wurde 1818 in Hildburghausen geboren. Baron von Gross aus Weimar, dessen Tante Palastdame bei der Königin war, interessierte sich sehr für die Identität der Dunkelgräfin und bat seine Tante, bei der Königin nachzufragen.»Die Königin zeigte große Abneigung, über diese Angelegenheit zu sprechen«, erzählte sie laut Prinz von Sachsen-Altenburg anschließend ihrem Neffen, »da sie, wie sie sagte, zu ängstlich sei, es möchte einmal ein Wort von ihren Lippen den Weg in die Presse finden. Nach einigem Zögern, während sie wohl gedacht habe, dass wirklich nichts mehr davon abhinge, wenn sie den Wunsch ihrer befreundeten Hofdame erfüllte, sagte die Königin wörtlich: ›Meine Großeltern [Herzog Friedrich und Herzogin Charlotte von Sachsen-Hildburghausen, Anm. d. Autorin], die die Prinzessin mehrmals besuchten, und ich haben stets geglaubt, dass sie die richtige Tochter Ludwigs XVI. gewesen ist.‹« Die Palastdame habe verblüfft nachgefragt: »Aber wer war dann die Herzogin von Angoulême?« Die Königin habe mit den Schultern gezuckt zum Zeichen, dass sie das nicht wisse.[30]

In den Familien der Herzöge von Sachsen-Hildburghausen, Sachsen-Altenburg und Sachsen-Meiningen wurden die Familienmitglieder »durch einen Eid aufs Kreuz zum ewigen Schweigen verpflichtet«, berichtet Prinz Friedrich Ernst von Sachsen-Altenburg, und daran haben sich bis ins 20. Jahrhundert hinein, als die Offenlegung keine Gefahr mehr bedeutete, auch alle gehalten.[31]

Marie Antoinette hatte ihren letzten Brief an ihre Freundin Luise, die Tante der Herzogin Charlotte, im Juli 1792 mit den Worten beendet: »Adieu, meine Prinzessin, sie haben mir alles genommen außer meinem Herzen, das mir immer bleiben wird, um Euch zu lieben, zweifelt daran niemals; das wäre das einzige Unglück, das ich nicht ertragen könnte. Ich umarme Euch zärtlich. Tausend gute Wünsche an die Ihren.«[32]

Im Schloss Kranichstein bei Darmstadt hängt ein Porträt von Großherzogin Luise, das sie nach ihrem letzten Aufenthalt bei Marie Antoinette anfertigen ließ. In der Hand hält sie ein Buch, auf dem auf Italienisch die Zeilen stehen:

»Liebe ist Gift
Der Zauber des Lebens aber ist Freundschaft
Das eine dreht sich wie der Wind
Das andere dauert für immer.«[33]

Der Moment, um dieser in der Familie der Hessen-Darmstädter tief verwurzelten Freundschaft zu Marie Antoinette und ihren Kindern, die durch die Erinnerung auch in der nächsten Generation lebendig geblieben war, ein Denkmal zu setzen, kam, als ihre Tochter mit ihrem Begleiter im Januar 1807 vor den Toren Hildburghausens erschien und um Asyl bat.

Leben im Schutz der Herzogsfamilie

❧❧❧❧

> Wir werden den Herrn Grafen »beständig unter
> Unseren besonderen Schutz nehmen und nicht
> zugeben ... dass ihm irgendeine Unannehmlichkeit
> zugefügt werde«,

schrieb Friedrich von Sachsen-Hildburghausen am 12.3.1824.
Man solle sich dem Grafen Vavel gegenüber so benehmen, »indem Wir gegen den Grafen durchaus diejenigen Rücksichten
beobachtet und bestätigt wissen wollen, auf welche er sich
durch sein bisheriges Benehmen selbst Ansprüche erworben
und welche wir ihm gleich bei seinem Eintritte in unser Land
haben gedeihen lassen«.[1]

Dieser Schutzbrief für den Grafen und seine Begleiterin
wurde nach 1826 noch mehrmals wichtig, da mit dem Aus-
sterben der männlichen Linie in Sachsen-Gotha die sächsischen
Herzogtümer in Thüringen neu geordnet wurden und das
Herzogtum Hildburghausen an Meiningen ging. Herzog
Friedrich verlegte seinen Amtssitz nach Altenburg. Wie schon
1826 verlangte die Regierung in Meiningen, die nun auch für
Hildburghausen und Umgebung zuständig war, eine Legiti-
mierung, die der Graf erneut verweigerte. Längere schwierige
Verhandlungen gab es auch 1837 nach dem Tod der Gräfin.[2]
Van der Valck plante sogar, wegzuziehen. Herzog Bernhard
Erich Freund von Sachsen-Meiningen vermittelte auf der
Grundlage des Schutzbriefes des letzten Landesherrn Friedrich
von Sachsen-Hildburghausen, und so ließen die Beamten die
Forderung fallen.

Seit ihrer Ankunft in Hildburghausen Anfang 1807 standen

van der Valck und die Prinzessin unter dem besonderen Schutz der Fürstenfamilie von Sachsen-Hildburghausen.[3]

Ein dauerhafter Aufenthalt war anfangs wohl nicht geplant. Zumindest hatte sich van der Valck darauf eingestellt, bei Gefahr sofort abreisen zu können. Er mietete die Möbel nur, zahlte die Miete im Voraus, seine Mietverträge hatten eine wöchentliche Kündigungsfrist.[4] Am Ende blieben beide aber doch 40 Jahre lang bis zu ihrem Tod.

Der Aufenthalt in Hildburghausen war durch zwei Hauptmerkmale gekennzeichnet: Es galt die höchste Sicherheitsstufe, und geräuschvoller Aufruhr jeder Art musste im Umkreis der Prinzessin vermieden werden. Täglich ließ der Graf sich vom Polizeidiener Heun gegen Bezahlung die Liste der Leute bringen, die in die Stadt eingereist waren. Auch innerhalb Hildburghausens erfolgte jedes Mal ein Umzug, wenn der Graf ihre Sicherheit bedroht sah oder wiederholt Lärm ertönte, der nicht sofort abgestellt wurde. Innerhalb von drei Jahren wechselten sie dreimal das Quartier.

Zunächst verhandelte Hofkommissionär und Senator I. C. Andreae Anfang Januar 1807 vor der Ankunft van der Valcks mit der Besitzerin des Hotels »Zum Englischen Hof« am Marktplatz; sie glaubte, er tue das im Auftrag des Hofes.[5]

Dabei erhielt sie genaue Anweisungen für das Eintreffen des Fremden: Alle Räume und das Treppenhaus mussten hell erleuchtet sein, der Gast aber sollte in die oberen Zimmer gelangen, ohne gesehen zu werden. Von der ihn begleitenden Dame wusste man in Hildburghausen zunächst nichts. Er habe eigene Diener, und niemand dürfe die Wohnung betreten oder ihn in irgendeiner Weise belästigen. Auch wenn die Besitzerin ihr Bestes tat, um sich an die eigenartigen Vorgaben zu halten, zog der Graf doch nach kurzer Zeit wieder aus, weil zwei Diener die Fenster beobachtet hatten, um die Prinzessin zu sehen.

Graf und Gräfin zogen danach in den dritten Stock des herzoglichen Kavalierhauses, wo van der Valck aber ebenfalls kündigte, als in der Druckerei im Parterre ein blinder Feueralarm ausgelöst wurde. Wieder wurde der Hofkommissionär Andreae eingeschaltet, der diesmal am Rande der Stadt das Haus der Familie Radefeld in die engere Wahl zog: Frau Radefeld sträubte sich anfangs, da niemand wusste, wer die Fremden waren, und jede Menge Gerüchte im Ort kursierten: Woher kamen sie? Warum trug die Dame immer eine grüne Brille und einen Schleier vor dem Gesicht?[6] Schließlich erklärte man sich diese Verkleidung so: Die Dame habe einen Schweinerüssel, den sie verbergen müsse.[7]

Das schreibt Dr. Karl Kühner (1804–1872), Superintendent in Saalfeld und von 1851 bis 1867 Direktor der Musterschule in Frankfurt. Er war der Sohn des Hofpredigers Kühner in Eishausen, des Lehrers der Prinzessinnen Charlotte und Thérèse, und hatte seine Kindheit und Jugend in Eishausen bei Hildburghausen verbracht, in Sichtweite des Schlosses, wo das Paar ab 1810 wohnte. Er ist einer der wichtigsten Augenzeugen dieser Zeit, denn ihm standen nicht nur seine eigenen Beobachtungen zur Verfügung, sondern auch die seiner Eltern, den einzigen Menschen im Ort, mit denen van der Valck in näheren Kontakt trat. Karl Kühner war außerdem verheiratet mit der Tochter des Obermedizinalrates Carl Hohnbaum, der wiederholt van der Valck behandelt hat und außerdem Vorleser der Prinzessin Charlotte von Württemberg war, einer Tochter der Herzogin Charlotte, die nach ihrer Scheidung bis zu ihrem Tod in Hildburghausen lebte.

Frau Radefeld jedenfalls vermietete den ersten Stock ihres Hauses erst, nachdem sich Herzogin Charlotte für die Fremden verbürgt hatte.[8] Sie soll in diesem Zusammenhang gesagt haben, »dass das stille, verborgene, namenlose Unglück in erster Linie Anspruch auf Teilnahme und Hilfe machen könne«.[9]

Die Fenster waren stets verhängt, die Treppentür musste immer verschlossen bleiben. Man erzählte sich, der Fremde habe stets scharf geladene Gewehre zur Hand. Ein Handwerksbursche, der aus Versehen ins Haus kam, wurde von van der Valck mit der Pistole in der Hand vertrieben.[10] Briefe sollte die

Hausherrin in Empfang nehmen, in einen Korb legen, der an der Treppe hing, und dann eine Glocke läuten.[11] Ihre Söhne musste Frau Radefeld, wenn sie in den Ferien nach Hause kamen, im Gartenhaus unterbringen, um laute Geräusche zu vermeiden.

Als van der Valck 1810 aber hörte, dass Frau Radefeld über einen Verkauf des Hauses nachdachte, suchte er sofort nach einer anderen Unterkunft. Auch hier vermittelte wieder die Herzogin, wie Karl Kühner schreibt: »Diese geistreiche und hochgesinnte Fürstin interessierte sich lebhaft für die Unbekannten.« Als sie hörte, dass van der Valck in das Schloss nach Eishausen, fünf Kilometer südlich von Hildburghausen, ziehen wollte, schrieb sie ihm, dass »sie sich freue, ihm die Erfüllung seines Wunsches vonseiten des Herzogs zusagen und dabei einen Dank aussprechen zu können für die Wohltaten«, die er durch seine Großzügigkeit den Armen des Ortes habe zukommen lassen.[12] Und sie veranlasste den Kauf des Schlosses durch die herzogliche Kammerverwaltung.[13] Es wurde ein Domänengut der herzoglichen Familie.[14]

Das etwa 150 Jahre alte Schloss war ein dreistöckiges »Rechteck aus Fachwerk, im Ganzen mit 88 Fenstern von je 1,75 Meter Höhe und 1 Meter Breite; im Souterrain gewaltige Keller, und am Haupteingange im Süden eine mit kunstvoll gewundenem Eisengeländer versehene Steintreppe«. Es gab einen unterirdischen Gang vom Keller in ein nahe gelegenes Wäldchen. Eine 200 Meter lange Kastanienallee führte vom Schloss zum Pfarrhaus, in dem Pfarrer Kühner mit seiner Familie wohnte.

Als sie einzogen, bewohnte das Erdgeschoss aus Sicherheitsgründen – wohl auf Wunsch des Herzogs – zunächst weiterhin der alte Schlossverwalter Handschuh mit seiner Frau. Auch die Böden des Schlosses wurden anfangs weiter als Fruchträume benutzt. Van der Valck erreichte aber schon nach kurzer Zeit die alleinige Nutzung des Schlosses durch Zahlung einer höheren Miete und durch einen Zuschuss für den Bau einer neuen Pächterwohnung.[15]

Später kaufte van der Valck noch zwei weitere Häuser und ein Landhaus, den sogenannten Schulersberg am Hildburghäuser Stadtberg. Dorthin machte er mit der Prinzessin Ausflüge, wobei sie aber nie über Nacht blieben: alle Besitzungen konnten außerdem erreicht werden, ohne das Stadtgebiet von Hildburghausen zu berühren.

Auf einem dieser Ausflüge wurden sie von Geheimrat Freiherr Carl Friedrich Wilhelm von Bibra (1770–1842), dessen Vater aus Hildburghausen stammte, gesehen. Er war seit 1793 Kammerrat in Meiningen, seit 1816 dort Kammerpräsident. Der Geheimrat traf sie »an jenem Seitenwege (der Marienstraße), auf dem sie zu ihrem Gartenhaus in Hildburghausen zu fahren pflegten«, an einer Stelle, wo sie langsam fahren mussten. Der Geheimrat kannte die Bourbonen-Familie von einem Aufenthalt in Paris persönlich und »war betroffen, in dem Gesichte der Dame eine auffallende Ähnlichkeit mit der charakteristischen Gesichtsbildung der bourbonischen Familie zu finden.« Von den Ingelfingern und deren Beobachtungen wusste er nichts, schreibt Karl Kühner, der diesen Vorfall überliefert.[16]

Während in Hildburghausen keiner der Diener bis auf Scharrer im jeweiligen Haus über Nacht bleiben durfte, erhielt die Köchin Johanna Weber, im Dienst von 1809 bis 1835, in Eishausen die Erlaubnis, im Schloss zu übernachten, durfte es aber danach nicht wieder verlassen. Als der Graf sie nach Jahren einmal zum Pfarrer schickte, konnte sie sich kaum fortbewegen, sie hatte das Gehen auf ebener Erde verlernt.[17] Und obwohl sie unter diesen Bedingungen treu ihre Dienste versah, entließ van der Valck sie 1835, als er erfuhr, dass sie ihrem Sohn die Tür zum Schloss geöffnet und ihn hineingelassen hatte. Sicherheit hatte für den Grafen die oberste Priorität.

Ab 1810 war das Ehepaar Schmidt für Botengänge und die Verwaltung der beiden Besitzungen im Raum Hildburghausen zuständig, es durfte das Schloss aber nicht betreten. Erst 1836, ein Jahr vor dem Tod der Prinzessin, wurde Frau Schmidt von

van der Valck geholt, um, wie ihre Tochter erzählte, Marie Thérèse bis zum Tod zu pflegen, was sie aber selber nie zugegeben
habe. Bis zu ihrem eigenen Tod 1843 habe sie das Schloss nie
mehr verlassen dürfen, war praktisch gefangen, um keine Informationen zu verbreiten.

Um den Diener Philipp Scharrer (gest. 1817), den Kühner
einen »über seinem Stand gebildeten Mann« nennt[18] und der
bereits 1807 mit van der Valck und der Prinzessin nach Hildburghausen gekommen und auch schon in Ingelfingen nachweislich bei ihnen war, haben sich die meisten Gerüchte erhalten.

Das beginnt schon bei seinem Namen, von dem niemand
genau weiß, wie er geschrieben wurde: »Squarre« oder Johann
Philipp »Schorr«[19], so lautet abweichend von seinen eigenen
Angaben der Eintrag im Kirchenbuch. Karl Kühner nennt ihn
»Scharre«. Im Kirchenbuch zu Eishausen wird er als »Scharr«
geführt.[20] Aus der Schweiz soll er gebürtig und schon lange
vor van der Valck bei der Prinzessin gewesen sein.[21] An anderer
Stelle steht, er sei früher ein Schweizer Gardist gewesen.[22]

Tatsächlich findet sich in den *Archives Nationales* in Paris in
der Abteilung *Maison du Roi* in den Namenslisten der Schweizer Gardisten des Jahres 1792, als die Garde aufgelöst wurde,
ein Leutnant mit Namen »Scharrer«.[23]

Aus Hüningen schreibt Marie Thérèse an Frau Chanterenne
über einen Kurier, der immer vorweg ritt[24]: »Charra« nennt sie
ihn. Eine Französin, kaum der deutschen Sprache mächtig,
wird natürlich das Wort »Scharrer«, das sie nicht geschrieben
sieht, sondern nur hört, »Charra« schreiben, da im Französischen der Laut »sch« als »ch« geschrieben wird.

Lenôtre vermutet, sie müsse den Kurier Chassault meinen,
der tatsächlich mit in Hüningen war und anschließend seine
Rechnung wegen der Auslagen an den Innenminister in Paris
einreichte.[25] Das ist aber eher unwahrscheinlich, denn die Laut-
unterschiede sind hier zu groß. Jemand, dessen Muttersprache
Französisch ist, wird die »o« ausgesprochene zweite Silbe im

Namen »Chassault« nicht mit »a« schreiben, wie bei »Charra«, außerdem sind s und r ganz deutlich wahrzunehmen und kaum zu verwechseln.

Es muss auf dem Weg von Paris nach Hüningen zwei Bedienstete gegeben haben, einen, der die Kutsche lenkte, und einen, der vorausritt, um die Quartiere vorzubereiten und für Ersatzpferde zu sorgen. Der eine war Chassault, der wieder nach Paris zurückkehrte. Wo aber blieb der andere? Der, den Marie Thérèse »Charra« nannte? Von ihm ist offiziell nie wieder die Rede, bis er 1803 in Ingelfingen auftauchte, um das Quartier für van der Valck und die Prinzessin vorzubereiten.

Man weiß, dass Scharrer, der katholisch war, mehrfach Pfarrer Kühner bat, beichten zu dürfen, der Graf dürfe aber davon nichts wissen. Der evangelische Pfarrer lehnte ab. Auch ein Arzt durfte nicht kommen, als Scharrer krank war. Auf dem Totenbett bat er, wie die Köchin und die »Teichgret«, die ihn mit gepflegt hatte, bezeugen, um einen Geistlichen; wieder lehnte der Graf ab.[26] Der ging, auch wenn er das Grausame seines Verbotes sicherlich gespürt hat, selbst bei einem so treuen Diener wie Scharrer kein Risiko ein.

Das tat er auch nicht bei seiner 14 Jahre dauernden Korrespondenz mit dem Hofprediger Kühner, dessen Pfarrhaus in Sichtweise des Schlosses lag. Sein Sohn Karl berichtet, dass oft mehrmals täglich von der sogenannten Bötin Zettel und Briefe zwischen Schloss und Pfarrhaus hin und her gebracht wurden, jeder Brief wurde sofort zum Grafen zurückgebracht, sodass kein schriftliches Zeugnis in der Hand des Pfarrers blieb. Die Zettel trugen immer ein Siegel, an manchen Tagen konnte sein Vater darin »mit Gewissheit drei Lilien« erkennen[27]: Drei Lilien stehen für das französische Königshaus der Bourbonen. Kühner schreibt, dass sein Vater, ohne von den Ingelfinger Beobachtungen zu wissen, durch das Siegel mit den drei Lilien auf die »Spur der Bourbonen« gebracht wurde, auch seine Mutter habe das Siegel mit den Lilien auf einem Brief an sie sicher erkannt, die Krone darauf war nicht ganz zu erkennen.

Nach dem Tod des Grafen fand man im Nachlass der Gräfin mehrere Hemden, deren eingenähtes Zeichen »drei Blumenstängel waren«, die man für nichts anderes als drei Lilienstängel halten konnte. Kühner war sich sicher, dass die verschleierte Frau Marie Thérèse Charlotte de Bourbon war.[28] Lannoy vertritt allerdings die Auffassung, dass es sich bei dem Siegel, das van der Valck benutzte, um die Familien-Petschaft handelte, die drei Adlerköpfe zeigte.[29] Wie auch immer, es wäre allerdings schon gewagt, wenn van der Valck, der sich ansonsten so große Mühe gab, das Geheimnis zu wahren, seine Briefe ausgerechnet mit dem Bourbonenwappen gesiegelt hätte.

Es fanden sich nach dem Tod van der Valcks im Nachlass Notizen unter anderem über politische Themen, die Human ausgewertet hat. Sein Fazit: Van der Valck gehörte zu den Diplomaten, die »das geistig-sittliche Element der Politik« hochhielten, für die Politik und Rechtschaffenheit keine Gegensätze waren, die »in bewusstester Opposition zu jenen standen, denen Redlichkeit für nichts galt als für Ideologie, Charakter als Thorheit, glückliches Verbrechen für Verdienst und der Erfolg allein als Tugend«. Die aber oft an der Erkenntnis scheitern, so Human, dass sich ein Staatsideal nicht ohne »kluge Selbstsucht und eine gewisse Leidenschaft für die Staatsmacht« verwirklichen lässt. Van der Valck verabscheute Politiker, die sich nur vom Streben nach Macht und eigenen Interesse statt von ehrlichen Prinzipien und Tugend leiten ließen: Als Beispiel nannte er Franz von Thugut, den österreichischen Außenminister, jenen »faunischen Mephisto ohne Grazie, voll Cynismus und souveräner Menschenverachtung…, dem die Gewalt allein als das Unfehlbare und Göttliche galt, dessen Politik weder Tugend noch Laster kannte«[30]. Die Wahl der von ihm bezogenen Zeitschriften zeigt ihn als konservativen, legitimistischen Menschen mit einer Sympathie für die Bourbonen, die »mehr als eine politische zu sein schien«.[31] Besonders polemisierte der Graf gegen Talleyrand, den er, so wie andere Zeitgenossen ja auch, als einen »Meister der Verstellungskunst, der nach Zeit und Umständen allen diente«, bezeichnete, den er auch für schuldig an der Ermordung des Herzogs von Enghien hielt. Beim Tod Talleyrands am 17.5.1738 sagte der Graf: »Wenn Talleyrand zehn Jahre früher gestorben wäre, so würde ich in die Welt zurückgekehrt sein.«[32]

Während van der Valck auch Pfarrer Kühner gegenüber nie die Prinzessin erwähnte, machte er später der Mutter Karl Kühners, mit der er bis zu seinem Tod korrespondierte, einige vielsagende Andeutungen über sein Verhältnis zur Prinzessin. »Mein Noviziat in dem Schlosse zu Eishausen ist mir schwer, sehr schwer gefallen.«[33] Der Köchin gegenüber sagte er, dass er sich in seiner Jugend durch einen Eid gebunden habe und darum nun so ein schweres Leben führen müsse. Manchmal habe er überlegt, die Dame in ein Kloster zu geben. Nach ihrem Tod aber meinte er nur: »Vor ein paar Jahren war es mein ernster Vorsatz, in das Vaterland zurückzukehren, jetzt lohnt es sich nicht mehr der Mühe.«[34]

Was auch immer van der Valck zu dem Eid bewogen hat, die Prinzessin zu beschützen, er hat sein Versprechen gehalten. »Keine Macht der Erde soll mir mein Geheimnis entreißen!«, hat er geschworen, und das ist ihm bis zu seinem Tod am 8.4.1847 auch gelungen.[35]

Einsamkeit im »verzauberten« Schloss

»Du, nur Du bist ewig mein Gedanke,
Dich nur seh ich wachend und im Traum«,

so lauten zwei Zeilen eines Gedichts, geschrieben von Christian Ludwig Neuffer (1769–1839), das 1829 in einem Gedichtband in Hildburghausen veröffentlicht wurde. Dieser Gedichtband wurde vom Boten Schmidt nach dem Tod der Prinzessin in ihrem Zimmer auf dem Schulerberg gefunden. Sie hatte darin dieses Gedicht angestrichen[1], das vollständig wie folgt lautet:

Emma an Hilmar:
Stets, o Hilmar, fließen meine Tränen,
Um die schnell entschwundne Rosenzeit.
Ach, mein Herz, es kann sich nicht gewöhnen
An die stille, leere Einsamkeit.
Du, nur Du bist ewig mein Gedanke,
Dich nur seh ich wachend und im Traum,
Dich umfass ich wie den Stab die Ranke,
Ohne dich empfind und leb ich kaum.

O, vermöcht ich's stündlich dir zu sagen,
Wie Du alles deiner Emma bist!
Könnten's diese Winde zu dir tragen,
Dieser West, der mir die Lippen küsst!
Könnten alle Blätter dir es rauschen,
Jedes Bächleins Well auf deiner Flur,

Könntest du es fühlen und erlauschen
In den Stimmen allen der Natur.

Meiner Freude Stunden sind vorüber,
Nur am Schatten weidet sich mein Herz,
Meiner Hoffnung Sterne werden trüber,
Furcht verbittert noch der Trennung Schmerz.
Keinen Brautkranz hab ich mir erworben,
Kein Altar noch heiligt unsern Schwur,
Oed ist mir die Welt und ausgestorben,
Und verweht ist jedes Frohsinns Spur.

Kehre bald, Geliebter, denn es ziehen
Wetterwolken auf in schwüler Luft!
Komm, bevor die Myrthen uns verblühen,
Komm und schütze, deine Emma ruft!
Neid und Hass ist gegen uns verschworen,
Deine Feinde stehen wider dich.
Komm, zur Hülf und Rettung nur erkoren,
Hilmar komm, entreiß dem Grabe mich![2]

Dies Gedicht ist eines der ganz wenigen Zeugnisse, das uns etwas über die Gefühle der Prinzessin erzählt. Unendliche Sehnsucht, Trauer und Verzweiflung sprechen aus diesen Zeilen. Hat sie bei der Lektüre an einen konkreten Menschen gedacht? Zu Pauline de Tourzel und ihrer Mutter hatte sie bei deren Besuchen im Temple im Herbst 1795 gesagt, sie sei so einsam gewesen, dass sie gedacht habe: »Wenn man nur eine Person vor mich stellen würde, die kein Monster ist, ich glaube, ich könnte es nicht verhindern, mich in sie zu verlieben.«[3]

War es der Gefängniswärter Laurent, der sich direkt nach dem Tod Robespierres auf Veranlassung von Barras um sie kümmerte und drei Monate lang allein für sie zuständig war?

Oder doch eher der Wärter Gomin, mit dem sie mehr als nur eine Beziehung von Wärter zu Gefangener verband. 1795, als sie ihre Begleiter nach Wien aussuchen sollte, bat sie um die Begleitung von Gomin mit den Worten: »Er ist das erste Wesen, das meine Gefangenschaft gemildert hat.«

Oder hat sie in den Jahren 1796 bis 1799 jemanden getroffen, in den sie sich verliebt hat? Wir wissen es nicht. Vielleicht fand sie in dem Gedicht ja auch nur einen Spiegel ihrer Sehnsucht nach all dem, was sie nicht leben konnte.

Ab 1799 war sie nur noch mit van der Valck zusammen, führte ein Leben fern aller menschlichen Kontakte, das eine Fortsetzung ihres isolierten Lebens im Temple war. So wie schon Madame de Chanterenne im Sommer 1795 festgestellt hatte, reagierte Marie Thérèse, die seit ihrem 13. Lebensjahr nur das Leben als Gefangene kannte und in ihrer Einzelhaft von 15 Monaten das Sprechen nahezu verlernt hatte, verwirrt, sobald sie neue, unbekannte Menschen kennenlernen sollte. Sie machten ihr Angst. Vielleicht war dies Leben in der Isolierung das einzige, was sie noch führen konnte, weil es eine Art stillen Frieden garantierte.

Die Gerüchteküche in Hildburghausen beschäftigte sich natürlich auch mit dem Verdacht, dass van der Valck die Frau, die man für seine Gemahlin hielt, gefangen halten würde. Justizrat Rommel und die Beamten vom Gericht, die 1837 nach dem Tod der »Dunkelgräfin« im Schloss erschienen, berichteten, dass sich eine Quereisenstange vor der Tür ihres Zimmers befand.[4]

Eine Gefangene war sie aber wohl doch nicht. Dem widersprechen die Berichte der Bediensteten. Der Diener Scharrer erklärte: »Sie hat kein Vermögen, aber sie ist die Herrin über alles.« Van der Valck selbst schrieb der Mutter Karl Kühners, der verwitweten Pfarrersfrau, nach dem Tod der Prinzessin: »Sie war eine arme Waise, die alles, was sie besaß, mir verdankte, aber mir das tausendfach vergolten hat.« Und: »Meine Verbindung mit ihr hatte etwas Romantisches, einer Entführung Ähnliches.« Er schickte Mutter Kühner auch einen Brief, den die Prinzessin ihm 1808 zum Geburtstag geschrieben hatte:

»Ich weiß es, dass du, geliebter Ludwig, um meinetwillen vieles hingabst, und nur mit meiner Liebe kann ich deine tausend Opfer vergelten.«[5]

Sie war dem Grafen sehr ergeben, erzählte die Köchin, die als Einzige in dieser Zeit mit der Prinzessin redete, auch das nur zweimal in all den Jahren, als der Graf krank war und die Prinzessin sie zur Hilfe holte: Sie wolle sich lebendig begraben, wenn er sterben würde.[6]

Es bestand aber keine Liebesbeziehung zwischen ihnen. Alle, die beide auf ihren Ausfahrten oder beim Ein- und Aussteigen beobachten konnten, bezeugten, dass sie die Höhergestellte und er ihr untergeben war.[7]

Vavel, nach ihrem Tod 1837 von den Behörden zu einer Angabe über ihre Identität gezwungen, gab zu Protokoll: »Sophia Botta, ledig, bürgerlichen Standes aus Westfalen, 58 Jahre alt.«[8] Eine Sophia Botta aber hat nie existiert. Sophie war das Pseudonym, unter dem Marie Thérèse von Paris aus nach Hüningen reiste, und mit Sophie unterschrieb sie auch den Geburtstagsbrief an den Grafen. Da der Graf sie wohl kaum »Marie Thérèse« nennen konnte, spricht vieles dafür, dass sie bei dem Vornamen blieben, den sie bekam, als sie Paris verließ. Van der Valck brachte die Beziehung zur Prinzessin nach ihrem Tod 1837 gegenüber der Pfarrerswitwe so auf den Punkt: »Meine Lage wird immer unerträglicher; es ist keine getrennte Ehe; es ist eine Zerreißung eines zusammengewachsenen Geschwisterpaares; das eine kann nicht ohne das andere fortleben.«[9]

Die Sicherheitsmaßnahmen dienten nicht ihrer Bewachung, sondern ihrem Schutz. Wenn die Prinzessin zum Beispiel auf dem Schulersberg spazieren ging, stand der Graf im Haus am Fenster und bewachte sie mit einer Pistole in der Hand.[10] Bewachung vor wem? Dazu muss man wissen, dass seit der Entführung des Herzogs von Enghien durch Napoleon (1804) immer wieder Anschläge auf die Bourbonen verübt wurden, zum Beispiel am 25. 7. 1804 auf Louis XVIII. und die Herzogin von Angoulême in Mitau. Van der Valck konnte trotz aller Vorsichtsmaßnahmen nicht ausschließen, dass jemand auf seine Spur kam, zumal er ja nicht der Einzige war, der das Geheimnis kannte.

Ausfahrten wurden nur im geschlossenen Wagen gemacht, die Prinzessin immer tief verschleiert. Bis 1809 unternahmen sie ab und zu noch Reisen über mehrere Tage, zum Beispiel vor der Hildburghausener Zeit zu Zar Alexander I., der sein Hauptquartier Ende 1805 in Olmütz im heutigen Tschechien hatte. Ab 1810 verließen die beiden das Schloss nur noch zu ihren täglichen Spazierfahrten oder um im später gepachteten Garten nahe am Schloss spazieren zu gehen.[11]

Dieser Garten wurde, obwohl er bereits durch hohes Buschwerk vor neugierigen Blicken geschützt war, von van der Valck noch zusätzlich durch einen acht Schuh (etwa zwei Meter) hohen Bretterzaun umgeben. Über den Ablauf der täglichen Spaziergänge sind wir durch den Bericht der Schwiegertochter der »Bötin« gut informiert. Auch hier wurde alles getan, damit sie das Gesicht der Dunkelgräfin niemals sehen konnte: Wenn der Graf morgens seinen Spaziergang im Garten beendet hatte, »trat die Bötin aus der Thüre und wartete, dieser den Rücken zugewandt. Trat dann die Dame tiefverschleiert heraus, so schritt ihr die Bötin, ohne sich je nach ihr umzusehen, nach der Gartenthüre voran, schloss auf und stellte sich dann hinter die Thüre; schloss wieder, nachdem die Gräfin in den Garten geschlüpft war, und hielt dann Wache, ohne auch nur einen Blick von der Pforte zu wenden. Mit dem Fernglas, ab und zu auch, wie man bemerkte, mit Waffen in der Hand, beobachtete nun der Graf vom Schloss aus die einsam Wandelnde. Wollte diese aber wieder ins Schloss zurück, so warf sie das weiße Taschentuch in die Höhe, worauf die Bötin auf einen Wink des Grafen gleich vorsichtig und scheu wie beim Geleit in den Garten ihre Gebieterin wieder zurückgeleitete.«[12]

Das »verzauberte Schloss«[13] und das »geheimnisvolle Schloss«[14] nannte Karl Kühner den Wohnsitz van der Valks und der Prinzessin. Und so werden das wohl die meisten Einwohner gesehen haben. Kühner war neun, als er im Schloss etwas abgeben sollte. »Ich ging zaghaft und auf den Fußspitzen die steinerne Treppe des Schlosses hinan. Ehe ich noch nach dem Klingelzug griff, öffnete sich schon von innen leise die Thür, und der Verwalter schob mich freundlich flüsternd in seine Stube. Der gute alte Mann mit dem kaffeebraunen Rocke, der halb Frack, halb Überrock war und von oben bis zu den Knöcheln herab mit zwei Reihen thalergroßer Metallknöpfe besetzt war, schenkte mir damals ein uraltes Bilderbuch; aber er sprach nur flüsternd mit mir, und ich war froh, als ich aus dem verzauberten Schlosse heraus war.«[15]

Kühner hat die Prinzessin in den ganzen 15 Jahren nur zwei-mal und nur einmal »einigermaßen deutlich gesehen« mithilfe eines Fernglases im Jahre 1818 (da war er 14): »Die Gräfin (40) stand am offenen Fenster und fütterte mit Backwerk eine Katze, die unter dem Fenster war. Sie erschien mir wunderschön; sie war brünett; ihre Züge waren ausnehmend fein; eine leise Schwermut schien mir eine ursprünglich lebensfrische Natur zu umhüllen; in dem Augenblicke, wo ich sie sah, lehnte sie in schöner Unbefangenheit im Fenster, den feinen Shawl halb zurückgeschlagen, wie ein Kind mit dem Tiere unten beschäf-tigt. Ich sehe noch, mit welcher Grazie die schöne Gräfin das Backwerk zerbröckelte und die Fingerspitzen am Tischtuche abwischte.«[16]

Kühner schreibt, in den ersten Jahren habe man manchmal Töne wie Drehorgelspiel aus dem Schloss gehört. Als Kind habe ihn auch fasziniert, dass die Bewohner des Schlosses Hunde vor einen Wagen spannten und damit Katzen durch die Räume fahren ließen.[17] Später fand man etwa »hundert Goldstücke wie Spielwerk in verschiedenen Beutelchen in Winkeln herumliegend«.[18] Diese Details aus dem Schlossleben werden durch Augenzeugenberichte, die Human bekam, be-stätigt.[19] Das Spiel mit den in Beuteln gesteckten Goldmünzen, die im Zimmer versteckt wurden und gesucht werden muss-ten, taucht bereits als Spiel der Königskinder im Temple auf.

Viele andere Möglichkeiten, sich zu entspannen, hatten sie dort nicht.

Spiele solcher Art lassen aber bei einer Person, die bei ihrem Tod immerhin knapp 60 Jahre alt war, auf ein sehr kindliches Gemüt schließen und würden die These untermauern, dass die Prinzessin durch die Gefangenschaft im Temple psychisch stark belastet war, was auch mit ein Grund für die Vertauschung gewesen sein dürfte. Ebenfalls auf eine psychisch labile Persönlichkeit deuten die Vorkehrungen, die van der Valck traf, um im und um das Schloss herum absolute Ruhe zu garantieren, weil die Prinzessin offenbar bei jedem Lärm in Panik geriet.

»Im Hause mussten die Türen ohne Geräusch geschlossen werden, keiner durfte laut lachen…Im obern Stock herrschte fast immer lautlose Stille.« Selbst die Knechte des Gutspächters, der zunächst noch den Fruchtboden nutzen durfte, schlichen mit ihren Getreidesäcken auf Strümpfen die Treppen rauf und runter.[20]

Vor allem Ruhestörungen zur Nachtzeit verärgerten den Grafen. Dabei hatte »dieser Zorn seinen Grund nur in der Teilnahme für seine Gefährtin; denn der Graf selbst schien eine Natur [zu sein, Anm. d. Autorin], die auch unter etwas Kanonendonner weder Gemüthsruhe noch ruhigen Schlaf verlor«, schreibt Kühner.[21]

Kein Nachtwächter durfte in der Nähe des Schlosses die Stunde ausrufen. Der Tagelöhner, dessen Hund nachts bellte, wurde belohnt, als er ihn schließlich einsperrte. Hier hatte wie so oft der Vater Kühners, der Pfarrer, vermittelt. »Alle Familien in der Nähe des Schlosses genossen in Zukunft die Freigebigkeit des Grafen, und niemals hat wieder ein Hund in der Nähe des Schlosses gebellt.«

Besondere Probleme gab es anfangs in der Neujahrsnacht wegen des alten Brauchs des Neujahrsschießens. Die jungen Männer Eishausens schossen in der Nacht vor den Fenstern der Mädchen. Der Graf schickte zornig die Köchin ins Pfarrhaus, damit der Pfarrer für Ruhe sorgte. Das gelang aber nicht, und so beschwerte sich der Graf beim Amt in Hildburghausen. Daraufhin wurden zehn junge Männer verhaftet, obwohl sie nicht gegen Vorschriften verstoßen hatten, denn in der Neujahrsnacht war das Schießen erlaubt. Im Jahr darauf sollten Landjäger wohl auf Veranlassung des Hofes das Schießen verhindern. Die jungen Männer aber holten sich verärgert Verstärkung aus dem Nachbardorf. Wieder gelang dem Pfarrer die Vermittlung, indem er die jungen Männer überzeugen konnte, dass die Prinzessin in Todesängste gestürzt würde. Der Graf spendierte von da an jedes Jahr eine große Summe für das Kirchweihfest, und dafür verzichteten die Burschen auf die Schießerei zu Neujahr.[22]

Reinhardt, der Gehilfe der Hofapotheke, der die vom Grafen selbst geschriebenen Rezepte besorgte, sagte gegenüber Human, dass er immer Baldrian, Pfefferminze und Bibergeil bringen musste. Bibergeil ist ein altes Heilmittel, das aus Biberfett gewonnen wird, krampflösend wirkt und bei hysterischen Anfällen eingesetzt wurde. Außerdem trank die Dame jeden Abend, wie die Diener bestätigten, dicken Haferschleim und Hiftenmuß (Hagebuttenmus). Das alles deutet ebenfalls auf ein hysterisches und hektisches Wesen hin, was ja auch die Bemühungen van der Valcks um Ruhe erklären würde.[23]

An der Einschätzung der psychischen Verfassung der Prinzessin ändern auch Humans Recherchen nichts, der darauf hinweist, dass die Prinzessin durchaus geistige Interessen hatte und van der Valck für sie jahrelang »die *Leipziger Modezeitung*, die deutschen Unterhaltungsblätter und das *Journal des Dames* hielt und dass diese neben französischen auch deutsche Klassiker las« oder sich vorlesen ließ. Die Prinzessin stand meist nachts um zwei Uhr auf, um mit dem Grafen Kaffee zu trinken, der ebenfalls so früh aufstand. Und oft hörten die Diener nachts einen Mann »mit starker Stimme und großer Lebhaftigkeit« aus den Zeitungen vorlesen.[24]

Da der Graf durch sein privates Vermögen über ausreichend Geld verfügte, konnte ein Leben im Schloss auf luxuriösem

Niveau geführt werden. Das Essen war von erlesener Qualität, der Graf trank edle Liköre und teure französische Weine. Die Garderobe für beide kam aus Frankfurt, und »die Moden, welche die Damen auf den Pariser Boulevards entfalteten, konnten wenige Wochen später, über den hohen Bretterzaun hinüber, die Weidenbäume im einsamen, düster beschatteten Garten zu Eishausen an der unbekannten Gräfin bewundern«.[25] Nach dem Tod des Grafen wurde auch Kleidung der Prinzessin versteigert: mehrere Hemden trugen das Symbol der französischen Monarchie: die drei Lilien.

Die Tochter der Köchin erklärte, dass die Prinzessin im Hause lange Frisurschürzen trug und ein feines weißes Jäckchen mit orangegelben Bändern besetzt, ein weißes Spitzenhäubchen und einen roten zurückgeschlagenen Schal. Bei Ausfahrten war sie nach der neuesten Mode gekleidet, meist Kleider vom Modehaus Goullet in Frankfurt. Im Nachlass fanden sich neben Schmuck Kisten voll von seidenen Schuhen, die zu den jeweiligen Kleidern passten.[26]

Niemand bekam die Prinzessin im Schloss zu Gesicht, sofern van der Valck das verhindern konnte. Das Essen wurde ins Vorzimmer gebracht und vom Grafen serviert.[27] Es war der Zufall, der einen jungen Mann namens Fischer, Lehrling in der Hofbuchhandlung in Hildburghausen, ins Schloss brachte, da der Diener Scharrer krank war und die bestellten Bücher nicht abholen konnte. Der junge Mann betrat das Schloss und stieg, was verboten war, in den ersten Stock hinauf. Er klopfte an eine Tür und ging hinein. Die Dame im Zimmer erschrak furchtbar, und er wurde von van der Valck aus dem Zimmer gezogen. Auch Fischer, der die weitverbreiteten Bilder von Marie Antoinette kannte, war erstaunt über die große Ähnlichkeit der Dame mit der französischen Königin.[28] Als die Prinzessin am 25.11.1837 starb, stellte der Arzt Dr. Lommler den Totenschein aus, auch er berichtete von der auffallenden Ähnlichkeit mit Marie Antoinette.[29] Offiziell aber wurde die Prinzessin von den Behörden als Sophia Botta aus Westphalen begraben.

Für die Menschen in Hildburghausen und Umgebung ging sie als die »Dunkelgräfin« in die Geschichte ein, nachdem der herzogliche Archivrat und Bibliothekar in Meiningen, Ludwig Bechstein, 1854 einen Roman mit dem Titel *Der Dunkelgraf* veröffentlicht hatte.

Die Menschen, die sich um die Prinzessin gekümmert und ihr dies Leben in Ruhe ermöglicht haben, haben immer gewusst, wer sie war. Einige haben sie als Joker für mögliche eigene Ziele benutzt, andere haben ihr geholfen im Andenken an ihre Eltern, aus Freundschaft zu ihrer Mutter oder einfach aus Mitleid mit einem jungen Mädchen, das seine ganze Familie während der Revolution verloren hatte und selber nicht mehr die ihr als Königstochter zugedachte Rolle spielen konnte. Ihre Halbschwester Ernestine hat diese für sie übernommen.

»Die Königin betrachtete sich als Mutter sowohl der einen als auch der anderen«, schreibt der Zeitgenosse Montjoie. Diese Kinder »lieben sich für immer«, soll Marie Antoinette häufig gesagt haben. »Und indem sie beide Kinder seit ihrer frühen Kindheit durch enge Freundschaft zusammenband, glaubte sie ihr gegenseitiges Glück zu sichern.«[30] Dieser Wunsch Marie Antoinettes ist auf ganz andere Weise, als sie gehofft hatte, in Erfüllung gegangen.

Überblickt man die Fakten und die Nachrichten, wie sie in diesem Buch vorgetragen wurden, und versetzt man sich in die Lage eines urteilenden Richters, der in einem Indizienprozess entscheiden müsste, dann bliebe als Ergebnis nur: Die Dunkelgräfin von Eishausen kann niemand anders gewesen sein als Madame Royale, die Königstochter aus Frankreich.

Letzte Klarheit würde nur ein Gentest bringen. Vielleicht aber sollten wir ihr dies allerletzte Geheimnis lassen, so wie sie es sich im Temple 1795 gewünscht hat, denn nur dadurch wurde sie unsterblich:

»*Wie oft male ich mir ein solches Leben
in ländlicher Stille aus! Ich schließe manchmal
meine Augen und denke mir, dass ich in einem
einsamen Schlosse wohne, umgeben nur von
einigen treuen Menschen, die mich ebenso
lieben wie ich sie, dass ich in einem stillen Garten
spazieren gehe und meine Tiere füttere wie damals
in Trianon, dass mein Blick über waldige Höhen
schweift und dass die Menschen, denen ich begegne,
gar nicht ahnen, wer ich bin.*«[31]

Anhang

Verzeichnis der benutzten Quellen und Literatur

⸙⸙⸙⸙⸙⸙

1. Ungedruckte Quellen

Es wurden vor allem die Bestände folgender Archive benutzt:

- Geheimes Staatsarchiv Preußischer Kulturbesitz (GStA-Be) 5.2, H55, F23, 17–514 Nr. 7851; Zentrales Staatsarchiv Merseburg
- Haus-, Hof- und Staatsarchiv Wien (HHA Wien). Das habsburgisch-lothringische Familienarchiv
- Landeshauptarchiv Schwerin. Briefsammlung des Hauses Mecklenburg-Strelitz 4-3-2. (Schw.Br.)
- Archives Nationales Paris (ANP)
  Département des Affaires d'Autriche
  Archives Mackau 156/AP 1
- Niedersächsisches Hauptstaatsarchiv Hannover/Pattensen
  Hausarchiv des Welfenhauses (NHStA Han)
- Zentralarchiv Hohenlohe, Nebenstelle des Hauptstaatsarchivs Baden-Württemberg; Schloss Neuenstein (ZH)

2. Gedruckte Quellen und Literatur

Aus gedruckten Primär- und Sekundärquellen stammende Zitate werden mit dem Verfasser- bzw. Herausgebernamen und der Seitenzahl zitiert.

Gesamtthema und Madame Royale – Kindheit und Jugend zwischen Luxus und Kerker (1778–1795)

Ambelain, Robert: Crimes et secrets d'Etat (1730–1830). Paris 1977

Arneth, Alfred von: Geschichte Maria Theresias. Bd. VII. Maria Theresias letzte Regierungszeit, Wien 1876

Augeard, Jacques Mathieu: Mémoires secrets de J. M. Augeard, secrétaire des commandements de la reine Marie Antoinette (1760 à 1800). Paris 1866

Barras, Paul: Mémoires. Hrsg. Jean-Pierre Thomas. Paris 2010

Béarn, Pauline de: Souvenirs de Quarante Ans. Paris 1861

Becquet, Hélène: Royalistes, Royalisme et Révolutions – Marie Thérèse Charlotte de Bourbon de France. Paris 2008

Behschnitt, Wolf D.: Die französische Revolution. Quellen und Darstellungen. Stuttgart 1978

Besenval, Pierre Victor de: Mémoires du Baron de Besenval. 2 Bde. Paris 1821

Boigne, Adèle d'Osmond: Mémoires de la Comtesse de Boigne née d'Osmond. 2 Bde. Paris 1971

Campan, Jeanne: Mémoires de Madame Campan, Première Femme de Chambre de Marie-Antoinette. Hrsg. Jean Chalon. Paris 1988

Cartron, Michel Bernard: Marie-Thérèse, Duchesse d'Angoulême. La vertu et le malheur. Paris 1999

Castelot, André: Madame Royale. Das abenteuerliche Leben der Tochter Marie Antoinettes. Wien Berlin Stuttgart 1957

Christoph, Paul: Maria Theresias geheimer Briefwechsel mit Marie Antoinette. Wien München 1980

Cronin, Vincent: Ludwig XVI. und Marie Antoinette, eine Biographie. Berlin 2005 (1974)

Cléry, Jean Baptiste: Journal de ce qui s'est passé à la tour du temple pendant la captivité de Louis XVI., roi de France. In édition Jacques Brose. Mercure de France 1968 et 1987

Diesbach, Ghislain de: Memoiren des Baron de Besenval, eine Biographie. Paris 1987

Fersen, Axel von: Journal intime et Correspondance du Comte Axel de Fersen. Paris 1930

Fleury, Comte de: Angélique de Mackau, Marquise de Bombelles et la cour. Paris 1905

Gebhardt, Karl Dietrich: Handbuch der deutschen Geschichte. Bd.14 Taschenbuchausgabe. München 1999

Herold, Christopher: Madame de Staël. München 1985 (1960)

Herre, Franz: Maria Theresia, die große Habsburgerin. München 2004

Hézecques, Félix de: Souvenirs d'un Page de la Cour de Louis XVI. Paris 1895

Horn, Georg: Das Buch von der Königin Luise. Berlin 1884

Holzapfel, Kurt: Die große französische Revolution von 1789. Berlin 1989

Hue, François Baron de: Dernières années du règne et de la vie de Louis XVI. Paris 1814

Huertas, Monique de: Madame Royale. Paris 1999

Khevenhüller-Metsch, Johann Joseph von: Aus der Zeit Maria Theresias. Tagebuch des Oberhofmeisters 1742–76. Wien 7 Bde. 1907–25

Kircheisen, Friedrich M.: Briefe Napoleons I. in drei Bänden. Stuttgart 1910

Lever, Evelyne: Marie Antoinette. Die Biographie. Düsseldorf 2004

Lenôtre, Guy: La fille de Louis XVI. Marie Thérèse de France, Duchesse d'Angoulême. Paris 1907

Lenôtre, Guy: Le roi Louis XVII. et l'énigme du Temple. Paris 1925

Lenôtre, Guy: Vieilles Maisons Vieux papiers. Nouvelle édition par André Castelot. Bd. 2 Paris 1980

Lepitre, Jacques François: Quelques souvenirs, ou notes fidèles sur mon service au Temple depuis le 8. décembre 1792 jusqu'au 26. mars 1793. Paris 1814

Ludwig XVIII.: Soirées de Sa Majesté Louis XVIII. (Hrsg. Duc de D***). 2 Bde. Brüssel, Leipzig 1835

Mémoires de Mlle Bertin sur la Reine Marie Antoinette. Coll. des Mémoires relatives à la révolution française. Paris 1824

Mémoire écrit par Marie Thérèse Charlotte de Bourbon de France sur la capti-vité des princes et princesses, ses parents depuis le 10.aout 1792 jusqu'à la mort de son frère arrivée le 9 juin 1795. (Tagebuch Temple, veröffentlicht nach dem Original, das Madame la Duchesse de Madrid besaß. Andere sind von Louis XVIII. und der Herzogin von Angoulême nachträglich geändert worden!) Paris 1892

Montjoie, Galart de: Histoire de Marie-Antoinette-Josèphe-Jeanne de Lor-raine: Archiduchesse d'Autriche, Reine de France. Paris 1797

Nagel, Susanne: Marie Therese, Child of Terror: The Fate of Marie Antoinette's Daughter. New York 2009

Oberkirch: Mémoires de la baronne d'Oberkirch sur la cour de Louis XVI. et la société française avant 1789. (Hrsg. v. Suzanne Burkhard). Mercure de France 1970 et 1989

Paschold, Chris/Gier, Albert: Die letzten Monate des Königs. Ludwig XVI. als Gefangener der französischen Revolution. Frankfurt/Main 1989 (einschl. Aufzeichnungen der Kammerdiener Cléry und Hue, des Abbé Edgeworth de Firmont, des Küchenjungen Turgy und des Kommissars Verdier)

Pimodan, Claude Comte de: Les fiançailles de Madame de Royale. Paris 1912

Prescott Wormeley, Katherine: Madame Elisabeth. Briefe an die Marquise de Bombelles u.a. New York 1912

Rasky, Marie Madeleine de: La révolution française – une affaire de famille. Tome. I Louis XVII., tome II. Madame Royale. Paris 1977

Rémusat, Charles de: Mémoires de ma vie (1802–1868). 3 Bde. Paris 1952

Ries, John (Hrsg.): Die Briefe der Elise von Türckheim, geb. Schönemann. Frankfurt 1924

Schacke, Claudia: Die zwei Leben der Madame Royale – Duchesse d'Angoulême oder Dunkelgräfin? Magisterarbeit TU Dresden. Dresden 2005

Staël-Holstein, Germaine de: Considérations sur les principaux événements de la révolution française. Paris 1845

Staël-Holstein, Germaine de: Betrachtungen über die vornehmsten Begeben-heiten der Französischen Revolution. Heidelberg 1818

Teyssier, Yvonne: Madame Royale, sœur de Louis XVII., a-t-elle eu une fille? In: Histoire pour tous. Juli 1967 (271–278)

Turquan, Joseph: Madame Royale. The last Dauphine, Marie Thérèse Charlotte de France, Duchesse de Angoulême. London/Leipzig 1910

Tourzel, Duchesse de: Mémoires de Madame de Tourzel (1789–1793). 2 Bde. Paris 1893. Taschenbuchausgabe: (Hrsg v. Jean Chalon) Mercure de France 1969 et 1986

Vivenot, Alfred de: Vertrauliche Briefe des Freiherrn von Thugut. 2 Bde. Wien 1872

Anhang

Madame Royale als romantische Heldin, der Austausch in Hüningen (1795).
Die offizielle Version: Madame Royale als Herzogin von Angoulême (1796–1851).
Die Verantwortlichen in Frankreich für die Vertauschung.

Barthélemy, François de: Mémoires historiques et diplomatiques. 1799

Barthélemy, François de: Papiers du Barthélemy, Ambassadeur de France en Suisse, 1792–1797 Vol. VI. Hrsg. v. Alexandre Tausserat-Radel. Paris 1910

Baumann, Ernst: Straßburg, Basel, Zürich in ihren geistigen und kulturellen Beziehungen im ausgehenden 18. Jahrhundert. Frankfurt 1938

Bourcart, Charles Daniel: William Wickham, britischer Gesandter in der Schweiz (1794–1797 und 1799) in seinen Beziehungen zu Basel. In: Baseler Zeitschrift für Geschichte und Altertumskunde, Bd. 7 (1908), H. 1.

Burckhardt-Werthemann, Daniel: Häuser und Gestalten aus Basels Vergangenheit. Basel 1925

Brye, B. de: La princesse, le prince charmant et l'évêque. Monsieur de La Fare et la négociation de mariage de Madame de Royale. In: Revue d'histoire diplomatique 1993, S. 289–308

The Correspondence of the Right Honorable William Wickham from the year 1794. Vol. I and II. London 1870

Durey, Michael: William Wickham. Master Spy: The Secret war against the French revolution. London 2009

Fauche-Borel, Louis: Mémoires de Paris. Paris 1829

Gibbs, Christopher John: Friends and enemies. The underground war between Great Britain and France, 1793–1802. 2010

Henke, Christian: Coblentz. Symbol für die Gegenrevolution. Die französische Emigration nach Koblenz und Kurtrier 1789–1792. Stuttgart 2000

Hutt, Maurice: Chouannerie and Counter-Revolution, Bd. 2, Cambridge 1983

Kopp, Peter: Peter Ochs, sein Leben nach Selbstzeugnissen erzählt und mit Bildern authentisch illustriert. Basel 1992

Kutter, Markus: Zwischen Jura, Vogesen und Schwarzwald. Basel 1994

Langmesser, August: Jacob Sarasin. Zürich 1899

Leconte, Alfred de: Rouget de Lisle, sa vie, ses œuvres, la Marseillaise. Paris 1892

Mignet, François: Geschichte der französischen Revolution 1789–1814. (Hrsg. u. übers. v. A. Schäfer) Mannheim 1835

Mitchell, Harvey: The Underground War against Revolutionary France. The mission of William Wickham. 1794–1800. Oxford 1965

Morpain, Adrian: Rouget de Lisle a Strasbourg et a Huningue. Strasbourg 1892

Morell, Karl: Die Schweizer Regimenter in Frankreich 1789–92. St. Gallen 1858.

Otto, Friedrich: Theobald Bacher, ein elsässischer Diplomat im Dienste Frankreichs. Straßburg 1907

Quand Strasbourg recevait rois et princesses ... Une exposition sur les entrées royales et solennelles à Strasbourg du Moyen Âge à 1918 présentée aux

archives de la Ville et de la Communauté urbaine de Strasbourg du 18 sep-
tembre 2011 au 27 janvier 2012 (zit. als Ausst.-Kat. Straßburg 2011)
Schönpflug, Daniel/Voss, Jürgen (Hrsg.): Révolutionnaires et Emigrés. Trans-
fer und Migration zwischen Deutschland und Frankreich. Stuttgart 2002
Simon, Christian: Der Baseler Frieden 1795. Basel 1995
Valliere, Paul de: Le régiment des Gardes-suisse de France. Lausanne/Paris
1917

Aufenthaltsorte der Madame Royale nach der Vertauschung.

Badische Landesbibliothek. Ausstellungskatalog: Gottlieb Konrad Pfeffel.
Satiriker und Philanthrop (1736–1809). Karlsruhe 1986
Beck-Bernard, Lina: Gottlieb Konrad Pfeffel. In: Helvetia (Hrsg. v. Robert
Weber). 1882
Boehmker, Richard: Das Geheimnis um eine Königstochter. Leipzig 1937
Bopp, Joseph Maria: Pfeffel et son temps. Notes et documents inédits. In:
Revue d'Alsace 74. Colmar 1927. S. 173–176, 469–478.
Borries, Emil von: Geschichte der Stadt Straßburg. Straßburg 1909
Egloffstein, Hermann Freiherr von: Alt-Weimars Abend – Briefe und Auf-
zeichnungen aus dem Nachlasse der Gräfinnen Egloffstein. München 1923
Rathsamhausen, Marie Anne von Gerando: Lettres de la baronne de Gerando
née de Rathsamhausen. Paris 1881
Huez, Thomas: G.C. Pfeffels Beziehungen zur Schweiz. Diss. Basel 1936
Kühlmann, Wilhelm/Schäfer, Walter Ernst (Hrsg.): Zwischen Direktorium
und Empire. Die Briefe Gottlieb Konrad Pfeffels an Johann Schweighäuser
1795–1808. Heidelberg 1992
Kühn, Richard (Hrsg.): Diana von Pappenheim und Jenny von Gustedt.
Memoiren um die Titanen. Erlebtes mit Goethe und den Bonapartes. Dres-
den, 2 Bde. 1932
Lienhard, Friedrich: Aus dem Elsaß des 18. Jahrhunderts. Straßburg 1910
Nouveau dictionnaire de biographie alsacienne. Strasbourg 1984, Nr. 5, 1988,
Nr. 11
Pelzer, Erich: Der elsässische Adel im Spätfeudalismus. München 1990
Piton, Frederic: Strasbourg illustre. Strasbourg 1987
Seybold, Adolphe: Strasbourg historique et pittoresque depuis son origine
jusqu'au 1894. Strasbourg 1894
Souvenirs d'Alsace. Correspondance des demoiselles de Berckheim et de leurs
amis. 2 Bde. Neuchâtel 1889. Paris 1895
Spach, Louis: Frédéric de Dietrich. Paris/Strasbourg 1857
Stadt Straßburg. Spaziergänge durch Straßburg, die Baukunst der Stadt in 6
Rundgängen, vom Mittelalter bis zur heutigen Zeit. Straßburg o. J.
Tümmler, Hans: Ernst August von Gersdorff. Weimars Reformminister der
Goethezeit. Köln 1980
Wieden, Peter: Die Geliebte des Königs – Diana von Pappenheim am west-
phälischen Hof. In: Burmeister, Helmut (Hrsg.): König Jérôme und der
Reformstaat Westphalen. Hofgeismar 2006, 43–72

Die Prinzessin auf der Suche nach einer Heimat (1796–1806) und
Die Dunkelgräfin in Hildburghausen (1807–1837).

Boehmker, Richard: Die Dunkelgräfin von Ingelfingen. In: Die Stimme Fran-
kens. 28. Jg. Heft 4, S. 111–113. Nürnberg 1962

Braungart, Margarete: Das 18. Jahrhundert. Hildburghausen als Residenz
1680–1826. Stadtmuseum Hildburghausen 1993.

Bülau, Friedrich (Hrsg.): Karl Kühner: Die Geheimnisvollen im Schloss zu
Eishausen. Aus der Sammlung: Geheime Geschichten und rätselhafte Menschen. Leipzig 1852. Wien 1930.

Fruin, R.: Het leven van Leonardus Cornelius von der Valck. Historia: maand-
schrift voor geschiedenis en kunstgeschiedenis. Utrecht 1935

Goethe, Johann Wolfgang: Gedenkausgabe der Werke, Briefe und Gespräche.
Hrsg. v. Ernst Beutler. T.1 Sämtliche Gedichte. Zürich 1949.

Horbas, Eva: Das Geheimnis von Eishausen. Wieder aufgefundene Meininger
Ministerialakten zur Dunkelgrafenproblematik. In: Schatzkammer zwischen Rennsteig und Röhn. Schriften des Thüringer Staatsarchivs Meiningen. 1993

Human, Rudolf Armin: Der Dunkelgraf von Eishausen. Erinnerungsblätter
aus dem Leben eines Diplomaten. 2 Bde. Hildburghausen 1883 und 1886

Human, Rudolf Armin: Chronik der Stadt Hildburghausen. Hildburghausen
1886

Lannoy, Mark de: Das Geheimnis des Dunkelgrafen. München 2007

Maeckel, Otto Viktor: Das Rätsel von Hildburghausen. Ein hundertjähriges
Geheimnis im Lichte der neuesten Forschungen. Hildburghausen 1926

Meyhöfer, Thomas: Das Rätsel der Dunkelgräfin von Hildburghausen. Bilanz
einer 160-jährigen Forschung. Vortrag auf dem 7. Symposium zu Dunkelgraf und Dunkelgräfin vom 7. bis 9. September 2007 in Hildburghausen

Neuffer, Christian Ludwig: Gedichte Bd. 2. In: Kabinettsbibliothek der deutschen Klassiker. Hrsg.: Bibliographisches Institut Hildburghausen 1829

Philipps, Carolin: Luise, die Königin und ihre Geschwister. München ⁴2010

Reiset, Gustave Comte de: Lettres de la reine Marie-Antoinette à la Landgrave
Louise de Hessen-Darmstadt. Paris 1865

Rühle von Lilienstern, Helga: Das Dunkelgrafenpaar. Was wussten die Fürsten? Dunkelgraf und Dunkelgräfin im Spiegel der europäischen Literatur.
In: Schriften zur Geschichte Südthüringens. Bd. 7. Hildburghausen 2003

Rühle von Lilienstern, Helga/Salier, Hans-Jürgen: Das große Geheimnis von
Hildburghausen – Auf den Spuren der Dunkelgräfin. Leipzig/Hildburg-
hausen 2008

Salier, Hans Jürgen: Chronik der Stadt Hildburghausen. Hildburghausen
1999

Salier, Bastian: Freimaurer in Hildburghausen. Hildburghausen 2005

Sachsen-Altenburg, Friedrich Ernst Prinz von: Das Rätsel der Madame Royale.
Marie Thérèse Charlotte von Frankreich. Hildburghausen 1991

Stein, Caroline von: Aus dem Leben meines Vaters Dietrich Freiherr von Stein.
Frankfurt 1871

Villemarest, Charles Maxim de: Life of Prince Talleyrand. Bd. 1. 1884

Auswahl an verwendeter weiterführender Spezialliteratur

Bokor, Charles von: Winkelmaß und Zirkel. Die Geschichte der Freimaurer. Wien/München 1980

Chevallier, Pierre: Histoire de la Franc-Maçonnerie française. 3 Bde. 1974

Corti, Egon Cäsar Conte: Ich, eine Tochter Maria Theresias, ein Lebensbild der Königin Maria Carolina von Neapel. München 1950

Dotzauer, Winfried: Freimaurergesellschaften am Rhein. Aufgeklärte Sozietäten auf dem linken Rheinufer. In: Geschichtliche Landeskunde Bd. 16. Wiesbaden 1977

Endler, Renate/Schwarze-Neuß, Elisabeth: Die Freimaurer-Bestände im Geheimen Staatsarchiv Preußischer Kulturbesitz Berlin. 2 Bde. Frankfurt 1994, 1996

Esselborn, Karl: Darmstadt und sein Hof zur Zopfzeit. Friedberg 1915

Gallo, Marquis de: Correspondance inédite de Marie Caroline, reine de Naples et de Sicile avec le Marquis de gallo. 2 Bde. Paris 1911

Gräter, Carlheinz/Lusin, Jörg: Schlösser in Hohenlohe: Geschichte und Geschichten. Tübingen 2005

Hohenlohe-Waldenburg, Friedrich Fürst zu: Bilder aus der Geschichte von Haus und Land. Öhringen o. J.

Hohenlohe, Karl Joseph Fürst zu: Aus dem Leben des Fürsten. 1837

Huber, Eva: Darmstadt in der Zeit des Barock und Rokoko. Ausst.-Kat. Mathildenhöhe Darmstadt 1980

Kallenberg, Fritz: Die Fürstenhäuser Hohenzollern im Zeitalter der französischen Revolution und Napoleon. In: Zeitschrift für die Geschichte des Oberrheins. 1963. S. 357–472

Keyserling, Alexandrine Gräfin (Hrsg.): Um eine deutsche Prinzessin. Ein Briefwechsel Friedrichs des Großen, der Landgräfin Karoline von Hessen-Darmstadt und Katharinas II. von Rußland (1772–1774). Hamburg 1935

Knodt, Manfred: Die Regenten von Hessen-Darmstadt. Darmstadt 1989

Lowenthal-Hensel, Cäcilie: Hardenberg und seine Zeit. Ausst.-Kat. zum 150. Todestag. Berlin 1972

Pfannenschmidt, Heino (Hrsg.): G. K. Pfeffels Fremdenbuch mit biographischen und kulturgeschichtlichen Erläuterungen. Colmar 1892

Reinalter, Helmut: Freimaurer und Geheimbünde im 18. Jahrhundert. Frankfurt 1983

Stetten, Eugenie von (mit Ergänzungen von Wolfgang von Stetten): Die Reichsfürsten von Stetten 1008–1998. Chronik über 900 Jahre einer ritterschaftlichen Familie. Künzelsau 1998

Wagner, Hans: Die politische und kulturelle Bedeutung der Freimaurer im 18. Jahrhundert 1979

Wiener Diarium. Wien 1856–1863

Literatur zu den Bildern

Michaud, Joseph François: Les Adieux de Marie Thérèse Charlotte de Bour-
  bon. Almanach. Basel 1796
Riggenbach, Rudolf: Das Porträt der Madame Royale von Antoine Sergent.
  Festschrift Staatsarchiv Basel-Stadt 1899–1949. Basel 1949
Wüthrich, Lucas Heinrich: Christian de Méchel. Leben und Werk des Basler
  Kupferstechers und Kunsthändlers 1737–1817. Baseler Beiträge zur
  Geschichtswissenschaft. Basel

Anmerkungen

❧❦❧

(Die mit einem * versehenen Zitate
wurden von der Autorin übersetzt)

Prolog
1 Zit. n. Ambelain, 227*

**Madame Royale – Kindheit und
Jugend zwischen Luxus und Kerker
(1778–1795)**

*Eltern: Marie Antoinette und
Louis XVI.*

1 Ovid, Heroides 13,84
2 Herre, 327
3 Oberkirch, 55 ff.*
4 Archives de Strasbourg, Ausst.
  Kat. Quand Strasbourg recevait
  rois et princesses, 2011*
5 Oberkirch, 58*
6 ebenda*
7 Herre, 329
8 Lever, 11
9 Herre, 329
10 Campan, 408*
11 Oberkirch, 521*
12 Lever, 139 ff.; Ambelain 17–51*
13 Christoph, Briefwechsel, 100
14 ebenda, 234

*Geburt und Kindheit im Schloss
zu Versailles*

1 Campan, 170*
2 ebenda, 171*
3 zit. n. Lever, 194
4 Campan, 173 f.*
5 Lannoy, 186 f.*

6 ebenda, 187*
7 zit. n. Lever, 240 f.
8 ebenda, 205
9 Tourzel, Bd. 1, 2 u. 45*
10 Mémoires de Mlle Bertin 83 ff.*;
   Oberkirch, 634*
11 1782, Oberkirch, 218*
12 1784, ebenda, 483*
13 Tourzel Bd. 1, 2*
14 Oberkirch, 214 ff.*
15 Turquan, 24*
16 Lever, 196; s. auch Oberkirch,
   634*
17 Cronin, 259
18 Tourzel, Bd. 1, 45*
19 Les Adieux, 8*
20 Les Adieux, 1796, 11*
21 Campan, 207*
22 zit. n. Lever, 371
23 Tourzel, Bd. 1, 46*
24 ANP O1-3799*
25 ANP O1-3794*
26 Lenôtre, Daughter, 260*
27 Ambelain, 30*
28 ebenda, 42*
29 Les Adieux, 12*
30 Brief vom 22. 8. 1789, zit. n.
   Rasky, 108*
31 Hue, 114 f.*; Campan, 291 ff.*
32 Cronin, 396
33 Hue, 122*
34 Campan, 296*
35 ebenda, 47*
36 zit. n. Lever, 403
37 Prescott, Madame Elisabeth,
   42*

*Unter Hausarrest in den Tuilerien
in Paris*

1 Hue, 149*
2 Béarn, Pauline 58*
3 zit. n. Lever, 404
4 Béarn, Pauline 47*
5 ebenda, 55*
6 ANP 02 390: Ordre Nr. 99 vom
   26. Okt. 1791: Mademoiselle
   Lambriquet*
7 Lever, 409
8 Béarn, Pauline 50*
9 Hue, 125*
10 ebenda, 128 f.*
11 nach Lever, 406
12 Oberkirch, 684*
13 Lever, 416
14 Saint-Priest, Lever, 416
15 Brief vom 20. 2. 1790, Prescott,
   Madame Elisabeth, 4*
16 Campan, 366*
17 Florida Blanca, spanischer
   Botschafter, zit. n. Lever, 417
18 Lever, 425 f.
19 Lever, 425
20 Verfasser der Correspondence
   sécrète, zit. n. Lever, 419
21 Brief vom 27. Juni 1790, zit. n.
   Prescott: Madame Elisabeth, 49*
22 Campan, 319 f.*

Fluchtpläne

1 Lever, 418 f.
2 Hue, 156 f.*
3 Campan, 322 f.*
4 ebenda, 323 ff.*
5 La Marck an Mercy, Lever, 429
6 Lever, 430
7 ebenda, 418 f.
8 Augeard, 21 ff.
9 Lever, 433
10 ebenda, 434
11 ebenda, 437
12 ebenda, 438
13 Brief vom 19. 4. 1791, ebenda, 438
14 Campan, 339, 567 ff.*

15 Hézecques, 350*
16 Ambelain, 257*
17 Lever, 444 f.
18 ebenda, 452
19 Tourzel, Taschenbuch 281 ff.*
20 Lever, 454
21 Campan, 344*
22 ebenda, 348*
23 Lever, 462
24 ebenda, 464
25 ebenda, 463 f.
26 Brief an Mercy, ebenda, 464
27 Brief an Mercy, ebenda 468
28 ebenda, 470
29 Brief an Fersen, ebenda, 470

Familienleben wie in der Hölle

1 Brief an Fersen, Lever, 470
2 Campan, 378*
3 zit. n. Lever, 471
4 Hue, 189 Anm. 1*
5 ebenda, 191*
6 ebenda, 231*
7 Béarn, Pauline 102*
8 ebenda
9 Brissot, vgl. Lever, 477
10 Lever, 480
11 Béarn, Pauline 102 ff.
12 Hue, 237 ff.*
13 Béarn, Pauline 111*
14 Hue, 242*
15 Campan, 397*
16 Hue, 244*
17 Béarn, Pauline 113 f.*
18 ebenda, 124 f.*
19 Hue, 260 ff.*
20 ebenda, 266*
21 ebenda, 265*
22 ebenda, 267*
23 Lever, 486 und 488
24 Hue, 271 f.*
25 Campan, 408 ff.*
26 Lever, 490
27 Campan, 407 ff.*
28 Hue, 295*
29 Montjoie, 408 f.*
30 Hue, 302*

31 Béarn, Pauline, 126*
32 am 12.8.1792, zit. n Behschnitt, 65 f.
33 Cléry, 30
34 am 12.8.1792, zit. n Behschnitt, S. 65 f.
35 Tourzel, 218
36 ebenda, 225
37 Hue, 313*
38 ebenda, 307*
39 ebenda, 313 ff.*
40 Ries, 48

Gefangen im Temple

1 Tagebuch Temple, 22*
2 Béarn, Pauline, 232 ff.*
3 Hue, 318*
4 Béarn, Pauline, 147*
5 ebenda, 148*
6 Tourzel, 240*
7 Bearn Pauline, 149*
8 ebenda, 149 ff.*
9 Hue, 324*
10 Hue 2 (in Sammelband) 188
11 Verdier, 226
12 ebenda, 228
13 ebenda, 231
14 Hue, 185*
15 Verdier, 233
16 ebenda, 234
17 Hue, 403*
18 Cléry, 51
19 Tagebuch Temple, 21*
20 Cléry, 34
21 Tagebuch Temple, 24*
22 ebenda, 25*
23 Cléry, 37
24 Tagebuch Temple, 25*
25 ebenda*
26 ebenda, 26*
27 ebenda*

Misstrauen

1 Turgy, 252
2 Tagebuch Temple, 27*; Cléry, 58 ff.; Verdier, 236
3 Tagebuch Temple, 27 f.*

4 Verdier, 236
5 Tagebuch Temple, 27*
6 Cléry, 81
7 Cléry, 110
8 Turgy, 253 ff.
9 Tagebuch Temple, 20 ff.*
10 ebenda, 22 f.*
11 Cléry, 78; Tagebuch Temple, 26*
12 Tagebuch Temple, 25 f.*
13 Edgeworth de Firmont, zit. n. Paschold/Gier, 157
14 Cléry, 86
15 ebenda, 57
16 Tagebuch Temple, 26 f.*
17 Hue, 201*
18 Tagebuch Temple, 27*

Hinrichtung des Königs

1 Cléry, 95
2 ebenda, 99
3 ebenda, 111
4 ebenda, 103
5 ebenda, 118
6 ebenda, 119
7 ebenda, 123
8 Tagebuch Temple, 33*
9 Cléry, 133
10 ebenda, 140 f.
11 Tagebuch Temple, 34*
12 Cléry, 142
13 Edgeworth de Firmont, zit. n. Paschold/Gier, 163
14 Turgy, zit. n. Paschold/Gier, 260
15 Tagebuch Temple, 35 ff.*
16 Tourzel, Bd. 2, 316*
17 Tagebuch Temple, 35*

Tod Marie Antoinettes und Madame Elisabeths

1 Lever, 504
2 Tagebuch Temple, zit. n. Lenôtre, 163 f.*
3 zit. n. Lever, 507 f.
4 Lever, 508
5 ebenda, 508
6 Tagebuch Temple, zit. n. Lenôtre, 159

7 Hue, 432 ff.*
8 Tagebuch Temple,
zit. n. Lenôtre,163, 167 f.*
9 Hue, 435, 404, 435*
10 siehe Anm. 8
11 Vieilles Maisons Vieux papiers.
Nouvelle Édition par André
Castelot. Bd. 2, Paris 1980, 12*
12 ebenda, 25*
13 Ambelain, 85 ff.*
14 Nationalarchiv in Madrid,
Estado 4789, No 36, zit. n.
Ambelain, 84 f.*, Lenôtre, 26*
15 Tagebuch Temple,
zit. n. Lenôtre, 168*
16 Lever, 510
17 Tagebuch Temple,
zit. n. Lenôtre, 169 ff.*
18 Hue 438 ff.*
19 Tagebuch Temple,
zit. n. Lenôtre, 173 ff.*
20 ebenda, 176*
21 Lever, 515
22 ebenda, 517
23 ebenda, 521
24 ebenda, 523
25 Tagebuch Temple,
zit. n. Lenôtre, 181*
26 ebenda, 183*
27 ebenda,185*
28 ebenda, 183*
29 ebenda, 185*
30 ebenda, 184*
31 ebenda, 185 f.*
32 ebenda, 189*
33 ebenda, 187 f.*

Jahre furchtbarer Einsamkeit

1 Tourzel, 310 f.*
2 Lenôtre, 14 ff.*
3 ebenda, 31*
4 Tagebuch Temple,
zit. n. Lenôtre, 189*
5 Rühle, 52 ff.*
Im französischen Original:
»Dans ce triste séjours d'horreur
La vertu qui plaît à mon cœur

Me paraissait toujours bannie;
Le ciel a retenu ma vie
Trop souvent prête à s'exhaler
Par les pleurs qui ils voyait
couler....
6 Béarn, Pauline, 250*
7 ebenda, 251 f.*
8 Lenôtre, 10*
9 Barras, Memoiren, 199*
10 Tagebuch Temple,
zit. n. Lenôtre, 182*
11 Barras, Memoiren, 199 f.*
12 ebenda, 200*
13 Tagebuch Temple, 194*
14 Lenôtre, 22*
15 Tagebuch Temple, 61*
16 ebenda, 62 f.*
17 zit. n. Lenôtre, 26 ff.*
18 Lenôtre, 40*
19 Lenôtre, 41 ff.*
20 Tagebuch Temple, 63*,
Lenôtre, 37*
21 Tagebuch Temple, 64*
22 Ambelain, 73*
23 ebenda, 75*
24 ebenda, 68 f.*
25 Ambelain, 93 ff.*;
Lenôtre, Vieux, 48 f.*
26 Ambelain 74*. Im vorliegenden
Buch kann nur so weit auf die
Geschehnisse um Louis XVII.
eingegangen werden, als es für
die Geschichte seiner Schwester
wichtig ist.
27 Lenôtre, 38 f.*
28 Béarn, Pauline, 255*
29 Ambelain, 226*
30 Lenôtre, 253*
31 Teyssier, 273*
32 Ambelain, 227*
33 Teyssier, 273*
34 Ambelain, 227*
35 Les Adieux, 18*
36 Lenôtre, 25*

Madame Royale als romantische Heldin und der Austausch in Hüningen (1795)

Madame Royale als romantische Heldin

1 zit. n. Becquet 2, 216*
2 zit. n. Becquet 1, 69 ff.*
3 Lenôtre, 53*
4 ANP F7, 4392*
5 Lenôtre, 50*
6 ebenda, 55 f.*
7 ANP F1, 4392 No 5*
8 Hézecques, 27*
9 Rühle, 52*
   Original französisch:
   »*Dans ce triste séjours d'horreur*
   La vertu qui plaît à mon cœur
   Me paraissait toujours bannie;
   Le ciel a retenu ma vie
   Trop souvent prête à s'exhaler
   Par les pleurs qu'il voyait couler.
   Il finit d'être inexorable
   A cette vertu douce, aimable;
   Il fait qu'enfin je peux la voir
   Triompher d'une triste devoir;
   Elle apaise et calme mon âme,
   L'échauffe de sa douce flamme,
   Et me console en ce séjour
   Par la clarté d'un nouveau jour.
   Elle fuyait loin de ma vue,
   Ce moment-ci me l'a rendue.
   Le ciel m'en fait maintenant jouir,
   Tout ici me la fait sentir.
   Chaque chose me la rappelle,
   Je n'y vois plus de cœur rebelle,
   Enfin elle vit près de moi.
   Tout en reçoit la douce loi.
   Faudra-t-il donc que je la nomme
   Cette vertu qui pare l'homme,
   Qui console les malheureux,
   Qui chante l'horreur de ces lieux,
   Qui revient dans cette contrée,
   Pour être à jamais adorée;
   Qui près de moi dans ces moments
   Revients adoucir mes tourne-
   ments?

Elle vit encore das la Tour du Temple;
Tout à l'envie suit son exemple;
Sensibilité, c'est son nom.
Elle règne dans ma prison,
De mon cœur elle fait le charme;
Il ne voit plus aucune alarme
Depuis qu'il ne voit près de lui
Qu'âmes sensibles pour appui.«

10 Brief vom 27.6.1795, ANP F7, 4392 No 26*
11 Lenôtre, 67 ff.*
12 ebenda, 75 f.*
13 ebenda, 256*
14 Tourzel, 315 f.*
15 ebenda, 319*
16 ebenda, 322*
17 Angélique de Mackau, Notes, ANP 156, AI 5*
18 ebenda 432, 11*
19 ANP, F7 4392, No 3*
20 Rasky 2, 131*
21 Lenôtre, 87*
22 Courier républicain vom 7.9.1795, zit. n. Becquet, 74*
23 Brief Alexandre Raimond vom 22.8.1795, Lenôtre, 90*
24 Lepitre, Les Adieux, 42*
25 Lepitre, 80 ff.*; Hue, 465*
26 s. Bildtafel V unten
27 Choeur Bearnais, Les Adieux, 31*
28 Tourzel, 319*

Austauschverhandlungen zwischen Frankreich und Österreich

1 Becquet 2, 700 ff.*
2 Mémoire eines anonymen Autors (später als M. de Beaulieu identifiziert), zit. n. Becquet 2, 708 f.*
3 ebenda 1, 5 ff.*
4 ebenda 2, 700 ff.*
5 Lannoy, 210*
6 zit. n. Becquet, 206 f.*
7 ebenda 2, 719 f.*
8 ebenda, 720*
9 Brief vom 15.7.1795, Thugut an Colloredo, Vivenot, Bd. 1, 241 f.*

10 Becquet 2, 192*
11 Lenôtre, 98*
12 Lenôtre, 93*
13 Tourzel, 323 ff.*
14 ebenda, 324*
15 Lenôtre, 101*
16 Brief vom 11. 11. 1795, zit. n.
Lenôtre, 115 ff.*
17 Les Adieux, 137 ff.; Lenôtre, 111*
18 Ambelain, 235 (Op. cit. no 364)*;
Lenôtre, 262*
19 Rasky, 121 f.*
20 Lenôtre, 122*
21 Memoiren Mackau,
zit. n. Rühle, 62 f.

Austausch in Hüningen

1 Lenôtre, 125*
2 ebenda, 126*
3 Brief vom 25. 12. 1795 an Chanterenne, Hézecques, 39–41*
4 siehe Lenôtre; Becquet 2, 212*
5 Brief vom 25. 12. 1795 an Chanterenne, vgl. Anm. 3*
6 Lenôtre, 210*
7 Turquan, 70 f.*
8 Becquet 2, 212*
9 Brief vom 25. 12. 1795 an Chanterenne, vgl. Anm. 3*
10 Lenôtre, 209*
11 Lannoy, 221 ff.
12 Lenôtre, 213*
13 ebenda, 216 ff.*
14 ebenda, 218*
15 vgl. Anm. 3
16 ebenda*
17 Hue, 471*
18 ebenda, 470*
19 Lenôtre, 230 und 233*
20 Bacher an Delacroix vom
28. 12. 1795, zit. n. Lenôtre, 228*
21 Hue, 471*
22 Lenôtre, 226 ff.*
23 ebenda, 233*

**Die offizielle Version:
Madame Royale als Herzogin
von Angoulême (1796–1851)**

Wiener Jahre (1796–1799)

1 Lenôtre, 263*
2 zit. n. Becquet, 234*
3 Brief vom 12. März 1796,
HHA Wien, Fam. Korr. K 51*
4 Baronin du Montet, Souvenirs,
zit. n. Lenôtre, 300*
5 Brief an Saint-Priest,
zit. n. Becquet, 237*
6 Marie Thérèse an Louis XVIII.,
Brief vom 30. 1. 1796, HHA Wien
55/67*
7 Lenôtre, 302*
8 Briefe an seine Frau vom 30. 4.
und 28. 5. 1796, HHA Wien,
Varia France fasc 70*
9 Lenôtre, 263 und 290*
10 Brief an Louis XVIII. vom
12. 3. 1796, HHA Wien, Fam.
Korr. K 51*
11 Pimodan, 47*
12 8. 2. 1796, ebenda, 54*
13 s. Seite 219 f.
14 Brief vom 30. 1. 1796, Lenôtre,
239*
15 HHA Wien 55/10. 1. 1796
Marie Thérèse an Condé*,
s. a. Lenôtre 282*
16 vgl. den Brief von de La Fare
an Flachslanden vom 29. 1. 1796,
Lenôtre, 292*
17 Lenôtre, 304*
18 1 Mme. du Montet, Souvenirs 6*
19 Lenôtre, 315
20 Brief de La Fare an Flachslanden
vom 22. 1. 1796, Lenôtre, 285*
21 Brief vom 12. 3. 1796, HHA Wien
Fam. Korr. K 51*
22 Brief vom 25. 1. 1796, Pimodan 35*
23 Brief vom 3. 5. 1796, ebenda, 60*
24 ebenda, 63*
25 vgl. die Briefe von Thugut,
vgl. a. Wickham

26 Brief vom 30. 9. 1796 HHA Wien, Varia Frankreich, fasc. 70*
27 Brief vom 25. 1. 1797 an Louis XVIII., ebenda*
28 Lenôtre, 325*
29 Pimodan, 50*
30 ebenda, 70 f.*
31 HHA Wien, Fam. Korr. 27*
32 zit. n. Pimodan 83*
33 Nagel, 210*

Wanderjahre (1799–1814)

1 Juni 1799, Huertas, Madame Royale, 180*
2 Nagel, 211*
3 Becquet, 261*
4 Nagel, 212*
5 E. Daudet, zit. n. Turquan, 120 ff.*
6 E. Daudet, n. Turquan, 121*
7 Becquet, 264*
8 ebenda, 266*
9 ebenda, 269*
10 Boigne, Bd. 1, 477
11 Nagel, 212*
12 ebenda, 213*
13 Comte d'Avaray, zit. n. Becquet, 284*
14 Nagel, 216*
15 Brief vom 30. 1. 1801, zit. n. Becquet, Bd. 2, 730 f.*
16 ebenda, 258*
17 ebenda, 732*
18 Nagel, 227*
19 Manifest von Kalmar, 4. 10. 1804 Rühle 271 und 273
20 Nagel, 249

Zwischen Nostalgie und Neuanfang (1814–1830)

1 Louis XVIII., 94*
2 ebenda, 159 ff.*
3 Boigne, 343*
4 ebenda, 257 f.*
5 ebenda, 255*
6 Nagel, 253 f.*
7 Boigne, 257*

8 zit. n. Becquet, 294*
9 Louis XVIII., 151*
10 Becquet, 438 f.*
11 ebenda, 441*
12 Louis XVIII., 152 ff.*
13 ebenda, 157*
14 ebenda, 96 ff.*
15 ebenda, 100*
16 Boigne, 228*
17 Louis XVIII., 178*
18 22. März 1815, Becquet Bd. 2, 748*
19 Proclamation, London 26. 6. 1815*
20 Louis XVIII., 224*
21 Becquet, 340*
22 Louis XVIII., 247*
23 Boigne, 357 f.*
24 Nagel, 273*
25 Boigne, 362*
26 ebenda, 259 f.*
27 ebenda, 260*
28 ebenda, 262 f.*
29 Louis XVIII., 94 f.*
30 ebenda, 149 ff.*
31 Becquet, 376*
32 Boigne, 259*
33 Louis XVIII., 95*
34 Becquet, 318*
35 Rémusat 222, zit. n. Becquet 449*

Verpasste Chancen

1 Becquet, 453*
2 ebenda, 450*
3 ebenda, 451*
4 ebenda, 431*
5 ebenda, 431 f.*
6 Nagel, 280*
7 ebenda, 287*
8 Becquet, 446*
9 Boigne, 432*
10 ebenda, 364*
11 Nagel, 294*
12 ebenda, 311 f.*
13 Becquet, 449*
14 Boigne, 257 f.*

Endgültiges Exil (1830–1851)

1 zit. n. Becquet, 481*
2 ebenda, 471*
3 ebenda, 476*
4 ebenda, 468*
5 Turquan, 331*
6 nach der gültigen Umrechnung bezogen auf das Jahr 1979
7 Ambelain, 267–274*
8 Ausgabe vom 25.10.1851, zit. n. Becquet, 523*
9 Ambelain, 78 f.*
10 Lannoy, 294

Zweifel an der offiziellen Version

Die Erpressung durch Madame de Soucy

1 Ambelain, 46
2 Archives Mackau 156/1 AP 37–85, 1832–1849*
3 1841, ebenda, 84*
4 ebenda, 64*
5 ebenda, 39*
6 20.1.1833, ebenda, 42*
7 15.3.1833, Ambelain, 246*
8 Brief vom 3. Juni 1833, Archives Mackau 156/1 AP 79 f.*
9 Briefe vom 5.6. und 2.7.1833, ebenda, 46 f.*
10 Brief an Charlet, zit. n. Ambelain, 246*
11 Archives Mackau 156/1 AP, 50*
12 ebenda AP, 82*
13 an Charlet, zit. n. Ambelain, 246 f.*
14 Ambelain, 247*
15 26.4.1796, HHA Wien 55, 117*
16 Brief vom 23.7.1796, Hue an seine Frau, HHA Wien, 55*
17 Lenôtre, 291*
18 24.4.1796, Lenôtre, 311 f.*
19 ebenda, 294 f.*
20 Ambelain, 247*

Merkwürdigkeiten rund um den Austausch in Hüningen

1 Ambelain, 227*
2 Brief vom 2.2.1796, König Ferdinand von Neapel an seine Tochter in Wien, HHA Wien 57, Sammelbände 183*
3 Boucart, 7*
4 Boucart, 61; Lenôtre, 268 f.*
5 Brief Bacher an Außenminister 28.12.1798, Lenôtre, 228 ff.*
6 Lausanne 19.1.1796, Correspondence, Bd. 1, 244 ff.*
7 Lenôtre, 218*
8 ebenda*
9 ebenda, 236 ff.*
10 16.1.1796, HHA Wien 55, 29*
11 Lenôtre, 228 ff.*
12 Brief von Bacher an Außenminister, zit. n. Lenôtre, 364*
13 Sachsen-Altenburg, 102
14 Ambelain, 227*

Wochen des Misstrauens in Wien

1 zit. n. Pimodan, 9 f.*
2 Brief vom 9./10.1.1796, HHA Wien, 57*
3 ebenda, 57, 184*
4 Brief vom 12.1.1796, ebenda 57, 7*
5 Staatsminister Graf von Pergen an Innenminister Colloredo, ebenda, 76*
6 Brief vom 2.1.1796, Marie Thérèse an Kaiser Leopold II. aus Laufenburg, ebenda, 55*
7 Brief vom 18.1.1796, Hue an Chevalier Blanchard, ebenda, 55, 34*
8 Brief vom 9.1.1796, ebenda, 55, 17*
9 Brief vom 3.1.1796, ebenda, 55, 3*
10 Brief vom 4.1.1796, Madame de Mackau de Bombelles an Madame Soucy, ebenda, 55, 5*
11 Brief vom 10.1.1796, ebenda, 55*

12 Brief vom 20.1.1796, Chevalier de la Renommière, ebenda, 55, 38*

13 21.1.1796, ebenda, 55, 43*

14 Maria Karolina an ihre Tochter, ebenda 57*

15 Brief vom 26.1.1796, Maria Karolina an ihre Tochter, ebenda, 57*

16 Brief vom 30.1.1796, Maria Karolina an ihre Tochter, ebenda, 57*

17 ebenda*

18 Brief vom 12.3.1796, ebenda, 51*

19 Brief vom 13.1.1796, ebenda*

20 Brief vom 12.3.1796, ebenda, 51*

21 Brief vom Feb. 1796, ebenda, 27*

22 Brief vom 25.1.1796, ebenda, 50*

23 Brief vom 29.1.1796, ebenda, 50*

24 Brief vom 23.7.1796, Hue an seine Frau, ebenda 55, 151*

25 Brief vom 18.1.1796, Hue an Chevalier Blanchard in Mülhausen, ebenda, 55, 34*

26 Brief vom 10.2.1796, Hue an seine Frau, ebenda, 55, 72*

27 Brief vom 16.2.1796, Maria Karolina an ihre Tochter, ebenda, 57*

28 Brief vom 23.4.1796, Maria Karolina an ihre Tochter, ebenda, 57*

29 Brief vom 8.11.1796, Maria Karolina an ihre Tochter, ebenda, 57*

30 Brief vom 26.1.1796, Maria Karolina an ihre Tochter, ebenda, 57*

Kammerdiener Hue zwischen Ehrlichkeit und Eigennutz

1 Brief vom 11.3.1797, HHA Wien 55, 206*

2 Brief vom 12.5.1796, ebenda, 55, 126*

3 Brief vom 23.7.1796, Hue an seine Frau, ebenda, 55, 151*

4 Brief vom 18.6.1796, Hue an seine Frau, ebenda, 55, 138*

5 Brief vom 20.5.1796, Bombelles an Hue, ebenda, 55, 128*

6 Brief vom 18.6.1796, Hue an seine Frau, ebenda, 55, 138*

7 Brief vom 14.10.1796, ebenda, 55, 170*

8 Brief vom 11.3.1797, ebenda, 55, 206*

9 Ambelain, 247*

Die Verantwortlichen für die Vertauschung in Frankreich

Der Mann im Hintergrund: Paul Francois Nicolas, Vicomte de Barras

1 Barras, Memoiren, 114*

2 Mignet, 402*

3 Barras, Memoiren, 13 ff.*

4 Brief vom 12. Juli 1795, Kircheisen, Bd. I, 47 f.*

5 Barras, Memoiren, Einleitung, 14*

6 ebenda, 16*

7 ebenda, 14*

8 ebenda, 19*

9 Fauche-Borel, 1829

10 ebenda, 391 f.*

11 Barras, Memoiren, 381*

12 Fauche-Borel, 391*

13 ebenda, 213 ff.*

14 Sept. 1798, ebenda, 228*

15 ebenda, 251*

16 am 8. Mai 1799, ebenda 263 f.*

17 ebenda, 273*

18 Barras, Memoiren, Einleitung, 20*

19 Béarn, Gaston, 87 ff.; das Protokoll der Sitzung wurde 1918 von der Révue Historique veröffentlicht*

20 Barras, Memoiren, 228*

21 Hutt, Bd. 2, 355*

22 Hue, 466 f.*

23 Barras, Memoiren, 228*

24 Tourzel Taschenbuch, 584*

25 ebenda*
26 ebenda*
27 Barras, Memoiren, 283*
28 Mignet, 402*

*Die Ausführenden: Bénézech,
Barthélemy, Bacher*

1 Hue, 468*
2 Tourzel Taschenbuch, 587 f.*
3 Béarn, Pauline, 260*
4 Hézecques, 41*
5 Barthélemy, Mémoires, 38 f.
  und 8*
6 Sorel, La paix de Bale,
  zit. n. Otto, 13*
7 Kaulek, zit. n. Otto, 13
8 ebenda, 7
9 an Belland, zit. n. Otto, 8*
10 Brief vom 12.11.1791 an Belland,
  zit. n. Otto, 9*
11 Otto, 5–8
12 ebenda, 15
13 Fauche-Borel, 252*
14 Otto, 25 f.
15 Report vom 28.12.1795,
  zit. n. Lenôtre, 96*

*Ernestine Lambriquet, die adoptierte
Tochter Marie Antoinettes*

1 Département des Affaires
  d'Autriche, Op. cit. no 364;
  Ambelain, 235*
2 Ambelain, 224*
3 ebenda, 251 f. und 264*;
  Lenôtre, 110*; Lannoy, 262*
4 Brief vom 16.6.1777, Christoph,
  geheimer Briefwechsel, 216
5 Ambelain, 30*
6 ANP o 1 679, 312; Rasky, 86*
7 ebenda, 30, 42, 312*
8 Lenôtre, 260*
9 Montjoie, 408 f.*
10 Montjoie, 409 ff.*
11 1VQ 149 (Präfektur Versailles)
  Rasky, 121*
12 Archiv des Außenministeriums
  Wien 364, Lenôtre 76*

13 Rasky, 123 f.*
14 Ambelain, 251 f. und 264*;
  Lenôtre, 110*; Lannoy, 262
15 Im Sterberegister folio 35*; s. u. a.
  Meyhofer, 84, sind nur die
  Schwestern Marie Emilie und
  Louise Philippine verzeichnet
16 Riggenbach, 103 f.
17 zit. n. Lenôtre, 241 ff.*
18 21.1.1796, HHA Wien 55, 39*
19 Boehmker, 31 ff.
20 Brief vom 8.12.1795,
  Boehmker, 40 f.
21 ebenda, 42
22 ebenda, 46 und 44
23 Brief vom 21.5.1801,
  Boehmker, 31
24 ebenda, 31
25 ebenda, 35
26 ebenda, 38
27 zit. n. Ambelain, 118*
28 S. 143 Memoire, ANP 156 AP 1,
  Archives Mackau*
29 ANP W 416, zit. n. Rasky 131*
30 16.1.1796, HHA Wien 55, 29*

**Die Prinzessin auf der Suche
nach einer Heimat (1796–1806)**

*Die politische und militärische Lage
1795/96 am Oberrhein*

1 zur Situation 1795 s. insbesondere: Christopher John Gibbs,
  Friends and Enemies.
  The Underground War between
  Great Britain and France,
  1793–1802
2 Coblentz, 212 f. und 267
3 ebenda, 32 ff.
4 ebenda, 267
5 vgl. Gebhard, 33 ff.
6 Lenôtre, 235, f.*
7 Dotzauer, 33 f.
8 Ries, 48
9 Pelzer, 131–135
10 16.1.1793, Souvenirs d'Alsace,
  Bd. 1, 25*

11 Gottlieb K. Pfeffel, Ausst. Kat. Karlsruhe 1986, 175
12 ebenda, 188
13 ebenda, 190
14 Beck-Bernard, Bd. VIII, 159; Bopp, 96
15 Ausst. Kat. Karlsruhe 1986, 192
16 ebenda

Mögliche Aufenthaltsorte der Madame Royale nach der Vertauschung in Hüningen

1 National Archives, F 7 4393; Lenôtre, 251 f.*
2 de Staël, Considerations, 453*
3 Chevalier, 223 ff.*
4 ebenda, 207*
5 I, 36 f., zit. n. Angela Klein, Schlosser, 158
6 Freimaurerlexikon, 1542
7 Rühle, 85 f.
8 ebenda

Madame Royale in Straßburg (1797/1798)

1 Kühn, Bd. 1, 1 ff.
2 Wieden, 118
3 zum Lebenslauf s. Wieden, 43–72
4 Brief vom 6. 1. 1797, Pfeffel an Perrier; auch Fremdenbuch, 17 f.
5 Rathsamhausen, Lettres, 23 und 32*
6 Wieden, 109
7 Seyboth 1894, 500
8 Biographies alsaciennes Nr. 11, 1003 f.*
9 Souvenirs d'Alsace, Bd. 1, 78, 91*
10 Biographies alsaciennes, Nr. 5, 431 f.*; Seyboth, 500*
11 Simon, Baseler Frieden, 77
12 Pfannenschmid, 1892
13 Huez, 142
14 Brief vom 12. 6. 1797, zit. n. Kühlmann/Schäfer, 56 f.
15 ebenda
16 Carl Pfeffel in: Helvetia 1882, 303 ff.

17 Kühlmann/Schäfer, 35
18 3. 9. 1793, Souvenirs d'Alsace, 38*
19 ebenda, 182 f.*
20 17. 2. 1798, Rathsamhausen, Lettres, 45*
21 ebenda, 11*
22 Souvenirs d'Alsace, 77 ff.*
23 Brief vom 25. 2. 1796, HHStA Wien, 55/47
24 Piton, 162 und 180*
25 Tümmler, 68 f.; Egloffstein, 34 f.
26 vgl. Kühn, 1 ff.; Cléry, 30; Hue, 302*; de Staël, Betrachtungen, 352*
27 Zur weiteren kritischen Auseinandersetzung mit den Memoiren s. Homepage der Autorin: www.carolinphilipps.de
28 Kühn, 1 ff.

Wanderjahre mit Leonardus Cornelius van der Valck

1 Archiv Hohenlohe, Karton 47, Fach 4, Schatulle 3, Oe 4 10970–73
2 dazu Rühle, 95 ff.
3 Human, Chronik 193 und 237
4 Human, 16
5 Kühner, 7
6 Lannoy, 50 ff.
7 Rühle, 87; Lannoy, 51
8 Rühle, 89; Lannoy, 54
9 Tiersot, 201 ff.*
10 Lannoy, 55
11 Villemarest, Bd. 1, 240*
12 ebenda, 238*
13 Fruin, 202–208*
14 Lannoy, 63
15 Kühlemann/Schäfer, 109
16 Brief vom 7. Juli 1800, Loders an van der Valck*
17 Lannoy, 63 ff.; Rühle 63 ff.
18 Lannoy, 63
19 Rühle, 93
20 Archiv Hohenlohe Oe 4 10970–73

21 Sachsen-Altenburg, 63
22 Briefe Napoleons, Bd. 2, 53 ff.*
23 ebenda, Bd. 2, 80 f.*
24 ebenda, Bd. 1, 256*
25 Caltron, 47*

Die Suche nach einer endgültigen Heimat

1 Stein, 72 ff.
2 Rühle, 101
3 Brief vom 31. 3. 1804, Archiv Hohenlohe Oe 4 10970–73
4 Rühle 101, Vorwort von Bastian Salier, 14; Stetten 1998
5 Hohenlohe, 348
6 vgl. Archiv Hohenlohe Oe 10970, Oe 10973 1795/1796–1804
7 am 20. 12. 1795
8 19. 12. 1845, Rühle 90/91
9 Dotzauer, 161 ff.
10 Henke, Coblentz, 2002
11 Lannoy, 70 f.
12 Sachsen-Altenburg, 140; Lannoy, 71; Rühle, 101; Human, 241
13 Human, 241
14 Stein, 72 ff.
15 Human, 17; Kühner, 13; Lannoy, 72
16 Meyhöfer, 13 f.
17 s. Otto, 66 f.
18 Sachsen-Altenburg, 16

Die Dunkelgräfin in Hildburghausen (1807–1837)

Marie Antoinette und ihre Kontakte zu deutschen Fürstenhäusern

1 Reiset, 46 f.*
2 Monjoie, 417*
3 ebenda, 416*
4 Knodt, 41 f.
5 Khevenhüller-Metsch, 24. 3. 1811, 20
6 12. 12. 1766, Arneth, 486
7 Horn, 11
8 ebenda, 9. 9. 1772; Keyserling, 23 f.*

9 Briefe vom 15. 2. und 16. 3. 1780, Paul Christoph, 316 und 320
10 Brief vom 2. Juni 1783 an Luise, Reiset, 30*
11 Brief vom 2. Juni 1785 an Luise, 4.3–2, Briefesammlung Schwerin, Nr. 1299*
12 18. 1. 1786, Reiset, 34 f.*
13 11. 12. 1787, Reiset, 40*
14 7. 5. 1781, Reiset, 21 f.*
15 Reiset, 43*
16 ebenda, 46*
17 ebenda, 47*
18 Reiset, Protokoll der Prozessakten, 8*
19 vgl. Wiener Diarium dieser Jahre
20 Horn, 11
21 s. Philipps, Luise, 92; Horn, 15
22 Philipps, Luise, 66–69
23 ebenda, 73
24 ebenda, 68
25 Salier, Bastian, 32 ff. und 54 f.
26 Human, 238; Braungart, 8
27 27. 3. 1796, 4.3–2 Briefesammlung Schwerin, 10. Blatt, 18*
28 Philipps, Luise, 92 f.
29 Goethe, Sämtliche Gedichte, 502
30 Sachsen-Altenburg, 124 ff.
31 Sachsen-Altenburg, 123 ff.
32 zit. bei Reiset, 46 f.*
33 ebenda, 11*

Leben im Schutz der Herzogsfamilie

1 Horbas, 144
2 ebenda, 145 ff.
3 Human, Bd. 2, 43
4 Kühner, 20
5 Sachsen-Altenburg, 13
6 Kühner, 9; Human, Bd. 2, 43
7 Kühner, 65
8 Human, Bd. 2, 43; Sachsen-Altenburg, 13
9 Sachsen-Altenburg, 16
10 Kühner, 12
11 ebenda
12 ebenda, 30
13 Sachsen-Altenburg, 18

14 Horbas, 146
15 Human, 18 f.; Sachsen-
   Altenburg, 18
16 Kühner, 50
17 Kühner, 15
18 Human, 49
19 Human, Bd. 1, 49 f.
20 Rühle, 291 ff., 305, 311
21 Kühner, 15; Human, 18
22 Rühle, 408
23 ANP o1/3679 Maison du Roi*
24 Tagebuch Temple, 13*
25 ANP F 4 2315*
26 Rühle, 295
27 Kühner, 44 und 33
28 Kühner, 67 f.
29 Lannoy, 98
30 Human, Bd. 1, 74 ff.
31 Kühner, 36
32 zit. n. Human, Bd. 1, 76
33 Kühner, 40 und 20
34 Human, Bd. 2, 19
35 Human, Bd. 1, 79

*Einsamkeit im »verzauberten«
Schloss*

1 s. Human, Bd. 2, 9
2 Neuffer, Cabinetts-Bibliothek
   Bd. 2, 48 f
3 Memoire Temple, 10;
   Béarn, Pauline, 25*

4 Human, Bd. 2, 16
5 Kühner, 57
6 Human, Bd. 2, 8
7 Sachsen-Altenburg, 17
8 ebenda, 41
9 Kühner, 55
10 Human, Bd. 2, 16
11 Sachsen-Altenburg, 20
12 Human, Bd. 1, 47 f.
13 Kühner, 14
14 ebenda
15 ebenda
16 ebenda, 42
17 ebenda, 20
18 ebenda, 53
19 Human, Bd. 1, 16; Bd. 2, 13
20 Kühner, 12 ff.
21 ebenda, 27
22 ebenda, 28; Sachsen-Altenburg,
   25 f.
23 Human, Bd. 2, 7 f.
24 Kühner, 13
25 ebenda, 23
26 Human, Bd. 2, 7
27 Kühner, 21; Human, Bd. 2, 17
28 Sachsen-Altenburg, 40
29 ebenda, 92
30 Montjoie, 408*
31 Memoiren Mackau, zit. n. Rühle,
   62 f.

Personenregister

Bildnachweis

❦

Carolin Philipps

Friederike von Preußen

Die leidenschaftliche Schwester der Königin Luise. 384 Seiten mit 16 Seiten farbigem Bildteil. Piper Taschenbuch

»Galanteste Löwin des Jahrhunderts« hat man sie genannt: Friederike von Preußen, geborene Prinzessin von Mecklenburg-Strelitz (1774–1841). Tatsächlich rankt sich um die »sündige« Schwester der Königin Luise ein streng gehütetes Familiengeheimnis, das nach mehr als anderthalb Jahrhunderten aufgedeckt wurde. Carolin Philipps schreibt aus bis dahin unbekannten Quellen heraus die Biografie einer außergewöhnlichen Frau, die entgegen allen Regeln ihre Sehnsucht nach Glück und Liebe lebte.

Klaus Günzel

Das Weimarer Fürstenhaus

Eine Dynastie schreibt Kulturgeschichte. 223 Seiten mit 32 Seiten Abbildungen. Piper Taschenbuch

Am Weimarer Hof wurde eines der glanzvollsten Kapitel der europäischen Kulturgeschichte geschrieben. Vor allem die Frauen prägten das Gesicht der Dynastie: Herzogin Anna Amalia machte aus dem unbedeutenden Kleinstaat eines der wichtigsten geistigen Zentren des 18. Jahrhunderts. Als ihr Sohn Carl August den jungen Goethe an den Weimarer Hof holt, beginnt der Aufstieg des Fürstenhauses zum strahlenden Mittelpunkt der deutschen Klassik. – Mit leichter Feder zeichnet Klaus Günzel die Geschichte der Weimarer Dynastie und beleuchtet dabei auch die menschlichen Licht- und Schattenseiten ihrer bedeutendsten Persönlichkeiten.

»Eine vorzügliche Schilderung des nicht nur klassischen Weimar.«

Frankfurter Allgemeine Zeitung

05/2434/01/L   05/1603/02/R

Martha Schad

Bayerns Königinnen

407 Seiten mit 4 Abbildungen.
Piper Taschenbuch

Über die aus dem Hause Wittelsbach stammenden Monarchen gibt es zahlreiche Veröffentlichungen. Doch wer waren die Frauen an der Seite dieser kunstsinnigen Herrscher? Bayerns Königinnen stammten alle aus führenden Dynastien Europas, waren schön und hochgebildet. Sie wirkten vor allem in ihren Familien, engagierten sich aber auch auf sozialem und kulturellem Gebiet, sie förderten Toleranz, Frömmigkeit und Liberalität im jungen Königreich, erlebten politische Niederlagen genauso wie privates Glück. Für ihre biographischen Studien zog Martha Schad bisher unerschlossene Briefe und Tagebücher aus dem Geheimen Hausarchiv der Wittelsbacher heran und schildert eindrucksvoll und kurzweilig das öffentliche und private Leben der bayerischen Herrscherinnen.

Erika Bestenreiner

Luise von Toscana

Skandal am Königshof. 328 Seiten
mit 9 Schwarzweißfotos.
Piper Taschenbuch

Einen größeren Skandal hat Deutschland vor dem Ersten Weltkrieg nicht erlebt: Luise von Toscana aus dem Haus Habsburg, die künftige Königin von Sachsen, verläßt ihren Mann und ihre fünf Kinder und wird bürgerlich. Erika Bestenreiner erzählt die Hintergründe dieses Dramas fesselnd wie einen Roman, hält sich aber genau an die Quellen.

Die Geschichte dieser Flucht vom Thron ist die Geschichte von Kälte und Herzlosigkeit in der königlichen Familie, vom Mut, anders sein zu wollen, und von der Suche nach der wahren und großen Liebe.